Pnina Navè Levinson

Volk Israel
Eine Kulturgeschichte des Judentums

Pnina Navè Levinson

Volk Israel
Eine Kulturgeschichte des Judentums

Herausgegeben und mit einem
Nachwort von Irmgard Zepf

LVH

Die Deutsche Bibliothek - CIP-Einheitsaufnahme

Navè Levinson, Pnina:
Volk Israel : eine Kulturgeschichte des Judentums / Pnina Navè Levonson. -
Hannover : Luth. Verl.-Haus, 2001

ISBN 3-7859-0838-5

Umschlaggestaltung: Peter Albers · Hamburg
unter Verwendung eines Aquarells von Andreas Felger, Bad Camberg
Layout: Rainer Höchst · Dießen
Satz und Lithographie: Rainer Höchst · Dießen
Typographie: Gesetzt aus der Stempel Garamond
Druck und Binden: Clausen & Bosse · Leck
Printed in Germany

Inhalt

Vorwort 7
Einführung. 11
Technische Vorbemerkungen 19

I. Von der jüdischen Geschichte 21
Der Erste jüdische Staat 31
Der Zweite jüdische Staat. 34
Das talmudische Zeitalter 41
Im christlichen Europa 46
Der Judenhaß. 53
Der neue Staat Israel 62

II. Die Einrichtungen der Gemeinde 65
Die Gemeinde als Priestertum der Mündigen 71
Von Schriftrollen und Schreibern 77
Priester und Leviten 82
Vom Sabbat 85

III. Vom Jahr des Juden. 97
Die Woche 97
Die Monate 98
Die Feste des Jahres 100
Die Wallfahrtsfeste 101
Pessach – das Fest der Freiheit. 101
Das Wochenfest. 106
Das Laubhüttenfest. 108
Die hohen Feiertage 111
Chanukka, das Weihefest 119
Purim, das Fest der Lose 120
Jahr und Zeitrechnung 121
Von den Buchstaben 126

IV. Vom Meer des Talmud 135
Gesetz und Deutung 135
Die Kette der Überlieferung 142
Meister und Mischna 150
Die Sprüche der Väter 152
Diskussion als Tradition 157
Das Lernen 162
Die Lebensordnungen 168
Maimonides und sein Kodex 171
Die Responsenliteratur 184
Ein Programm des Judeseins 193
Der ganze Mensch 199
Familiennamen spiegeln jüdische Geschichte 210

V. Die Judensprachen 229
Jüdisch-Griechisch 232
Jüdisch-Persisch 235
Jüdisch-Aramäisch 238
Jüdisch-Arabisch 239
Jüdisch-Italienisch 245
Jüdisch-Französisch 246
Jüdisch-Provenzalisch 247
Ladino 247
Vom Jiddischen 250
Betrachtungen über das Hebräische 264

Exkurs: Von gescheiterter Judenemanzipation im 19. Jahrhundert bis zu antisemitischen Klischeebildungen im 20. Jahrhundert 299

Schlußbemerkungen 308

Nachwort der Herausgeberin 313

Anhang 319
Buchveröffentlichungen von Pnina Navè Levinson 319
Glossar 321
Abbildungen 325

Vorwort

Dieses Buch fand sich unter den nachgelassenen Schriften von Pnina Navè Levinson. Es ist wohl die einzige Kulturgeschichte des Judentums mit einem so breit gefächerten Hintergrund, der gerade für den heutigen Leser von Interesse sein dürfte. Da es sich um eine nachgelassene Schrift handelt, sind aufgrund des historischen Abstandes einige wenige Probleme darin z. T. nicht mehr von brennender Aktualität bzw. inzwischen gelöst worden. Ich denke hier vor allem an das Verhältnis zwischen dem Judentum und den christlichen Kirchen und die christlich-jüdische Zusammenarbeit; das gleiche gilt für das deutsch-jüdische Verhältnis.. Um der Authentiztät willen wurde der ursprüngliche Wortlaut des Originalmanuskripts in vielfacher Hinsicht beibehalten. Die Arbeit fußt auf Quellenstudien unterschiedlichster Herkunft, deren genaue Identifizierung an manchen Textstellen nicht möglich war.

Es ist das Buch einer Autorin, die sich in ihrem Leben auf drei Gebieten auseinandersetzen mußte: zunächst als Frau gegenüber einer nicht emanzipationsfreudigen Männerwelt, insbesondere im Rahmen der Universität, dann im arabisch-jüdischen Konflikt, vor allem während sie auch in einem arabischen Stadtteil Jerusalems wohnte, und letztlich auf dem Feld christlich-jüdischer Beziehungen, denen sie sich zeitlebens gewidmet hat. Den Konflikten, die eine ausschließliche Universitätslaufbahn mit sich gebracht hätten, wich sie aus, indem sie jahrelang als Redakteurin an der *Hebräischen Enzyklopädie* arbeitete. Den Spannungen zwischen Juden und Arabern setzte sie sich aus durch ihre Versuche, zwischen beiden Volksgruppen aufklärend und um Verständnis bemüht zu arbeiten; und ihr interreligiöses Engagement verdankt sie deutschen Besuchern in Israel, die sie ermutigten, den Dialog im Sinne Martin Bubers, mit dem sie eng zusammenarbeitete, zu suchen und zu fördern.

Mit diesem Dialog setzt sich das Buch auseinander. Wenn die Autorin hier zuweilen auch polemisch schreibt, so liegt das an den zum Zeitpunkt der Niederschrift noch immer nicht befriedigend gelösten Beziehungen zwischen Juden und Christen. Hier hat die Schoah, noch oft als Holocaust bezeichnet, fast unüberwindbar erscheinende Schwierigkeiten in den Weg gelegt, die es zu überwinden gilt. Pnina Navè Levinson zögerte lange Zeit, sich dem auszusetzen, hat dann aber dieser Aufgabe jahrelang einen großen Teil ihrer Arbeitskraft gewidmet. Das Buch behandelt die Probleme offen und ungeschminkt, ohne Apologetik und ohne Scheuklappen. Das mag an einigen Stellen provokant erscheinen und den einen oder anderen zuweilen stören, ist aber, wie ich meine, im kritisch aufarbeitenden Rückblick der Sache selbst in der heutigen Zeit angemessen, also dem Bemühen, den eigentlichen Kontroversen nicht aus dem Weg zu gehen und einem ehrlichen, offenen Wort den Vorrang einzuräumen. Außerdem muß heute betont werden, daß Anstrengungen, wie sie Pnina Navè Levinson unternommen hat, das Klima außerordentlich verbesserten. So ist verschiedentlich gesagt worden, daß in den letzten wenigen Jahrzehnten mehr Fortschritte in den jüdisch-christlichen Beziehungen zu verzeichnen sind als in den 2000 Jahren zuvor. Auch der Papst, der in den meisten theologischen Auseinandersetzungen eher als konservativ gilt – was die Juden angeht – hat in den letzten Jahren diesbezüglich außerordentliche Sensibilität und Verantwortungsbewußtsein gezeigt.

Pnina Navé Levinson verfolgte in dieser Hinsicht die Fortschritte der Annäherung zwischen Juden und Christen und die Formen und Bemühungen der Aufarbeitung antijudaistischer und antisemitischer Verfehlungen, wie dies in ihren unterschiedlichsten Publikationen zum Ausdruck kommt. An einige Ereignisse und Namen sei in diesem Zusammenhang erinnert: Da ist zum einen die Judenerklärung des Zweiten Vatikanischen Konzils zu erwähnen, die mit Hilfe von Kardinal Bea und durch die Autorität von Papst Johannes XXIII. durchgesetzt wurde. Es war dies wie die später erfolgte Anerkennung des Staates Israel ein Meilenstein in den Beziehungen zwischen Juden und Christen. Ähnliches geschah in der evangelischen Kirche Deutschlands und in vielen Synoden deutscher Staaaten, die mitunter sehr eindeutig die Errichtung des Staates Israel als Zeichen der Treue Gottes bezeichneten (Rheinische Synode). Viele Theologen an kirchlichen Hochschulen und an den Universitäten haben bahnbrechende neue Thesen zum jüdisch-christlichen Dialog aufgestellt und sich um ein neues gegenseitig respektierendes Verhältnis zwischen Juden und Christen bemüht, unter ihnen z.B. Michael Brocke, Pater Willehard Paul Eckert, Hans Herrmann Hendrix, Bertold Klappert, Friedrich Wilhelm Marquardt, Johann Baptist Metz, Franz Mußner, Peter von der Osten Sacken, Rolff Rentorf, Martin Stöhr, Horst Zänger und viele andere.

Organisationen für christlich-jüdische Zusammenarbeit gibt es inzwischen in fast allen größeren deutschen Städten, und der Internationale Rat der Christen und Juden hatte bereits vor geraumer Zeit den organisatorischen Schwerpunkt seiner Arbeit von London nach Heppenheim in das frühere Haus Martin Bubers verlegt. Veröffentlichungen über Juden und Christen sowie über die Zeit des Nationalsozialismus erscheinen in großer Fülle, Radio, Fernsehen und Internet geben der Öffentlichkeit die Möglichkeit, sich genau und ohne den Versuch von fragwürdigen Rechtfertigungen über die Vergangenheit zu informieren.

Trotz dieser Fortschritte und Bemühungen, vor allem bei bestimmten Theologinnen und Theologen, war sich Pnina Navé Levinson wie viele andere jüdische Schriftsteller und Wissenschaftler in der Bundesrepublik im klaren, daß Antisemitismus und Antijudaismus noch längst nicht besiegt sind und daß sie sich je nach politischer und wirtschaft-licher Lage durchaus wieder zu beleben vermögen. Immer noch gibt es antisemitische und rassistische Vorkommnisse, aber zur selben Zeit wollen Jugendliche wissen, was in der Vergangenheit in ihrem Lande geschah, und haben nach ihren Möglichkeiten im Elternhaus, in der Schule und in ihrem Kommunen Kenntnis von und Aufarbeitung der Vergangenheit gesucht, ein für die Deutschen finsteres, belastendes Kapitel ihrer Geschichte, das früher eher mit Schweigen peinlich übergangen wurde. Die rückschläge, die dabei immer wieder auftauchen, müssen thematisiert und diskutiert, wenn nötig angeprangert und korrigiert werden. Das ist das engagierte Anliegen der Autorin in der vorliegenden Arbeit aus ihrer historischen Situation heraus, mit Sachverstand und ohne falsche Rücksichtnahme.

Dieses Buch, das wäre mein Wunsch, könnte uns vielleicht ein Stück helfen, etwaige Vorurteile, Fehlinterpretationen, Rechthabereien und Arroganz aufzudecken bzw. diese endgültig zu den Akten zu legen.

Jerusalem und Deia/Mallorca,
im September 2001

Nathan Peter Levinson

Einführung

Der Gegenstand dieses Buches ist die jüdische Kulturgeschichte. Es stellt sich zur Aufgabe, dem Leser den Zugang zu einer Welt zu vermitteln, von der er vielleicht das eine oder andere bereits weiß, aber oft fehlt ihm der notwendige Überblick, um seine Wissensfragmente zu einem Bild zusammenzufügen. Vielleicht ist er sogar dazu imstande, nun aber verlangt es ihn nach einer Perspektive, die der flächigen Zeichnung eine räumliche und zeitliche Tiefe verleiht.

Was ist Kulturgeschichte? Sie ist die Darstellung jener Seiten einer historischen Gemeinschaft, die ihr Erleben über die einzelnen Generationen hinaus zum Ausdruck bringt: in Sprache und Symbolik, in Formen des gemeinsamen Lebens, in Denken und Singen, in Hausrat und Tanz, in Alltag und Fest, in Freude und Trauer. Die Geschichte einer menschlichen Kulturgemeinschaft läßt sich freilich auch in den Begebnissen ausdrücken, die ihre Schicksale durchlaufen, in besonderen Jahreszahlen, die bedeutend sind, weil – von innen oder von außen her an sie herangetragen – die damals lebenden Glieder der Gemeinschaft Erfahrungen machten, welche die Identität ihrer Nachkommen für alle Zeiten prägten.

Jede Betrachtung menschlicher Geschichte – aus welchem Aspekt auch immer – setzt voraus, daß ein solcher Zusammenhang zwischen den Zeiten und Generationen besteht. Das Lernen einer Geschichte ist sinnvoll, wenn es nicht nur eine Liste irgendwelcher Daten und Namen ist, wenn ich, der Lernende, einen Zusammenhang ersehen kann zwischen meiner eigenen Person mitsamt den Fragen, die mich beschäftigen, und den Dingen, von denen da die Rede ist. Deshalb bedeutet die Kenntnis der jüdischen Geschichte für den heute lebenden Juden das Wissen von seinen eigenen Wurzeln. Für den heute lebenden Nichtjuden ist diese Geschichte von Interesse, um vieles in seiner Welt besser zu verstehen. Denn von dem, was von Juden als Gemeinschaft seit mehr als dreieinhalb Jahrtausenden geschaffen wurde, zehrt ein beträchtlicher Teil der Völker in allen Erdteilen.

Es gibt eine Meinung, nach welcher das jüdische Volk das Volk schlechthin sei, nämlich das Musterbeispiel dafür, daß überhaupt so etwas bestehen kann wie eine menschliche Gemeinschaft, die aus eigenem Entschluß hinausgeht über die unmittelbare Bindung an Familie und Sippe, Nachbarschaft, Stadt und Land – *Volk* also im Gegensatz zum rein behördlich geordneten Wesen, auch zum Staat als nur politischem Gebilde. Aber was heißt das überhaupt – *das jüdische Volk?* Was bestimmt die Zugehörigkeit zu ihm?

Das jüdische Volk bildet das geschichtliche Bewußtsein seiner Vergangenheit, seines Erbes, seiner Lasten und Freuden. Wer von sich sagt: Dies sind die Ereignisse, die meine Vorfahren durchlebten, dies die Pflichten, die sie auf sich nahmen, dies die Feste, dies der Glaube – der gehört zum jüdischen Volk. Auch wer sagt: Alles andere ja, aber nicht ein Glaube, denn davon weiß ich wenig; vielleicht war es früher einmal wichtig und ist es heute für andere, für mich selbst kann ich es nicht sagen – auch der gehört zum jüdischen Volk. Wer aber sagt: Alles dieses ja, aber dazu nehme ich einen anderen Glauben an, der nicht jüdisch ist – der gehört nicht zum jüdischen Volk, auch wenn er sich ihm durch Bande und Sympathien nahe weiß. Und in umgekehrter Richtung gilt das gleiche: Wer bereit ist, die Geschichte und Verpflichtungen, die Lasten und Freuden des Judeseins auf sich zu nehmen, der tritt nicht nur in eine Glaubensgemeinschaft ein, sondern wird damit Glied des Volkes Israel. Das gilt heute ebenso wie zur Zeit der altisraelischen Richter vor Jahrtausenden, wie im Römischen und Persischen Reich und im Mittelalter.

Um von *Juden* und ihrer Geistesgeschichte oder ihrer Kultur zu reden, muß also an ganz zentraler Stelle von der *jüdischen Religion* gesprochen werden. Mehr als in vielen anderen Religionen gilt nämlich im Judentum der Zusammenhang zwischen Religion und Volk. Die Glaubensgemeinschaft steht in der Volksgemeinschaft. Allerdings läßt sich dieser Satz nicht ohne weiteres umkehren. Es gibt kaum etwas in der jüdischen Kulturgeschichte, das nicht in dieser oder jener Form Ausdruck eben dieser Tatsache ist. Für Juden wie für Nichtjuden bedeutet die jüdische Geschichte häufig in erster Linie einen Katalog der Verfolgungen und Leiden Israels. Diese Leidensgeschichte wird vor allem von christlichen Theologen allzuoft als der Lebenssinn der Juden dargestellt, ja geradezu als gottgewollter Befund erklärt. Wohl selten in der Geschichte des Denkens und Systembauens ist ein krasseres Versagen der Menschlichkeit zutage getreten als in solchen auf die Juden bezogenen Behauptungen vom Sinn der Geschichte. Kein Volk würde von sich selbst aussagen, daß es aufgrund eines »göttlichen Heilsplans« dazu auserkoren sei, von anderen vertrieben und gemordet zu werden, m. a. W., daß es anderen Völkern dazu dienen soll, ihre urmenschlichen und unverarbeiteten Triebe des Hasses und der Angst an ihm abzureagieren. Solches Quasi-Theologisieren läßt sich allerdings leicht dort anwenden, wo es nicht um das eigene Leben geht, sondern »nur« um das des Nächsten.

Aus jüdischer Sicht handelt es sich dabei um das Versagen der Völker vor der Aufgabe, die allen Menschen durch die Bereitschaft Israels seit dem Altertum gestellt ist: Als »Kinder eines Vaters« sollten sie sich den lebensordnenden Einsichten erschließen, die von Israels Meistern »die Gesetze der Noah-Söhne« genannt werden und die menschliche Selbstherrlichkeit als Grundübel der Völker erkennen, als »das Übel«, von dem jene weisen Meister um Befreiung bitten. Denn nicht nur der einzelne, sondern die Völker haben sich zu bewähren, so wie Israel sich als Volk gestern und heute bewähren muß.

Jüdische Selbstdarstellungen im Sinne des bisher Gesagten erregen oft Erstaunen und Ablehnung. Denn im Unbewußten angesiedelte Vorurteile vermitteln vielen Nichtjuden ihr Bild vom Judentum. Sie vermeinen ganz objektiv aus den verschiedensten Quellen der Bildungsvermittlung zu wissen, wovon die Rede ist. Auch in Kreisen, die sich seit einer mehr oder weniger langen Zeit in christlichen Ländern mit dem befassen, was man interreligiöses Gespräch oder den Dialog nennt, ist das kaum anders. Es muß immer wieder festgestellt werden, daß aus den gutgemeinten Ansätzen in dieser Richtung bisher dem jüdischen Volk kein hinreichendes Verständnis zuteil wurde. Das wird sich so lange nicht ändern, wie die christlichen Wortführer die Begriffe und Definitionen ihrer eigenen Theologie auf das Judentum anwenden. Dadurch wird von vornherein der Zugang zum Verständnis verbaut. Vor allem ist wichtig, sich vor Augen zu halten: *Christen fügen sich zur Kirche zusammen, Juden hingegen zu einem Volk mit einer gemeinsamen Kultur.* Daher gibt es kein Judentum ohne das jüdische Volk. Die einzelnen Teile dieses Volkes sind *Judenheiten* oder *Judenschaften*, aber sie sind nicht Judentum. Vor allem *sind* sie nicht *die Synagoge*.

Es gehört zur Tragik der Juden, daß sich viele von ihnen in Reaktion auf die Umwelt selbst nur in einem so oder so gearteten teilweise bestehenden Zusammenhang mit dem Ganzen verstehen. Das ist vor allem dort der Fall, wo christliche Vorstellungen vom Inhalt und Zweck der Religion in mehr oder weniger mildem Zwang auf den *jüdischen Menschen* übertragen wurden. Solche Vorgänge sind aus verschiedenen Epochen bekannt. In der Gegenwart führen sie nicht anders als in früheren Zeiten zur völligen Selbstaufgabe als Jude, wo der rein glaubensmäßige Faktor bei einzelnen oder Gemeinschaften keine Rolle mehr spielt. Allerdings ist nach der Ansicht vieler Sachkenner der moderne Zionismus eine der legitimen Formen der jüdischen Religion, auch in jenen seiner Ausprägungen, die sich selbst in erster Linie als säkulare Form des Judeseins verstehen. Das entspringt der Tatsache, daß das Land Israel und die Stadt Jerusalem oder Zion seit eh und je einen integrierenden Teil der jüdischen Religion darstellen.

Es ist so oft von Kirche und Synagoge gesprochen worden, daß diese beiden Wörter unwillkürlich bei Christen eine Vorstellung von parallelen, wenn auch verschieden gearteten Dingen hervorrufen. Daher müssen die Hauptunterschiede betont werden, betreffen sie sowohl Umfang wie Struktur dieser beiden Größen. *Die Kirche,* die sich selbst als den mystischen Leib Christi versteht, umfaßt alle Völker, die durch die Taufe Christen werden. Als *die Kirchen* ist sie das Nebeneinander von Organisationen, die zum Teil eng mit den Staatsgebilden der Völker verflochten sind. Jede dieser Kirchen hat ihre Verwaltungshierarchie für Dinge des Glaubens und der christlichen Gemeinschaft in allen ihren Einzelheiten. Die Gemeinden erhalten von dieser Hierarchie aus ihre Geistlichen, die ihrer kirchlichen Obrigkeit gegenüber als Beamte gelten. In vielen christlichen Ländern sind sie damit zugleich Staatsbeamte. Sie allein haben das Recht der Predigt, der biblischen Unterweisung und der Leitung von Gottesdiensten. Auch die christlichen Freikirchen haben entsprechende Hierarchien.

All dieses trifft nicht für die Juden zu. Was den Umfang anbetrifft, gibt es heute, nach dem Völkermord vor drei Generationen, nur etwa 13 Millionen Juden in der Welt. Sie kennen weder Hierarchie noch Klerus. Der Rabbiner ist kein Geistlicher, die Gemeinde kann auch ohne ihn funktionieren. Das ständige menschliche Gegenspiel von Beharren und Weiterführen gewinnt dadurch sympathischen Einfluß, denn die Verantwortung ist immer die der Gemeinschaft; sie kann weder im »geistlichen« noch im »weltlichen« Sinn auf jemand anderen endgültig übertragen werden. Das hängt eng mit der jüdischen Weltauffassung zusammen, von der her also auch die Formen des Gemeindelebens verstanden werden wollen.

Es steht nicht im Widerspruch dazu, daß es im Judentum ebenfalls zahlreiche Organisationen gibt, ja daß diese seit dem Altertum gepflegt werden, nur wurden sie nicht eingeteilt in eine Obrigkeit und in jene Sorte von Bürgern, deren erste Pflicht die Ruhe ist. Denn die Organe der niemals unterbundenen jüdischen Selbstverwaltung beruhen auf Demokratie, oft im Ringen zwischen ganz entgegengesetzten Anschauungen, die ja heute die Form der meisten westlichen Staatsformen ist. Aus dieser alten Tradition der Verteidigung eigener Ansichten rührt auch das leidenschaftliche Engagement der jüdischen Staatsangehörigen vieler Länder in Dingen der Politik und der gemeinschaftlichen Einrichtungen. Denn wo es ihnen gewährt wird, wenden sie die gewohnte konstruktive Kritik des innerjüdischen Lebens auf die Umwelt an, der sie als gleichberechtigte Bürger angehören.

Auch den heutigen Rabbinern, die hauptamtlich in einem festen Arbeitsverhältnis zu einer Gemeinde stehen, ist es von ihrer Tradition her meist sehr bewußt, daß sie Kritik der Mitglieder ernst nehmen müssen. Das trifft in besonders hohem Maße in den Vereinigten Staaten von Amerika zu, wo die Geistlichen oder »geistigen Führer« der jüdischen wie auch der christlichen nichtkatholischen Gemeinden keine behördliche Stellung innehaben, sondern in einem befristeten Vertragsverhältnis zur Gemeinde stehen und sich ständig zu bewähren haben; bei autoritärem Vorgehen würden sie wahrscheinlich der Konkurrenz ihrer Amtsgenossen erliegen. Aber nicht anders zeigt es sich etwa in England, wo in der Verbindung von Kirche und Staat auch die englische Judenheit, die Anglo-Jewry, wie sie sich selbst bezeichnet, die Einrichtung von Oberrabbinern kennt, die vor dem Staat die Anliegen der Juden vertreten. Einer der bekanntesten traditionstreuen Rabbiner Englands ging vor einigen Jahren aus Protest gegen undemokratisches und damit unjüdisches Verhalten des Oberrabbinats zum offen erklärten Kompetenzkampf über und erwirkte dadurch eine weitgehende Neubesinnung vieler orthodoxer Juden Britanniens. Ähnlich verhält es sich mit den Befugnissen der Oberrabbiner im Staat Israel, die eine vorwiegend repräsentative Stellung innehaben, deren Anweisungen aber nicht einmal unbedingte Vorschriften für die Ortsrabbiner sein müssen, die auch entgegengesetzte Positionen vertreten können.

Die ständige Auseinandersetzung zwischen Autorität und eigener Entscheidung gehört unabtrennbar zum jüdischen Wesen, sei es auf den Gebieten, die man als weltlich bezeichnet, oder denen, die der Religion vorbehalten bleiben. Gerade aus diesem energischen Ringen sind jeweils diejenigen Kulturwerte ethischer und ritueller Natur entstanden, die in der Folgezeit als *die Tradition* angesehen wurden; diese ist jedoch niemals etwas Erstarrtes, etwas ein für allemal Festgelegtes, auf das der Jude verpflichtet wird. Die Grundlinien stehen freilich fest; sie sind es, auf denen Juden mit solcher Festigkeit weiterbauen und die sie als geheiligt betrachten. In geringen Zeiträumen – wenigen Jahrzehnten oder Generationen – erscheint manches freilich als starr und unabänderlich, aber im langen Atem der jüdischen Geschichte läßt sich deutlich eine stete Anpassung an die umweltlichen Rahmenbedingungen und die innerjüdischen Entwicklungen feststellen, die mit den jüdischen Grundlinien in Übereinstimmung zu bringen sind. Diese sind: die Voraussetzung eines nicht als Person vorzustellenden Schöpfers, der dem Menschen ein unüberhörbares Gewissen und einen weithin ausbaubaren Verstand verlieh; die Verpflichtung jedes Menschen, diese Gaben nicht verkümmern zu lassen; die Aufgabe Israels, gemeinsam mit allen Menschen, die guten Willens sind, nach bestem Können zur Verwirklichung des Reiches Gottes in der Welt und im menschlichen Leben beizutragen. Das geschieht durch Nächstenliebe, soziale Gerechtigkeit und den Verzicht auf die Vergötzung von Wunschvorstellungen der Macht, der Begierden und der Willkür. Daher nahmen im jüdischen Bereich niemals die Dogmatik und Systematik, wie sie von der christlichen Theologie entwickelt wurden, einen bestimmenden Vorrang ein; vielmehr waren es gerade die Religionsphilosophen im Judentum, die sich einerseits um eine abstrakte Darstellung des Glaubens bemühten und andererseits die menschlichen Temperamente und Notwendigkeiten in ihrer Unterschiedlichkeit erkannten und ihnen Rechnung zu tragen wußten. Das bestimmt in hohem Maße die Symbolwerte jüdischer Bräuche und Überlieferungen, die sowohl die gefühlsmäßige Seite des Menschen wie seine Begabung zu universalistischen Denkbildern ansprechen.

Überhaupt zeichnet sich in der jüdischen Geistesgeschichte ein deutlicher Hang zur Harmonisierung von Subjektivem, Individualistischem und Partikularistischem mit universalistischen, weltumfassenden Einsichten ab. Das mag paradox erscheinen, ist es aber nur, wenn als Ausgangspunkt das syllogistische Denken oder ein anderer Formalismus gewählt wird. Man kann nämlich geradezu sagen, daß dieser Mut zum Stehenlassen der Paradoxien eine jener bedeutenden kulturbildenden Grundeigenschaften orientalischer Herkunft ist, die auch auf das Judentum bestimmend gewirkt haben. Dieser Mut, aus Leben, Mensch und Welt keine errechenbare Gleichung zu machen, sondern die Dinge so zu nehmen, wie sie sind, sinnvoll, aber ohne aufzeigbares eindeutiges System, hat Israel in seiner Identität noch stets bewahrt, jedenfalls jenen »Rest des Volkes«, von dem durch die ganze Geschichte immer wieder die Rede ist.

Wenn der Leser diese Einsicht aus dem vorliegenden Buch gewinnt und mit seiner Hilfe erfaßt, daß Judentum nicht gleichbedeutend ist mit dem Alten Testament und daß das Volk Israel ungeachtet christlicher Theorien niemals aufgehört hat zu bestehen, dann vermag er vielleicht mit differenzierterem Verständnis das heutige kleine jüdische Volk und den heutigen Staat Israel als das zu sehen, was sie nach ihrem eigenen Weltbild sind. Das bedeutet aber auch, daß damit eine ganze Reihe von Vokabeln zum erst zu leistenden Gespräch der Völker gelernt werden. Und das ist viel.

Technische Vorbemerkungen

Die Umschrift hebräischer und aramäischer Wörter folgt der Standardaussprache des modernen Hebräisch mit Ausnahme einiger im Deutschen eingebürgerter Namen wie *Abraham* (und nicht *Awraham*), *Jerusalem* (und nicht *Jeruschalajim*). Vom Gebrauch des *-th* wie auch des *-h* am Wortende wurde abgesehen: *Tora* (nicht *Thorah* oder *Thora*). Das scharfe *ss* der semitischen Sprachen wird in der Wortmitte durch *ß* wiedergegeben und am Wortbeginn durch *Ss*. Der f-Laut wird durch *f* wiedergegeben (und nicht durch *ph*).

Die biblische Bezeichnung des jüdischen Volkes, *Benej Jisrael*, wird weder durch »Kinder Israel« noch durch »Israeliten« wiedergegeben, sondern durch »Israelssöhne«. Daher heißt das abgeleitete Adjektiv »israelisch«, gleichgültig, ob von der Antike oder der Gegenwart die Rede ist, und nicht »israelitisch« als eine besondere Bezeichnung für das Altertum. Das Land des Volkes, *Erez Jisrael*, wird in der deutschen Form »Land Israel« wiedergegeben und nicht mit dem römischen Eroberernamen »Palästina«.

I. Von der jüdischen Geschichte

Die heute lebenden Juden verstehen sich als Glieder einer historischen Kette, die bis zu Abraham aus der Stadt Ur im Zweistromland zurückreicht. Abraham gilt der jüdischen Tradition als der erste Jude. Das Zeitalter Abrahams und der anderen Stammväter Israels fällt in die Mittelbronzezeit des Nahen Ostens, etwa 1900–1500 v.d.Z., also gegen Ende der Steinzeit in Europa. Bereits seit Jahrtausenden gab es damals die Hochkulturen östlich des Mittelmeers, waren am Karmel und in der Jordansenke die frühesten menschlichen Siedlungen entstanden. Israels Vorfahren lebten als Kleinviehzüchter am Rande zwischen Steppe und Ackerbauland. Gleich anderen Halbnomaden waren sie auf feste Weideplätze angewiesen. »Väter« nannten sie jene Hirtenfürsten, die Besitz und Weideflächen für eine große Familiengemeinschaft verwalteten und sie durch kriegerische Organisation gegen Übergriffe verteidigten. Denn dieses Gebiet hat keine mächtigen Ströme wie Abrahams Heimat, der heutige Irak, oder Ägypten, die eine künstliche Bewässerung ermöglichen. Nur wenige Monate hält die Regenzeit in dieser Region an, danach ist der Tau der Nacht der einzige Niederschlag. Das bloße Leben hängt von der Bewässerungsmöglichkeit durch Regenwasserzisternen und von den wenigen Quellen ab; um sie führten die Hirtenstämme Kriege, zu ihrer Verteilung schlossen sie Bündnisse.

Vom Leben der Stämme berichteten Sagen und Lieder, Erzählungen und Familienstammbäume. In Zelten und Häusern sangen die Kundigen vom Leben der Väter Abraham, Isaak und Jakob: daß sie nicht wie ihre Zeitgenossen an lokale Gottheiten glaubten, sondern an den »Gott der Väter«, der sie gerufen hatte und dem sie vertrauten, weil er Herr über alles Seiende ist. Sie nannten ihn »Der-da-ist« und auch »Erschaffer von Himmel und Erde, der Mächtige, dem das All gehört«. Von Vater zu Sohn wurde berichtet, wie der Seiende sie rief und ihnen ein Land zum Erbteil gab für alle Zeiten. Deshalb heißt es seitdem »Das Land« schlechthin für alle Generationen ihrer Nachkommen. Auch vom gottverliehenen Stammsitz feindlicher wie verbündeter Nachbarn berichteten sie.

Noch nach Jahrhunderten der Seßhaftigkeit wußten die Erzähler um die Wanderungen der Väter. Ja, sie stellten den Bericht darüber geradezu in den Mittelpunkt. Damit setzten sie sich wie mit ihrem Glauben in Gegensatz zu allem, was in anderen Kulturen seit eh und je gebräuchlich war. Jedes Volk berichtete ja sonst, daß es seit eh und je da gelebt hatte, wo »sein« Land war. Und jeder neue Nachschub in den ständigen Völkerwanderungen der Menschheit bemühte sich, seine Wanderzeit möglichst zu vergessen. Man war immer dagewesen. Aber die Abrahamstämme lehrten, daß alles Gott gehört und er jedem Volk in seiner Gnade einen Wohnsitz verleiht. So machten sie denn das gebirgige und zerklüftete Land zu ihrer Aufgabe.

Das *Land* heißt in ihrer Sprache auch »die Erde«. Und heute wissen wir, daß es wohl nirgends sonst auf unserem Globus ein Land gibt, in dem auf solch engem Raum nebeneinander die geologischen Erdzeiten sich treffen und die Entwicklungsstufen der Gesteine, Pflanzen und Tiere, wo sich die Klimas treffen und unweit voneinander Alpenblumen und tropische Kolibris leben, wo heute noch Pflanzen und Fische existieren, die man sonst nur in Versteinerungen antrifft. Hier war die Urheimat des Weizens, hier die älteste Stadt: Jericho, »die Mondstadt«.

Was war nun die selbstgestellte, die als göttlicher Befehl verstandene Aufgabe der Stämme? Sie versuchten, ihren Glauben an den einen und einzigen Gott in einer völlig anders denkenden Welt zu halten und zu verbreiten, in einer Welt, die sich in steter Angst bemühte, Fruchtbarkeit in Feld und Familie zu bringen, indem sie die Götter beschwichtigte, die sie sich in ihrem eigenen Bild vorstellte als Mann und Frau. Jeder Ort hatte seinen Stadtgott, den lokalen *Ba'al*, das heißt »Besitzer«, und ihm zur Seite seine schwesterliche Gemahlin, *Astarte*, die mondgehörnte Jungfrau. Ihnen brachte man Tieropfer oder Menschenopfer, zu ihrer Ehre verstümmelte man sich, sang ihnen Beschwörungen und Preisungen, berichtete in Sagen und Epen von ihren und ihrer Widersacher Taten. Aber die Abrahamstämme wußten, daß Er, der Eine, ganz anders ist als sein Geschöpf Mensch, daß er dennoch zu dem Menschen spricht und der Mensch von ihm gehört wird. Sie erfuhren es in ihrem Leben und berichteten von diesem Angesprochenwerden durch alle menschlichen Schwächen hindurch, vom Hören in allem menschlichen Tun und wie im Tun und Hören der Menschen Schwäche zu Stärke wird und Verzweiflung zu Vertrauen. So wurde aus *Ja'akow*, hebräisch »der Listige«, *Jisrael*, »der Kämpfer Gottes«. Die Stämme nannten sich *Israelssöhne*. Sie trugen auch andere Bezeichnungen: nach ihrer Sprache *Aramäer* und nach ihrem Wandern *Iwrim*, Hebräer, das bedeutet: »die von drüben«. Später wurde ihre Sprache, eine Schwestersprache des Aramäischen, *Hebräisch* genannt. So heißt sie bis heute.

Das Land hieß *Kanaan* nach dem Mächtigsten der ansässigen Völker mit ihren einunddreißig Stadtstaaten. Kanaan, das ist »Kaufmann« und verkörperte städtisch verfeinerte alte Zivilisation, die nun den allmählich seßhaft werdenden Halbnomaden wich. Über Generationen hinweg erfolgte die Landnahme Kanaans durch die Stämme Israels und ihre Heerführer. Sie waren gleichzeitig Soldat und Prophet, Priester und Richter. Von ihnen erzählen die biblischen Bücher *Josua* und *Richter*. Das Königtum über Israel war Gottes, so wie das Land sein Lehen war und deshalb heiliges Land.

Zum ersten Mal in der Geschichte der Menschheit wurde hier gelehrt, daß alles Bestehende eine Würde hat, durch die es mit dem schaffenden Gott verbunden ist. Der siebente Tag, seit alters her Zeichen des Unheils und der Trauer in Babylonien, wurde zum Sinnbild der schöpferischen Ruhe für Mensch und Tier, für Herren wie Diener. Auch das Land, dieses Lehen Gottes, sollte seine Ruhe, seinen Sabbat, haben: das siebente Jahr, in dem nicht gepflügt und nicht gesät werden sollte. Nach sieben mal sieben Jahren war das Jahr des Freiheitshorns, *jobel*, irrtümlich »Jubel«: Da kehrte jeder Besitz wirklich oder symbolisch an seinen ursprünglichen Verwalter zurück. Daher ist jeder Landkauf lediglich Pacht auf 49 Jahre.

Was immer in den Dörfern und Städten der Stämme Israels belehrend erzählt wurde, ist mit der Geschichte verbunden. Es hatte eine Zeit gegeben, da lebten die meisten von ihnen als Bürger zweiten Grades in Ägypten, waren wie viele andere Volksstämme Soldaten und Bausklaven der Pharaonen. Das war etwa im 14. und 13. Jahrhundert v.d.Z. Später hatte dann Gott sich Mose offenbart als »Ich bin, der ich sein werde« und sie erneut in seinen Bund mit den Vätern gerufen. Aus dem fruchtbaren, üppigen Nilland Ägypten hatte Mose sie auf Gottes Geheiß herausgeholt, hatte sie und viele andere in das Sinaigebirge geführt, und dort besiegelten sie, was einst Abraham als Gottes Führung für diejenigen erkannt hatte, die diesen Bund als Verpflichtung wußten. Durch diese Sinai-Überlieferung erhielt die Menschheit das ethische Grundgesetz der Zehn Gebote.

Die Unterweisung der Lehrer verband die Herausführung aus pharaonischer Fronarbeit mit jeder menschlichen Verpflichtung:

> *»Ich bin der Herr, dein Gott, der dich aus Ägypten geführt hat. Habe keine anderen Götter vor meinem Antlitz.« – »Du weißt, wie dem Sklaven zumute ist, denn Fronsklaven wart ihr im Land Ägypten.« – »Habe Ehrfurcht vor Gott und halte nicht den Lohn des Arbeiters zurück. Ich habe euch aus Ägypten geführt.« – »Gib ein Sabbatjahr dem guten Land, das der Herr dein Gott dir gibt, denn er hat dich hinaufgeführt in das Land, das er deinen Vätern verheißen hat.«*[1]

---

[1] 2. Mose 20, 2–3; 3. Mose 19, 33; 3. Mose 19, 13; 25, 1–7

So lautete die Weisung, die Lehre, durch eine Zeitspanne, die bereits im Altertum länger war als die Zeit von Karl dem Großen bis zur Reformation in Westeuropa. »Lehre« heißt hebräisch *Tora*. Die Geschichten, Satzungen, Lieder und Predigten des alten Israel bilden zusammen das Fünfbuch der Tora, griechisch genannt *der Pentateuch* und deutsch »die Fünf Bücher Mose«. Sie enthalten viele Sammlungen zu Einzelthemen des Lebens, die ebenfalls den Namen Tora tragen: die Unterweisung für den Menschen; für die Feste und die Opfer; für die Lebensformen des Volkes in ihrer ganzen Breite, die sich durch viele Jahrhunderte entwickelt hatten. Israels Lehrer, die Übermittler der Tora, verstanden die Geschichte als die Geschichte Gottes mit dem Menschen in ständigem Wägen, Entscheiden, Irren und Suchen: Denn alles liegt in Gottes Hand außer der Gottesfurcht. Diese überließ er dem Menschen als Aufgabe seines freien Willens, seines Verstandes und seines Herzens. So wurden die Kämpfe um eine gerechte Gesellschaftsordnung zu »Gotteskämpfen«, und die Taten der Könige wurden danach beurteilt, ob sie sich diesem gottgegebenen Gesellschaftsrecht einfügten oder ob sie in frevelhafter Willkür handelten.

Könige, Priester und Propheten erstanden im alten Israel: Könige als Richter und Heerführer, Priester als Lehrer, Propheten als ständige Mahner für Herrscher und Volk: Übet Gerechtigkeit, liebet Gott, seid nicht willkürlich, denn der Mensch ist nur beständig, wo er sich im Bund mit Gott weiß und dementsprechend verhält; Staubkorn, das dennoch bis an die Engel reicht.

Dieses Lernen um Gottes Handeln mit dem Menschen erstreckte sich über eine ganze Reihe von Epochen altjüdischer Geschichte und bildete den Inhalt zahlreicher Bücher. Einige von diesen hießen später »die Bücher«, bei den hellenistischen jüdischen Gemeinden *biblia*. Freilich wurden nicht alle vorhandenen Bücher in die hebräische Bibel aufgenommen, sondern nur 39 aus einem sehr umfangreichen Schrifttum. Andere wurden zitiert: Königsannalen, Predigten, Lieder, Gleichnisse. Sie gingen verloren, wir können die Hinweise nicht mehr nachlesen. Wieder andere wurden in nicht-hebräische Sprachen übersetzt und blieben »Äußere Schriften«, *Apokryphen*.

Außerdem gab es die verschiedensten Sammlungen von Legenden, Sagen und Predigten, die das in der Bibel Berichtete ergänzten und oft erst verständlich machten. All dieses zusammen bildete das althebräische Schrifttum in seiner Vielfalt.

Die hebräische Bibel ist in drei Teile aufgeteilt: *Tora, Newi'im* (Propheten), *Ketuwim* (Schriften). Aus den Anfangsbuchstaben dieser Teile wird ihre üblichste Bezeichnung gebildet: der *Tenach* (k wird nach Vokal als stimmhaftes »ch« gesprochen). Andere Bezeichnungen sind: »Die Vierundzwanzig«, wonach »das Zwölfbuch« kleinerer Prohetenschriften als eine Einheit gerechnet wird, ebenso die Tora und die aus zwei Teilen bestehenden Bücher; »Heilige Schriften« und *Mikra*, »das Lautgelesene«. Dieser Name war Vorbild des Titels *Koran*, der die gleiche Bedeutung hat.

Die Tora gilt als das, was jeder Jude von Kindheit an eingehend lernen muß. Das führte im griechischen Sprachbereich des 3. und 2. vorchristlichen Jahrhunderts zur Bezeichnung *nomos*, »Gesetz«, was von Nichtjuden oft im Sinne eines in Paragraphen geteilten Gesetzbuches mißverstanden wird. Die Propheten sind die geschichtlichen Predigtbücher des Volkes Israel. Dichterische und erbauliche Werke sowie Familienstammtafeln sind »Schriften«. Diese heilige Literatur der Biblia wuchs durch weit über tausend Jahre. Die Überlegungen der Meister, welche Bücher in den dritten Teil aufgenommen werden sollten, dauerten bis in das 2. nachchristliche Jahrhundert. Eine Reihe von Büchern, die nicht aufgenommen wurden, blieb durch die griechischen Versionen der jüdischen Gemeinde in Alexandrien erhalten und fand Aufnahme in die Traditionen der christlichen Kirchen. Durch Zufall kommt hin und wieder ein Bruchstück der hebräischen Urschrift eines apokryphen Buches zutage. 1966 wurden Teile des hebräischen Buches »Sprüche des Ben Sira«, in der kirchlichen Tradition: *Ecclesiasticus*, »Sprüche des Jesus Sirach«, unter der Brandasche der Festung Massada gefunden.

Es folgt eine Übersicht über die biblischen Bücher in der Reihenfolge des Tenach mit ihren hebräischen und den christlichen Bezeichnungen. Die Übersetzung von Buchtiteln steht in Anführungszeichen. Zur Aussprache des Hebräischen: »ch« wird immer wie in »Buch« gesprochen.

1. TORA (griechisch und lateinisch: der Pentateuch, deutsch: die Fünf Bücher Mose)		
hebräisch	***lateinisch***	***deutsch***
Bereschit, »Im Anfang«	Genesis, »Im Anfang«	1. Buch Mose
Schemot, »Namen«	Exodus, »Auszug«	2. Buch Mose
Wajikra, »Er rief«	Leviticus, »Levitenbuch«	3. Buch Mose
Bemidbar, »In der Wüste«	Numeri, »Zahlen«	4. Buch Mose
Dewarim, »Worte«	Deuteronomium, »Zweites Gesetz«	5. Buch Mose
2. PROPHETEN		
Erster Teil: »Frühere Propheten«[a]		
Jehoschua	Josue	Josua
Schoftim	Judices	Richter
Schemuel alef	1 Samuelis	1. Buch Samuel
Schemuel bet	2 Samuelis	2. Buch Samuel
Melachim alef	1 Regum	1. Buch der Könige
Melachim bet	2 Regum	2. Buch der Könige

[a] Ohne diese historischen Bücher ist die prophetische Kündung unverständlich, daher wurden sie in dieser Form angeschlossen. Der früheste Prophet, von dem es ein Buch gibt, war Amos im 9. Jahrhundert v.d.Z., Jeremia der letzte vor dem Babylonischen Exil.

Zweiter Teil: »Spätere Propheten«		
Jeschajahu	Isaias	Jesaja
Jirmejahu	Jeremias	Jeremia
Jecheskeel	Ezechiel	Hesekiel
Dritter Teil: Treassar, »die Zwölf«, auch: kleinere Prophetenbücher		
Hoschea	Osee	Hosea
Joel	Joel	Joel
Amos	Amos	Amos
Owadja	Abdias	Obadja
Jona	Jonas	Jona
Micha	Michäas	Micha
Nachum	Nahum	Nahum
Chabakuk	Habakuk	Habakuk
Zefanja	Sophonias	Zephanja
Chaggai	Aggäus	Haggai
Seharja	Zacharias	Sacharja
Maleachi	Malachias	Maleachi
3. Schriften		
Tehillim, »Preisungen«	Psalmi	Psalmen
Mischlej, »Sprüche«	Proverbia	Sprüche
Ijow	Ijow	Ijow

Die 5 Rollen		
Schir haschirim, »das Lied der Lieder«	Canticum canticorum	Das Hohelied
Ruth	Ruth	Ruth
Echa, »Wehe«	Lamentationes	Klagelieder
Kohelet, »Versammler«	Ecclesiastes	Prediger
Esther	Esther	Esther
Daniel	Daniel	Daniel
Esra	Esdras	Esra
Nechemja	Nehemias	Nehemia
Diwrej hajamin alef	1 Chronicum	1. Buch der Chronik
Diwrej hajamin bet	2 Chronicum	2. Buch der Chronik

Seit uralter Zeit bestehen Melodien des Rezitativs für die biblischen Bücher. Es gehört zum Wesen jeder alten Kultur, ihre zentralen Texte als gesungenes, »kantilliertes« Wort zu bewahren. Wort und Melodie verschmelzen zum Sinngebilde, das, unauslöschlich in das Gedächtnis geprägt, Teil der Persönlichkeit wird. Damit hängt die beinahe unfaßbare Aufnahmekraft des Gedächtnisses zusammen, wie sie z.B. in Europa bis zum 16. Jahrhundert die Sänger der gälisch-irischen Epen pflegten. In Asien sind sie vielerorts anzutreffen. Die Singweise geheiligter Überlieferungen unterscheidet sich in ihrem Typ stets von den Liedmelodien; sie weist bei aller Verschiedenheit ähnliche Grundzüge vom Zen-Buddhismus bis zur Gregorianik auf. In der jüdischen Kantillation wurden spezifische Melodien für die Tora einerseits, die Prophetenbücher andererseits ausgebildet. Psalmenton und Klageliederton bilden eigene Gruppen. Auch die Gebete und die nachbiblischen Texte haben eigene Rezitativweisen, deren Verlust vielerorts mit einem zerstörenden Sprung in der »Gestalt« des Judentums als Einheit von Sein, Fühlen und Denken verbunden ist.

Reiche kamen und gingen – Babylonier und Hethiter, Ägypter und Römer, Goten und Kelten; ihre Völker und Kulturen gingen in Nachfolgestaaten auf, oft blieb von ihnen nichts als eine Form des Hausbaus, Fremdwörter einer Sprache, eine Kultordnung beim Gottesdienst. Das einzige Volk, das in seiner Sprache, seinem historischen Gedächtnis, seiner Religion und Überzeugung in unabgerissener Kette in den Alten Orient zurückreicht, ist Israel. In Rom und Byzanz, in Persien und Arabien, im Rheinland und in Äthiopien bewahrte es bei stetem Austausch mit anderen Völkern dennoch sein Eigenes. Es besitzt von allen Völkern der Erde als einziges die Fähigkeit, seit über dreitausend Jahren in allen Wechseln der Zeitumstände das Gleichgewicht zwischen beharrenden und verändernden Bestrebungen zu halten. Eine gebändigte Dynamik wohnt ihm inne und bestimmt den Lebensweg der einzelnen und der Gemeinschaften, die das Volk ausmachen.

Diese Eigenart wird deutlich, wenn wir zum Vergleich zwei andere moderne Völker heranziehen: die Perser und die Griechen. Beide sind Erben alter Kulturen und Sprachen. Durch viele Jahrhunderte bildeten Griechen und Perser die beiden Großstaaten, die zu dem Bedeutendsten gehörten, das Menschen je zustande brachten. Beide gingen in der Neuzeit daran, moderne Staaten zu bilden. Griechen sprechen auch heute noch griechisch, ihre Sprache hat niemals aufgehört, wenn sie sich auch im Laufe der Jahrtausende gewandelt hat. Auch die alte Schrift wurde beibehalten. Was nicht geblieben ist, nicht bleiben konnte, ist der Glaube der Vorfahren. Die Literatur, dieses große Erbe der westlichen Völker, kann den christlichen Griechen nicht mehr persönlich ansprechen: Es ist Antike. Mit der absoluten Unannehmbarkeit des Altertums im religiösen Bereich schwand den Nachfahren der Hellenen jene Identifikation mit ihrer Vorzeit, die das Geheimnis von Israels Existenz ist.

Wie soll man solch eine alte und umfangreiche Geschichte einteilen, wo auch bei weitaus jüngeren Völkern oft keine eindeutige Meinung über die Grenzen der Epochen zu erzielen ist? Vor allem ist sowohl die spezifische Eigenentwicklung zu berücksichtigen wie die Wechselbeziehung zur Umwelt. Mit anderen Worten, es darf nicht außer acht gelassen werden, daß in Israels Geschichte eine ständige Spannung zwischen Partikularismus und Universalismus herrscht, zwischen dem Bestreben nach Ausprägung der eigenen Persönlichkeit und der Sendung als dia-nationales Volk, das zwischen den anderen Völkern wirkt als das, was es ist. Für das jüdische Selbstverständnis gibt es in seiner Geschichte keinen Bruch, keine Zeitenwende und gewiß keine Mitte der Zeit. Die unerschütterliche Glaubenserkenntnis eines möglichen unmittelbaren Bundes zwischen Gott und einem ganzen Volk, das sich in einem Auftrag weiß, hat diese Geschichte gestaltet.

Der Erste jüdische Staat

Auf die Landnahme um 1200 v.d.Z. folgte die Staatswerdung mit dem Ersten Staat bis 586 v.d.Z. Der zweite König, David, wurde zu einer der bedeutendsten Personen der Menschheitsgeschichte: Sänger und Hirte, irrender und dennoch begnadeter Mensch, Inbegriff menschlichen Mutes, Kämpfer gegen den philistäischen Helden Goliath. Für die Propheten Israels konnte nur ein gesalbter König aus dem Stamm Davids Autorität über ihr Volk besitzen. Der hebräische Königstitel »Gesalbter«, *Maschiach*, wurde von griechisch sprechenden Juden *Messias* ausgesprochen. Die griechische Übersetzung dieses Titels ist »Christos«.

Nur David und sein Sohn Salomo herrschten über Israel als ein einheitliches Großreich. Danach teilte es sich in das Nordreich Israel mit der Hauptstadt Samaria und das Südreich Juda mit der Hauptstadt *Jeru-Schalajim*, »Stadt des Friedens«. In beiden wirkten die mahnenden Propheten. Sie hatten eine andere Funktion als die Wahrsager, Zukunftsdeuter und Hofmagier anderer alter Kulturen. Sie sagten nicht Ereignisse voraus, sondern stellten Herrschern und Volk stets neu die Wahl: Gottes Wille für die Menschen ist dies und dies. Handelt ihr demzufolge, auch wo es keinen materiellen Nutzen bringt oder der praktischen politischen Überlegung widerspricht, dann wird es euch als Gemeinschaft wohl ergehen. Ihr könnt aber auch anders wählen, nach den Forderungen des »praktischen«, gewinnsüchtigen, machtheischenden »gesunden Menschenverstands«. Dann trifft euch die unerbittliche Folgerung des geschichtlichen Ablaufs. Gericht und Gnade, Handlung und Folge, immer wieder neue Möglichkeiten des Ansatzes zur echten Verantwortung – das sind die Gottesworte, die Israels Propheten hörten und kündeten.

Aus dieser Sicht heraus schrieben ihre Schüler die Begebenheiten der einzelnen und der Völker auf, wie sie in den Geschichtsbüchern der Bibel vorliegen.

Das Reich Juda, hebräisch *Jehuda*, führte seinen Namen nach demjenigen Stamm der Israelssöhne, die sich im Gebirge rings um Jerusalem angesiedelt hatten, ferner in der Wüste bis zum Toten Meer, dem tiefsten Punkt der Erdoberfläche, und im südlichen Ödland oder Negev mit seiner Hauptstadt *Beer-Schewa*, die bereits in der Abraham-Geschichte von Bedeutung gewesen war. Die Bergfeste Jerusalem war von einem der vorisraelischen Stämme wohl schon so genannt worden. In der Überlieferung der Abrahamstämme wurde berichtet, wie Abraham hier einen Bund mit dem lokalen König *Melchizedek* schloß, das heißt: »gerechter König«, der zugleich auch Priester des *El Eljon* war.

Aus der kanaanäischen Literatur des 2. vorchristlichen Jahrtausends, die vor einigen Jahrzehnten bei Ausgrabungen entdeckt wurde, können wir jetzt diese in der Bibel überlieferte Gottesbezeichnung besser im Zusammenhang der zeitgenössischen Theologie verstehen. Es handelt sich dabei um jenen Gott, der im kanaanäischen Pantheon die Namen *El* und *Eljon* trug und »der höchste« unter den anderen Göttern war, etwa so, wie im griechischen Pantheon *Chronos*, »die Zeit«, die erste Stelle eingenommen hatte. Das ist von großem Interesse in der religionsgeschichtlichen Entwicklung, die mit dem Namen und Titel jenes frühen Jebusiters verbunden ist. In der jüdischen Tradition wurde El Eljon als Bezeichnung des einen Gottes verstanden. Vom Weiterleben der alten Jerusalemer Lokaltraditionen zeugt die Aufnahme gerade dieser Priesterfigur in die Gedankenwelt des Christentums: Das althebräische Psalmenwort vom gottberufenen Herrscher David, der »Priester ist wie Melchizedek«, deutete Paulus auf Jesus. David hatte Jerusalem zum zentralen Heiligtum des Volkes Israel gemacht, hier baute sein Sohn Salomo den prunkvollen Tempel, der im Jahr 586 v.d.Z. von den Babyloniern zerstört wurde.

Das Nordreich Israel hatte bereits im Jahr 722 v.d.Z. bei den Kämpfen zwischen Assyrien und Ägypten seine Selbständigkeit verloren, und Fremde kamen nach Samaria. Aus ihnen und dem verbliebenen Landvolk entstand das Volk der Samaritaner. Hier hatten zehn der zwölf Stämme gelebt. Die Handwerker und die früheren Familien wurden von den Assyrern in andere Länder umgesiedelt. Bis heute gibt es jüdische Gemeinden in vielen asiatischen Ländern, die behaupten, an ihren Wohnorten bereits seit jener assyrischen Deportation ansässig zu sein. Auch nichtjüdische Völker führen sich auf die zehn Stämme zurück, was zumindest beweist, welch lebendige Überlieferung die jüdische Geschichte im Bewußtsein der verschiedensten Völker von Irland bis Japan darstellt.

Tatsache ist jedenfalls, daß nach der Zerstörung Jerusalems und des Ersten Tempels ein großer Teil der Bevölkerung in das babylonische Reich kam. Andere, besonders an der Mittelmeerküste ansässige israelische Stämme waren auf ihren Seefahrten nach Nordafrika und Spanien gekommen. Im 6. bis 4. Jahrhundert v.d.Z. bildeten sich nun immer weitere jüdische Gemeinden mit prophetischer Lehre, zu denen auch viele Proselyten kamen, sowohl rings um die Mittelmeerküste wie im gesamten Perserreich, das nunmehr an die Stelle des babylonischen Reiches getreten war.

Der Perserkönig Kyros (Cyrus) erweiterte die bereits bestehende Politik der nationalen Autonomien innerhalb seines Großreiches, das von Äthiopien bis Indien reichte. Innerhalb dieser Völkergemeinschaft konnte jedes Volk seine Lebensformen und seine Religion wahren. Die Verwaltung war einheitlich und bediente sich der aramäischen Kanzleisprache, die sie bereits vorgefunden hatte; die persische Sprache selbst gehört nicht zur semitischen, sondern zur indo-europäischen Sprachfamilie.

Der Zweite jüdische Staat

Kyros ging in seiner Großzügigkeit weiter. 538 v.d.Z. erließ er ein Edikt, das die Rückkehr nach Jerusalem und die weiteren judäischen Gebiete gestattete, mitsamt dem Aufbau des Tempels, für den er die von den Babyloniern geraubten Geräte aus dem Staatsschatz aushändigen ließ. Ein Teil der Verbannten wagte es, unter Leitung des Davidsprosses Serubabel in das kriegszerstörte Land heimzukehren, das von fremden Söldnern und Nomadenstämmen überlaufen war. Etwa fünfzigtausend Heimkehrer waren der Kern des Zweiten jüdischen Staates. Seine prekäre politische und religiöse Lage verbesserte sich im Jahre 458 v.d.Z. nach dem Edikt des Königs Artaxerxes mit der zweiten Heimkehrerwelle unter der Leitung des gelehrten Priesters Esra. Der Jerusalemer Tempel war neu errichtet worden und bestand bis zur Zerstörung durch Titus im Jahre 70 n.d.Z. Nur die westliche Außenstützmauer blieb stehen. Sie heißt bis heute »die Klagemauer« und ist das Symbol für Israels Treue zu seiner Geschichte.

Wie sah nun dieser Staat aus, der bis zum Bar-Kochba-Aufstand im Jahre 135 n.d.Z. bestand? Trotz aller Mißlichkeiten, Kriege und Verfolgungen hatte sich das jüdische Volk bereits in solchem Maße vermehrt – nicht zuletzt dank der biblischen Vorschriften für das private und öffentliche Gesundheitswesen – daß im Mittelmeergebiet und in Asien eine Vielzahl von jüdischen Siedlungen bestand, die sich zum Staat und zum Tempel verhielten wie die Peripherie eines Kreises zu seinem Mittelpunkt. Der Staat wurde durch die Gemeinden der Peripherie, die *Diaspora*, was nicht »Verbannung«, sondern »Streuung« bedeutet, politisch und wirtschaftlich gehalten. Die Diaspora aber empfing von diesem Mittelpunkt aus ihre Sinngebung, ihre wichtigsten Lebensimpulse, ihre Verbundenheit untereinander.

Mittlerweile war etwas entstanden, das vollkommen neu in der menschlichen Geistesgeschichte war: das Darbringen von Gebeten anstelle von Opfern. Damit wurde die Form der späteren westlichen Religionen geprägt. Auch in der altisraelischen Zeit hatte es Gebete gegeben, wie bei allen anderen Völkern des Altertums. Aber diese Gebete waren für das frühere religiöse Empfinden nur ein Teil des Opferdienstes, bei dem der Mensch auf Dinge, die ihm besonders wertvoll waren, verzichtete und sie Gott darbrachte. Diese Opfergaben waren im alten Israel vielfältig, und es gab bestimmte Vorschriften für sie. Wesentlich war aber geworden, daß nur im Jerusalemer Tempel geopfert werden durfte. Daher pilgerte das Volk aus dem ganzen Land jährlich zum Tempel, um dort zu opfern. Trotz seiner Zerstörung und der Verschleppung der Einwohner Jerusalems und anderer Städte nach Babylonien blieb die Ordnung des Gottesdienstes bestehen, aber anstelle der Opfer wurden Gemeindegebete dargebracht. Die gleichen Psalmen, die im Tempel gesungen wurden, bildeten den Grundstock des jüdischen Gebetes.

Bereits in früher Zeit war eine mehr oder weniger regelmäßige Einrichtung des täglichen Gebetes weit verbreitet. Sie wurde gepflegt, wo immer es Glieder des jüdischen Volkes gab. Auch nach Erbauung des Zweiten Tempels löste der dortige Opferdienst keineswegs die bereits entwickelte Synagoge, das Gemeindehaus, ab. Auch in Jerusalem gab es zahlreiche Gemeindehäuser. Hier wurden die Kinder in der Bibel unterrichtet, man versammelte sich dort zum Studiengespräch über die biblische Lehre und verrichtete hier das Gebet. Außerdem bestand als besonders feierlicher Höhepunkt der Tempelgottesdienst mit seiner prächtigen Instrumentalmusik, dem Ornat der Priester und Leviten, mit Weihrauch, Glöckchen und Tieropfern.

Die Zeit des Zweiten Tempels oder des Zweiten jüdischen Staates war es, in welcher die Lehre der Propheten und die Satzungen der priesterlichen Lehrer für das ganze jüdische Volk in einer Weise verpflichtend wurden, daß man von dieser langen Epoche als der formenden Zeit des Judentums sprechen kann. Inmitten einer sich ständig erweiternden, dynamischen Welt lebten diese Gemeinden, die nun Israel waren, im eigenen Land und in vielen Gemeinden in anderen Ländern. Das Leben nach diesen Satzungen und Lehren der Gotteserkenntnis als gemeinschaftsordnendem Prinzip war es, das sie erhielt:

> *Mehr als Israel hielt die Lehre Gottes, die Lehre Gottes hielt Israel. – »Denn sie ist unser Leben und die Länge unserer Tage.«*[2]

Ohne seine »Halsstarrigkeit«, ohne den für Fremde als verbohrt geltenden Glauben an einen Bund mit Gott und die daraus entspringende, immer neu wirkende gegenseitige Treue hätte es bereits kein jüdisches Volk mehr gegeben, als Rom in der Geschichte auftrat.

So aber, als sich selbst sehr genau verstehendes Israel, konnte das jüdische Volk in den jahrhundertelangen Kämpfen zwischen Rom und Persien nicht nur bestehen, sondern aus seiner Erfahrung und Literatur die Bibel schaffen und weiterhin das viel umfangreichere nachbiblische Schrifttum. Es konnte auch die Basis für das Christentum legen inmitten einer Welt, die allmählich erkannte, daß Israels Weg menschenwürdiger und sinnvoller war, den Möglichkeiten des menschlichen Denkens entsprechender in seiner Verbindung von Glauben und Wissen, als die auf Macht als Selbstzweck ausgerichteten Geschehnisse bei vielen anderen Völkern mitsamt ihrer Einkleidung in religiöse Formeln.

Wie in allen vorangegangenen Epochen bildeten sich auch jetzt, allerdings in weitaus verstärktem Maße, um fast jede jüdische Gemeinde zahlreiche Gruppen von Halb- und Ganzproselyten. Soweit es sich um wirkliche Einsicht handelte und nicht um Opportunismen verschiedenster Art, war diese Ent-

---

2 5. Mose 30, 20

wicklung durchaus im Sinne der jüdischen Auffassung. Viele der Meister vertraten die Ansicht, daß die Bekehrung der Götzen- und Naturkräfteanbeter zur Erkenntnis des einen Gottes und der von ihm eingesetzten Ethik der Grund dafür sei, daß Israel unter vielen Völkern lebt. Das kann aber nur durch *Präsenz* und *Vorbild* geschehen: durch Gespräch, Belehrung und Hinweis auf die Verpflichtung desjenigen, der in das jüdische Volk eintritt. Bis heute besteht die Vorschrift, jeden um Aufnahme Bittenden mehrmals wegzuschicken, um sein wirkliches Interesse zu erproben. Im Altertum gab es zwei Gruppen von Bekehrten: Die Halbproselyten verpflichteten sich vor drei Meistern, nach den Noah-Geboten zu leben und zu wirken; man nannte sie *chassidej umot haolam*: »die Gerechten aus den Weltvölkern«; heute ist dies der Ehrentitel, den der Staat Israel Menschen verleiht, die während der Nazizeit Juden vor dem Tode retteten. Vollproselyten hießen *gerej zedek*, »wahrhaft Bekehrte«.

Das Erbe der Propheten wurde von den Schriftgelehrten betreut. Bis zum 5. Jahrhundert v.d.Z. erstanden weitere Propheten, bis zu dem letzten, dessen Name nicht bekannt ist; seine Schrift heißt »mein Bote«, hebräisch *maleachi*. Die Schriftgelehrten, hebräisch *Sofrim*, sind die »Meister des Buches«, die Lehrer. Bereits seit vielen Jahrhunderten war es die Aufgabe des Stammes Levi gewesen, die Unterweisung in jedem israelischen und judäischen Ort auszuüben. Die Leviten waren es, die Lesen und Schreiben lehrten, denn im Volk Israel war dieses kein Vorrecht der Priester oder Hofbeamten wie häufig in anderen Kulturen. Diese Aufgabe war so zentral, daß die Familien des Stammes Levi niemals Bodenbesitz hatten, wie er allen übrigen Stämmen zuteil wurde. Durch Abgaben wurde in jedem Ort für den Unterhalt der Leviten gesorgt. Dies geschah auch in einer Zeit, als breiten Kreisen im Volk die Institution des Tempels fragwürdig geworden war, ein Sinnbild der Nachäffung hellenistischen Bombastes und das Tempelpriestertum eine Verhöhnung der israelischen Demokratie. Die Lehrtätigkeit, die seit eh und je im Lande und in der Diaspora bestand, erhielt das geistige Gesicht des Volkes. Deshalb waren die *Lehrer* und nicht die *Priester* die Autorität jüdischen Wesens. Sie sind es, die als Meister, *Rabbi*, angeredet werden. Daher heißt das Judentum in seiner historischen Gestalt und seinem lebendigen Wirken »rabbinisches Judentum«, und daher ist auch heute der Rabbiner kein Priester, der eine Verbindung zwischen Gemeinde und Gott herstellt. Er ist Gleicher unter Gleichen, soll freilich Lehrer sein, der durch sein Wissen und seine Persönlichkeit Judentum vermittelt. Als jüdischer Lehrer bleibt er gleichzeitig immer Lernender. Denn der Weise ist »Schüler der Weisen«, und das Psalmenwort »Von all meinen Lehrern habe ich gelernt« wurde ergänzt: »am meisten aber von meinen Schülern.«[3]

In der Zeit nach Alexander dem Großen brachte die Grundidee der unablösbaren Treue zum eigenen Gottesverständnis das jüdische Volk in ständige Konflikte mit der Umwelt. Denn unter der Herrschaft der Nachfolger Alexanders war im größten Teil der bekannten Welt die reiche hellenistische Kultur entstanden, die sich durch viele Jahrhunderte hielt. In Syrien und Babylonien herrschten die Seleukiden, in Ägypten die Ptolemäer. Innerhalb dieser Welt war es wieder einmal, wie schon vor Jahrhunderten, das halsstarrige winzige Volk der Krieger und Dichter in Judäa, in dem sich ein massiver Widerstand gegen fremde Götter ausbreitete. Denn nun wurden Herrscher vergöttert, was Juden ein noch größerer Greuel war als die Anbetung von Gestirnen in Babylonien oder die Fiktion von der Gottessohnschaft der ägyptischen Herrscher. Im Jahre 143 der seleukidischen Zeitrechnung (168 v.d.Z.) erwuchs aus dem lange schwelenden Widerstand gegen die syrischen Könige der Makkabäer-Aufstand. Nach zwei blutigen Kriegsjahren wurde den Juden endlich das Recht gewährt, wieder nach ihrer eigenen Tradition zu leben. Eine kriegerische Landpriesterfamilie hatte den Kampf gegen eine gewaltige syrische Übermacht geführt. Dies blieb eines der Symbole für den unbeugsamen Freiheitswillen der Juden.

---

[3] Babylonischer Talmud, Ta'anit 7a; Psalm 119, 99

Auch im hellenistisch geprägten Rom wurde später die Anbetung der Kaiser der Grund, daß die Juden als Atheisten galten, weil sie den Kniefall vor Kaiserbildern verweigerten und einen Aufstand nach dem anderen versuchten. Es war die Partei des Volkes und der Gelehrten, die sich dem römisch assimilierten herodianischen Hofstaat und Tempelwesen widersetzte. Diese Gelehrten galten den Assimilanten als »Eigenbrötler«, »Abgesonderte«, hebräisch *peruschim*. In griechischer Aussprache nannte man sie *Pharisäer*. Sie waren es, die das Erbe des alten Israel erhielten, sie, die Meister des Volkes, gegen die römische Oberherrschaft und die durch sie eingesetzen Priester. Ihre Predigten und Gleichnisse und vor allem ihr persönliches Vorbild ließen den Unterschied zwischen biblischer Lehre und der Vergötterung von Unwesentlichem um so augenfälliger werden. In ihren Schulen, den ersten wirklich ausgebauten höheren Schulen irgendeines Volkes, unterrichteten sie jeden, nicht nur die Söhne der Reichen. Viele von ihnen waren Handwerker oder Landwirte, denn für das Lehren, die wichtigste religiöse Pflicht Israels, durfte kein Geld genommen werden. Auch mit dieser Betonung der lebenswichtigen menschlichen Berufe standen sie in schärfstem Widerspruch zur griechisch-römischen Überlieferung mit ihrer strengen Werteskala angesehener und untergeordneter Berufe. In Israel hingegen war es seit den frühesten Zeiten so gewesen, daß die Verbundenheit des Menschen mit der Erde und der Dienst am Menschen in jedweder Form größere Glaubwürdigkeit als alle andere Lebensformen besaßen. Unter den großen Gottesmännern des Ersten israelischen Staates gab es freilich solche, die zur Aristokratie gehörten, aber dennoch am Herrscher strengste Kritik übten, vor allem aber gab es die unter ihnen, die aus einem landwirtschaftlichen Beruf herausgerufen wurden, um Künder zu sein für ihr Volk und für die Großreiche ihrer Zeit.

Sowohl das Fünfbuch wie Propheten und Schriften waren Gegenstand des ständigen Unterrichts. Um sie auch denen nahezubringen, die den Text selbst in seiner Knappheit nicht verstehen konnten, wurde es zur Regel gemacht, jeden Vers zweimal hebräisch und einmal in der jeweiligen Reichs- und Staatssprache vorzulesen. Das galt vor allem für die Tora, den »Lebensbaum« der Juden. Die Übersetzungen waren aramäisch im östlichen Bereich jüdischer Ansiedlung, griechisch im hellenistischen Bereich und vor allem im Mittelpunkt der hellenistischen Kultur, der ägyptischen Stadt Alexandrien. Die alexandrinische Gemeinde schuf die »Übersetzung der Siebzig«, in griechischer Sprache *Septuaginta*. Jahrhunderte später, als die Notwendigkeit des »Alten Testaments« für das »Neue« immer dringlicher wurde, wurde sie die Grundlage der christlichen Bibel für jene Christen, die nicht aus dem Volke Israel stammten und daher die Tora nicht im hebräischen Urtext kannten. Die von Christen angefertigten weiteren Übersetzungen gehören sprachlich wie inhaltlich einer anderen Kulturstufe an.

Aus dem Zusammenwirken griechischer und jüdischer Kultur entstanden neben schöner Literatur die neuplatonische Philosophie und allegorische Bibeldeutung des Philo von Alexandrien (25 v.d.Z.–40 n.d.Z.). Philo gewann solch überragende Bedeutung für das Bibelverständnis des Christentums, daß er im einsetzenden Kampf zwischen Mutterreligion und Tochterreligion im jüdischen Bereich nicht mehr überliefert wurde.

Auf die sechshundert Jahre des alten Israel waren also etwa sechshundert weitere Jahre gefolgt, in denen das rabbinische Judentum seine Grundlagen erhielt. Diese Zeit selbst ist in vieler Hinsicht noch biblisches Zeitalter. Vor allem deshalb, weil sowohl nach jüdischer Überlieferung wie nach den Erkenntnissen der modernen Bibelforschung in diesem langen Zeitraum die Bibel zu einem verbindlichen Werk für Israel wurde und viele ihrer Schriften die Gestalt erhielten, in der wir sie bis heute kennen, oft aus Einzelsammlungen zusammengesetzt oder auch aufgrund alter Traditionen neu umgeschrieben. Das war eine der Aufgaben der »Schreiber«, also der Redaktoren der Bibel, welche die Meister dieser Jahrhunderte waren, Lehrer ihres Volkes und der Welt. Bei diesem Text der Bibel handelte es sich um den Konsonantentext, denn das hebräische Alphabet besitzt wie die meisten semitischen Schriften keine

Vokalzeichen. Erst in der Anpassung der gleichen phönizischen Mutterschrift an die Notwendigkeiten des Griechischen waren dort, und damit auch in der späteren Abwandlung als lateinische Schrift, eigene Zeichen für die Laute a, e, i, o, u eingeführt worden. Der hebräische Bibeltext blieb wie die anderen hebräischen und aramäischen jüdischen Schriften durch das Mittelalter Gegenstand der stetigen mündlichen Überlieferung; Lesung und Melodie wurden stets von einer Generation der nächsten weitergegeben. Frühestens im 6. Jahrhundert n.d.Z. wurden Zeichen für die Vokale üblich, aus denen in späteren Jahrhunderten mehrere Systeme entwickelt wurden. Eines davon wurde allgemein gebräuchlich und gehört seitdem zum schriftlichen Kanon. Der christliche Theologe allerdings, der die hebräische Bibel im Urtext lesen und verstehen lernt, ist sich meist nicht darüber im klaren, daß im jüdischen Gottesdienst der Pentateuch auch heute in der Synagoge von einer handgeschriebenen Pergamentrolle ohne Vokalpunkte oder Satzzeichen verlesen wird.

Außer der biblischen Literatur war vieles andere in diesen sechshundert Jahren bis 135 n.d.Z. geschehen. Vor allem hatte sich das Gemeindewesen des Volkes um die zentrale Institution der Bibellesung in einer Weise entfaltet, die, in Verbindung mit der lebendigen Lehre der Bibel, den Tempel als realen Mittelpunkt entbehren konnte. Daher war selbst die schmerzliche Zerstörung dieses staatlichen Symbols keine Wende im Judentum: Denn die Lehrer, die zur Tempelzeit ihre Schulen und Akademien für das ganze Volk eingerichtet hatten, erhielten von der römischen Oberherrschaft politische Befugnisse. Sie und die nach wie vor von ihnen geleiteten juristischen Instanzen blieben weiterhin höchste Autorität für Israel.

Das talmudische Zeitalter

Die folgende Epoche trägt ihren Namen nach der bedeutendsten Schriftensammlung der Juden neben der Bibel: dem Talmud. *Talmud* ist eine der vielen hebräischen Bezeichnungen für Lehre. Auch der Talmud ist nicht Gesetz im Sinne eines aus Paragraphen zusammengestellten Regelbuches für einen Staat. Freilich wurde er der tragbare Staat der Juden, so wie die Bibel ihre tragbare Heimat wurde. Beim Talmud handelt es sich vor allem um die Schilderung von Modellsituationen und der Studiendiskussion über sie. Er enthält Lehrgespräche, einschließlich Predigten, Betrachtungen, Gleichnissen, Fabeln und Kuriositäten, die sich während Jahrhunderten an den jüdischen Hochschulen im Land Israel und im persischen Babylonien ereignet hatten. Wegen der Reichhaltigkeit des Materials und nach der Art einer vorwiegend mündlich gepflegten Gelehrsamkeit war es weder wünschenswert noch möglich, anders als in Stichworten zu überliefern. Da diese Materie bis heute in Studiengruppen gelehrt wird, wird im anschließenden Gepräch das Notwendige ergänzt.

Die »mündliche Lehre«, wie der Talmud genannt wird, entstand an Akademien mit Tausenden von Schülern im römischen und im persischen Regierungsbereich. In beiden Reichen war die Situation der Juden so, daß sie eigene Verwaltungs- und Gerichtsbehörden besaßen. Nur schwere Kriminalfälle lagen außerhalb ihrer Zuständigkeit. Im Land Israel wirkte der zentrale Gerichtshof mit seinen angeschlossenen Institutionen. Das jeweilige gelehrte Haupt dieser Institution war stets ein Nachkomme einer der Familien, die sich auf David zurückführten. Er trug den Titel Patriarch. Ihm zur Seite stand ein zweiter Gelehrter. Der Sitz war nun freilich nicht mehr in Jerusalem, sondern nacheinander in einer Reihe anderer Städte in der Küstenebene und in Galiläa. Patriarchat und Akademie blieben nach wie vor Israels höchste Autorität. Vor allem wurden in diesem Forum immer wieder die Meinungsverschiedenheiten ausgetragen, die sich im Leben der Gemeinden ergaben. Von großer Bedeutung war die Abgrenzung von Brauchtum und Gesetz, der Fachausdruck lautet: »die Zäune um die Lehre«, um die eigene Art in vielfältigen Abwandlungen auf der Basis jüdischer Gläubigkeit und Ethik zu erhalten.

Um das Jahr 200 n.d.Z. wurde eine Sammlung vieler »Modellsituationen« angelegt, die auch späterhin ergänzt wurde.

Diese Sammlung erhielt den Namen *Mischna*: auch eben wieder »Lehre«. In 63 Traktaten bietet sie die Lehrmeinungen und Diskussionen, die durch fünf Generationen von Gelehrten an den Akademien besprochen worden waren. Viele dieser Gelehrten waren aus anderen Ländern in das Land Israel gekommen, hatten hier gewirkt und waren oft auch wieder in ihre Ursprungsländer zurückgekehrt.

Das wichtigste dieser Länder der Peripherie oder Diaspora war nach wie vor das persische Babylonien. Hier bestanden jüdische Gemeinden wohl noch zur Zeit des Ersten Tempels, und als die Verbannten hierher in die babylonische Gefangenschaft geführt wurden, fanden sie die Möglichkeit, ihre Lebensformen weiterzuentwickeln. Der Prophet Jeremia, der die politische und religiöse Situation am besten unter all seinen Zeitgenossen verstand, hatte nach Babylonien geschrieben: Baut Häuser und Gärten! Und so blieb es durch Jahrtausende jüdischer Geschichte. Die babylonischen Gemeinden waren oft weitaus zahlreicher und gewiß auch reicher als die im Land Israel zur Zeit des Zweiten Staates. Sie brachten zahlreiche Gelehrte hervor und hatten ihre eigenen Akademien. In der weitgehenden Autonomie im persischen Reich hatten sie ihr eigenes staatliches Oberhaupt aus dem Stamme David mit dem aramäischen Titel *Resch Galuta*, »Haupt der Verstreuten«, griechisch *Exilarch*. Neben dessen politischer Position gewann immer mehr der jeweilige Rektor der größten Akademie an Bedeutung. Oft gab es Spannungen zwischen diesen beiden Vertretern des Judentums mit seinem Mittelpunkt Bagdad.

Auch die Gemeinden im vorchristlichen römischen Reich, d.h. bis in das 4. Jahrhundert n.d.Z., genossen volles Bürgerrecht als Mitglieder der »Nation der Hebräer«. Diese Bezeichnung blieb in der italienischen Sprache erhalten: »Gemeinde« bleibt *nazione ebraica*, sogar nach den antijüdischen Bestimmungen des 4. Lateran-Konzils (1215). Viele jüdische Gelehrte tragen den Beinamen *Ebreo*. Auch in der russischen Sprache heißt *jüdisch* »jevrejski«; in der Sowjetunion wurde dies, trotz kultureller und religiöser Unterdrückung, als die Nationalitätenbezeichnung der Juden gebraucht.

Die Mischna wurde der Ausgangspunkt für weitere Diskussionen und Überlegungen, sowohl an den Akademien im Land Israel wie an den babylonischen Akademien. Diese Lehrtätigkeit blieb mit den aktuellen Bedürfnissen der jüdischen Gemeinden verbunden; viele Diskussionen wurden geführt, um alle möglichen Seiten einer Situation durchzudenken. Die schriftliche Sammlung dieses durch Jahrhunderte entstandenen Materials im Land Israel erfolgte, als im neuen Ostreich Byzanz die Kette des Studiums durch antijüdische Maßnahmen bedroht war. Daher wurde das bisher mündlich gepflegte Traditionsgut in schriftlichen Sammlungen zusammengestellt. So entstand um das Jahr 400 n.d.Z. der Jerusalemer oder Palästinensische Talmud. Nun verlagerte sich der Vorrang des Landes Israel mehr auf symbolische und religiöse Werte als auf politische, die bisher eine ebenso große Rolle gespielt hatten. Aus religiösen Gründen blieb es eines der wichtigsten und erstrebenswertesten Ziele der Juden in jeder Generation, im Lande der Väter zu leben, wer immer es beherrschte. So ergänzten sich die Gemeinden stets durch Pilger aus fernen Ländern.

Das Land ging von Hand zu Hand: byzantinische Kaiser, islamische Eroberer, Mongolenvölker, europäische Kreuzritter, danach türkische Sultane vom 15. Jahrhundert bis zum Ende des Ersten Weltkriegs. In allen Zeiten gab es jüdische Gemeinden. Manche Familien können sich sogar rühmen, daß ihre Vorfahren niemals vertrieben oder ermordet worden waren. Zerstörte Gemeinden wurden immer wieder neu gegründet. Wie sehr auch das Land von seinen vielen Eroberern verwüstet wurde, für die es Teil einer Expansionspolitik war, immer wieder suchten hier vor allem diejenigen Juden Zuflucht, denen in anderen Ländern Besitz und Kinder geraubt worden waren, weil sie sich weigerten, Christen oder Moslems zu werden, oder nur, weil sie Juden waren.

Zur gleichen Zeit, als die Akademien im Land Israel mehr und mehr eingeschränkt wurden, gewannen die babylonischen Zentren an Bedeutung. Wie in vergangenen Epochen jüdischer Geschichte wanderten viele der Gelehrten dorthin und widmeten ihre Tätigkeit den dortigen jüdischen Institutionen. Aber auch hier kam es vorübergehend zu politischen Wirren, und es erschien ebenfalls ratsam, sich bei solch umfangreichem Lehrstoff nicht mehr vorwiegend auf die mündliche Überlieferung zu verlassen. Trotz aller Bedenken gegen eine quasi abschließende Festlegung jüdischer Tora, die als »Worte des lebendigen Gottes« der Interpretation offen bleiben soll, wurde um das Jahr 500 n.d.Z. eine Redaktion des Babylonischen Talmud begonnen, die durch mehrere Generationen fortgeführt wurde.

Mittlerweile hatte sich die politische Situation stabilisiert, und die Akademien konnten auch nach dem 6. Jahrhundert n.d.Z. ihre Tätigkeit fortsetzen, und zwar bis in das 13. Jahrhundert. Nach Ansicht der meisten Historiker schließt das talmudische Zeitalter nicht mit dem sogenannten Abschluß des Babylonischen Talmud, für den sich kein genaues Datum ermitteln läßt, sondern dauert mindestens bis in das 11. Jahrhundert fort, d.h. solange, wie die babylonischen Akademien eine überragende Stellung als zentrale Autorität für die jüdischen Gemeinden der meisten Länder innehatten.

Dieser Zeitabschnitt trägt den Namen *gaonäisches Zeitalter* nach dem Titel *Gaon*, den seit dem 7. Jahrhundert die Rektoren dieser Akademien führten. Er bedeutet ungefähr »Hochwürden«. Ausführliche Amtslisten und Zeitangaben nennen uns die Rektoren vieler Jahrhunderte. Durch sie wurde der Talmud zum bestimmenden Instrument jüdischen gemeinschaftlichen Lebens, denn sie waren es ja, die als Tradition ihrer eigenen Schulen das wußten, was den Gemeinden in fernen Ländern nur in Stichworten vorlag. Daher holte man sich bei ihnen Auskunft über Interpretation und praktische Anwendung der Modellsituationen in Mischna und Talmud. Sie waren es auch, die systematisch die Gebetsordnungen festlegten. Unter dem Rektorat der Gaone fanden zweimal jährlich Seminare für Zehntausende von Gelehrten und sonstigen Gemeindemitgliedern aus vielen Ländern statt. Dabei wurden die lokal gesammelten Fragen einem Kollegium vorgelegt, gesiebt, durchgesprochen, an Ort und Stelle entschieden oder später in Antwortschreiben, lateinisch »Responsen«, an die fragenden Gemeinden übermittelt. Die Sprache dieser Sendschreiben war die im Talmud übliche Mischung aus Hebräisch und Aramäisch wie auch Persisch und Arabisch. Denn mittlerweile war eine weitere Kultur in die Welt getreten: die arabische. Seit dem 7. Jahrhundert waren die Anhänger der neuen Religion, des Islam, aus der arabischen Halbinsel ausgezogen, um Mohammeds Glauben mit dem Schwert zu verbreiten. *Ssalaam* heißt »Friede« oder »Heil«. Davon abgeleitet ist *Islam*, das »Im-Frieden-Sein mit dem Willen Gottes«. Von Spanien bis Persien reichte die Welt des Islam. Viele Bewohner der eroberten Gebiete mit ihren alten Kulturen wurden Moslems. Die Reichssprache war Arabisch. Daher ist seit Jahrhunderten Arabisch auch die Sprache der orientalischen Juden. Zum Orient zählt auch der moslemische Teil Nordafrikas als Brücke zwischen den Kontinenten und Kulturen in ähnlicher Weise, wie Kleinasien, Syrien und das Land Israel im Laufe der Geschichte durch Jahrtausende nicht dem eigentlichen Asien zuzurechnen sind, sondern eine kulturelle und politische Sonderstellung als Brücke einnehmen.

Nordafrika war es auch, das allmählich die Bedeutung gewann, die vorher Babylonien in der jüdischen Geschichte einnahm. Die alten jüdischen Gemeinden in Ägypten und die im westlichen Nordafrika, arabisch *Magreb* genannt, gewannen eine mehr und mehr zentrale Stellung. An ihren Akademien wirkten vor allem seit dem 10. Jahrhundert Gelehrte, die mit Babylonien engen Kontakt pflegten und mit dem Aufschwung Europas eine wichtige Mittlerrolle in Ländern übernahmen, in denen die Pflege der talmudischen Gelehrsamkeit ebenfalls an Ausmaß gewann: Spanien, Südfrankreich, Italien und das Rheinland.

Im christlichen Europa

Auch die Gemeinden dieser Länder blickten damals, also etwa im 11. Jahrhundert, bereits auf eine lange Geschichte zurück, zum Teil seit der Zeit des Zweiten Staates, vor allem im Gefolge der römischen Eroberungen in Mitteleuropa. Zu den uralten jüdischen Siedlungen in Italien, Spanien und Nordafrika, die noch dem Jerusalemer Tempel regelmäßig Steuern gezahlt hatten, waren entlang dem römischen *Limes* in Europa neue Gemeinden gekommen.

Sie teilten das gleiche Erbe Israels, aber wie überall war auch hier vielfältiger Lokalbrauch zu finden, andere Dialekte und Kleidung. Auch sie empfanden sich stets fraglos als Glieder des jüdischen Volkes, das ja seit der uralten Stämme-Vorzeit bekannt war durch landsmannschaftliche Unterschiede in Aussprache des Hebräischen und Aramäischen wie in Bräuchen und Aussehen. Solche Unterschiede hatte es stets gegeben, vor allem, weil immer neue Völkerschaften oder Familiengruppen das Judentum annahmen und damit zum jüdischen Volk gehörten.

In diesen europäischen Ländern, die im Laufe der Zeit das Christentum als Staatsreligion einführten, war die Lage der Juden weitaus schlechter als in nichtchristlichen Ländern. Denn infolge der Verbindung von Religion und Staat wurde jeder Nicht-Christ zum Bürger zweiten Ranges. Es galt, stets aufs neue den kirchlichen und weltlichen Herrschern einige Bürgerrechte abzugewinnen. Das gelang bruchstückhaft, vor allem, weil es Juden waren, die die Kunst der Medizin beherrschten und deshalb benötigt wurden; auch, weil ihre Verbindungen nach vielen Ländern jene Brücken für die Entwicklung Europas schufen, ohne die dies kaum denkbar gewesen wäre. Zwar waren sie damals das einzige Volk in Europa, das seit der Antike eine literarische Nationalsprache besaß, nämlich Hebräisch; gleichzeitig aber beherrschten viele diejenigen Sprachen, die notwendig waren, um Europa nicht zur Provinz werden zu lassen: Persisch, Arabisch, Türkisch, andere mongolische Sprachen, die Dialekte jener alten und neuen Kulturvölker, mit denen das christliche Europa seit seiner Werdezeit in Berührung stand.

Die lokalen Unterschiede zwischen den Judenschaften verschiedener Länder wurden in regelmäßigen Abständen überbrückt, immer dann nämlich, wenn lokales Brauchtum als verbindlich für eine größere Gruppe definiert wurde. Als Beispiel dafür diene die Monogamie. Nach den Lebensformen der biblischen und talmudischen Zeit konnte ein Mann mehrere Frauen haben, und so blieb es in vielen orientalischen Religionen. Auch bei orientalischen Juden war es bis zur Gegenwart erlaubt, mit Zustimmung der ersten Frau eine zweite zu heiraten. Im 10. Jahrhundert wurde ein neues rabbinisches Gesetz eingeführt: In christlichen Ländern habe die Einehe auch für Juden Regel zu sein. Zwar war sie vorher die verbreitetste Form der jüdischen Ehe in Europa gewesen, von nun an aber war es nach rabbinischem Gesetz strafbar, eine zweite Frau bei Lebzeiten der ersten, nicht geschiedenen, zu heiraten.

Nach den genannten Kulturkreisen unterscheidet man zwischen den folgenden großen Gruppen: Die mittel- und osteuropäischen oder aschkenasischen Juden (von hebräisch *Aschkenas*, Deutschland) lebten ursprünglich vor allem am römischen Limes und entwickelten als ihre eigene Sprache mit vielen Dialekten und einer umfangreichen Literatur das Jiddische, das seinen Ursprung im Mittelhochdeutschen hat. Seit dem 14. Jahrhundert zogen viele aus deutschem in slawisches Gebiet. Daher war die Zahl der Ost(europäischen)-Juden in der Neuzeit weitaus größer als die anderer »deutscher« Juden. Sie bilden auch die Mehrzahl der amerikanischen Judenheit. Die orientalischen Juden, deren Umgangssprache das Arabische ist, benutzen zu Bibel und Gebetbuch arabische Übersetzungen. Die sefardischen Juden, die aus der iberischen Halbinsel (hebräisch *Sefarad*) stammen, beten bis heute nach dem spanischen oder portugiesischen Ritus mit orientalisierenden Melodien. In Umgangssprache, Lied und z.T. auch Gebet benutzen sie die spanische Sprache des 15. Jahrhunderts.

Durch die Jahrhunderte der islamischen Blütezeit waren es die Juden der islamischen Länder, die die führende Rolle für ihre Brüder in anderen Ländern übernahmen. Erst in Bagdad, dann in Marokko, dann vor allem in Spanien und zuletzt in Ägypten fand vom 9. bis zum 13. Jahrhundert eine Renaissance der hebräischen Sprache und Dichtung statt, die bis heute noch nicht wieder ihresgleichen an Dichtern und Denkern aufzuweisen kann. Als jedoch die Islamvölker einer religiös-politischen Verengung des denkerisch und künstlerisch Erlaubten anheimfielen, wurden Andersgläubige mit blindem Fanatismus verfolgt. Die jüdische Gelehrsamkeit der orientalischen Länder war nunmehr vorwiegend auf das Bewahren beschränkt, und auch dieses oft nur in engen Grenzen.

Um so ausgiebiger entwickelte sich die jüdische Gelehrsamkeit in Mitteleuropa. Bereits im 10.–13. Jahrhundert hatten bedeutende, richtungsweisende Gelehrte im Rheinland gewirkt. Sie standen in enger Verbindung mit den Schulen in Spanien und nahmen so teil an der Entwicklung, die von Bagdad ausging. Ohne das Wirken dieser rheinländischen Gelehrten hätte es wohl kein Weiterbestehen der mitteleuropäischen Gemeinden über die Morde im Zusammenhang mit den Kreuzzügen hinaus geben können. Ihre Klagelieder wurden in die Liturgie des 9. Aw, des Trauertags für die Zerstörung des Tempels, aufgenommen. Denn Speyer, Worms, Mainz und die ihnen angeschlossenen Gemeinden waren ein geistiges Zentrum von solcher Bedeutung, daß sie ein zweites Jerusalem genannt wurden. Vom »Heiligen Krieg« der Christen gegen sie im Jahre 1096 zeugen Tausende von hebräischen Versen rheinländischer Gelehrter. Ein Beispiel sei hier angeführt:

Je mehr sie bedrücken und bedrängen,
uns morden und erhängen,
je fester an dir, Herr, wir hängen.
»Sollt ihn vergessen,
lernt unsre Messen«
so drohn sie mit Messern.
Auch stelln sie uns Fallen,
daß von dir wir abfallen:
»Zur Taufe geschwind
kommt mit Weib und Kind,
alsdann Heil und Leben ihr findt.«
Sie drohen, sie locken: »Wählt's Glück!«
Wir sind dein.
Mit gebrochenem Genick.

Die Überlebenden gründeten aufs neue ihre Gemeinden, denn nur so konnten sie den Sinn der Tora erfüllen: nicht als einzelne, die in der Umwelt aufgegangen wären, sondern in funktionsfähigen demokratisch organisierten Gemeinden nach den Satzungen und Verordnungen Israels.

Als Bindeglied zwischen dem islamischen Kulturkreis und den christlichen Ländern wirkten Juden aus Nordspanien und der Provence. Für die jüdischen Gemeinden Europas, die nicht der arabischen Sprache mächtig waren, schufen sie hebräische Übersetzungen der Gedanken jüdischer Wissenschaftler, Denker und Theologen, die im Gefolge der islamischen Renaissance griechischer Antike gewachsen waren. Aus ihrer Mitte erstanden dann auch die Übersetzer dieser Schriften in das Lateinische. So wurde der Grund für den christlichen Humanismus gelegt, für die neue Beschäftigung der christlichen Denker mit den Schulen Platos und seines widerstreitenden Schülers Aristoteles. Hier lernten die Scholastiker und Naturwissenschaftler, die die Neuzeit Europas einleiteten. An der Geschichte der Juden aus Spanien läßt sich mit großer Deutlichkeit sehen, wie sehr der jeweilige Stand jüdischer Kultur mit dem der Umwelt zusammenhängt. Solcher Wechsel geschah hier mehrfach von Christen zu Moslems und wiederum zu Christen.

Als zum Islam übergetretene Völkerschaften aus Nordafrika im 8. Jahrhundert die iberische Halbinsel eroberten, war endlich eine Zeit des menschenwürdigen Lebens für die alten jüdischen Gemeinden angebrochen. Denn unter den gotischen Erben Westroms hatten sie jahrhundertelang das erlebt, was im christlichen Bereich das Durchschnittsverhalten zu Juden war. In den neuen Fürstentümern hingegen erhielten sie vollen Anteil am staatlichen, höfischen und kulturellen Leben der produktivsten Zeit des Islam auf europäischem Boden. Die Epoche vom 10. bis 12. Jahrhundert erhielt den Namen des Goldenen Zeitalters der hebräischen Dichtung und Philosophie. Trotz dauernder kriegerischer Konflikte zwischen den einzelnen Fürstentümern gedieh hier eine noch niemals dagewesene Synthese antiken und späteren Geisteserbes. Der Humanismus Italiens wurde vorweggenommen, Formen und Inhalte der europäischen Nationalliteraturen der kommenden Jahrhunderte waren hier bereits vorhanden, in arabischer und in hebräischer Sprache.

Nach der allmählichen Zurückdrängung der »Mauren« oder »Mohren« genannten Moslems durch die Nordspanier lebten die Juden wieder im christlichen Bereich. Mit der zunehmenden Strenge der christlichen Glaubensprinzipien verengte sich das jüdische Geistesleben in Spanien. Hier legten berühmte Ärzte keinen Wert mehr darauf, ihre Dichtwerke in vielen Handschriften zu verbreiten oder in einer nicht-hebräischen Sprache philosophische Abhandlungen zu verfassen. Wo es geschah, war es eine Ausnahme. Wenn allerdings die Gebildeten den veralteten Stand ihres Landes in Medizin, Philosophie und Naturwissenschaften aufbessern wollten, so mußten sie sich dafür der gleichen jüdischen und anderer arabischsprachigen Experten bedienen, die auch am Hofe Friedrichs II. in Sizilien Schrittmacher für das künftige Europa wurden. So verfertigten im Jahr 1240 zwei jüdische Mathematiker nach jahrelanger empirischer Vorarbeit für den spanischen König Alfons den Weisen jene nach ihm benannten astronomischen Tabellen und Instrumente, die in den folgenden Jahrhunderten die Schiffahrt der Seemächte ermöglichten.

Ein wesentlicher Teil der Zeit und Energie mußte jedoch auf die Verteidigung des Glaubens und Lebensrechts verwendet werden, denn immer drohender, immer mehr mit Methode unterbaut wurde im reichen katholischen Spanien die Besessenheit, den Juden zu beweisen, daß sie einer Irrlehre anhingen. Die Verfolgung der spanischen Juden durch Kirche und Staat ist eines der traurigsten Kapitel in der Geschichte des Christentums: Zeigt es doch, wie seine Dogmatik pervertiert wurde, um als Deckmantel für verrohte Triebe zu dienen, für Sadismus, also sexuelle Perversion, und für Habgier. Vielleicht hatte es auch vorher in manchen Teilen Europas noch nie eine Ethik gegeben, die sich gegenüber Tier und Mensch prinzipiell vom primitiven Stand der urzeitlichen Jägerkultur freigemacht hatte. Für Israel war selbst die Jagd auf Tiere eine Verletzung göttlicher Weltordnung. Gerade diese Grundeinstellung war es ja, die dem Juden durch ungezählte Jahrhunderte verdeutlichte, daß seine eigene Religion tatsächlich eine bessere Ethik enthielt als die der meisten ihm bekannten Völker. Für Juden war die Roheit unvorstellbar, die in Spanien, seit heidnischer Vorzeit das Land der Stierkämpfe, zur offiziellen Politik wurde. Im Namen der christlichen Nächstenliebe und der Sorge für das Heil der unsterblichen Seelen der größten, blühenden jüdischen Gemeinschaft in der Welt fand die aus Neid und Haß gemischte Massenneurose der führenden spanischen Kreise Iberiens ihren, wie sie meinten, gottgewollten Ausdruck. 1391 wurden alle auffindbaren Juden mit gezücktem Schwert bedroht und zum Taufbecken geschleift. Die nicht den Märtyrertod starben, waren nun das, was man gewollt hatte: die »Neuchristen«. Nach wenigen Jahrzehnten schon wurden sie noch mehr gehaßt und gefürchtet, weil sie nicht mehr von den »Altchristen« zu unterscheiden waren. Und dabei blieben sie die gleichen, die sie gewesen waren, so auch ihre Nachkommen: Erben der jüdischen Ethik, Söhne und Töchter ihrer alten Kultur, mit überlieferter Pflege der Naturwissenschaften, Medizin, Jurisprudenz, mit sprichwörtlich vorbildlicher, inniger Familienliebe. Nun waren sie Adlige, Priester, Ärzte, Kaufleute. Sie standen unter ständiger Kontrolle und Spionage, ob sie etwa gar den »alten Adam«, den irrenden, sündhaften Juden, nicht völlig abgelegt hatten, was allerdings nicht der Fall war. Damit stellten sie aber innerhalb der europäischen Kirche eine der umfangreichsten Ketzergefahren dar. Um diese in ihrem vollen Umfang aufzudecken, wurde 1480 in Spanien die kirchliche Untersuchungsbehörde errichtet, die den Namen »Heiliges Offizium« trug oder einfach »Befragung«, nämlich *Inquisition*. Diese besondere Methode des Verhörs benutzte die Folter des ohnehin sündigen und vergänglichen Körpers. Sie wurde auf alle »Irrgläubigen« angewandt, alle nicht rein Dreifaltigkeitsgläubigen innerhalb der alten christlichen Gemeinden, und vor allem auf die Zwangschristen, die verächtlich *Marranen*, »Schweine«, genannt wurden. Für Israel hießen sie wie ihre Schicksalsbrüder aus allen Epochen *Anussim*,

»Gezwungene«. So wurde die Anwendung der christlichen Dogmatik zum Beruf der Henkersknechte und ihrer Obrigkeit.

Der Judenhaß

Im Hin und Her der päpstlichen und örtlichen Politik auf der iberischen Halbinsel normalisierte sich die Situation immer wieder soweit, daß es jüdische Gemeinden gab und jüdische Fachleute im öffentlichen Leben eingesetzt wurden. So war es der jüdische Finanzminister des Königspaares Ferdinand und Isabella, der die Mittel zur Expedition von Christoph Columbus zusammenstellte. Dieser Staatsmann, der berühmte Bibelexeget Don Isaak Abarbanel, wurde im Jahre der Entdekkung Amerikas zusammen mit den übrigen Juden Spaniens kurzfristig enteignet und des Landes verwiesen. Das Jahr 1492 wurde für das Bewußtsein Israels eines der Trauerdaten seiner Geschichte gleich den Jahren 1096 oder 70.

Die vertriebenen spanischen Juden fanden Zuflucht in einer Reihe von Mittelmeerländern, sowohl in christlichen Königreichen, die im Spannungsverhältnis zu Spanien standen, wie vor allem im moslemischen Türkenreich, zu dem nicht nur Griechenland gehörte, sondern auch das Land Israel. Andere bildeten in den folgenden Generationen die sefardischen Gemeinden in reformierten christlichen Ländern.

Besonderen Ruhm erlangten die Gemeinden zu Amsterdam, Hamburg und London. Als stolze und selbstbewußte Träger einer hohen Bildung hatten sie wesentlichen Anteil am Kulturleben ihrer neuen Heimat. Aus Spanien und Portugal geflüchtete katholische Geistliche und Gelehrte kehrten hier wieder offen zum jüdischen Volk zurück, aus dem ihre Vorfahren einst gerissen wurden. Auch die neuen Kolonien in Amerika füllten sich mit den sefardischen Flüchtlingen; seit Beginn des 16. Jahrhunderts bildeten sie ihre Gemeinden sowohl in Südamerika wie später in Nordamerika. Freilich machte in Südamerika die Inquisition nicht halt vor den Toren der verdächtigen »Judaisierer«, derer also, die weiter an ihrem

Volk, seiner Geschichte und dessen Glauben festhielten. Heutzutage werden allzu oft die kirchlich gepredigten Ursachen des Judenhasses vergessen: Man meint, er sei eine sporadisch ausbrechende Erscheinung neuester Zeit. Über der Anzahl der zerstörten Gemeinden während der zwölf Jahre der Naziherrschaft – unter Mithilfe der osteuropäischen, kirchlich durch Jahrhunderte hochgezüchteten Verachtung – wurde doch immer wieder von der Kanzel verkündet, die Juden hätten den Gott der Christen gemordet. Über jenen unvorstellbaren Völkermord vergaß man ganz, was es denn eigentlich mit dem »Heiligen Offizium« besonders in Spanien und seinem Einflußgebiet auf sich hatte. Vielen ist dieses Stück Geschichte vollkommen unbekannt.

Wie erläutert, befaßte sich die Inquisition keineswegs mit der Verfolgung von Nicht-Christen, sondern nur mit »Judenstämmlingen« und anderen abtrünnigen Christen. Nach der Vereinigung der spanischen Königreiche Kastilien, Aragonien und Navarra unter Ferdinand und Isabella wurde diese bereits bestehende Einrichtung der Kirche in Spanien eingeführt. Viele der Untersuchungen endeten mit einem feierlichen, als staatlich-kirchliches Fest zelebrierten »Akt des Glaubens«, in spanischer Sprache *auto-da-fé*. Das war neu und deshalb aufregender als Stierkampf. Die als heimliche Juden überführten vornehmen Spanier wurden hierbei öffentlich bei lebendigem Leibe verbrannt. Von daher erhielt das Wort *autodafé* in den europäischen Sprachen vornehmlich die Bedeutung Verbrennung. Das erste auto-da-fé fand zum großen Jubel von Kirchenvolk und Staatskasse im Jahre 1481 an sechs Juden, Männer und Frauen, in Sevilla statt. Nach den bisher eingesehenen Akten spanischer und portugiesischer Behörden in Europa und Südamerika wurde errechnet, daß mehr als 30.000 Marranen den Feuertod starben; etwa 16.000 weitere, derer die Kirchenbehörden nicht habhaft werden konnten, wurden wenigstens als symbolische Figuren verbrannt. Zahllose andere wurden jahrelang in Kerkern gehalten und gefoltert, ohne ihr Judesein zu bekennen. Nur ein Teil der Geheimakten konnte bisher erforscht werden. Zu ihnen kommen die

Berichte der Geflüchteten, die in anderen Ländern wieder zum Judentum zurückkehrten. Das Ausmaß der Verfolgung wird daraus klar, daß im 16. Jahrhundert innerhalb von 30 Jahren in einer einzigen Provinz Portugals 900 Ortschaften durch die Inquisition »behandelt« wurden. 350 Jahre lang waren Hunderttausende von Menschen nie ganz sicher, wann der lange Arm des »Glaubensaktes« sie erwischen würde. Besonders bei leeren Staatskassen empfahl es sich, einmal dem persönlichen Glauben und dem der Vorfahren reicher Familien nachzugehen. Denn wer eines der schrecklichen Verbrechen auf der Liste überführt wurde, dessen Besitztümer fielen an den Staat. Als Verbrechen dieser Art galt es, wenn vornehme Frauen ihre besten Kleider bereits am Freitag trugen, obwohl sie fromme Christinnen waren und am Sonntag zur Kirche gingen. Das letzte auto-da-fé fand im Jahre 1826 statt.

Nur in den europäischen Gebieten gab es diese konsequenten Formen des Menschenhasses, der bis ins letzte durchdachten Folterung, des Märtyrertods von Abertausenden in jeder Generation. Die durch sie geprägte Denkungsart, das Verknüpfen von Christentum mit Intoleranz und Nächstenhaß, werden wohl so schnell nicht auszurotten sein. Schließlich waren es ja auch diese gleichen Völker, deren kirchliche Hirten in die sakrale Kunst die blutrünstigen Vorstellungen der vorchristliche Zeit mit aufgenommen hatten. Die Gebetsstätten der westlichen Kirche wurden die Förderer einer naturalistischen Verherrlichung der Gewalttat als Darstellungen aus »heiliger Geschichte«, die der koptischen, syrischen, byzantinischen Kunst und ihrer Nachfolge fremd gewesen waren. Das begann mit dem zentralen Symbol, das in den Ostkirchen Christus als umfassender, strahlender, liebender Herrscher über seine Gläubigen ist, der Auferstandene als Sinnbild des Christentums; in der Westkirche ist es hingegen der blutende Gekreuzigte, der nun in jeder Kirche, jedem Heim, an den Wegrändern die Rolle des antiken blutenden Opfertieres einnahm, durch das der Mensch einer primitiveren Zeit meinte, sich seiner Sünden entledigen zu können. Gleichviel, welche verfeinerte Interpretation dazu geliefert wurde und wird –

diese Grundtatsache ist es, die sich dem »Mann aus dem Volke«, dem Kind und späteren Erwachsenen einprägte.

Daher rührt also auch das Unbehagen an den Juden, den ständigen Mahnern an einen anderen religiösen Stand, mit ihrer Bejahung des Lebens, dieses Lebens und nicht irgendeines künftigen, nur dem geweihten Priester verständlichen seligen Zustands. Dieses Unbehagen, das bohrende dumpfe Bewußtsein, daß ihre Lehre nicht viel mit dem zu tun hatte, was einst im Land Israel Rabbi Jesus von Nazareth und seine frommen jüdischen Jünger glaubten und lehrten, hat wesentlichen Einfluß auf Männer der Kirche gehabt. Daher suchten viele von ihnen immer wieder Belehrung bei jüdischen Weisen. Nur wurde diese Belehrung meist recht schnell zu einem weiteren Instrument der *ecclesia triumphans* gegen die »verstockte Synagoge« mißbraucht, um Israel zur Selbstauflösung zu bewegen. Diese jahrhundertelange bedrückende geschichtliche Erfahrung hält auch heute noch viele religiösen Juden davon ab, irgendeine Form des interkonfessionellen Gesprächs mit Christen von vornherein zu befürworten oder gar daran teilzunehmen. Ihrer Ansicht nach ist keine Gewähr dafür gegeben, daß ein weiterer Mißbrauch solcher Art ausgeschlossen wird.

Die Licht- und Schattenseiten, die sich aus der Abhängigkeit von der jeweiligen Politik weltlicher und kirchlicher Fürsten ergaben, bestimmen auch die jüdische Geschichte in Italien. Viele der Flüchtlinge aus Spanien hatten in und um Venedig Zuflucht gefunden. Das lag im Interesse dieser Republik, die einen regen Handel mit dem ottomanischen Reich führte. Andere siedelten sich in Süditalien an. Die lokalen jüdischen Gemeinden gehörten zu den uralten Zentren. Seit es Gemeinden mit geordnetem Gemeindegebet gab, bestand der italienische Ritus mit seinen Eigenarten in der Aussprache des Hebräischen, in Melodie und Liturgie. Aber auch weltliche Literatur blühte hier in hebräischer Sprache, besonders im Süden. Teile Italiens gehörten zum byzantinischen Einflußkreis, und in jüdischer Hinsicht bedeutete das eine besonders enge Beziehung zur Gemeinschaft im Land Israel während der byzantinischen Herrschaft, also bis zur Eroberung durch die Bannerträger des Islam. Als in der Blütezeit des Islam Sizilien zu einer der bedeutendsten Kulturstätten Europas wurde, wurden die italienischen Juden Teilhaber an diesem Vorhumanismus der Naturwissenschaftler, Mediziner, Dichter und Denker wie im gesamten islamischen Bereich und besonders im benachbarten Spanien. Es blühte eine römische hebräische Dichterschule, die mit Spanien in Verbindung stand. Wann immer es unter Moslems oder christlicher Obrigkeit Judenhaß in Spanien gab, war Italien eine Station der Wandernden. Sie kamen nicht mit leeren Händen, sondern wurden Lehrer der christlichen Geistlichen und Gelehrten: in hebräischer Grammatik, jüdischer Bibelerklärung, rabbinischer Tradition überhaupt wie auch in der jüdischen Mystik, die ein Hauptinteresse der Humanisten darstellte. Ein spanischer Flüchtling war es, der das erste umfassende Werk der Philosophie in italienischer Sprache schrieb. Juden nahmen regen Anteil am Theater- und Musikleben Italiens, ohne deshalb gezwungen zu werden, ihre Autonomie oder ihre eigene Kultur aufzugeben. Das Ghetto in Venedig war ein Stadtteil, in den die allgemeine gebildete Gesellschaft oft und viel kam, zu Konzerten ebenso wie zu eleganten Predigten berühmter Rabbiner. Der gebildete Christ schrieb hebräische Verse und Briefe ebenso wie lateinische und griechische. Zum jüdischen Lebensstil gehörten Tugenden und Schwächen von Renaissance und Barock. Hier finden wir die Bildkunst der Epoche als Miniaturen in kostbaren Manuskripten hebräischer Klassik, als Titelbilder der gedruckten Bibelkommentare und Gebetbücher. Von hier aus bestanden wiederum rege Beziehungen zu den großen aschkenasischen und sefardischen Gemeinden in Hamburg und Amsterdam, zu den berühmten Talmudhochschulen in Prag und Krakau. Daher fanden an den jüdischen Hochschulen Venedigs, etwa im 17. Jahrhundert, Vorlesungen in vielen Sprachen statt: in deutsch und spanisch, italienisch und hebräisch. Von hier gingen im 18. und 19. Jahrhundert die Antriebe aus, die zur Modernisierung und Aufklärung der mitteleuropäischen Juden beitrugen, als ihre äußeren Lebensbedingungen endlich etwas weniger trostlos wurden. In Italien gab es eine der ersten modernen Rabbinerausbildungsstätten Europas, und die Entwicklung der Wissenschaften vom Judentum im 19. Jahrhundert im deutschen Sprachbereich wäre undenkbar gewesen ohne diese alte, nie unterbrochene jüdische Kultur, deren Vertreter ihren nördlichen Kollegen geduldig zur Hand gingen.

Das will freilich nicht heißen, daß in Italien keine Bedenken gegen so viel jüdische Eigenständigkeit mitspielten. Auch hier gab es seit einer päpstlichen Bulle von 1554 kirchliche Zensur jedes Buches, jedes gedruckten jüdischen Gebets. Es war Juden verboten, ihre Überlieferung in nicht-hebräischen, allgemein zugänglichen Werken darzustellen oder gar irgendeine Form von Kritik an der Geschichte des Christentums zu veröffentlichen. Der handschriftliche Besitz solcher Schriften konnte zur Bestrafung ganzer Gemeinden führen.

In allen Zeiten europäischer Geschichte gab es christliche Denker, die die Gefährlichkeit des Hasses, seine Zerstörung des Hassenden selbst, wohl erkannt hatten und damit auch die Gefahren des Judenhasses, in welcher Form und Formulierung immer. Viele von ihnen bemühten sich um eine Änderung. Aber wohl keiner dieser Wohlgesinnten war sich in genügendem Maße bewußt, daß es sich um ein Volk handelt und nicht um Einzelne und daß sich in jeder Generation Haß erneuerte. Die Inhalte des kollektiven Unbewußten lassen sich nicht durch gute Absichten zum Verschwinden bringen. Aber das war den Beteiligten nur selten klar.

Im 18. Jahrhundert fanden erstmals in westlichen Ländern Ansichten weitere Verbreitung, die, vom Naturrecht und der Aufklärung ausgehend, die Forderung religiöser und bürgerlicher Gleichberechtigung aller Staatsbürger, auch der Juden, aufstellten. Dies geschah zuerst in den Vereinigten Staaten von Amerika (1776), kurz darauf wurde in Europa die Gleichberechtigung der Juden zuerst in Frankreich durch Staatsgesetz vorgesehen (1791) und danach im Königreich Preußen (1812). Allerdings wurde sie hier bald wieder eingeschränkt, und der rechtliche Kampf um die Aufhebung der Einschränkung für jüdische Bürger in Deutschland ging bis 1870 weiter.

Gleichzeitig war im Gefolge der Aufklärung und des Liberalismus die Auffassung verbreitet, daß es keine individuellen Unterschiede zwischen Kulturen und Gesellschaften gebe. Während jedoch niemand die christliche Mehrheit aufforderte, als Konsequenz ihre durch Generationen gewachsenen Lebensformen und Traditionen aufzugeben, wurde diese Aufforderung vielerorts wie eine Selbstverständlichkeit des Fortschritts an die jüdische Minderheit gestellt. Tragischerweise glaubten zahlreiche westeuropäische Juden mit einer messianischen Intensität an die Verwirklichung des prophetischen Erbes im neuen und nun endgültigen Gewand der Freiheit, Gleichheit und Brüderlichkeit. In Außerachtlassung der Gesetze, die das Werden und Bestehen von Völkerschaften regeln, und ohne genügendes jüdisches Wissen waren viele von ihnen nun zu stets weiterer Selbstaufgabe bereit. Nur das Vorhandensein und ständige Nachwandern der noch nicht »emanzipierten« osteuropäischen Juden verhinderte die vollkommene Anpassung an die Umwelt, die von den Theoretikern der Assimilation angestrebt wurde.

Unter diesen Voraussetzungen konnte im 19. Jahrhundert keine Rede davon sein, dem jüdischen Volk als Gemeinschaft inmitten der europäischen Völker die angemessene Gleichberechtigung zukommen zu lassen. Hingegen war dieser Vorgang in der pluralistischen nordamerikanischen Gesellschaft möglich. In jenem Nationalitätenstaat ging das an, was im Nationalstaat in Europa schwierig schien, vor allem schwierig in denjenigen europäischen Ländern, die keine Trennung von Kirche und Staat kennen. Nun ist aber gerade diese Trennung eine der Grundauffassungen der amerikanischen Demokratie: Die prinzipielle Christlichkeit des Staates ist historische Tatsache und bedarf keiner staatlichen Aufpasser; Grundrecht der christlichen und der nichtchristlichen Religionsgemeinschaften ist die Freiheit, sich zu organisieren und ihre Formen des Gottesdienstes, der Wohltätigkeit und des Unterrichtes nach dem Ermessen der freiwillig zur Gemeinde gehörenden Mitglieder zu gestalten. Daher ist in den Vereinigten Staaten jede Konfession oder Denomination eine autonome Einrichtung, die auch für den Religionsunterricht und die Ausbildung ihrer Lehrer und Geistlichen sorgt. So konnten sich in den USA die verschiedenen Richtungen des Judentums in pluralistischer Gleichberechtigung entwickeln, um ihre demokratischen Rechte kämpfen und wesentliche Grundeinrichtungen des Judentums in das Ganze der Gesellschaft mit einbeziehen.

Mittlerweile war in Europa das kirchliche Unbehagen an den Juden auch in »weltliche« oder säkulare Formen übertragen worden. Der Antisemitismus, wie der Judenhaß in der Neuzeit genannt wird, entledigt sich hier und da seiner als Religion verstandenen Ideologie und erfindet sich eine anders geartete Dogmatik, ohne sein Wesen zu ändern. Er bedarf nicht einmal der tatsächlichen Anwesenheit von Juden, um sein gesellschaftszerstörendes, paranoides Treiben zu führen. Allerdings kehrt er sich dann bereits in erster, und nicht erst in zweiter Linie gegen die eigene Gesellschaft. Denn die Geschichte zeigt: Dort, wo ungestört die Formen jüdischen Lebens als Teil ihrer Umwelt entwickelt werden können, wird durch diese schöpferische Tätigkeit nicht nur altes Kulturerbe der Menschheit erhalten, sondern die Probleme und Ansprüche der jeweiligen Gesellschaft ziehen Nutzen aus der Weisheit dieses Erbes.

Als Beispiel dafür mögen die Vorgänge in Deutschland dienen. Als 1870 die Gleichberechtigung jedes jüdischen einzelnen endlich theoretisch erreicht war, setzte eine Reihe der führenden deutschen Geisteswissenschaftler alles daran, um ihre Ausbreitung in der Praxis zu verhindern. Die Juden, deren Vorfahren seit der Römerzeit auf deutschem Boden lebten und hier in der Zeit vor den Kreuzzügen die ersten europäischen Städteordnungen und kommunalbehördlichen Bestimmungen formuliert hatten, galten diesen Gelehrten nach wie vor als fremde Eindringlinge, die »rassisch« minderen Wert hätten als die »nordische« deutsche Bevölkerung und daher weiterhin vom gehobenen Staatsdienst, auch an den Universitäten, auszuschließen seien. Praktisch galt für den gebildeten Juden in Deutschland im ausgehenden 19. Jahrhundert das gleiche wie für Benedikt Spinoza im 17. Jahrhundert, als er den Ruf der

Universität Heidelberg ablehnte: Um ihn anzunehmen, hätte er zum Christentum übertreten müssen.

Auch in anderen Ländern Europas war der emanzipatorische Vorgang des 19. Jahrhunderts ähnlich wie in Deutschland: Es wurde das berufliche Fortkommen und die Gleichheit vor dem Recht gesichert, aber nur des einzelnen, »obwohl« er Jude war, und nur bis zu einem bestimmten Punkt. Wollte er beruflich und gesellschaftlich voll anerkannt werden, so mußte er wie Heinrich Heine, Ludwig Börne und unzählige andere die Taufe als »Entréebillet« in die Gesellschaft hinnehmen. Denn das jüdische Volk sollte endlich verschwinden. Zu diesem Zweck waren denn auch bereits im 18. Jahrhundert und besonders in der ersten Hälfte des 19. die Judenmissionen eingerichtet worden, die im Auftrag der Staatskirchen diesen Vorgang beschleunigen sollten. Die Urheimat dieser Aktion waren kirchliche Gruppen mit »Instituten« in Halle, Leipzig und Berlin; von da aus wuchsen die Niederlassungen in weiteren Ländern mit jüdischer Bevölkerung. Mit der vollkommenen Organisationskraft gegenwärtiger Kommunikationstechnologie ist es heute möglich, antijudaistische Auffassungen propagandistisch weltweit zu verbreiten.

In vielen christlichen Gemeinschaften ist jedoch heute die Schuld der Christen am Judenhaß in weiterem Maße bekannt, als dies je zuvor der Fall war. Viele positive Entwicklungen sind von beiden Seiten in Gang gesetzt worden. Dennoch ist für Juden vieles nach wie vor schwierig zu akzeptieren, weil die Beweggründe noch immer nicht grundsätzlich geklärt wurden. Nur eine gründliche Kenntnis der jüdischen und der christlichen Geschichte wird allmählich zu einer wirklichen Änderung führen können. Daran arbeiten seit Jahrzehnten Historiker und Denker.

Gleichzeitig aber fand die antisemitische Ideologie durch rege Mithilfe von Europäern auch Verbreitung bei semitischen Völkern arabischer Sprache. Es werden dort diejenigen Hetzschriften gedruckt und gelehrt, die im 19. Jahrhundert zur Verfolgung der Millionen russischer Juden führten und im 20. zum Völkermord an einem Drittel des jüdischen Volkes.

Der neue Staat Israel

Im gesamten Verlauf der langen jüdischen Geschichte war es klar gewesen und deutlich gesagt worden, daß Israel eine räumliche und geistige Mitte besitzt: Das Land Israel, von römischer Verwaltung Palästina (Philisterland) umbenannt, wurde als politische Hoffnung nie aufgegeben. Der Versuch zur staatlichen Mitte für Juden aus allen Ländern war bei jeder Gelegenheit unternommen worden, die ein partielles Gelingen erhoffen ließ. Eine umfangreiche Literatur beschäftigt sich seit Jahrtausenden ununterbrochen mit allen Fragen jüdischen Lebens im eigenen Land. Auch in seiner Zerstörung blieb Jerusalem die Hauptstadt des Volkes, in vielen jüdischen Gebeten ist von der Rückkehr die Rede. Diese wird »Erlösung« genannt. Die Gebete der Heimkehr nach Zion – die Rede ist von Jerusalem – erfüllten das Denken der Juden seit neunzehn Jahrhunderten. Sie bestimmten das Bewußtsein Israels, sein ganzes geistiges Gepräge in ebenso großem Ausmaß wie die Ethik und die Geschichte der Bibel und des nachbiblischen Schrifttums. Daher wurde im 19. Jahrhundert der hebräische Name *Chibat Zion*, »Zionsliebe«, ganz selbstverständlich gewählt, als sich im zaristischen Rußland politisch interessierte Gruppen bildeten. Wieder wurde ein Ansatz gemacht, um die Eigenstaatlichkeit im *Land der Väter* zu erlangen. Als kurz darauf auch ein winziger Teil der assimilierten westeuropäischen jüdischen Jugend diese Notwendigkeit erkannte, erhielt die nunmehr geeinigte neue Bewegung im Jahre 1896 den Namen *Zionismus*. Freilich hätte sie nirgends zur Volksbewegung werden können als dort, wo es jüdisches Volk gab mit seiner Eigenart durch die ständige Auffüllung aus dem großen Reservoir ungebrochenen, wenn auch spannungsreichen jüdischen Lebens: in den Ländern Osteuropas. Diese in ihrer Umwelt bedrängten Gemeinden erstellten die zukünftigen Kräfte der »öffentlich rechtlich gesicherten Heimstätte des jüdischen Volkes«, wie nach völkerrechtlichem Beschluß die Vorstufe des Staates Israel von 1922 bis 1948 genannt wurde.

Aber keine Vereinbarung zwischen Großmächten hätte das ersetzen können, was die Träger eines Passes erst zu Angehörigen eines Volkes macht: die Teilnahme an einer gemeinsamen Geschichte, aus der die Notwendigkeit des Staatsgebildes entspringt. Wären die Juden eine Glaubensgemeinschaft im Sinne der christlichen Definition von Glauben, so brauchten sie vielleicht keinen eigenen Staat. Wären sie nicht mit dem biblischen Land der Verheißung in all ihrem Denken, Fühlen und Wollen verbunden, so hätten sie auch einen Staat in Uganda oder Argentinien errichten können. Aber gerade weil Judentum vor allem erst einmal etwas ganz Diesseitiges ist, bedeutet das Land der Väter die Heimat nicht nur des einzelnen, sondern eines ganzen Volkes. Doch Heimat allein ist noch nicht ein Staat. Um in ihr einen jüdischen Staat mit allen seinen Einrichtungen zu schaffen, bedurfte es einer entsprechenden Erfahrung und Überlieferung. Diese Tradition war immer gepflegt worden, weil die autonomen jüdischen Gemeinschaften lückenlos das Erbe des alten Israel den Zeitläuften entsprechend weiterentwickelt hatten.

Noch ist der Staat Israel, das »Dritte Haus«, wie er zärtlich-sachlich auf hebräisch heißt, nicht viel mehr als gute fünfzig Jahre alt. Um ihn zu verstehen, muß die Welt des Juden verstanden werden: die Welt der tragbaren Heimat »Heilige Schriften« und des tragbaren Staates »Mündliche Lehre«, deren konkreter Raum immer hieß: *Land Israel.*

II. Die Einrichtungen der Gemeinde

Seit der Antike bestehen die Formen der jüdischen Gemeinde. Sie ist eine Gemeinschaft der Selbstverwaltung, der gegenseitigen Verantwortlichkeit, der Erziehung und Sozialfürsorge im Sinne der jüdischen Überlieferung. Dadurch konnte im ganzen Mittelalter jüdisches Leben auch an isolierten Orten und inmitten einer andersgearteten, kulturell meist weitaus primitiveren Umwelt störungsfrei ablaufen. In vielen Ländern bestand jahrhundertelang die Einrichtung einer Generalversammlung, in der alle Familien vertreten waren. Sie bestimmte die Höhe der zu zahlenden Gemeindesteuer. Aus dieser Steuer wurden die Einrichtungen erhalten, die zum Wesen einer jüdischen Gemeinde gehören. Aus der Generalversammlung wurde ein engerer Ausschuß gewählt, der sich um die laufende Administration zu kümmern hatte. Ein Gerichtshof für rabbinischen Rechtsspruch war an jedem größeren Ort vorhanden. Wo es Gemeinden verschiedener Herkunft gibt, also etwa »Spaniolen« und »Deutsche«, bestehen oftmals selbständige Gemeinden, da Brauchtum und Umgangssprache verschieden sind. Zur Vertretung vor dem Staat werden Vertreter der gesamten Judenschaft gewählt. Mit leichten Änderungen ist dies bis heute die Struktur der jüdischen Gemeinden überall da, wo das Staatsgesetz sie zuläßt. Gelder und sonstiger Gemeindebesitz wurden durch Finanzverwalter und Obmänner betreut. Ein Armenhaus und eine Armenküche standen Einheimischen und Durchreisenden zur Verfügung. Sie wurden meist durch Stiftungen und Schenkungen angesehener Gemeindemitglieder gehalten. Die Sorge für die Armen ist als religiöse Pflicht vorgeschrieben; sie betrifft daher jeden einzelnen und kann nicht in irgendeiner Weise abgeschoben werden. Dazu gehört als besonderes Gebot die Beschaffung einer würdigen Aussteuer und Mitgift für Waisenmädchen und die Suche nach geeigneten Ehepartnern. Im Umgang mit den Armen galt seit eh und je die Auffassung, daß Armut zwar keine Schande sei, aber dennoch der Arme sich sehr oft schäme, etwas anzunehmen. Daher wurden Einrichtungen der anonymen Hilfe geschaffen. Auch eine Kasse für langfristige zinsfreie Darlehen ist als feste Einrichtung zu nennen. Oft findet man auch heute angesehene Personen in jüdischen traditionellen Gemeinden, die ein Gelübde leisten, anstelle der Armen eine Anzahl Wochenstunden um Almosen zu bitten und diese den Witwen und Waisen zukommen zu lassen. Die Gestalt eines solchen festlich gekleideten Mannes mit langem Patriarchenbart trifft seit Jahrzehnten einen Tag in der Woche jeder, der in der Stadtmitte der Neustadt von Jerusalem seinen Geschäften nachgeht.

Der freiwillige Dienst an Kranken, Alten und Behinderten obliegt seit vielen Jahrhunderten den Frauen der Gemeinde. Mit modernen Mitteln und Erkenntnissen erwuchsen aus kleinen Frauengruppen Organisationen, die sich außer um lokale Probleme auch um jüdische Wohlfahrtseinrichtungen in den meisten Ländern der Welt kümmern. Diese von Frauen geführten und finanzierten Organisationen, vor allem *Wizo* und *Hadassah*, haben seit den zwanziger Jahren unter anderem Krankenhäuser und Schwesternschulen im damaligen Mandatsgebiet Palästina eingerichtet und unterhalten. Das größte und modernste medizinische Zentrum im Nahen Osten ist das neue Jerusalemer *Hadassah Hospital*. Frauen engagieren sich als Schulschwestern, in der Mütterberatung, in Tagesheimen für Kleinkinder und Jugenddörfern. Ohne die organisatorische und praktische Begabung dieser Frauen gäbe es viele Einrichtungen nicht, die in der ersten Reihe der sozialen Errungenschaften des Staates Israel stehen und in Amerika große Bedeutung haben. Es ist eine der positiven Formen der Säkularisierung des Judentums: Nächstenliebe ist Gebot, also wird sie nach bestem Können geleistet, wie es die jüdische Ethik erfordert. Daß nicht jede der Frauen es als »Religion« definiert, ändert nichts an der Tatsache verwirklichten Judentums. Das Wort *Mizwa*, »Gebot«, ist für Juden ein Synonym für Hilfsbereitschaft. Mizwa wird oft integraler Teil des modernen Lebens, in diesem Falle der Hausfrau und Mutter, die ihre Erfahrung dem Gemeinwohl zugute kommen läßt.

Gemeinsame Sache von Männern und Frauen jeder Gemeinde ist der Dienst an Sterbenden, die Betreuung der Sterbenden, die Totenwäsche, das Begräbnis, die Einrichtung von Gemeindegebeten im Trauerhaus. Alle diese Dinge sind Aufgabe einer besonderen Vereinigung, der *Chewra Kaddischa* oder Heiligen Bruderschaft. Sie ist eine freiwillige Gruppe in der Gemeinde. Besonders die rituelle Totenwäsche, mit ihrer Beachtung der Menschenwürde auch nach dem Tode, wird durch uralte Vorschriften geregelt. Hingegen betont die Bestattung selbst die Erdnatur des seelenlosen Körpers. Es ist also im allgemeinen im Laufe der jüdischen Geschichte nicht eine Gruppe von Totengräbern, die diese Aufgaben erfüllen, sondern oft waren es gerade die angesehensten Gemeindemitglieder, welche die Mizwa der letzten Ehrung erfüllten. So zeigen niederländische Darstellungen des 17. Jahrhunderts die stattliche Bürgertracht der Chewra Kaddischa während der Grablegung, und böhmische Gemeinden bewahrten bis zur Gegenwart die kostbaren Geräte, die seit Jahrhunderten bei den Zusammenkünften dieser Gemeinschaften benutzt wurden. Denn in allen jüdischen Gemeinden der Welt hat die Chewra Kaddischa ihren besonderen Feiertag: im Frühjahr, am 7. Tag des Monats Adar, der traditionell der Todestag Moses ist. Das mag damit zusammenhängen, daß Moses Grabstätte nie bekannt wurde, um sie nicht zu einem Wallfahrtsort werden zu lassen:

> *»Dort starb Mose, der Knecht des Herrn, im Lande Moab, durch den Mund des Herrn. Und er begrub ihn im Tal im Land Moab, gegenüber Bet-Peor, und kein Mensch kennt sein Grab bis zu diesem Tage.«*[4]

---

[4] 5. Mose 34, 5-6

Mit Berufung auf diesen Vers wird das Begraben zu einer Nachfolge göttlichen Tuns: »Er begrub ihn«, nach jüdischer Überlieferung Gott selbst oder die Erzengel.

Zu den festen Gemeindeeinrichtungen gehört seit dem Altertum auch das rituelle Tauchbad, die *Mikwe*, die heute meist mit einer modernen Badeanstalt verbunden ist. Sie dient der regelmäßig vollzogenen Volltaufe, *Tewila*, die zu den Gepflogenheiten des strenggläubigen Judentums gehört. Sie erfolgt zusätzlich zur gründlichen Waschung des Körpers, Haupt- und Barthaars und bedeutet die symbolische Reinheit der Person. Für orthodoxe Juden ist sie unabdingbare Voraussetzung für den in einem bestimmten Rhythmus verlaufenden ehelichen Verkehr. Auch der Konvertit vollzieht die Volltaufe bei seiner Aufnahme in das Judentum.

Aus der frühen Römerzeit stammte die Speyerer Mikwe, aus dem Mittelalter die in Worms und anderen deutschen Städten. Die bisher älteste Mikwe wurde im Jahre 1966 auf der Festung Massada über dem Toten Meer ausgegraben, dem Sammelplatz der jüdischen Kämpfer gegen die römische Übermacht nach der Zerstörung Jerusalems.

Zur rituellen jüdischen Lebensführung gehört die traditionsgemäße Versorgung mit Lebensmitteln. Daher gibt es oft in Reichweite von Gemeinden ein Schlachthaus, das von den rabbinischen Behörden überprüft wird, ferner für die Strenggläubigen eigene Molkereien, von der häuslichen Milchwirtschaft bis zum modernen Großbetrieb, und Verbindung mit von Juden betriebenen Winzereien. Der eigene Weinbau wurde im Altertum und in der Spätantike eingeführt, weil Wein eine sehr große Rolle im liturgischen Leben spielt und jede Berührung mit heidnischen Libationsopfern vermieden werden sollte. Daraus ergaben sich die vielfältigen Aufgaben des Rebenbaus und der Keltereien, wie etwa in der Champagne und im Rheinland. Der berühmte Meister Raschi aus Troyes in der Champagne war einer der großen Winzereibesitzer im Europa des 11. Jahrhunderts.

Wie wichtig aber auch immer dem Juden die Verdienste um Lebende wie um Tote sind als Wege, Gott zu dienen: Vor allem ist es das Studium, das als religiöse Pflicht gewertet wird. »Sinne darüber Tag und Nacht.«[5] So heißt es von den biblischen Verpflichtungen zu Gott und Mensch, zu Diener und Fremdling, zu Freund und Feind, zu Tier und Pflanze. Dieses Nachsinnen ist kein individuelles Meditieren, sondern es ist in jüdischer Sicht erst dann gottgefällig und sinnvoll, wenn es als ständige Überprüfung stattfindet, als *Talmud Tora*, »Studium der Lehre«. Daher wurde in die Morgenandacht ein Lehrstück der Spätantike aufgenommen, das die genannten Formen der Nächstenliebe als zentrale Verpflichtungen aufzählt und dann hinzufügt: *»Höher als all dies aber steht das Studium der Lehre.«* Und ein anderes Lehrstück erklärt: *»Was ist Grundsatz, die Ausübung der Lehre oder das Lernen? Das Lernen, denn es führt zum Tun.«*[6] Damit wird »das Tun« aus dem Bereich jener Art von Werkheiligkeit herausgehoben, die an sich bereits eine Erfüllung der menschlichen Aufgaben bedeuten kann, was aber im jüdischen Bereich eben wegen jener allgemeinen Forderung des steten Lernens nicht der Fall ist. Daraus ergibt sich die Verpflichtung jeder Gemeinde, die Möglichkeit für jüdische Studien zu schaffen. Nach alter Vorschrift muß es an jedem von Juden besiedelten Ort mindestens zehn Männer geben, die keinem Brotberuf nachgehen, sondern die brotlose Kunst des dauernden Studiums betreiben. Damit besteht jeweils ein Kern einer Lerngemeinde, die wichtiger ist als eine von Juden nicht als solche formulierte Kult- oder Betergemeinde. Diese Lernenden werden von der Gemeinde erhalten, falls sie es aus eigener Tasche nicht können. Zudem verbürgen sie durch ihre Anwesenheit die Möglichkeit, mit den Hinzukommenden aus verschiedenen Berufen die jeweils spontanen Zehnerschaften zu bilden, die das Einzelgebet zur Gemeindeliturgie umwandeln. Für sie und alle anderen ist ein Lehrhaus zu erstellen. In diesem werden auch die Gebete verrichtet. Anderer Gemeindebesitz muß notfalls verkauft wer-

---

5 Josua 1, 8

6 Babylonischer Talmud, Kiddushim 40b

den, um diese Lernstätte, das *Bet-Hamidrasch*, zu errichten, die seit dem Altertum die Lebensmitte jüdischer Existenz ist. Die Synagoge als ausschließlicher Gebetsraum steht ihr an vitaler und damit auch religiöser Bedeutung nach. Zur ständigen oder zeitweiligen Synagoge kann jeder Ort, auch im Freien, gemacht werden, der rituell rein ist, d.h. in dem weder gekocht noch geschlafen wird und der sich in gebührendem Abstand von Abwässern befindet.

Die Wichtigkeit der genannten Gemeindeeinrichtungen wurde bereits in der Zeit des Zweiten Tempels von einem der weisen Meister formuliert. *»Auf drei Dingen steht die Welt: auf der Lehre, dem Gottesdienst und der Wohltätigkeit.«* Durch die Aufnahme in den Wegweiser für das jüdische Leben, den Mischna-Traktat »Sprüche der Väter« (1. Kap., Spruch 2), wurde diese Maxime Fibelweisheit für jedes jüdische Schulkind.

Zur Gemeinde gehört auch ein Rabbiner. Ein weitverbreiteter Irrtum hält ihn für einen Priester oder Geistlichen, denn er predigt, leistet Verwaltungsarbeiten, unterrichtet, traut und beerdigt wie sein christlicher Kollege. In erster Linie ist er Lehrer, oft auch Mitglied eines Gerichtshofs für Dinge des jüdischen Rechts. Der Hauptunterschied zwischen ihm und einem Geistlichen ist das Wegfallen einer besonderen Funktion im Gottesdienst, es bedarf nicht seiner, um die Liturgie zu vollziehen oder die Bibel zu lesen. Er hat keine Weihe, sondern eine Lehrbefugnis. Der biblische Ruf zur Weihe bezieht sich ja auf das ganze Volk. Sie vollzieht sich im Bemühen jedes einzelnen um praktische Ethik. Dieser Unterschied zwischen Rabbiner und Geistlichem hängt wohl auch mit der Entwicklung des Opferbegriffs im Christentum zusammen. Die Kirche übernahm eine abgewandelte Form des Tempelopferdienstes in ihre Symbolik. Der christliche Geistliche übernimmt symbolisch die Rolle, die im alten Israel der Priester im Sühneopferdienst innehatte. Auf dieser seit Jahrtausenden nicht mehr bestehenden Frühstufe der jüdischen Religion vollzogen die Priester im Jerusalemer Tempel die verschiedenen Arten der biblisch vorgeschriebenen Opfer für einzelne und das ganze Volk, darunter auch Reinigungs- und Sühneopfer. Dieser Kult konnte im Judentum nicht mehr weiterbestehen, da er an den Tempel gebunden war. In der damals längst vollzogenen Entwicklung war er vielleicht auch nicht mehr unbedingt notwendig, denn in den Synagogen war ja ohnehin seit Jahrhunderten der Ersatz der Opfer durch das Gebet ausgebildet worden. Zudem ist es jeder einzelne mündige Jude, der sich seiner Verfehlungen bewußt sein muß und sie nur durch persönliche Umkehr und Tat sühnt. Anders im Christentum: Hier ist es der Tod Jesu, der als sühnender Opfertod für den an ihn glaubenden Getauften verstanden wird. Jedoch ist das symbolische Nachvollziehen dieses Todes und die damit verbundene Entsühnung des irrenden Menschen eine der Aufgaben, die dem Geistlichen obliegt, der dadurch essentiell etwas anderes als der Laie ist. Im Judentum bedeutet Laie lediglich »der weniger Bewanderte«. Der Rabbiner ist verpflichtet, ihm zu besserer Kenntnis und Einsicht zu verhelfen: *»Der nicht einmal zu fragen versteht, dem hilf du fragen!«*

Die Gemeinde als Priestertum der Mündigen

»Versammlung, Gemeinde, Publikum« – diese alten Bezeichnungen des jüdischen Volkes zeigen auf, wie sehr bereits in der Zeit des Zweiten Tempels »Volk« kein administrativer oder bürokratischer Begriff war, sondern als das Miteinander der lokalen, voll berechtigten Bürgerschaften aufgefaßt wurde. »Versammlung«, griechisch *ekklesia*, ist hebräisch *knesset*. Daher ist *Knesset Jisrael* ein sehr häufiger Name für das Volk. Die verantwortlichen Gemeindevertreter aus dem ganzen Volk hießen zur Entstehungszeit des rabbinischen Judentums *Anschej knesset ha-gedola*, »die Männer der Großen Versammlung«. Deshalb nennt sich das Parlament des modernen Staates Israel *Knesset*.

Die Synagoge als »Versammlungshaus«, hebräisch *Bet knesset*, war bereits im Altertum die Israel gemäße Form des demokratischen Gemeindelebens. Der gestreifte Gebetsschal ist wie die römische Toga Zeichen des freien Bürgers. Nie war die ursprüngliche Gleichberechtigung und gleiche Verantwortung aller verlorengegangen, weder in den Jahrhunderten der Königszeit im Ersten Staat noch bei der Wiedereinführung des Königtums unter den Hasmonäern im 2. Jahrhundert v.d.Z. im Zweiten Staat. Sie wurde als besonderes Kennzeichen der gottbezogenen Menschlichkeit in allen Bereichen des Lebens gepflegt. Die einzige Aristokratie, die auf die Dauer je vom jüdischen Volk akzeptiert wurde, war die des Lernens und Lehrens. Sie aber mußte allen offenstehen. *»Achtet auf die Kinder der Armen, denn von ihnen geht die Lehre aus!«*[7] So wurde der Raum des Gottesdienstes in erster Linie der Ort der ethischen und historischen Belehrung.

Das Gebet in seinem Ablauf und die Form der Gemeindebelehrung durch Schriftlesung und anschließende Predigt liegen in ihrem Aufbau seit dem Altertum fest. Wenn sich auch einzelnes im Laufe der Zeiten von Mal zu Mal ändert, die Struktur als solche ist unverändert. Symbolik und Liturgie gingen von hier in die christliche Kirche über, die aus jüdischen Gemeinden herausgewachsen ist.

Die Struktur der jüdischen Lebensformen schloß eine Entwicklung aus, die in anderen religiösen Kulturen häufig ist: das Übergewicht der Frauen beim Gebet, und zwar vorwiegend als Schar um die zentrale Figur des ehelosen Priesters und Konfessors. Die häufig in Verbindung damit anzutreffende emotionelle Atmosphäre, die aus der Übertragung unerfüllter Wünsche angespeichert wird, steht im tiefsten Seinsgegensatz zu jüdischen Vorstellungen vom angemessenen Platz von Gefühl, Verantwortlichkeit und Lebenserfüllung. Daher wurde auch die jüdische Mystik im Gegensatz zur christlichen ausschließlich durch Männer geschaffen, sie ist ohne Verbindung mit systematischer, ständig geübter Gelehrsamkeit völlig undenkbar.

In der Gemeinde wird das Gebet des einzelnen zur vollen Liturgie. Wechselgesang, lautes oder stilles Gebet und vor al-

---

[7] Babylonischer Talmud, Nedarim 81a

lem das Zeremoniell der Schriftlesung können nur dort in rechter Weise stattfinden, wo sich die einzelnen zur Gemeinschaft fügen. Jede Gruppe von zehn freien mündigen Juden vollzieht die Aufgaben der priesterlichen Gemeinde. Die religiöse Mündigkeit erfolgt bei vollendetem dreizehntem Lebensjahr. Das bedeutet bei Knaben (bei Mädchen beim zwölften Lebensjahr) vor allem, da die spezifischen Aufgaben von dieser verantwortlichen Zehnerschaft übernommen werden, daß sich also die notwendigen Kenntnisse bei ihnen finden. Außerdem sollten für den Notfall auch Ersatzmänner vorhanden sein.

Bei jeder der drei täglichen Gebetszeiten obliegt es einem der Beter, für das Quorum der Mindestgemeinde zu sorgen. Einer ist der Vorbeter. Er soll eine deutliche und wohllautende Stimme haben, fromm sein, den anderen wohlgefällig. Nicht als Sänger soll er sich verstehen, sondern als »Abgesandter der Gemeinde« und »Beter vor dem Toraschrein«, der Liturgie und ihrer Bedeutung kundig. Die Gemeinde nimmt teil am Todestag naher Verwandter eines ihrer Mitglieder: Vielerorts wird der, der »Jahrzeit« hat, als Vorbeter oder Bibelleser für diesen Tag eingesetzt. Jedenfalls spricht er für die Gemeinde als Trauernder den aramäischen Heiligungssegen, *Kaddisch* genannt. Dies ist kein Totengebet, sondern handelt von der göttlichen Allmacht und der Hoffnung auf das Reich des Friedens auf Erden. An den langen Gottesdiensten am Samstag und den Festen lösen sich zwei Vorbeter ab, und in musikalisch interessierten Gemeinden werden sie meist noch durch einen kleinen Knabenchor unterstützt. Das ist vor allem so in den vielen chassidischen Gemeinden; bei manchen von ihnen wird auch Tanz als Teil des Gebets gepflegt; Gesang, Tanz und Musizieren sind fester Bestandteil ihrer Frömmigkeit überhaupt. In westlich assimilierten Gemeinden finden sich oft auch Orgel und gemischter Chor. Hier und da wird die Tradition der italienischen Renaissancegemeinden mit ihrer reichen Vokal- und Instrumentalmusik wieder gepflegt.

In großen Synagogen sind all diese Funktionen oft mit Amt und Anstellung verbunden. In den weitaus zahlreicheren kleinen Beterschaften ist eine Honorierung ebenso undenkbar wie eine Bezahlung der Hausfrau für die Pflege ihrer eigenen Kinder.

Im Mittelpunkt des Gottesdienstes steht die sabbatliche Bibellesung. Sie ist für alle Gemeinden der Welt und für alle Zeiten festgelegt und wird dadurch zu einem konstituierenden Moment der Juden ebenso wie die feste Anordnung der Gebete. Nicht-orthodoxe Gemeinden pflegen Gebet wie Lesung immer in einer Auswahl zu vollziehen, aber in der traditionellen Reihenfolge. In verkürzter Form wird die Lesung auch an den alten Markttagen Montag und Donnerstag begangen. Diese waren in manchen Zeiten und Ländern beliebte Tage für Predigten im Vespergottesdienst. Breit ausgeführt wird sie aber vor allem am Sabbatmorgen. Hierzu werden folgende Personen benötigt: ein Vorleser, der möglichst nicht mit dem Vorbeter identisch sein soll, für den Toraabschnitt; ein anderer für den Prophetenabschnitt der Woche; einer, der nach vollendeter Lesung die schwere kostbare Torarolle geöffnet erhebt und so der Gemeinde zeigt; einer, der diesem dabei hilft, sie wieder zu schließen. Der Heber kann zum Beispiel ein kräftiger Bursche sein, der auf diese Weise eine gottesdienstliche Funktion für alle erfüllt, der Schließer ein Knabe, der sich unter Anleitung in einer verantwortlichen Betreuung übt.

Zur Verlesung des Wochenabschnittes aus der Tora werden in traditionellen Gemeinden am Sabbat nacheinander sieben Männer aufgerufen. Die Aufrufung erfolgt nicht mit dem üblichen Rufnamen, sondern mit dem hebräischen Namen, den der Jude bei seiner Aufnahme in den Abrahambund erhält, entweder am achten Lebenstag oder bei seiner Konversion zum Judentum. Auch der Name des Vaters wird dabei genannt, also etwa *Mosche ben Ja'akow* (»Mose, der Sohn Jakobs«). Konvertiten treten in die Abrahamsohnschaft ein. Außer hebräischen und aramäischen Namen aus Bibel und Talmud gilt Alexander als jüdischer Name für dokumentarische und liturgische Zwecke. Der Aufgerufene kommt aus der Gemeinde auf die Tribüne und spricht den einleitenden und den abschließenden Segensspruch zur Lesung. Jedes Versprechen oder Versingen bei der hohen Kunst der Lesung aus der handgeschriebenen Lederrolle wird durch zwei der Gemeindemitglieder korrigiert, die danebenstehend in einem gedruckten Exemplar mitlesen.

In einigen Gemeinden, besonders solchen in Jerusalem, wird auch der Prophetenabschnitt aus einer handgeschriebenen Rolle gelesen. Im allgemeinen aber wird dazu ein gedrucktes Buch benutzt. Das ist vor allem deshalb wichtig, weil das zur Prophetenlesung aufgerufene Gemeindemitglied den Text nicht auswendig beherrschen muß wie der Tora-Leser, denn er hat ihn mitsamt Vokalzeichen, Satzzeichen und den Neumen der Melodie vor sich im Druckwerk. Sowohl diese Lesung wie die sie umrahmenden Segenssprüche haben meist eine komplizierte und anspruchsvolle musikalische Vortragsform. Vielerorts ist es üblich, daß jeder Mann sich »seinen« Prophetenabschnitt, den er am Sabbat seiner Konfirmation las, »vorbehält«. So kann bei einer größeren Gemeinde damit gerechnet werden, daß für jeden Sabbat des Jahres sich jemand findet, der die Prophetenlesung, *Haftara*, d.h. »Abschluß«, mit persönlicher Verbundenheit und besonderem Stolz vornimmt.

Das Zeremoniell beim Aus- und Einheben der Tora ist eines der geballtesten Symbole für alles, was Judentum ausmacht. Ehrfurcht vor der Lehre, die von Zion ausgeht, und dem Gotteswort aus Jerusalem: Anbetung und Lob Gottes, der es Israel auftrug, diese Lehre zu wahren und zu verstehen; Besinnung auf Gott als den Herrn der Naturkräfte, inständige Bitte um Frieden für die Menschheit und um Erneuerung in der Umkehr, solchermaßen sind die Texte der Liturgie. Durch den Aufruf zur Tribüne wird die persönliche Verantwortung für den Vollzug der Lesung symbolisch angedeutet; das tatsächliche Fortbestehen der Synagoge wird durch die dabei gelobten Spenden gesichert. Gelobt, aber nicht im Gotteshaus gesammelt, denn jeder Umgang mit Geld ist am Tage der feierlichen Lesung, dem Sabbat, undenkbar in einer Synagoge. Alter Vorschrift treu, trägt der fromme Jude bereits seit dem Freitagnachmittag kein Geld mit sich.

Die Tora ist hier weit mehr als ein Buch, aus dem gelesen wird, vielmehr konzentriert sich auf sie die ganze Herzenszärtlichkeit des jüdischen Volkes. Sie wird nicht wie ein noch so wichtiges Buch behandelt, sondern in symbolischer Weise wie eine Person: Vorsichtig wird sie aus ihrem Schrein gehoben, der Vorbeter trägt sie wie ein prinzliches Wesen, oft in kostbarem Mantel mit Krone, Glöckchen und Silberschmuck. Ihre Krone war dem Juden stets höher als Königtum oder Priestertum, denn jeder nimmt teil an dieser. Sie ist das Höchste, wonach der Jude strebt: Lehre und Einsicht, Belehren und dadurch vertiefte Einsicht. In Prozession wird sie mit Psalmengesang durch den Raum getragen. Die Männer berühren sie andächtig mit ihrem Betschal, küssen ihn. Frauen und Mädchen tun dies oft mit ihrem Gebetbuch. Alles steht, solange die Tora nicht ruht. Sie wird auf den breiten Tisch gelegt, der Schmuck wird sorgfältig abgetan, dabei auch der Lesezeiger, mit dem der Tora-Leser die Zeilen entlang geht, denn man berührt die kostbare Schrift nicht mit der bloßen Hand. Auch der lange Wickel wird abgerollt, der die beiden Rollenteile auf ihren hölzernen Stäben festhält, den »Bäumen des Lebens«. Nach der Lesung wird die Rolle aufgerollt, sorgfältig gewikkelt, mit Samtmantel bekleidet, die »Granaten« genannten Aufsätze werden auf die Lebensbäume gesteckt, darüber in vielen Gemeinden kostbare Kronen, und das Brustschild mit seinem ziselierten Schmuck. Mit Gebeten um Frieden wird sie wieder in den Schrein gestellt. Leser und Vorbeter nehmen von ihr Abschied mit dem symbolischen Kuß.

Vor allem aber ist es die Tora selbst, von der im Gottesdienst gesungen wird: *»Ein Baum des Lebens ist sie allen, die an ihr sich halten, und der sie stützt, ist glücklich. Ihre Wege sind Wege der Zuneigung und all ihre Pfade sind Frieden.«*[8] Diese Verse aus den Sprüchen Salomos handeln in ihrem Zusammenhang von der Weisheit, durch die Gott die Welt schuf. Bereits im Altertum war die Tora gleichbedeutend mit der

---

[8] Sprüche 3, 18

schöpferischen Weisheit. Eine ganze Literatur rankt sich um diesen Sachverhalt, und daher ist dem Beter, der den Lebensbaum-Vers singt, nicht mehr bewußt, daß in ihm das Wort »Tora« überhaupt nicht vorkommt. Im dichten Gefüge der assoziativen Erfahrungen und Glaubensinhalte seit Jahrtausenden kommt es zwar auch auf den Wortsinn an, vor allem aber auf die vielerlei Dinge, die in einer langen Tradition damit verbunden wurden.

Als Krone des jüdischen Lebens also wird die Tora betrachtet und als der paradiesische Lebensbaum: etwas Gegebenes, um das stets zu mühen der Mensch beauftragt ist. Daher bildet die Beschäftigung mit ihr den Mittelpunkt des Judeseins. Keine Gemeinde ohne sie, kein Ersatz in irgendeiner Form: *»Wende sie um und um, denn alles ist in ihr!«*[9] lehrten die Weisen.

Von Schriftrollen und Schreibern

Die Tora-Rolle sieht noch heute aus wie im 5. Jahrhundert v.d.Z.: ohne die erst viel später erfundenen Vokalzeichen des hebräischen Textes, ohne die Satzzeichen und Neumen der rezitativen Kantillation, wie sie sich in denjenigen Tora-Handschriften in Buchform finden, die zum Studium gebraucht und so auch gedruckt werden.

In der altisraelischen Zeit hatten die damals geheiligten Schriften stets Rollenform, denn jede Schrift, jedes »Buch« war so beschaffen. Das biblische Wort *Sefer* bedeutet »Schrift« und nicht »Buch«; erst durch Übersetzung erhielt es diese Bedeutung. »Buch« ist biblisch *Megillat sefer* »Schriftrolle«. Bei den Samaritanern, den restlichen Bewohnern des Nordreichs Israel, erhielt sich in dieser Form das Fünfbuch mit dem Buche Josua (griechisch genannt Hexateuch, »Sechsbuch«). Auch die wenigen heutigen Samaritaner besitzen noch diese

---

9 Sprüche der Väter 5, 25

Rollenform, und zwar in altisraelischer Schrift. Diese winkelige, spitzige Schrift trägt den hebräischen Namen *Da'az-Schrift*. Sie ist eine Abart der phönizischen Schrift, aus der in etwas anderer Form auch das griechische Alphabet entstanden ist. In dieser Schrift fand man Inschriften wie die Briefe aus der Festung Lachisch im judäischen Bergland aus der Zeit der babylonischen Belagerung Jerusalems.

Während des babylonischen Exils wurde eine Schriftreform eingeführt. Die jüdischen Gemeinden der Diaspora paßten sich der gängigen aramäischen Schrift des östlichen Großreichs an und übertrugen in sie ihre vorher anders geschriebenen Bücher, worunter sich alle bereits vorhandenen biblischen Schriften befanden. Auch die Tora wurde nun in diese sogenannte »assyrische« oder Quadratschrift umgeschrieben, die seither die klassische hebräische Schrift ist. Die Makkabäer und Bar-Kochba versuchten, die Da'az-Schrift wieder einzuführen, und prägten so ihre Münzen, doch blieben diese Bemühungen nur von kurzer Dauer.

Was nun die Rolle, *Megilla*, anbelangt, so ist sie bis heute allgemein gebräuchlich für das in Haus oder Synagoge verlesene Esther-Buch des Purimfestes. Auch die anderen vier biblischen »Rollen« werden bei verschiedenen jüdischen Gruppen in orientalischen und westlichen Ländern aus handgeschriebenen Rollen gelesen, und zwar an den Feiertagen, an denen ihre synagogale und häusliche Lesung vorgeschrieben ist.

Nicht nur die Art der Lesung, sondern auch das Schreiben der heiligen Rollen ist seit dem Altertum in allen Einzelheiten festgelegt: die Zubereitung des Pergaments und der Tinte, die Vernahtung der einzelnen Pergamentstreifen. Diese Vorschriften sind ein Stück antiker Kulturgeschichte, das zum Handwerkszeug von Schreibern, Korrektoren, Überprüfern und Vorlesern gehört. Die einschlägige Literatur beginnt mit dem Mischna-Traktat *Megilla*, »Rolle«, geht weiter in den dazugehörigen Überlegungen der gleichnamigen Traktate im Jerusalemer und Babylonischen Talmud und im Traktat *Sofrim*, »Schreiber«, der an den letztgenannten im späten Mittelalter angehängt wurde.

Die antike Würde des Schreibers haftet auch heute noch dem Beruf des *Sofer* an. Ohne ihn könnte das Judentum nicht seine alten Formen weiterpflegen. Außer den Schriftrollen für die Synagoge verfertigt er die kleinen Bibelabschnitte, handgeschrieben auf Pergament, die der traditionstreue Jude benötigt: die Tora-Stellen über die Gottesliebe, die Wahrung der Lehre und das Heilige Land, die zusammen als »Höre Israel« die uralte Bekenntnisform des jüdischen Volkes sind. Das »Höre Israel« besteht aus drei Abschnitten. Seit der Tempelzeit ist es das Glaubensbekenntnis im täglichen Gebet:

Höre, Israel: der Herr ist unser Gott, der Herr ist Einer. Liebe den Herrn deinen Gott mit deinem ganzen Herzen, mit deiner ganzen Seele, mit deinem ganzen Können. Es seien diese Worte, die ich dir heute gebiete, auf deinem Herzen. Präge sie deinen Kindern ein. Sprich davon, wenn du in deinem Hause sitzest, wenn du des Weges gehst, wenn du liegst und wenn du dich erhebst. Binde sie zum Zeichen an deine Hand, sie seien ein Denkgebinde zwischen deinen Augen. Schreibe sie auf die Pfosten deines Hauses und in deine Tore.[10]

So wird es sein, wenn ihr auf meine Gebote hört, die ich euch heute gebiete, zu lieben den Herrn euern Gott und ihm zu dienen mit euerm ganzen Herzen und eurer ganzen Seele: dann gebe ich den Regen eures Landes zu seiner Frist, Herbstguß und Lenzschauer, und du erntest dein Korn und deinen Most und dein Öl. Auch gebe ich Gräser auf deinem Feld für dein Vieh, du wirst essen und satt sein. Hütet euch, daß euer Herz nicht betört sei und ihr abweicht und andern Göttern dient und vor ihnen kniet. Denn da wird der Zorn des Herrn aufflammen gegen euch, er sperrt den Himmel, es fällt kein Regen mehr, und die Erde gibt keinen Er-

---

[10] 5. Mose 6, 4-9

trag. Schnell schwindet ihr von dem guten Land, das der Herr euer Gott euch gibt.

Tut also diese meine Worte auf euer Herz und eure Seele und knotet sie an eure Hand und als Denkgebinde zwischen eure Augen. Lehrt sie euren Söhnen davon zu reden, wenn du dich legst und wenn du dich erhebst. Schreibe sie auf die Pfosten deines Hauses und in deine Tore – auf daß sich mehren eure Tage und die Tage eurer Kinder auf der Erde, die der Herr euern Vätern zuschwor, sie ihnen zu geben, solange der Himmel über der Erde ist.[11]

Der Herr sprach zu Mose dieses: Rede zu den Söhnen Israels und sprich zu ihnen, sie sollen sich ein Fädengebinde an die Seiten ihrer Kleider machen durch alle Generationen. In die Seiten des Fadengebindes sollen sie einen Blaufaden geben. Wenn ihr das Gebinde anseht, so gedenkt ihr aller Gebote des Herrn und tut sie und wandert nicht euren Herzen nach und euren Augen, denen ihr nachhurt. Auf daß ihr aller meiner Gebote gedenkt und seid heilig eurem Gott. Ich bin der Herr euer Gott, der ich euch herausführte aus dem Land Ägypten, euch Gott zu sein, ich, der Herr euer Gott.[12]

Auf winzigen Röllchen in Miniaturschrift geschrieben, begleiten diese Abschnitte das Leben als *Mesusa*, das hier geforderte Türpfostenzeichen jüdischer Häuser. In Privathaus und Lehrhaus, moderner Schule oder Botschaft des Staates Israel in irgendeinem Lande: An jeder Tür ist das dekorative Schmuckstück sichtbar angebracht; aus Holz geschnitzt oder aus Metall getrieben, antik oder in moderner Formgebung, in ihm liegt

---

11 5. Mose 11, 13-22

12 4. Mose 15, 37-41

das Röllchen. Das Binden an die Hand und zwischen die Augen geschieht mittels zweier würfelförmiger Kapseln, welche die Worte der Mahnung und Verheißung auf Röllchen geschrieben enthalten. Die Kapseln und ihre Riemen heißen *Tefillin*, von *Tefilla*, »Gebet«. Wie der Gebetsschal, *Tallit*, bedeuten sie die täglich erneuerte Bundesverpflichtung des mündigen Juden, der nach der Tradition lebt. Als symbolischer Ausdruck der Treue werden sie beim Morgengebet angelegt. In den vier Ecken des Gebetsschals sind die Fadengebinde oder »Schaufäden« eingeknüpft. Sie befinden sich auch auf dem *kleinen Tallit*, den fromme Juden auf der bloßen Haut tragen. Daraus entstand die Albe der christlichen Priester. Im Sommer des Jahres 1967 wurde dieser Aspekt des Judeseins jedem sichtbar, der in Zeitschriften und Filmen sah, wie dieser Brauch vielen bisher nicht mit ihm vertrauten Juden an der Westmauer des Jerusalemer Tempelplatzes beigebracht wurde: Schülern, Soldaten, in- und ausländischen Besuchern dieses geheiligten Ortes jüdischer Geschichte.

Der Schreiber ist es, der die Verantwortung für die genaue Ausführung dieser Texte hat. Besonders das Schreiben einer Tora-Rolle erfordert große Werktreue und kalligraphische Vollkommenheit. Außerdem wird ein Toraschreiber ebenso wie ein Vorbeter oder Lehrer auf seine charakterlichen Eigenschaften hin eingeschätzt. Das Schreiben einer Tora-Rolle nach allen genauen Anforderungen kann mehr als drei Jahre dauern. Je gottbezogener und frommer der Lebenswandel eines Schreibers, um so gesuchter ist er. Die Rollen besonders berühmter Schreiber werden durch Jahrhunderte geliebt und geehrt, es rankt sich um sie Legende und Hingabe bis in den Tod. Zu den Gepflogenheiten solcher besonderer Schreiber gehört es, vor jedem Schreiben des Namens Gottes ein Tauchbad zu vollziehen. In osteuropäischen Ländern geschah das meist in Flüssen, unter freiem Himmel, wo ohnehin die besonders Frommen im Sommer wie im Winter ihr allmorgendliches Tauchbad vollzogen. In regelmäßigen Abständen wird jede Rolle sorgfältig überprüft, ob sie nicht in Schrift oder Pergament beschädigt wurde. Tinte kann abspringen, es können

Wasserschäden entstehen wie bei der großen Flut in Florenz 1966. Nach den genauen Anweisungen der Überlieferung wird ausgebessert, wo es möglich ist. Zur Zeit sitzen viele Schreiber in Israel und heilen die zahlreichen Rollen, die verwaist waren, weil ihre Gemeinden ermordet wurden. Nun stehen sie bereit für Schule und Synagoge, Pfadfinder und Militäreinheit in Israel.

Manche Rolle begleitete das Martyrium der Juden, wurde mit verbrannt wie auf römischen Scheiterhaufen. Rabbi Akiba, der planende Geist hinter dem mißglückten Bar-Kochba-Aufstand des Jahres 135 n.d.Z., wurde von römischen Schergen zum Feuertod in eine Tora gewickelt.

Nach jeder Verfolgung gab es zerrissene und entweihte Rollen, angesengte, die nun keiner Gemeinde mehr dienen konnten. Sie wurden auf geweihtem Boden von den Überlebenden, die keine Eltern, keine Geschwister mehr zum Begraben fanden, beigesetzt. Ein großes Brudergrab von Rollen und anderen entweihten Büchern sieht der Eintretende auf dem Ostberliner Friedhof.

In Auschwitz starben keine Rollen. Sie wurden zu Andenken für die Frauen der Henkersknechte verarbeitet. Handtaschen und Brieftaschen, in treuem Nebeneinander mit den anderen Erzeugnissen europäischen Kunsthandwerks: Lampenschirme aus der Haut der Gläubigen. Das geschah im fünften Jahrzehnt des 20. Jahrhunderts der christlichen Zeitrechnung. Beinahe zwei Jahrtausende, seit Rabbi Saul aus Tarsus die Lehre seines galiläischen Meisters Jesus den Völkern vererbte, die teilhaben sollten an Israels Lehre von der Liebe und der Menschenwürde.

Priester und Leviten

In den meisten traditionstreuen Gemeinden werden bis heute die uralten Stände der Priester und Leviten geehrt: Wo einer aus dem Aaronshause zugegen ist, wird er als erster zur Lesung gerufen, als zweiter einer mit der Familientradition der übrigen Leviten. Diesem Brauch kommt keinerlei kultische Bedeutung zu. Sie sprechen die gleichen Worte wie alle anderen. Meist, aber nicht immer, drücken sich diese Traditionen in den Nachnamen aus. Die Leute aus Levi tragen oft diesen Zunamen auch in Formen wie »Levin«, slawisch »Lewinsky« oder deutsch »Lewinsohn«. Verbreitete Namen wie »Segal«, »Siegel«, »Siegelbaum«, »Segelbaum« sind Varianten der hebräischen Abkürzung für *Segan Levijim*, »Levitengehilfe«.

Weitaus zahlreicher sind die Traditionen der Familienherkunft von einem *Kohen*, einem Priester aus der Levitenfamilie Aarons, Bruder des Mose, die meist wohl erst aus dem späten Mittelalter und nicht aus der Antike stammen. Dieser Name kommt in vielen Varianten vor: »Cohn«, »Kahn«, »Kagan«, »Kohnstamm«, »Kaganowitz« oder »Katz«, was nichts mit dem Tier zu tun hat, sondern eine hebräische Abkürzung der Worte *Kohen Zedek* ist, »gerechter Priester«, und viele andere mehr.

Sowohl Priester wie Leviten haben alte Wahrzeichen: für die erstgenannten zwei Hände in der Stellung des Priestersegens und für die letztgenannten eine Schmuckkanne. Diese Zeichen finden sich unter anderem auf Grabsteinen, in Familienwappen, Buchzeichen und ähnlichem. Die Levitenkanne ist Zeichen für die Handwaschung der Priester, die auch heute noch den Leviten obliegt.

Der Priestersegen aus der Tora, der auch im christlichen Gottesdienst gesprochen wird, ist Teil des täglichen Gebets. Bei feierlichen Gelegenheiten des jüdischen Jahres werden alle in der Synagoge befindlichen Kohanim aufgerufen, um die Gemeinde so zu segnen, wie es zur Tempelzeit der Fall war: durch gemeinsames »Erheben der Hände«. Wer dies je erlebt hat, dem bedeutet dieser Vorgang ein lebendiges Zeugnis uralter und unmittelbarer Glaubenserfahrung, umgeben von einer authentischen Numinosität der Stämmezeit des Volkes Israel: die Priester mitten aus der Gemeinde, was immer ihre Berufe sein mögen: Rechtsanwalt, Kaufmann, Offizier, Büroangestellter, Handwerker. Wie in der Vorzeit streifen sie die Schuhe ab zu heiliger Handlung, waschen ihre Hände unter levitischer Kanne, treten auf die Tribüne, den *Duchan*. Daher heißt die Handerhebung in der jiddischen Sprache *duchenen*. Dann hüllen sie sich ganz in den Gebetsschal, die Hände sind erhoben: im alten Segenszeichen, gespreizt in der Form des Buchstaben *sch* in hebräischer Schrift, Symbol für den Namen Gottes unter den Stämmen Israels: *Schadai*, der Allmächtige. Nun singen sie nach uralter Stämmemelodie einzeln abgesetzt die Worte des Segens. Auf jedes Wort, langgezogen wie im Wüstengebet der Urzeit, wie der Hall des Schofarhornes, antwortet die Gemeinde mit einem Vers der Segnung. Dreimal in den drei Sätzen des Segens kommt der Name des Herrn vor. Während der Segen in der vollen Zeremonialform als Handerhebung gesprochen wird, herrscht das Wissen darüber, daß dieser vierbuchstabige Gottesname, das Tetragrammaton, bis zur Zeit der Männer der Großen Versammlung bei dieser Segnung über das Volk ausgerufen wurde, und von da an nur noch vom Hohepriester am Versöhnungstag, solange der Tempel bestand.

In Jerusalem wird der Segen in dieser Form fast bei jedem strenggläubigen Gemeindegebet gesprochen. Das ist verknüpft mit dem Bewußtsein einer erzieherischen priesterlichen Aufgabe in sehr frommen Gemeinden. Daher auch die Pflege der strengen Anforderungen im Privatleben des Kohen, der den alten Reinheitsgesetzen unterliegt, auch in der Wahl seiner Ehefrau und seines Berufes. Wer sich als Träger dieser alten Priesterschaft weiß, die heute nichts mit Tempelopfern zu tun hat, sondern mit Lebendigbleiben jüdischen Geistes, der nimmt all dieses gern auf sich. Anders ist es freilich bei den vielen, die mit ihrem Familiennamen keine religiöse Tradition verknüpfen und die sich mit Recht weigern, in ihrem Privatleben Pflichten auf sich zu nehmen, die für sie sinnlos sind. Auch der traditionsverbundene Jude, der nicht zur strengen Orthodoxie gehört, verlangt das Recht auf Selbstbestimmung bezüglich der vielen Beschränkungen für den Kohen.

Von den Vorrechten der Aaronssöhne besteht noch eines im jüdischen Brauchtum: die Auslösung der erstgeborenen Söhne. Auch hier hat sich ein Stück der uralten Wandlungen religiöser Vorstellungen in symbolischer Form erhalten. Im

Alten Orient war es üblich, das erstgeborene Männliche von Mensch und Tier dem Gott, oder dem Tempel und seinen Priestern, zu weihen, also dem Tempelbesitz zu schenken. In Israel war die Weihe des Erstgeborenen jeder Mutter auch verbunden mit der Überlieferung von der Tötung der ägyptischen Erstgeborenen als die zehnte und letzte der Strafen, die über Pharao und sein Volk gekommen waren und nach denen endlich Israel ausziehen durfte. Daher betrachtete man die verschonten israelischen Erstgeborenen als in doppeltem Sinne geweiht. Bei Bestehen des Tempels wurden sie dorthin gebracht und durch eine Abgabe »ausgelöst«. Einen Bericht über diesen Vorgang, nämlich »Jesu Darstellung im Tempel« durch seine Eltern Maria und Josef, enthält das zweite Kapitel des Lukasevangeliums (22–24). Dieser Brauch der »Auslöse des Sohnes« ist bis heute bei traditionellen Juden gebräuchlich. Es obliegt auch jedem Erstgeborenen, am Tage vor Ostern zu fasten. So wird die Herausführung Israels, Fest der Freude und Beginn des Festjahreszyklus, jährlich neuer Anlaß zur Besinnung an die unschuldigen Opfer des ägyptischen Herrschers in seiner israelfeindlichen Tyrannei. Das entspricht jenem Geist jüdischer Nächstenliebe, aus dem heraus Gott in der Legende zu den Engeln sagen läßt, als sie beim Ertrinken der ägyptischen Verfolger das Lied am Schilfufer mitsingen wollen: »Meine Geschöpfe sterben, und ihr wollt lobpreisen?« Daß der Mensch sich seiner Rettung freut, ist legitim. Aber sollten die Engel frohlocken?

Vom Sabbat

Die Lehre von der gottesebenbildlichen Menschenwürde ist eine der grundlegenden Einsichten des Judentums. Sie sagt, daß als einziges Geschöpf der Mensch mit Verstand begabt ist, daher kosmische Zusammenhänge erfassen kann, ja geradezu verpflichtet ist, sie zu erfassen, und aus solchem Verständnis heraus seinen Lebensablauf als einzelner und Gemeinschaft einrichtet. Wegen ihrer zentralen Bedeutung wurde diese Einsicht von den Überlieferern und Redaktoren der Bibel in die ersten Kapitel gesetzt: Das Leben ist keine Folge irgendwelcher Tage, sondern ist eingeteilt in siebentägliche Einheiten. Daher stammt auch der hebräische Name für Woche, *Schawua*, von *schewa*, »sieben«. Das sind sechs Tage des Werkens, einer des Ruhens. Ruhen im Sinne von »Aufhören vom Getriebe« heißt hebräisch *Schabbat*. Es ist das, was der Mensch vor dem Tier voraus hat. Er muß nicht Sklave der lebensnotwendigen Arbeiten sein, erst recht nicht Sklave des Leerlaufs. Da er es nicht muß, so darf er es nach jüdischem Weltverständnis auch nicht. Dieses menschliche Vorrecht heißt in der althebräischen Ausdrucksweise der Bibel »das göttliche Gebot des Ruhetages«. Im engeren Sinne der jüdischen Verpflichtungen ist der Sabbat eines der religiösen Bundeszeichen:

> *»Die Israelssöhne sollen den Sabbat für immer wahren in all ihren Generationen, ein immerwährender Bund. Zwischen mir und den Israelssöhnen ist er ein Zeichen für immer. Denn sechs Tage lang machte der Herr den Himmel und die Erde, und am siebenten Tage hörte er auf und ruhte.«*[13]

Daß Religion geschichtlich verstanden wird, es überhaupt keine geschichtslose Religion geben kann in jüdischer Sicht, zeigt unter vielem anderen auch die Einsetzung der wöchentlichen Sabbatfeier zur Erinnerung an die Erlösung von unwürdiger Sklavenarbeit, Glaubensbeschränkung und geplantem Völkermord, von allem also, was in der altisraelischen Geschichte mit dem Namen Ägypten verbunden ist. Zwar wissen wir nicht, wann die Sabbatfeier die uns bekannte Gestalt angenommen hat, jedenfalls aber tritt dieser Aspekt mit seiner sozialethischen Verpflichtung uns bereits in einer der beiden Fassungen des Zehnworts (deutsch auch »Zehn Gebote« genannt) in der Tora entgegen:

---

[13] 2. Mose 31, 16–17

»Wahre den Sabbat-Tag, ihn zu heiligen, wie der Herr dein Gott dir befahl. Arbeite sechs Tage und tu all dein Werk. Doch der siebente Tag ist Ruhetag dem Herrn deinem Gott. Nicht tue irgendein Werk, du und dein Sohn und deine Tochter, dein Knecht und deine Dienerin, dein Ochse und dein Esel und all dein Getier und dein Beisasse in deinen Toren, auf daß ruhe dein Knecht und deine Dienerin wie du selbst. Und gedenke, daß du Knecht warst im Land Ägypten, da aber führte dich der Herr dein Gott von dort heraus mit starker Hand und ausgestrecktem Arm. Deshalb befahl dir der Herr dein Gott, den Sabbat-Tag zu begehen.«[14]

Öffentliches Leben und Familie sind in dieses Ruhen einbezogen. Im öffentlichen Leben sollen am Sabbat nur die unbedingt notwendigen Dienstleistungen verrichtet werden, zu denen auch alles Lebensrettende und -erhaltende zählt. Aber Ruhen ist nie Faulenzen, sondern das Einrichten fester Zeiten zum gemeinsamen Leben und Lernen. Das betrifft in erste Linie die Häuslichkeit der Juden. Mit feierlichem Gesang von Weltschöpfung und Herausführung vollzieht der Familienvater den Weihesegen, hebräisch *Kiddusch*, am Freitagabend über Wein und Brot, denn der jüdische Tag beginnt mit dem Einbruch der Dunkelheit. Kerzen und Wein des Festtags machen immer wieder auch dem Kleinkind bereits klar, daß die Nacht nichts Eigenes, Angsterregendes ist, sie wird Überbrückung, wird Teil eines Ganzen. Kindheitseindrücke dieser Art, seit tausenden von Jahren zum Lebensgesetz eines Volkes erhoben, sind gewiß von Bedeutung im Formen der Persönlichkeit. Diese allwöchentliche Festtagsfreude war bestimmend für den Optimismus der Juden. Vielleicht begann dieser Vorgang in der Auseinandersetzung mit der persischen Zoroasterreligion, die an eine Zweiteilung der göttlichen Mächte glaubte, den Schöpfer des Lichts und den Herrscher der

---

[14] 5. Mose 5, 12–15

Finsternis. Aus dieser Auseinandersetzung rühren auch die ausdrücklichen Formulierungen im jüdischen Gebet, die Gott, dem Schöpfer des Lichts und der Finsternis, danken.

Um den Sabbat würdig zu empfangen, war seit dem Altertum die gründliche Waschung von Körper und Haaren Gebot, mit anschließendem Tauchbad zur symbolischen rituellen Weihe. Diese Waschvorschriften waren jedem Juden auch in solchen Zeiten selbstverständlich, als die meisten europäischen Völker nichts von derartigen Dingen hielten, was in manchen Ländern bis in die letzten Jahrhunderte der Fall war.

Im Sinne des Ruhens werden in traditionsgetreuen Familien die Sabbatspeisen so vorbereitet, daß die Hausfrau aus der Ofenröhre alles fertig gewärmt anrichten kann. Zum Freitagabend gehört der Fisch, das uralte orientalische Symbol der Fruchtbarkeit, unter anderem als Hinweis auf die eheliche Liebe, die zu dieser Nacht auch dem weisesten und vertieftesten Gelehrten geboten ist. Vielerorts zeigt der Mann, auch der vielbeschäftigte, seine Würdigung des fraulichen Tuns zum Sabbat darin, daß er am frühen Nachmittag von den Speisen kostet und die Kerze in den großen Leuchtern herrichtet, mit denen nach Sonnenuntergang seine Frau den Sabbat in das Haus hineinnimmt. Den Frauen zuliebe und zu Ehren setzten die Meister des rabbinischen Judentums in der Spätantike zu diesem Lichterzünden einen Segensspruch für die Frau fest, durch den diese Handlung mit den biblischen Geboten gleichgesetzt wird, obwohl sie kein solches ist. Ist kein Mann oder mündiger Sohn gegenwärtig, soll die Frau den Kiddusch vollziehen. Die Leuchter und die beiden bedeckten Sabbatbrote wurden in Anlehnung an die Kultformen des Tempels eingeführt. So erhoben die pharisäischen Weisen geradezu deklamatorisch den Tisch der Familie zum Altar. Zudem erweiterten sie die rituellen Schlachtvorschriften des Tempelkults auf alles von Juden zu verzehrende Fleisch, damit der häusliche Tisch auch in dieser Hinsicht dem gleiche, was einst nur Tempelbestimmung war, und so die künstliche Trennung in sakrale und andere Bereiche des Lebens verringert werde. Das bei den

Tempelopfern benutzte Salz fand ebenfalls zur Ergänzung der Symbolik Aufnahme am häuslichen Tisch.

Die Stunde nach dem Lichterzünden, während Vater und Söhne sich zum Abendgebet mit den anderen Männern der Gegend in der Synagoge versammelten, war durch Jahrhunderte die Stunde, in der Mütter und Töchter die Frauengebete[15] sprachen oder lasen. Diese innigen Bittgebete sind eine umfangreiche eigene Gattung des jüdischen religiösen Schrifttums in vielen Sprachen.

Nicht nur im Hause, sondern auch in der Synagoge wird der Sabbat empfangen: mit Psalmen und Gebeten und mit dem langen Lied, das geradezu Inbegriff der Sabbatfreude wurde – die Hymne an die Sabbatbraut, *Lecha Dodi*, die im 16. Jahrhundert in der galiläischen Stadt Safed entstand und von dort aus ihren Weg zu allen Gemeinden fand:

Komm, mein Freund, der Braut entgegen,
Wir wollen den Sabbat empfangen.
Krone des Herrn, in Frieden tritt ein,
Zu Freude, zu Jubel komme herein,
In unsre Mitte, dein treues Volk,
Komm Braut, komm Braut gegangen![16]

In vielen Gemeinden geht man der Sabbat-Braut entgegen und betet im Freien, oder aber man dreht sich zum Eingang der Synagoge nach Westen und dann erst wieder nach Osten zum Toraschrein. Mit dieser symbolischen Begrüßung soll nunmehr auch die sabbatliche Seele des Menschen zu ihm kommen. Die Überzeugung von der Gegenwart dieses besonderen menschlichen Anteils am geistigen Leben der Welt spielt eine außerordentlich große Rolle in der jüdischen Auffassung vom Ruhetag. Vielleicht ist es richtiger zu sagen, daß die tiefe Verantwortung,

---

15 Siehe auch Pnina Navè Levinson, Jüdische Frauen beten. Gütersloh 1993

16 Jüdisches Gebetbuch

in der der Jude sich nach seiner Tradition vor allem Bestehenden weiß, dieses Sinnbild geprägt hat. Möglich wurde es dadurch, daß *Schabbat* im Hebräischen ein weibliches Wort ist.

Die Brautsymbolik des Sabbat ist vielschichtig. Sie weist diejenigen Bedeutungen auf, die in den allegorischen und mystischen Interpretationen des Hohelieds enthalten sind, das zur Meditationslesung vor dem Sabbateingang gehört. Wurde doch das Hohelied nach jahrhundertelangen Überlegungen der Weisen nur deshalb in die Bibel aufgenommen, weil am Ende des 1. Jahrhunderts n.d.Z. die Synode von Jawne (Jamnia) sich darauf geeinigt hatte, daß es eine Allegorie von Gott und Israel als Bräutigam und Braut ist. Dazu kam außerdem noch die individuelle Deutung der Mystiker vom Menschen und seiner Seele. Beide Deutungen gingen in die christliche Tradition ein, wobei die erste auf Jesus und die Kirche angewandt wird. In der mittelalterlichen jüdischen Mystik mit ihrer Lehre von den göttlichen Emanationen wurde jeder Ausdruck des Liedes der Lieder auf die inneren Geheimnisse der Gottheit gedeutet; in dieser Weise wird es auch heute noch meditiert.

Nun ist es allerdings im Judentum so, daß die tiefste mystische Auffassung um so mehr die schlichte Bedeutung zu ihrem Recht kommen läßt. Im Unterschied zur christlichen Mystik ist das Verstehen von Geheimnissen der Gottheit kein Anlaß zur Aufgabe der Familienbindungen. Vor allem deshalb nicht, weil die Ehe als das erste Gebot an den Menschen angesehen wird, und zwar ganz sachlich das erste, weil es in der biblischen Schöpfungsgeschichte die erste Anrede Gottes an die Menschen ist:

> *»Da schuf Gott den Menschen in seinem Bilde, im Bilde Gottes schuf er ihn, männlich und weiblich schuf er sie. Dann segnete sie Gott, und Gott sprach zu ihnen: ›Seid fruchtbar, vermehrt euch, erfüllt die Erde, erobert sie!‹«*[17]

---

[17] 1.Mose 1, 27–28

Nur als männlich und weiblich und sich vermehrend ist der gottesebenbildliche Mensch dem Juden eine echte Realität.

Wenn die Männer der Familie in das sabbatlich leuchtende Haus heimkehren, werden die Friedensengel mit Gesang begrüßt und um ihren Segen gebeten. Ein Segen für die Kinder, der einzeln und mit Handauflegung erfolgt, gehört zur Tradition des väterlichen Priestertums. Vor allem aber wird in der häuslichen Liturgie die Mutter des Hauses gerühmt mit dem Gesang des antiken Loblieds auf die tüchtige und gottesfürchtige Haus- und Geschäftsfrau (31. Kapitel des biblischen Buches *Sprüche*). Wie einige andere Lieder und Spruchsammlungen aus der Zeit des Zweiten Tempels sind seine Verse nach der Reihenfolge des hebräischen Alphabets angeordnet, was in Antike und Mittelalter ein beliebtes Mittel zum Einprägen oft gesungener Lieder war.

Zwischen den einzelnen Gängen des Mahls werden alte Sabbathymnen gesungen. Von besonderer Feierlichkeit sind neben den hebräischen Liedern einige aramäische der galiläischen Mystiker des 16. Jahrhunderts, die vor allem seit dem 18. Jahrhundert durch die chassidische Bewegung auch in Europa verbreitet wurden. Im modernen Brauch kommen oft neue Melodien zu Psalmenversen hinzu. In israelischen Jugenddörfern und Kibbutzim erarbeiten Lehrer und Oberschüler gemeinsam neue Formen für das abendliche Sabbatfest. In manchen westlichen Ländern wurde es in den letzten Generationen gebräuchlich, das Hauptgewicht in nicht-orthodoxen Gemeinden auf den Freitagabend zu verlegen. Denn viele können sich am Samstagmorgen nicht von ihrer beruflichen Arbeit freimachen. So findet sich die Gemeinde als erweiterte Familie am Abend zu Gebet, Gesang und Lernen zusammen.

Wo es aber mit den Anforderungen des Lebens vereinbar ist, wird der Sabbatvormittag der Gemeinde gewidmet. Im übrigen ist die epochemachende amerikanische Einführung der Fünftagewoche nicht zuletzt der jüdischen Forderung nach Verwirklichung des traditionellen Ruhetages im Rahmen der pluralistischen Gesellschaft zu verdanken. In vielen der nordamerikanischen Bundesstaten ermöglicht das Staatsgesetz jüdischen Geschäftsleuten, ihren Betrieb am Sonntag zu öffnen und am Samstag zu schließen. In vorwiegend orthodoxen jüdischen Wohnbezirken der Vereinigten Staaten werden die Straßen am Freitagnachmittag durch städtische Verordnung für den motorisierten Verkehr gesperrt, wie es die strenge Befolgung des Ruhegesetzes erfordert.

Der Morgengottesdienst in der Synagoge wurde bereits in der Spätantike besonders ausführlich und feierlich gestaltet. In seinem Mittelpunkt steht die Lesung der biblischen Wochenabschnitte aus dem Fünfbuch der Tora und den Propheten. Wie bereits dargestellt, bildet die Verantwortung für diese Lesungen eine der verbindenden Gemeindeaufgaben; letzten Endes ist sie jener Zement, der die jüdischen Gemeinschaften zu dem gefügt hat, was sie sind.

Die Lesung des vollständigen Wochenabschnittes ist die Krönung des während der Woche Gelernten. Denn die Beschäftigung mit diesem Abschnitt ist religiöse Pflicht für den Einfachen wie für den Gelehrten, je nach Können und Einsicht findet diese Beschäftigung statt. Außer dem Text und seinen Kommentaren gehören dazu nachbiblische Schriften, die ebenfalls in Wochenabschnitte eingeteilt sind und für verschiedene jüdische Gruppen wöchentliches Lernpensum der Freizeit bilden.

Dem Inhalt der Lesung entsprechen die zahlreichen Hymnen, die seit dem frühesten Mittelalter der Gebetsordnung angefügt wurden. Die Verfasser und Sänger dieser Werke gehören zur hebräischen Dichterschule der byzantinischen Zeit, einer der fruchtbarsten und interessantesten Epochen der nachbiblischen hebräischen Sprachschöpfung. Im griechischen Sprachbereich lebend, tragen die Dichter den Namen *Pajtan*, die Dichtung den Namen *Pijut, Poet* und *Poesie*. Ihre Hauptaufgabe war das Amt des Vorbeters oder Kantors, als solcher hatte der Pajtan für ständig neuen Ausschmuck der Liturgie zu sorgen. Im Austausch mit diesen Dichtern erhielt die aramäischsprachige syrische Kirche Gedichtformen einschließlich des Reims. Die hebräischen Lehrgedichte und Verherrlichungen Gottes durch Mensch, Natur und Engel wurden maßgeblich für die griechischsprachige byzantinische Kirche: Einer ihrer bedeutendsten frühen Dicher, Romanos, war ein getaufter Pajtan.

Auch nach dem Untergang der byzantinischen Herrschaft wirkten im Land Israel noch jahrhundertelang berühmte *Pajtanim*. Gleichzeitig entstanden ähnliche Dichterschulen von Bagdad bis Lucca, von Malaga bis Worms. In vielerlei Stilen und Formen verfaßten die Pajtanim hebräische Lieder, die sich auf die Lesung und auf lokale Ereignisse bezogen. Auch heute noch gibt es bei orientalischen Juden Synagogendichter, die etwa den Ehrengast der Gemeinde in kunstvollen Reimen besingen, wenn er zur Lesung aufgerufen wird.

Der Sinn der Lesung ist die Bewahrung der Tora, ihre Deutung und Weiterführung. Wo diese in Predigt und Studium bis heute im Mittelpunkt steht, wird oft der alte Dreijahreszyklus der pentateuchischen Lesung wieder eingeführt, der in der Spätantike im Land Israel gebräuchlich war. Doch während damals in der Kapitelfolge der Tora gelesen wurde, wird heute im ersten Jahr das erste Drittel jedes Wochenabschnittes gelesen und in der Predigt besprochen, im zweiten Jahr das zweite Drittel und im dritten Jahr der letzte Teil. Das ist notwendig, um nicht aus der Kalenderordnung zu fallen. Es wird also Jahr für Jahr einmal die Lesung des Fünfbuchs beendet, aber nur jeweils zu einem Drittel. Bei der Länge der Abschnitte empfiehlt sich diese Anordnung, um nicht mehrere Stunden zum sorgfältigen Vorlesen zu gebrauchen. Im Altertum wurde auf diese Art die Zeit gewonnen, um jeden Vers der Reihenfolge nach zu interpretieren. Das Ergebnis dieser alten Kommentare und Predigten sind die Sammlungen der Midrasch-Literatur. *Midrasch* ist Homilie, Vortrag zur Bibel. Sie wurde bis in das späte Mittelalter hinein angelegt und bilden eine wichtige Quelle unserer Kenntnis von den jüdischen Sagen, Legenden und Gleichnissen zur Bibel. Auch vieles Zeitgeschichtliche fand in ihnen seinen Niederschlag. Diese Schriften sind eine Fundgrube der Motivforschung und der Religionsgeschichte, mit der sich seit dem 19. Jahrhundert viele Fachgelehrte beschäftigen. Auch stil- und sprachgeschichtlich sind diese alten Predigten interessant, in denen sich Lehnwörter aus vielen Sprachen finden. Sie waren in vielen Ländern durch Jahrhunderte das tägliche oder wenigstens das sabbatliche Pensum des jüdischen einfachen Mannes, der also keineswegs Analphabet war, sondern derjenige, der in den allgemeinen und jüdischen Wissenschaften wenig oder gar nicht bewandert war, der aus den Schriften der Tradition nur das beherrschte, was zum Judesein unumgänglich notwendig ist. Besonders die Zeit zwischen Nachmittags- und Abendgebet am Sabbat diente dieser Lektüre. Da die Frauen meist eine entsprechende Erbauungsliteratur in den Umgangssprachen vorzogen, gibt es Auswahlen aus homiletischen Schriften in den von Juden gesprochenen Sprachen – Spanisch, Deutsch, Persisch, Arabisch, Neugriechisch – in hebräischen Lettern. Besonders weit verbreitet im deutschen Sprachgebiet ist eines dieser Bücher, das im 17. Jahrhundert erschien und zu einem Klassiker der jiddischen Literatur wurde: *Ze'ena ure'ena* (hebräisch: »Geht hinaus und sehet«). Auch bei dem Nachmittagsgebet wird aus der Tora-Rolle gelesen. Nun, kurz vor Beginn der neuen Woche, beginnt die Lesung des nächsten Abschnitts aus der Tora. Damit ist bereits die Aufgabe für die neue Woche gestellt.

Wie der Tag des geheiligten Lebens in der Familie beginnt, mit Kerzen und Wein, so wird er auch abgeschlossen, und zwar im Ritual der Unterscheidung, hebräisch *Hawdala*. Wenn es bereits dunkelt und drei Sterne am Himmel stehen, wird eine mehrdochtige, geflochtene lange Kerze angezündet. Eines der Kinder hält sie hoch. Der Hausvater hält in seiner Rechten einen Becher mit Wein, in seiner Linken wohlriechende Kräuter. Er singt Bibelverse von Gottes Hilfe und der Freude des Juden und preist Gott als den Schöpfer des Weines, der duftenden Kräuter und des leuchtenden Feuers. Nun folgt der eigentliche Unterscheidungssegen, das Lob Gottes, der zwischen Heiligem und Profanem unterscheidet, zwischen Licht und Dunkelheit, zwischen Israel und den Völkern, dem siebenten Tag und den sechs Werktagen. Nun nippt der Vater bedächtig von dem Wein, gießt den Rest in eine Schale, nimmt aus der Hand des Kindes das Licht und taucht die Kerze hinein.

Die Geräte der Hawdala gehören ebenso wie die des Sabbateingangs zum häuslichen sakralen Zierat. Becher, Schale und Behälter für die Kräuter sollen dazu dienen, das Gebet vom Alltag abzuheben. In orientalischen Ländern werden im Hausgärtchen Gewürzkräuter gezüchtet, die frisch gepflückt bereits vom Freitagnachmittag an mit ihrem Duft das ganze Haus durchziehen. Sie stecken in einem silbernen Halter und werden so bei der Hawdala benutzt. In nördlichen Ländern gibt es diese Kräuter nicht, und wie andere Pflanzen, die zum Zeremoniell des Judentums gehören, werden sie von weither gebracht und ihrer Kostbarkeit entsprechend für lange Zeit bewahrt. Dazu dienen silberne oder vergoldete Gewürzbüchsen. Eine weit verbreitete europäische Form der »Bessomimbüchse« (hebräisch *bessomim* oder *bessamim*, »Gewürze«) ist die eines bewimpelten Turmes, denn es war im Mittelalter üblich, die kostbaren Gewürze des Orients im Stadtturm zu verwahren.

Einem spätantiken jüdischen Bericht zufolge wurden nach jeder Mahlzeit wohlriechende Kräuter verbrannt und dabei der Segensspruch gesagt. Wahrscheinlich ist es dieser Brauch, der sich für den Sabbatausgang bis heute erhalten hat. Jedenfalls steht er in keinem Zusammenhang mit dem im Tempel üblichen Weihrauchopfer, denn wie alle anderen Opfer durfte auch dieses nirgendwo anders als im Tempel dargebracht werden. Als Abschluß der Zeremonie wird eines der verbreitetsten hebräischen Volkslieder des Mittelalters gesungen, das um Gnade und Erlösung für die weinende Braut Israel fleht: *Hamawdil*, »Der unterscheidet«. Es besteht aus sieben Strophen und Kehrreim, die mit Bibelstellen von der Nacht enden. Auf diesen Bitt- und Bußgesang folgt das Hoffnungslied vom Kommen des Propheten Elija, der den gesalbten Sohn Davids bringt, bald, in unseren Tagen.

Für viele ist damit der Einzug der neuen Woche noch nicht Tatsache: Nach alter Regel wird vom Alltag zum Geheiligten hinzugefügt, der Sabbatkönigin wird noch stundenlang das Geleit gegeben. Die Stunden heißen bei vielen Gemeinden *Melawé Malka*, »Geleit der Königin«. Ihr zu Ehren werden

Lieder gesungen, die vom Gottvertrauen und der Hilfe handeln, darunter das Jakobslied, eine alphabetische Zusammenstellung von Bibelversen über Jakob, mit dem Kehrreim »Fürchte dich nicht, mein Knecht Jakob«. Besonders lang, liebevoll und andächtig gestaltet wird das Sabbatgeleit bei den heutigen chassidischen Gemeinden. Wie bei jeder festlichen Zusammenkunft dieser Richtung des orthodoxen Judentums gehört dazu ekstatischer Tanz der Männergemeinde. Vor allem werden Geschichten der berühmten chassidischen Meister der Vergangenheit und der Gegenwart erzählt. Während der Verfolgung und Ermordung der ostjüdischen Gemeinden in den letzten Jahren der Naziherrschaft gelang den Chassidim in vielen Fällen die Rettung ihrer Gemeindehäupter. Sie leben jetzt in Amerika oder in Israel. Um ihren Tisch scharen sich an jedem Sabbat zahlreiche Gläubige, darunter solche, die aus weiter Ferne zu ihnen kommen. Wie beim Entstehen des Chassidismus vor zweihundert Jahren sitzen die Gläubigen um den Meister, in dem die Tora ihre Verkörperung findet, weil sein ganzes Denken und Tun Lehre sein will. Er lehrt in jiddischer Sprache, predigt, deutet die Bibel am sabbatlichen Tisch nach altem jüdischen Brauch, von dem die Meister des Altertums bereits sagten: »An jedem Tisch, wo von Gottes Lehre gesprochen wird, ist er gegenwärtig wie im Tempel.« (vgl. im Neuen Testament die Worte Jesu: »Wo zwei oder drei versammelt sind in meinem Namen, da bin ich mitten unter ihnen.«)

III. Vom Jahr des Juden

Die Woche

Die Einheit der sieben Tage kann sich nach dem jüdischen Weltverständnis nur auf den Sabbat beziehen. Daher tragen die anderen Tage im Hebräischen bis heute die Namen, die ihnen im biblischen Schöpfungsbericht gegeben wurden: Sie sind Erster bis Sechster Tag, oder auch in manchen mittelalterlichen Schriften »der Erste zum Sabbat« und so fort, Teilstücke im Bogen der täglich erneuerten Schöpfung. Nach jüdischer Tradition ist das Wunder des Sabbat, daß an ihm die Welt weiterbesteht, obwohl Gott sie nicht erneuert wie an den anderen Tagen, denn von seinen Werken in der Urzeit heißt es: »das Gott geschaffen hatte zum Tun« (1. Mose 2,3), geschaffen, um es dann ständig weiter zu tun.

Dieses Verständnis der Wochentage wurde nicht zum Erbe der heidnischen Völker, die im Mittelalter das Christentum annahmen. Denn sie behielten auch weiterhin die alten Namen der Tage bei, und zwar nach den Gottheiten, Naturkräften oder Gestirnen, die für jeden Tag »zuständig« waren und an ihm die Welt beherrschten: Sonne, Mond, Mars, Merkur, Donar, Freya, Saturn. In einigen Sprachen wurde für den Unglücks- oder Saturntag der Name Sabbat eingeführt, der in manchen jüdischen Dialekten *Sambad* ausgesprochen wurde: *Sabbado, Samedi, Samstag*. Mit der Spaltung des christlichen vom jüdischen Kalender wurde der Christustag vom Sonn-Abend auf den Sonn-Tag verlegt, jedoch erhielt er nur bei einigen Völkern einen entsprechenden Namen als »Tag des Herrn«: *Domenica, Dimanche*.

Im jüdischen Kalender hat jede Woche einen eigenen Namen. Logischerweise ist dies der Name der wöchentlichen Lesung, des Wochenabschnitts, aus dem Fünfbuch der Tora, denn diese Abschnitte haben keine Zahlbezeichnung wie die Kapitel der christlichen Bibeleinteilung, die im Mittelalter auch von den Juden übernommen werden mußte, weil sie anders nicht die von der Kirche befohlenen Zwangsdisputationen über biblische Wahrheiten durchführen konnten, sondern jeder Abschnitt wird nach einem seiner ersten Worte bezeichnet. Die drei ersten sind: Im Anfang (1. Mose 1,1–5,8), Noah (5,9–11,32), Geh hinweg (Abrahams Berufung; 12,1–17,27). Diese Namen werden seit etwa 1500 Jahren sogar anstatt der Datierung nach Monaten benutzt, besonders in Privatbriefen. Es genügte zu schreiben: der soundsovielte Tag des Abschnitts soundso. Und auch heute noch kann jedermann auf einem Kalender feststellen, welches Datum dies nach den verschiedenen jüdischen und anderen Kalendersystemen war. Es gibt auch Mischformen, wie etwa in Italien seit der Renaissance, wo zur Datierung mittels des Wochenabschnitts noch der italienische Monatsname anzutreffen ist.

Die Monate

In den Monatsnamen des jüdischen Jahres hat sich bis zur Gegenwart altorientalisches Erbe erhalten. Diese Namen wurden zusammen mit dem Kalendersystem und der astronomischen Berechnung aus der Kultur des Zweistromlands übernommen. Sie finden sich in den späten biblischen Büchern und im nachbiblischen Schrifttum. Sie heißen *Tischri, Marcheschwan, Kislew, Tewet, Schewat, Adar, Nissan, Ijar, Ssivan, Tammus, Aw, Elul.* Das Kalenderjahr beginnt am ersten Tischri und fällt in den September oder Oktober des westlichen Jahres. In der Bibel finden wir den bäuerlichen Jahresbeginn im Frühjahr, und zwar mit dem Monat Nissan, so daß die Herbstfeste in den siebenten Monat des landwirtschaftlichen Jahres fallen. Außer – oder vor – diesem Monatssystem gab es im alten Israel Bezeichnungen der Jahreszeiten und Monate wie »Glanzmonat« oder »Frühlingszeit«. Sie erhielten sich sowohl in der Bibel wie auf einem frühen Bauernkalender aus der israelischen Königszeit, dem »Geser-Kalender«.

Die Monate haben entweder 29 oder 30 Tage. Da das jüdischen Monatssystem sich wirklich nach dem Mond richtet, beginnen sie mit dem Neumond. Am Sabbat davor findet die Ankündigung des Wochentages statt, auf welchen der Monatsbeginn fällt. Dadurch bleibt die Beziehung zu den Monaten auch in der technisierten Gegenwart eine andere als zu einem mechanischen Zeitablauf. Sie läßt z.B. daran denken, daß nicht überall in der Welt Juden mit der gleichen Selbstverständlichkeit in Zeitung oder Taschenkalender das jüdische Datum finden, weil sie beides nicht haben durften. An diesem Tage wird ein besonderes Gebet gesungen, die Bitte um ein würdiges Leben, das jedem zur Freude gereiche und das Lernen und Bewahren der Lehre ermögliche. Es schließt mit den Worten: »Alle aus Israel sind Freunde.« Dadurch wird in besonders eindringlicher Weise betont, daß für den Juden ein Monat nur gut sein kann, wenn er sich eins weiß mit seinem Volk. Seit dem 16. Jahrhundert ist es vielerorts üblich, den Tag vor dem Neumond als Fast- und Bußtag zu begehen. Das ist der »Kleine Versöhnungstag« mit Gebeten und Hymnen. Als Freudentag gilt vielen der Tag, an welchem die Mondsichel deutlich sichtbar ist. Besonders in chassidischen Gemeinden mit ihrer Naturverbundenheit ist es Brauch, sich dann zu Gebet und Tanz unter freiem Himmel zu treffen. Dieses ist die »Mondweihe«. Diese Art des Naturerlebens entspricht ganz dem jüdischen Verständnis der Verbundenheit von Natur und Geschichte. Bereits in der Spätantike wurde die Liturgie dieser Feier festgesetzt, zu der als Wichtigstes die Worte gehören: »David, König Israels, lebt und besteht.« Auch für den, der nie an solchem Gebet teilgenommen hat, ist dieser Vers als Volkslied präsent, und zwar als eines der mit größter Hingabe gesungenen jüdischen Volkslieder. Die stete Wiederkehr der Mondphasen wurde Gleichnis für das Weitergehen der jüdischen Geschichte, des Volkes, für das David nicht nur ein

Kämpfer und Dichter der fernen Vergangenheit ist und die Davidstadt Jerusalem oder Zion kein antiker Rest, sondern Heimat der Seele und Mittelpunkt der Welt.

Die Feste des Jahres

Sowohl die Freuden- wie die Trauertage des jüdischen Jahres tragen geschichtlichen Charakter. Sie sind entweder mit der Wüstenwanderung des alten Israel verbunden oder mit historischen Ereignissen späterer Zeiten. Oft sind sie zugleich auch landwirtschaftliche Feste. Die hohen Feiertage – Neujahr und Versöhnungstag – bilden eine Ausnahme: Sie sind Tage des Insichgehens und der Umkehr.

Von allen Monaten des Jahres ist der herbstliche Tischri der eigentliche Festmonat. An zweiter Stelle folgt der Frühlingsmonat Nissan.

In der Tora werden fünf Feste aufgezählt: Neujahr, Versöhnungstag und drei Wallfahrtsfeste. In der Perserzeit kam dazu das Fest der Lose, in der hellenistischen Zeit das Weihefest und noch später das Neujahrsfest der Bäume und einige andere sogenannte Halbfeiertage, an denen Arbeit gestattet ist.

Im jungen Christentum durchliefen die jüdischen Feiertage allmählich einen Bedeutungswandel, in dem sich jedoch oft noch das Vorbild erkennen läßt. Die drei Wallfahrtsfeste, bei denen sich große Menschenmengen aus dem Land Israel und den anderen Ländern in Jerusalem versammelten, gaben den Anlaß zur Einrichtung der drei christlichen Hauptfeste: Ostern, Pfingsten und Weihnachten, wobei das letztere zeitlich dem jüdischen Weihefest entspricht und nicht dem dritten Wallfahrtsfest. Zu den vielen Festen, die das Christentum aus heidnischem Brauch übernahm, gibt es in der gleichen Epoche des Judentums keine Parallelen, da es die entsprechende religionsgeschichtliche Stufe bereits durchlaufen hatte. Über Christentum und Islam fanden einige dieser uralten Bräuche im Mittelalter erneut Eingang in das Judentum.

Die Wallfahrtsfeste

Dreimal im Jahr pilgerten in der Tempelzeit die Familien von nah und fern nach Jerusalem, um dort das Festopfer darzubringen. Statt der Opfer wurden für die Synagogen Opfergebete und Hymnen eingesetzt. Es sind sowohl landwirtschaftliche wie religiös-geschichtliche Begebenheiten, die bis heute zu diesen Zeiten gefeiert werden. Die Feste heißen zu deutsch Überschreitungsfest, Wochenfest, Laubhüttenfest.

Im Frühling, im Monat Nissan, war ursprünglich der Beginn des jüdischen Jahres. Alles grünt und blüht, noch ist Regenzeit. *»Die Wildtauben girren, die Rebpflanzen blühen duftend«*: Es ist die Jahreszeit des biblischen Hohelieds, das nun gelesen und gesungen wird. Das ist die Zeit, in der die Wintergerste im Nahen Osten geerntet wird. Mit dieser Erneuerung der Natur wurde die des einzelnen und des Volkes verknüpft. Dazu gehörte das Ausräumen alten Sauerteigs aus jedem Gehöft, gründliche Reinigung und Wegwerfen alter Hefebestände. Dies waren vor allem uralte Maßnahmen des Gesundheitsschutzes. So wurde diese Frühlingswoche zum »Fest der ungesäuerten Brotfladen«, der *Mazzot*. Zuerst wurde jedoch als Opfer eine Garbe der neu geernteten Gerste dargebracht, ein *Omer*.

Pessach – das Fest der Freiheit

Der Tag vor dem Mazzot-Fest ist der »Tag der Überschreitung«, hebräisch *Pessach*, aramäisch *Pass'cha*. An ihm wurde das Pessach-Lamm geopfert zur Erinnerung an die wundersamen Vorgänge kurz vor der Beendigung der ägyptischen Fron vor nun 3200 Jahren, als die Israelssöhne auf Gottes Befehl zum Auszug bereit waren, der ihnen trotz neun göttlicher Strafen an Ägypten noch immer durch Pharao verwehrt wurde, und sie sich mit Gurt und Wanderstab rüsteten, ein Frühlingslamm opferten und eilig aßen. An die Tür aber hatten sie ein Zeichen gemalt, damit im großen Sterben der ägyptischen

Erstgeborenen, Mensch und Tier, ihre Häuser überschritten und nicht mit denen der Unterdrücker verwechselt wurden. Daher der Name des Festes, daher vor allem seine liturgische, nachbiblische Bezeichnung: »Die Zeit unserer Freiheit, ein Gedenken an den Auszug aus Ägypten«. Bereits in altisraelischer Zeit wurden beide Feste als eine Einheit aufgefaßt und sind es geblieben. Bei einem überlebenden Rest der altisraelischen Überlieferung wird das Opferlamm bis heute so dargebracht, wie es in der Tora geschildert ist. Das sind die Samaritaner, die dieses Fest auf ihrem heiligen Berg, dem Garisim bei Nablus, dem alten Sichem, so begehen.

Wie sieht nun im heutigen Judentum das Fest aus, das in die christliche Tradition als Ostern eingegangen ist, in symbolischer Deutung des Opferlammes auf Jesus, aber verbunden mit Symbolen der Naturerneuerung wie bunt gefärbten Eiern?

Die Formen des Festes sind seit alter Zeit mehr oder weniger gleich, obwohl es wie bei allen jüdischen Traditionen lokale Unterschiede im Brauchtum gibt. Verbindlich ist zweierlei: das feierliche Abendmahl als die wichtigste religiöse Familienfeier des ganzen Jahres und das Essen der ungesäuerten Brotfladen. Beides, sowohl Abendmahl wie die oblatenförmigen Brote, blieb bedeutend nach der Ablösung des Christentums von seiner Mutterreligion.

Das Haus ist von allem Gesäuerten gereinigt worden, in tatsächlicher wie auch in symbolischer Handlung. Im Orient werden alle Wände neu gekalkt als sicherstes Mittel gegen Ansteckungen. Im traditionstreuen Haus trägt jeder neue Kleidung. Geschirr und Töpfe, Besteck und Weingläser sind entweder neu oder gründlichst nach besonderen Vorschriften gereinigt, oder aber es wird in dieser Woche des Jahres besonderes Pessach-Geschirr gebraucht. Manche wohlhabenden Familien sehen ihren Stolz in einer Pessach-Küche, die sonst nie benutzt wird. Die Hausfrau freut sich, nun eine Woche lang die Gerichte und Backwerke vorführen zu können, die ohne Brot und Hefe die Familie festlich sättigen. Dabei sind die verschiedensten Eierspeisen besonders wichtig. In Amerika gibt es seit langem eine eigene Industrie für Pessach-Gerichte, die alle modernen Möglichkeiten bis zur Tiefkühlung nutzt.

Das Backen der Mazzot geschieht heutzutage in westlichen Ländern in besonderen Bäckereien. Bei manchen orientalischen Gemeinden werden sie noch so gebacken wie einst in der Vorzeit, täglich neu auf heißen Steinen, wie auch das ganze Jahr über die Pitta des Orients, nur darf der Teig nicht in die Gefahr des Säuerns kommen. Die europäische Mazza ist regelmäßiger in der Form, rund oder viereckig. Zur Verhinderung des Säuerns wird sie mit einem Lochmuster versehen. Für die allerfrömmsten Juden bezieht sich das biblische Gebot nicht nur auf das Essen der Mazza, sondern auf alles, was mit ihrer Herstellung zusammenhängt. Der Weizen, aus dem sie gebacken wird, steht auf einem besonderen Feld. Das Getreide darf nicht einregnen, um nicht bereits im Korn zu gären. Das Gebot gilt auch für die Ernte, das Mahlen des Mehls und das Backen. All dieses geschieht vor allem deshalb, weil das »Säuern« hier Sinnbild des Bösen in der Welt ist. Daher wird jeder Vorgang zur Herstellung der Mazzot bei jüdischen Mystikern mit Meditationen verbunden und ist ausschließlich Männersache. Die besonders großen Meister jüdischer Frömmigkeit geben ihren Schülern das Vorbild in jedem dieser Schritte. Säen und Ernten, Mahlen, Rühren des Teiges, Bereiten der Fladen, In-den-Ofen-Schieben und Herausziehen bilden in dieser Bedeutung vielleicht eine Parallele zum Bogenschießen des Zen-Buddhismus. Zudem ist es ein weiteres Beispiel dafür, daß Judentum ohne Ackerbau undenkbar war, wo es sich nicht selbst aufgab. Diese besonderen Mazzot werden nur für die Pessach-Feier selbst mit ihren geheiligten Intentionen hergestellt, nicht aber für den Verzehr der gesamten Festwoche. Es sind die »gehüteten Mazzot«. Auch die israelische Armee pflegt diesen Brauch, für den fromme Talmudstudenten unter den Wehrbauern zuständig sind, die ihre Militärpflicht in Grenzsiedlungen abdienen.

Im Mittelpunkt des Festes steht die häusliche Feier am gedeckten Tisch. Sie heißt *Sseder*, »Ordnung«, wie ursprünglich jede liturgische Anordnung. Die Festliturgie ist die *Haggada*, die Erzählung vom Pessach. Seit Jahrtausenden gewachsen, bringt sie jedem Juden jährlich aufs neue den Sinn seiner Geschichte nahe, denn die Weisen lehrten: In jeder Generation sehe sich ein jeder, als sei er selbst aus Ägypten in die Freiheit geführt worden. In Gebet, Parabel, Erzählung und Lied feiert die Haggada die Erlösung Israels. Der Tisch ist geschmückt mit den Symbolen dieser Befreiung: Nicht nur auserwählter Wein und Feiertagskerzen wie bei jedem jüdischen Fest, sondern die Mazza, ein sinnbildlicher Knochen vom Opfer, Eier in Salzwasser, Bitterkraut und symbolischer »Lehm der ägyptischen Ziegel« zeigen die Geschichte auf.

Aber nicht nur die Familie selbst und ihre von vornherein geladenen Gäste nehmen teil an diesem Mahl. Die Feier, die ansonsten hebräisch stattfindet, beginnt in der alten aramäischen Umgangssprache, einleitend spricht der Hausvater die aramäischen Worte: »Dies ist das Brot der Armut, das unsere Väter in Ägypten aßen. Jeder Hungrige komme und esse, jeder Bedürftige komme und begehe Pessach!« Und weiter – während zweitausend Jahren Verbannung in politischer Abhängigkeit – werden die aramäischen Worte gesprochen: »Dieses Jahr hier, im nächsten Jahr im Land Israel. Dieses Jahr als Knechte, im kommenden Jahr als Freie!«[18]

Die Bedeutung dieser Worte ist nicht zu ermessen. Auch als es den drei Millionen Juden in der Sowjetunion untersagt war, Mazzot in genügender Menge zu backen, die Haggada zu drucken oder gar nach freiem Willen nach Israel überzusiedeln, war für sie und die, welche bei der Feier an sie dachten, klar, weshalb jeder Jude noch immer zur Generation der Bedrängnis und Befreiung gehörte.

Im Mittelalter war dieser Abend einer der gefahrvollsten für Juden in christlichen Ländern. Seitdem ist es Brauch, nach dem Abendessen die Haustür weit zu öffnen – um keine Verdächtigungen aufkommen zu lassen, (siehe Heinrich Heine, Der Rabbi von Bacharach) – und vor den Lobpsalmen des

---

18 Haggada

Tischgebets einige Verse zu singen, die sich auf die Verfolgung Israels beziehen und anstatt eigener Rache um göttliche Vergeltung zu rufen. Für die Kinder ist dies der Augenblick, da ungesehen der tröstende Helfer eintritt, der Prophet Elija, und aus dem für ihn eingeschenkten Ehrenbecher trinkt.

Was war diese Gefahr? Immer wieder wurde die Ritualmordverleumdung laut. Sie besagt: *Jüdischer Wein ist Christenblut, und die Mazzot sind blutig, das Opfer ist ein christliches Kind*. So wurde das jüdische Fest der Reinheit und Erneuerung vielen Christen gewissermaßen zu einem Zerrbild der christlichen Opfermysterien. Immer wieder wurden an diesem Abend Juden ermordet oder gefoltert. Was immer Päpste in verschiedenen Zeiten dagegen unternehmen mochten, dieser Vorwand zum Judenhaß und -mord wurde durch Fanatikern aus Gemeinden und vonseiten des Klerus aufs Neue entfacht.

Im mittelalterlichen christlichen Spanien wurde der Sseder-Abend oft im Keller versteckt begangen. Dieser Brauch erhielt sich bei den Nachkommen von iberischen Zwangschristen durch fünfhundert Jahre, ohne daß noch klar war, was das Fest selbst ist. So sehr kann Angst vererbt werden – und die Mahnung zur Treue.

Im aufgeklärten 19. Jahrhundert fanden mehrere Prozesse in europäischen und anderen Ländern mit dieser Anklage des Ritualmords statt. In der Judenhetze des NS-Regimes spielten sie eine wesentliche Rolle. Mancher der damaligen »Sachverständigen« wirkte eifrig weiter in Südamerika wie in Ägypten.

Ein solches angeblich von Juden gemordetes Kind war Simon aus Trient im März 1475. Bereits ein Jahr danach erklärten die päpstlichen Behörden die Blutverleumdung als Fälschung eines Franziskanermönchs. Dennoch wurden die Reliquien des zum Heiligen erhobenen Kindes bis zur zweiten Widerlegung (durch den Dominikanerpater Willehard Paul Eckert aus Düsseldorf) und dem Befehl der Entfernung der Reliquien nach einem halben Jahrtausend, im Jahre 1966, verehrt.

In vielen Zeiten und Ländern wurden der überlieferten Pessach-Erzählung weitere Berichte angefügt, um von eigenem Leid und Herausgeführtwerden zu berichten. Heutzutage gibt es sowohl Haggadot tunesischer Gemeinden, nachdem diese wunderbarerweise im 2. Weltkrieg verschont blieben, als auch die Erzählungen der Kibbutzfamilien in Israel, in denen den Kindern vom wechselreichen Geschick bis zur Ansiedlung berichtet wird.

Das Garbenfest der alten israelischen Zeit, das *Omer*, steht heute wieder im Mittelpunkt in den Dörfern Israels. Denn es ist eines jener Gebote, die sich nicht auf irgendwelche Garben beziehen, sondern auf die im Land der Väter. In traditioneller wie in säkularer Form gehört es heute zum Lebensstil jüdischer Bauern.

Das Wochenfest

Das zweite große Fest trägt seinen Namen nach den sieben Wochen zwischen ihm und dem Pessach-Fest. Es beginnt am fünfzigsten Tage nach dem Omer. Daher hieß es in der frühen Kirche griechisch *Pentecosté* (fünfzig), deutsch wurde daraus »Pfingsten«. Die Zählung des Omers bildet einen eigenen Bestand des Gebets in diesen Wochen, während derer die Frühgetreide reifen. Vielerorts gibt es dafür besonders kleine Drehkalender, die ein Gegenstand der jüdischen Volkskunst sind. Dies ist eine Zeit der Halbtrauer: Keine Ehe darf in dieser Zeit geschlossen werden, mit Ausnahme des 33. Tages, *Lag beomer*, des Festtages der kriegerischen Schüler. Sowohl Trauerzeit wie Festtag stammen anscheinend aus der Zeit des Bar-Kochba-Aufstands.

Das Wochenfest, hebräisch *Schawuot*, hat ebenfalls eine landwirtschaftliche und eine religiöse Bedeutung, die gleichermaßen in der Tradition entwickelt wurden. Es ist das Fest der Erstlingsernte und die Zeit der Toragebung am Sinai. Als Erntefest wurden im Altertum nun das gesäuerte Brot der frischen Ernte zum Priester gebracht wie auch Erstlinge aus der Herde. Eine abgeleitete Form des Darbringens ist heute noch beliebt, etwa aus israelischen Schulgärten zum Verkauf für wohltätige

Zwecke. Denn auch dieses Fest bezieht sich auf den Boden und Ertrag des Landes Israel, allerdings anders, als eine solche Beziehung andernorts möglich wäre. Vieles vom Fest wurde in den christlichen Pfingstbrauch übertragen: der grüne Schmuck des Gotteshauses, die Lesung der Halleluja-Psalmen. Diese Psalmen, 113–118, das sogenannte »Große Hallel« der jüdischen Liturgie, gehörten im Jerusalemer Tempel zum Ritual der drei Wallfahrtsfeste und wurden von dort in den synagogalen Gottesdienst übernommen.

An die biblische Vorschrift für dieses Fest ist ein weiteres Gebot angefügt, das heute wie schon im Altertum und Mittelalter von Juden in ihrem Land befolgt wird:

> *»Wenn ihr die Ernte eures Landes erntet, so tilge nicht den Rand deines Feldes beim Ernten, und die Nachlese deiner Ernte lese nicht: dem Armen und dem Beisassen lasse sie – ich bin der Herr euer Gott.«*[19]

Das biblische Festbuch ist das Buch Ruth, denn es berichtet von Vorgängen zur Erntezeit im 11. Jahrhundert v.d.Z. Im Mittelpunkt steht die Fremde, die Israels Volk und Gott annahm, also auch die Tora, und deren Enkel König David war. In Aufführung und Singspiel moderner jüdischer Schulen ist Ruth die Heldin des Festes. Heim und Synagoge sind mit Grün geschmückt, und es werden nur Milchspeisen bereitet.

Die Liturgie betont vor allem die Bedeutung des Festes als Zeit der Tora-Gebung. Nach der Befreiung aus der Sklaverei erfolgte im Zehnwort die Verleihung des Grundgesetzes mit seinen Ableitungen in den 613 biblischen Vorschriften. Die vielen Festhymnen aus dem Mittelalter haben vor allem dies zum Thema. Eine eigene Gattung des liturgischen Lehrgedichts gehört ebenfalls hierher, in der die biblischen Lebensregeln in Verse gebracht sind: Im aschkenasischen Ritus wird vor der feierlichen Lesung des Zehnworts ein langes aramäi-

---

[19] 3. Mose 23, 22

sches Lied gesungen, das im 11. Jahrhundert in Worms verfaßt wurde. Es spiegelt das Vertrauen der rheinischen Juden zur Zeit des ersten Kreuzzugs in die Gerechtigkeit Gottes, die in der Geschichte wirkt.

Auch für dieses Fest gilt, wie für alle anderen, die Erfahrung von der Vielschichtigkeit der Tradition. Erntedankfest, Volkswerdung nach den »Zehn Geboten«, die Geschichte von der Moabiterin Ruth, diese schönste Novelle des Altertums, Hinwendung der Mystiker zu dem »Innern der Tora« in der Vigilis vor dem Festtag – all dieses wirkte jahrhundertelang nebeneinander und ineinander und ist unauslöschlich mit dem Judesein verknüpft.

Das Laubhüttenfest

Das dritte Wallfahrtsfest des jüdischen Jahres ist ebenfalls ein Erntedankfest, und zwar das »Fest der Lese am Jahresende«, d.h. im Herbst. Von alters her und bis heute ist es das Freudenfest schlechthin:

> *»Das Fest der Laubhütten mach dir sieben Tage, bei der Ernte deiner Tenne und deiner Kelter. Freu dich an deinem Feste, du und dein Sohn und deine Tochter, dein Knecht und deine Dienerin, der Levite, der Beisasse, die Waise und Witwe, die in deinen Toren sind.«*[20]

Daher heißt es in der Liturgie: »die Zeit unserer Freude«. Zugleich ist es wie jedes Fest, wie jeder Sabbat, »Erinnerung an den Auszug aus Ägypten«. In seiner historischen Bedeutung dient es der Erinnerung an die vierzigjährige Wüstenwanderung vor der Landnahme Kanaans:

---

[20] 5. Mose 15, 13–14

»Wohnt in Laubhütten sieben Tage lang, alle Bürger Israels mögen in Hütten wohnen, auf daß eure Generationen wissen, daß ich die Israelssöhne in Hütten wohnen ließ, als ich sie herausführte aus dem Land Ägypten. Ich der Herr euer Gott.«[21]

Hebräisch heißen diese Hütten, und so auch das Fest, *Ssukkot*. Das Wort findet sich als Ortsname: Es ist der erste Rastort der Ausziehenden am Wüstenrand außerhalb der ägyptischen Grenze.

Seit dem Altertum bestehen die genauen Vorschriften für den Bau der Hütte für jede Familie. In der Gegenwart wurde sie ein ähnlicher Zugang zur Überlieferung wie die Feier der Pessachnacht. Der Bau der Hütte, ihr Schmuck mit den Früchten des Landes Israel, die Rückbesinnung auf den langen Gang der Geschichte und das Festhalten an ihr durch alle Generationen ermöglichen die spontane persönliche Identifizierung, um die es in so vielen Aspekten des Judentums geht. Heute wie in der Zeit des Zweiten Tempels ist das Symbol des Festes der *Lulaw*, ein Strauß aus Palmwedel, Myrte, Bachweide, mit dem *Etrog* (auch *Esrog*), einer Zitrusfrucht. Damit finden in der Synagoge tägliche Prozessionen statt wie einst im Tempel. Dies sind die *Hoschana*-Umzüge, so geheißen, weil dabei Psalmenverse und frühmittelalterliche Bittlitaneien gesungen werden, die als Kehrreim die hebräischen Worte *hoschiana*, »hilf doch«, haben. Im Christentum wurde daraus das Hosianna des Palmsonntags.

Von den Tempelopfern, die einst während der Festwoche dargebracht wurden, sagt die Überlieferung: Nicht um des jüdischen Volkes willen sind sie in der Bibel vorgeschrieben, sondern um von ihm für die ganze Menschheit dargebracht zu werden. Allein deshalb sollten siebzig Stiere geopfert werden, nach der Zahl der Nationen, die in antiker jüdischer Vorstellung die Menschheit bilden. In Verfolgungszeiten bekam der

---

[21] 3. Mose 23, 42–43

vorletzte Festtag eine büßerische Note. Der sechste Festtag war »Die Freude des Wasserschöpfens« in Jerusalem, und davon wurde nach der Zerstörung durch die Römer sehnsüchtig berichtet. »Wer es nicht miterlebt hat, sah niemals Freude in seinem Leben!«[22]

Um so mehr wurde nun der letzte Festtag begangen: die »Freude an der Tora«, hebräisch *Ssimchat Tora*. Er entwickelte sich sehr langsam im späten Mittelalter und nahm in Europa seine spezifischen Prozessionsformen an, gewiß als mehr oder weniger bewußte Reaktion auf die Form der christlichen Prozession mit Heiligenbildern und Reliquien. Er war zwar bereits im talmudischen Zeitalter eingeführt worden, als die in Babylonien beheimatete Einrichtung der jährlichen Lesung des gesamten Fünfbuchs endgültig anstelle des Dreijahreszyklus der Lesung trat. Aber es war nichts weiter als der Neubeginn der Lesung, mit entsprechendem Dank für Abschluß und Beginn. Vom 14. bis zum 16. Jahrhundert kamen die europäischen Bräuche zur vollen Entfaltung: das Herausnehmen aller Torarollen, der siebenmalige Umzug durch die Synagoge mit Gesang, das Aufrufen vieler Erwachsener und aller Knaben zwischen den Umzügen und die fröhlichen Feiern. In Italien und Holland kam dazu im 17. Jahrhundert ein weiteres feierliches Zeremoniell: Zwei angesehene jungverheiratete Männer erhalten die Aufrufung zur letzten Lesung am Ende der Tora und der ersten zum Neubeginn. Diese beiden »Tora-Bräutigame« traktieren dann die gesamte Gemeinde mit einem Festessen. Diese Formen der Torafreude als Volksfest breiteten sich schnell über die ganze jüdische Welt aus und bilden seitdem den Höhepunkt des Laubhüttenfestes. Wer das nicht heute in Israel miterlebt hat, der kann bei aller Buchbekanntschaft mit der Bibel und der jüdischen Geschichte nicht ermessen, wie innig liebend und hingebungsvoll das Verhältnis der Juden zu der Tora ist, die sich auf Licht, *Ora*, reimt. Die schweren kostbaren Rollen werden Tag und Nacht in Jubeltänzen herumgeführt;

---

[22] Babylonischer Talmud, Sukka 51a

orientalische und europäische Gemeinden wetteifern im Singen und Spielen von Lobgesängen zur Verkündung des Königtums Gottes. In Synagogen und auf Straßen tanzen Knaben und Männer mit den Rollen im Arm: das schwere, freudige Joch der Lehre. Wer israelische Lieder und Tänze von ganz anders gearteten Zusammenhängen her kennt, von Jugendgruppen und Volkssängern, hört und sieht unvermutet den Heimatort dieser Ekstase von Gesang und Tanz: *»Ein Baum des Lebens ist sie allen, die sie halten.«* Und in Israel hält man sie unter ihrem Baldachin wie eine Braut, auch bei dem »säkularen« Vier-Tage-Marsch der Jugend aus Schule, Pfadfindern oder Armee nach Jerusalem; jung, sachlich, staubbedeckt: moderne Form des Pilgerns zur Stadt, *»die ringsum Berge hat«*, zur *»Stadt, die zusammengefügt wurde«*, – so die Worte der Psalmendichter. Nicht »kultische Lieder« einer Vergangenheit sind solche Verse für das jüdische Volk, sondern Beschreibung seiner ständigen Bewußtseinslage seit Jahrtausenden.

Die hohen Feiertage

Mit der Tora-Freude setzt das neue Lesungsjahr ein. Damit finden die drei Wochen der Tischri-Feste ihren Abschluß: Das Laubhüttenfest beginnt beim Tischri-Vollmond. Vom Neumond an rechnet man die zehn Tage der Umkehr. Die beiden ersten Tage sind Neujahr, der zehnte ist der Versöhnungstag. Sie heißen auch »die Tage der Ehrfurcht«. Ihre große Bedeutung als Höhepunkt jüdischer Gemeindefrömmigkeit erhielten diese Tage vor allem in der tempellosen Zeit. So wie einstmals die Wallfahrtsfeste das Volk von nah und fern zusammenführten, so scharten sich die Juden späterer Zeiten in diesen Herbsttagen in den Synagogen. Es gab und gibt Juden, denen das Gebet nur von der Liturgie dieser drei Tage her vertraut ist, denn auch sehr entfremdete Juden legen Wert darauf, zu dieser Zeit eine Synagoge aufzusuchen.

In der Bibel gibt es keinen Neujahrstag. Wäre das Judentum einzig und allein auf sie angewiesen, ohne die gleichzeitig entstandene mündliche Überlieferung und deren Entwicklung nach dem Abschluß der biblischen Schriften, so hätte es unter vielen anderen auch nicht diesen Tag in der Form, die seit der Spätantike festgelegt ist, gegeben. In den beiden Festkalendern im Fünfbuch wird lediglich gesagt:

> *»Im siebenten Monat, am ersten des Monats, sei euch ein Ruhetag, Erinnerung an Widderhornruf, heiliges Fest.«*[23]

Der Ton des Widderhorns, hebräisch *Schofar*, erschallte im Alten Israel bei mancherlei feierlichen Anlässen, auch bei der Salbung eines Königs. Es wird nicht gesagt, welche Erinnerung der Tag wachrufen soll, und es bedurfte auch keiner späteren redaktionellen Erläuterung, wußte doch jeder Jude der Antike, welche Bewandtnis es mit diesem Tag hatte. Es ist der Tag, an dem Abrahams Nachkommen um Erbarmen flehen, in Erinnerung an die Opferbereitschaft des Stammvaters, als Gott ihn auf die Probe stellte und er den Widder zum Opfer brachte anstatt des bereits gefesselten, geliebten Sohnes Isaak. Seit eh und je wußte man in den Zelten der Abrahamstämme: Der Ton des Widderhorns ist feierlicher als die stimmbare Posaune. Es ist der Erbarmensschrei der Kreatur. Daher gehört diese Erzählung als Schriftlesung zum Fest: die Treue Abrahams und die Fesselung Isaaks. Auch der Ort dieser Probe war bekannt: ein Hügel im judäischen Bergland, mitten auf ihm ein Granitfels, unregelmäßig aufragend. Dieser Fels, so erzählte man, seit es menschliche Besiedlung in Jerusalem gab, ist der Nabel der Welt. Er ist Teil der Grundfeste, um die herum die Erde erschaffen wurde: *Ewen schetija*, »Stein des Fundaments«. Deshalb wurde dieser Hügel *Morija*, »Gott zeigt hin«, in Salomos Zeit der Tempelberg Israels, und man berichtete in der Vätergeschichte:

---

23 3. Mose 23, 24; 4. Mose 29, 1

»Abraham nannte den Namen jenes Orts: Der Herr wird ersehen, wie man heute noch sagt: Auf dem Berg des Herrn wird ersehn.«[24]

Zu dieser alten Form der Besinnung kam in der Zeit des Zweiten Staates weitere Vertiefung. Alte Überlieferungen gewannen neue Bedeutung im liturgischen Aufbau. In der Spätantike lagen bereits die drei Hauptthemen fest, wie sie bis heute geblieben sind: die Verkündigung des Königtums Gottes für alle Menschheit, die Erinnerung Gottes an seine Geschöpfe und die Hoffnung auf das Rechtwerden der Menschen. Jedes dieser Themen ist dargestellt in Bibelversen und hymnischem Gebet. Jedes mündet in eine Folge von dreiunddreißig Widderhornstößen: langen und kurzen, kraftvollen und leisen, weinenden und jubelnden. Sie sollen den Betenden zur Ehrfurcht bringen und ihm den Sinn der Geschichte zeigen.

An diesem Tag betrachtet Gott das Verhalten aller Lebenden und verlangt ihnen Rechenschaft ab, denn es ist der »Geburtstag der Welt«, in Urzeit und jetzt. In der Sprache der Liturgie heißt es, daß an diesem Tage das Geschick des Menschen für das kommende Jahr beschlossen wird, Leben oder Tod, und welchen Todes er gegebenenfalls sterben soll. *»Über die Länder ergeht da der Spruch, welches dem Schwert und welches dem Frieden, welches dem Hunger und welches dem Überfluß.«*[25] Die Menschen, ihre Länder, ihre Vergehen und ihre Möglichkeiten bilden die Achse, um die die Hymnen und Gebete kreisen. Eine der mittelalterlichen Festhymnen aus dem Rheinland stellt die vergängliche Macht irdischer Könige in ihrer rechten Proportion dar, nämlich gemessen am höchsten König. Strophe auf Strophe geißelt der Dichter menschliche Willkür und Grausamkeit. Wie vieles aus dem jüdischen Gebet durften diese Verse in christlichen Ländern nicht gedruckt werden, denn so mancher Herrscher erkannte sich in ihnen.

---

[24] 1. Mose 22, 14

[25] Gebetbuch, Liturgie Alenu-Gebet

Nur die Strophen vom höchsten König und seiner Gnade durften in die gedruckten Gebetbücher aufgenommen werden, ohne ihn zum richtenden Gegenstück diktatorischer Überheblichkeit zu machen. Alles andere war zu gefährlich, zu aufrührerisch, zu viel prophetische Forderung Israels an die Völker.

An diesem Tage und seiner Liturgie wird das jüdische Verständnis des Verhältnisses Israels zu den Völkern besonders deutlich. Es wird Noahs gedacht und Abrahams, denn Noah ist der Vater der Menschheit, die erneut die Ansätze zum sinnvollen Leben machen soll und nach der jüdischen Tradition auf die »Sieben Gebote der Noahsöhne« verpflichtet ist: Ablehnung jedes Götzendienstes, Rücksicht auf Mensch und Tier, Gesellschaftsordnungen. Erst wenn diese selbstverständlich geworden sind, kann der wahre Dienst der Menschen beginnen: das Leben in Freiheit, angstlos, und daher niemanden mehr verfolgend und bedrängend. Dieses ist nach jüdischem Verstehen mit messianischer Zeit gemeint. Bis dahin muß Israel sich an alles erinnern, was ihm geschah und immer wieder geschieht, weil nicht einmal diese Grundverpflichtungen in den letzten Jahrtausenden erfüllt wurden, trotz der beiden großen Weltreligionen Christentum und Islam.

Das Sinnbild der Geschehnisse blieb bis heute die *Akeda*, die Fesselung Isaaks. Denn sowohl Christen als auch Moslems beschäftigen sich seit ihren Anfängen mit der Frage, ob sie selbst mit diesen Nachkommen gemeint seien. Aber wie bei allen biblischen Aussagen um Israel und Verheißung wird über der triumphierenden Beweisführung der Theologen vergessen, sich um die Verwirklichung einer solch segensreichen Welt zu bemühen. Meist genügt es ihnen, auf den bedauerlichen Irrtum der Juden hinzuweisen, die als starrköpfige Ungetaufte und damit der Erlösung und der Einsicht verlustig Gegangene immer noch darauf bestehen, daß in den Schriften ihrer ältesten Vorfahren das gleiche gesagt wird wie in den Schriften der weniger alten, nämlich der Pharisäer und der Meister: daß es immer um die sichtbare und greifbare Welt als verpflichtende Aufgabe geht.

Seit zwölfhundert Jahren steht auf dem einmaligen Tempelplatz in Jerusalem eines der heiligsten und schönsten Gebäude des Islam: der Felsendom, zur Verherrlichung des Abrahamfelsens. Siebenhundert Jahre davor waren die Worte der Abrahamsgeschichte. *»Nimm deinen Sohn, deinen einzigen, den du liebst, und opfere ihn«* zu einem Mittelpunkt der christlichen Erlösungssymbolik geworden. Um eine typologische Parallele in die Abrahamsgeschichte hineinzulesen, spricht man im christlichen Bereich von der Opferung Isaaks. Nicht damals wurde er geopfert. Er wurde zum Bild der Geopferten in den Gebeten und Hymnen des Mittelalters. Vom Martyrium der Römerzeit bis zu den Morden der Kosaken im Jahre 1648 wurden immer neue Bitten an das große Buß- und Bittgebet angehängt. Jedes beginnt mit dem Aufruf »Unser Vater, unser König«:

> *Wir haben gesündigt vor dir. Wir haben keinen König denn dich.*
> *Tu an uns um deines Namens willen. Erneuere uns ein gutes Jahr.*
> *Laß uns vollkommene Umkehr tun. Laß uns bald das Heil sprießen:*
> *Um der Erschlagenen willen, die zur Heiligung deines Namens starben,*
> *Um derer, die um deinetwillen in Wasser und Feuer umgebracht wurden.*
> *Rache du das vergossene Blut deiner Diener.*
> *Unser Vater, unser König, sei uns gnädig, erhöre uns, denn wir haben kein Verdienst.*
> *Nach deiner Güte schenke Erbarmen, schenke uns Liebe, errette uns.*[26]

Aus der antiken Liturgie des Festes stammt auch das Alenu-Gebet um die Gotteserkenntnis aller Menschen. Nach dem er-

---

[26] Jüdisches Gebetbuch

sten Kreuzzug führten es die rheinischen Rabbiner in das tägliche Gebet ein: als Dank, und nicht mit Anklage, für Israels Los. Es führte zu erbittertem Widerspruch der Kirche, aber mit kirchlichen Kürzungen darf es auch in christlichen Ländern am Ende jedes jüdischen Gottesdienstes gesagt werden.

Jedes Jahr bittet Israel um die messianische Zeit:

> *»So gib nun das Schaudern vor dir, Herr unser Gott, in all deine Werke und die Ehrfurcht vor dir in alles, das du erschufst: auf daß alle deine Werke dich fürchten und alle Geschöpfe vor dir sich niederwerfen und sie alle eine Gemeinschaft werden, um deinen Willen aus ganzem Herzen zu tun.«*[27]

An den beiden Tagen des Neujahrs beginnt die Umkehr des Menschen, seine Erneuerung. Der Fromme hat sie bereits den ganzen Monat Elul hindurch mit nächtlicher Bußliturgie eingeleitet und setzt sie bis zum 9. Tischri fort. Am Abend beginnt der feierlichste Tag des jüdischen Jahres, der *Versöhnungstag*, hebräisch *Jom Kippur*. Jeder soll sich bemühen, an seinen Mitmenschen begangenes Unrecht bis dahin in Ordnung zu bringen. Denn der Versöhnungstag bezieht sich auf die Sündenvergebung der Vergehen gegen Gott, aber die Dinge zwischen den Menschen müssen von ihnen selbst geregelt werden. In den biblischen Festvorschriften wird dieser Tag als »Sabbat der Sabbate« bezeichnet, als »Tag der Kasteiung«: obwohl Sabbat, kein Tag des Jubilierens. In der Zeit des Zweiten Tempels bekannte der Hohepriester seine und seiner Familie Sünden, danach vollzog er das Sündenbekenntnis für alle Priester und als drittes für das ganze Volk. Dann trat er, in weißes Leinen gekleidet, das einzige Mal im Jahr in das Allerheiligste des Tempels zu Opfer und Gebet. Einen weiteren Teil der Volksentsühnung bildete das Hinausstoßen des zweiten Opfertieres, des »Sündenbocks«, in die Wüste. Dieser Brauch

---

[27] Ebd.

rührt wohl aus einer religiösen Vorstellung der alten Stämmezeit her: Zu den Bocksdämonen der Steppe wurde ihresgleichen gesandt, beladen mit den »abgelegten« Sünden der Gemeinde. Nach dem Aufenthalt im Allerheiligsten und dem Aussprechen des Gottesnamens richtete der Hohepriester ein Fest für seine Freunde. Zur gleichen Zeit tanzten die Mädchen in geliehenen weißen Kleidern in den Weinbergen, und dort fand jede ihren zukünftigen Ehepartner.

Die antike Beschreibung des Sühnekults wurde in die Synagoge übernommen und bildet bis heute den Höhepunkt des jüdischen Gottesdienstes. Es ist die einzige Gelegenheit, bei der Juden knien. Als Ersatz für den Sündenbock besteht vor allem im Orient der Brauch des »Sühnehahns«.

Noch vor Sonnenuntergang strömt alles in die Synagogen zum *Kol-nidre*-Gebet. So heißt der Beginn des Festes nach dem ersten Gebet »Alle Gelübde«. Es wurde im späten Mittelalter in das Gemeindegebet eingeführt und in aramäischer oder hebräischer Version in alle jüdischen Riten aufgenommen. Vielerorts erhielt es eine besonders feierliche Melodie, die den Auftakt zur Festliturgie bildet. Der Toraschrein wird geöffnet, zwei Rollen werden herausgenommen, und dreimal sagen die anwesenden Rabbiner: »Im Namen des himmlischen und des irdischen Gerichtshofs erlauben wir, mit den Missetätern zu beten.« Die Missetäter waren in vielen Jahrhunderten diejenigen, die gezwungenermaßen fremden Glauben bekennen mußten, um nicht vertrieben oder getötet zu werden. Vielleicht daher die eigenartige Feierlichkeit dieser Versammlung. Nun werden die Versammelten von allen Gelübden und Abstinenzen entbunden, die sie Gott gelobten, ohne sie einhalten zu können. Dreimal singt der Vorbeter den langen Text. Er gab oft Anlaß zur Verleumdung der jüdischen Gemeinden, als handele es sich dabei um die Mißachtung geschäftlicher und anderer Abkommen. In Wirklichkeit ist es eine öffentliche Sitzung eines Rabbinatsgerichts zur Annullierung von Gelübden, wie sie seit alten Zeiten in regelmäßigen Abständen gebräuchlich war. Das Eingehen von Gelübden wurde von den Meistern des Judentums als beinahe gotteslästerlich angesehen. Wer nun gar ein solches Versprechen, als Dank für Gott etwas zu tun oder zu lassen, nach einiger Zeit nicht erfüllt hat, muß sich davon vor einem Gerichtshof befreien lassen, sonst handelt er gegen die biblische Vorschrift, die in solchem Verhalten einen Wortbruch sieht. Aus diesem Grunde wurde es in einer Phase vertieften religiösen Verständnisses zum festen Bestandteil der Versöhnungsliturgie bestimmt.

Auch das Sündenbekenntnis wird in seinen beiden Fassungen in kollektiver Form gesprochen: Denn wer seinen Nächsten nicht von Vergehen abhielt, ist mitschuldig. Die Aufzählungen enthalten Überschreitungen der ethischen Regel. Keine einzige bezieht sich auf Dinge des Rituals. In ihrem Kern gehen beide Bekenntnisse auf die Tempelzeit zurück. »Und all dieses, Gott des Vergebens, vergib uns, verzeih uns, entsühne uns« singt die Gemeinde den Bittvers nach dem Bekennen jeder Gruppe der Missetaten: Überheblichkeit und Klatsch, Grobheit und Lüge, Völlerei und Gerissenheit, Haß und Dummheit. Es sind Sünden vor Gott, weil das ethische Gesetz in seiner biblischen Formulierung als göttliches Gebot verpflichtend für den Juden ist.

Außer weiteren Gebeten und Hymnen aus vielen Zeiten gehört zum Versöhnungstag auch die Lesung des biblischen Buchs Jona, das von der Vergebung für die Reuigen handelt, ohne Beschränkung der Religions- oder Volkszugehörigkeit. Die Gebetsordnung ist so eingerichtet, daß sie den ganzen Tag ausfüllt, daher wurde auch Meditationsliteratur dazugenommen wie das philosophische Lehrgedicht »Die Königskrone« von Salomo Ibn Gabirol. Im nichtorthodoxen Brauch bleibt oft nur ein erbauliches Rudiment bestehen, das nur wenig von der Konzentrierung von Buße und Hoffnung vermittelt, die aus diesem Tag in allen Zeiten dem jüdische Volk erwuchs. Wo auch der Ausgang des Tages in voller Form vollzogen wird, schließt er mit dem siebenfachen Ruf »Der Herr ist Gott!« und dem langgezogenen Hall des Widderhorns.

Mit Gesang und Rundtänzen der Männer zieht sich der Jom Kippur oft noch lange hin, ehe man heimgeht, um zum ersten Mal seit dem Nachmittag des vorangegangenen Tages

Speise und Trank zu genießen. Die Kinder setzen ihren Ehrgeiz darein, bereits vor ihrer Verpflichtung zum Fasten als Zwölf- und Dreizehnjährige es so lange wie möglich zu begehen.

Chanukka, das Weihefest

Das achttägige Lichterfest wurde im Jahre 165 v.d.Z. als Neuweihe des Zweiten Tempels eingeführt. Seitdem dient es der jährlichen Erinnerung an das Wunder der Befreiung von syrisch-griechischem Religionszwang unter der Führung der Makkabäer. Die historischen Umstände waren folgendermaßen: Der Seleukiden-König Antiochus IV. Epiphanes hatte Ägypten erobert und geriet dadurch in Konflikt mit Rom. Als nächstes Objekt nahm sich im Jahre 169 v.d.Z. der mittlerweile zum Gott erklärte König vor, in seiner Provinz Judäa angebetet zu werden, und zwar im Allerheiligsten des Jerusalemer Tempels. Die jüdische Tradition wurde verboten, im ganzen Land wurden Altäre für die Götter des griechischen Pantheon aufgestellt und Opferdienste eingerichtet. Wer sich widersetzte, wurde umgebracht oder als Sklave verkauft. Die Vorgänge dieser Zeit, einschließlich des siegreichen Aufstands, schildert eine aramäisch und hebräisch vorliegende Chronik, die »Griechische Rolle« oder »Antiochus-Rolle«, die anscheinend älter ist als die Makkabäer-Bücher. Da die Makkabäer-Bücher nicht in die hebräische Bibel aufgenommen wurden, ist es eines der nachbiblischen Feste und ein Halbfeiertag, an dem das Arbeiten erlaubt ist. Es fällt in den europäischen Dezember und wurde zum Vorbild des christlichen Weihnachtsfestes. Der Evangeliumsbericht von der Verfolgung durch Herodes II. schließt sich motivisch an diese Umstände an.

Zum Bestand an häuslichen Sakralgeräten gehört der Chanukka-Leuchter, von der selbstgebastelten Version des Kleinkinds bis zu kostbaren Ausführungen in Edelmetallen. An öffentlichen Stellen im Staat Israel sind kandelaberförmige Leuchter angebracht. Diese Form war auch für das häusliche Licht in den letzten Jahrhunderten in Europa üblich. Aber diese Angleichung an den siebenarmigen Tempelleuchter vom Titusbogen in Rom, der als Abzeichen des Staates Israel gewählt wurde, entspricht nicht den älteren und gegenwärtig wieder bevorzugten Formen. Diese zeigen meist ein flache Anordnung der Lichter vor einer ornamentalen Rückwand in den Stilen der verschiedenen Zeiten. Es gibt solche mit gotischen Bögen, andere mit Renaissancesäulchen, mit Barockfiguren oder mit persischer Filigranarbeit. Beliebt ist die Verzierung mit den Löwen, dem Wahrzeichen des Stammes Juda, das auch im Synagogenschmuck sehr oft anzutreffen ist. Als Lichtspender soll möglichst Öl benutzt werden, denn zum Fest gehört die Legende vom Ölwunder. Ein einziges Kännchen mit reinem Öl fanden die Makkabäer nur noch im entweihten Tempel, aber es brannte acht Tage lang. Von Sieg, Neuweihe und Ölwunder handelt auch die Festhymne der aschkenasischen Juden, *Maos Zur*, »Feste Burg«. Sie enthält eine Aufzählung der Vernichtungspläne gegen Juden durch Ägypter, Babylonier, Perser und syrische Griechen. Der Verfasser lebte anscheinend im 13. Jahrhundert in Deutschland, die Melodie ist eine alte deutsche Volksmelodie, die auch in die Kirchenchoräle Eingang fand. Das Lied wurde nach landesüblichen Melodien in andere Riten aufgenommen.

Purim, das Fest der Lose

In das Ende der Regenzeit oder den europäischen Frühlingsbeginn fällt das eintägige Fest, das zum Dank für die Errettung der Juden im persischen Großreich eingesetzt wurde. Die Begebenheiten aus dem 5. Jahrhundert v.d.Z. sind im biblischen Estherbuch erhalten. Wie beim Chanukka-Fest singt man den Dankspruch »Über die Errettungen und die Wunder, die du unseren Vätern tatest«. Im Einflußbereich des europäischen Karnevals hat Purim viel von dessen Eigenarten angenommen. Das Estherbuch wird in den Synagogen und auch in Familien aus einer Rolle gelesen. Manche davon sind Kunstwerke des Buchdrucks oder der Miniaturmalerei. Sie werden vielfach in einem silbernen Gehäuse aufbewahrt. Zum Fest gehören Gaben für die Armen, Austausch von Backwaren, Aufführungen und Bankette zur Erinnerung an das Gelage des Königs Ahasver.

Als Bericht von einem antisemitischen Vernichtungsplan und einem jüdischen Aufstand dagegen unter Mithilfe der persischen jüdischen Königin Esther galten Buch und Fest in liberalen Kreisen als peinlich und veraltet, aber zu vielen lokalen und privaten Purimfesten aus Mittelalter und Neuzeit zum Dank für Errettung aus Verfolgung oder Verleumdung kamen in der Gegenwart weitere, mit dazugehörigen Rollen. Auch hier gilt für Familien und Nachfahren wie beim Pessach-Abend: In jeder Generation sehe sich der Mensch, als sei das Wunder ihm widerfahren.

Jahr und Zeitrechnung

In der spätbiblischen Zeit wurden im Land Israel die Zeitberechnungen durch die oberste juristische Instanz angestellt. Auch nach der Zerstörung des Tempels wurde dieses Vorrecht durch viele Jahrhunderte eifrig gewahrt. Denn die gesellschaftliche Ordnung hing weitgehend von einem komplizierten mathematischen System ab, das im Laufe der Zeit mehr und mehr verfeinert wurde und bis heute das genaueste aller bekannten Kalendersysteme darstellt. Seine Grundlage ist das Mondjahr, das um elf Tage kürzer ist als das Sonnenjahr. Deshalb werden im Zyklus von 19 Jahren sieben Schaltmonate eingelegt, alle zwei bis drei Jahre, so daß in jedem neunzehnten Jahr die astronomischen Berechnungen nach Sonne und Mond gleich fallen. Die Regeln für diese Berechnungen wurden im 8. bis 10. Jahrhundert in einer Reihe von Versuchen festgelegt, und seither war keine Änderung erforderlich, im Gegensatz zum römisch-julianischen Kalender, der im 16. Jahrhundert durch Papst Gregor XIII. leicht geändert wurde.

Ein Beispiel für den reinen Mondkalender ist der des Islam, denn er wurde nie an das Sonnenjahr angepaßt. Bis heute wird der Kalender der Moslemvölker nicht errechnet, sondern nach dem sichtbaren Neumond bestimmt. Dabei handelt es sich um die Zeitrechnung für ca. ein Sechstel der Menschheit,[28] die keinerlei Verbindung mit dem Sonnenjahr als konstantem Faktor der Astronomie im Rahmen ihrer eigenen Kultur besitzen. Infolgedessen haben sie auch keinen festgeschriebenen Festkalender.

Die jüdische Kultur zählt das Jahr 5761 nach der Weltschöpfung, durch Berechnung nach den Lebensdaten in den ersten Abschnitten der Bibel. Eine ähnliche Zeitrechnung hatten auch die Kirchenväter eingeführt, als die Kürze der Perspektive noch nicht zuließ, vom christlichen Zeitalter zu sprechen, und die Zeitrechnung nach römischen Kaisern üblich war. Zudem waren sie ja vor allem daran interessiert, ihre eigenen Anliegen möglichst mit der jüdischen Tradition zu identifizieren. Danach fällt das Jahr 1 der christlichen Zeitrechnung auf das Jahr 3760 der Schöpfung. Diese Aussage will keineswegs naturwissenschaftlich und kosmogonisch genau sein, erkennt doch die jüdische Überlieferung seit dem Altertum den symbolhaften Charakter des biblischen Schöpfungsberichts. Im übrigen wird damit diejenige Zeit der Frühgeschichte zum Ausgangspunkt genommen, an der das uns bekannte historische Gedächtnis der Menschheit überhaupt einsetzt. Denn obwohl damals bereits seit Jahrtausenden Keramik und Malerei bestanden und Jericho schon 4000 Jahre alt war, wurde anscheinend erst in der Mitte des 4. vorchristlichen Jahrtausends die älteste menschliche Schrift erfunden, und zwar in Mesopotamien, jenem Zentrum also, aus dem der Tradition nach auch die Urväter Israels stammten. Und tatsächlich ist es die Schrift, die den Menschen zum Homo Sapiens im vollen Sinne macht: Denn erst sie ermöglicht ein anderes als nur mündliches Festhalten der Erfahrung für die kommenden Generationen.

---

[28] Die Zahlen entsprechen den demoskopischen Berechnungen der 50er Jahre.

Die Gleichsetzung der Menschheitsgeschichte mit der Bewußtseinsgeschichte des Menschen ist eine der charakteristischen Neuerungen des talmudischen Zeitalters, in welchem die Normen und Institutionen des Judentums überprüft wurden, um als Konstitution und sonstige staatliche Ordnungen des Volkes Israel gültig zu bleiben.

Es ist nicht mehr feststellbar, in welcher der jüdischen Gemeinschaften zuerst dieses universale Denken auftrat, das seinen Ausdruck in der Betonung der Weltära fand, entgegen also jeder national oder kultisch geregelten Epocheneinteilung, wie sie bis dahin und späterhin auch Israel gekannt hat. In der Bibel finden wir die Zählung nach Regierungsjahren der Königszeit (um 1000–568 v.d.Z.). Im Zweiten jüdischen Staat richtete sich die Zählung der Jahre seit dem Jahr 311 v.d.Z. nach der in Syrien üblichen seleukidischen Rechnung. Diese heißt hebräisch *Minjan li-schtarot*, »Zählung für Kontrakte«, war also vor allem für die Belange des bürgerlichen Rechtsverhältnisses gedacht. Aber diese Herkunft wurde vergessen, und die seleukidischen Herrscher waren längst im Dunkel der Vergangenheit versunken, als der jüdische Kalender immer noch das Jahr 311 v.d.Z. als Ausgangspunkt betrachtete: In Ägypten finden sich Datierungen dieser Art bis in das 16. Jahrhundert, und die Juden Jemens benutzen sie für Profandatierungen bis zur Gegenwart. Der hebräische Terminus *schtar* für Kontrakte und Schuldbriefe ging in das englische Rechtsleben über: Die Behörde zur Aufbewahrung solcher Dokumente erhielt den Namen *star-chamber*, was nichts mit Sternen zu tun hat. Die Juden in Palästina und in Italien, das stets enge Verbindung mit palästinensischem Brauch und Ritus hatte, zählten die Jahre nach der Zerstörung des Jerusalemer Tempels im Jahr 70 n.d.Z. und bekundeten so ihre Verbundenheit mit diesem Sinnbild der eigenen Staatlichkeit, deren Wiedergewinnung stets erhofft wurde. Urkunden mit dieser Datierung gibt es bis zum 9. Jahrhundert.

Erst zu diesem Zeitpunkt begann sich allgemein die Zählung nach der biblischen Zeitrechnung durchzusetzen, die während der folgenden drei Jahrhunderte fast überall zur Norm wurde. Zudem ist sie ein wichtiges Glied in der Kette jüdischer Selbstaussagen im Verhältnis zur Umwelt. In dieser Umwelt, die für einen Teil der Juden islamisch war und für einen anderen Teil christlich, war die jüdische Bibel mehr oder weniger bekannt und verbreitet. Was also war nun natürlicher, als daß das »Volk des Buches« auf diesem Buch seine Zeitrechnung fundierte und so klar und deutlich zu seinem grundlegenden Erbe stand.

Die Zählung nach Weltzeit, wie sie der mittelalterliche gelehrte Jude auffaßte, enthält zugleich Hinweise auf die Vorstellungen der kommenden Welt, die nicht ein Jenseits ist, sondern ein irdisches Später, nicht Himmelreich, sondern Reich Gottes auf Erden: Predigten und Legenden sprechen von der Hoffnung auf den Weltsabbat, das heißt, auf das siebente Jahrtausend nach dieser Zählung. Bis dahin geht der Werktag der Menschheit, an dem sie sich auf die krieglose Zeit vorbereiten und in den Tugenden der Menschlichkeit üben soll. Vielleicht ist es eine Aufgabe für die heutige Menschheit, gleichgültig unter welchem Banner sie steht, sich den Ablauf der menschlichen Bewußtseinsgeschichte vor Augen zu stellen; vielleicht sollte Geschichtsunterricht die großen Züge menschlicher Evolution vor Augen führen, von den ersten Schriftzeichen über die nächsten sechstausend Jahre hin, und die vor uns liegenden 240 Jahre bis zum siebenten Jahrtausend als Aufgabe, um Hunger, Krankheit und Unwissenheit zu bekämpfen, damit endlich alle an den Gaben der Natur teilhaben können, deren Nutzen bisher zwei Dritteln der Erdbevölkerung, griechisch *Ökumene*, nicht erschlossen ist.

Unter diesem Gesichtspunkt gesehen, bildet die jüdische Zeitrechnung ein ständiges Gegengift gegen jede Selbstzufriedenheit. Denn sie zwingt zum Vorausblick ebenso wie zum Rückblick. In vielen jüdischen Veröffentlichungen in Amerika finden sich jüdisches und christliches Datum auf dem Titelblatt, also z.B. 5720–1960. Bei englischsprachigen Zeitungen im Staat Israel gibt es dazu auch noch das moslemische Datum, z.B. Wednesday, July 26, 1967 / Tamuz 18, 5727 / Rabia ta'ani 19, 1387. Die jüdischen Schulkinder in Israel benutzen in ihren Heften das jüdische Datum und die moslemischen das ihre, ein weiteres Beispiel für die individuellen Unterschiede, die es zwischen Kulturen gibt und die nebeneinander stehen oder auch ineinander verflochten werden können.

Ein solches Ineinander mit einem alten griechischen Brauch besteht bis heute in der Handhabung jüdischer Zahlen, auch der Jahreszahlen. In der Spätantike erhielten die Buchstaben des hebräischen Alphabets Zahlenwert, wie es für das griechische Alphabet üblich war: Anstelle von Zahlzeichen oder in Worten ausgeschriebenen Zahlen wurden also Buchstaben benutzt. Das System ist wie folgt:

alef	1	jod	10	kof (qof)	100
bet	2	kaf	20	resch	200
gimel	3	lamed	30	schin	300
dalet	4	mem	40	taw	100
he	5	nun	50		
waw	6	ssamech	60		
sajin	7	ajin	70		
chet	8	pe	80		
tet	9	zade	90		

Bezeichnungen dieser Art gibt es im Festkalender: Der dreiunddreißigste Tag der Omer-Zählung ist das Schülerfest, *Lag-be'omer*. Der 15. Tag im Monat Schewat ist »das Neujahrsfest der Bäume« für die Berechnung des Baumalters, was für Obstbäume wichtig ist. Dieses beliebte Volksfest heißt bis heute *Tu-bischewat*, »der 15. im Schewat«, denn 15 ist *Tet-waw*, gelesen *Tu: Jod-he*, Teil des Gottesnamens und wird daher aus Ehrfurcht nicht benutzt. Und weil die zweite Hälfte dieses Namens *jod-waw* ist, heißt 16 *tet-sajin*. Statt des vierbuchstabigen Gottesnamens *JHWH* wird gesagt: *Adonai*, »der Herr«. Das ergab irrtümlich die Lesung »Jehova« in der christlichen

Kirche, die Bibelwissenschaft liest *Jahweh*, »Er wird sein«.

727 (1968) war *taw-schin-kaf-chet*. Es bildet ein Wort mit einer wirklichen Bedeutung und ruft sofort den Psalmvers ins Gedächtnis: *Wenn ich dein vergesse, Jerusalem, »Tischkach Jemini« – so vergesse meine rechte Hand*. 736 (1975) ist *tischlu* – »Ihr werdet Ruhe haben«.

Außer den sich von selbst ergebenden Buchstabenreihen besteht auch die Möglichkeit kunstreicher Umstellungen, um eben solch einen Vers wie den obigen zusammenzubauen. Deshalb ist es für den in dieser kombinatorischen Kunst Unbewanderten nicht ganz einfach, die Erscheinungsjahre hebräischer Bücher herauszufinden, die in älteren Werken oft in einem Bibelzitat versteckt sind, das sich in irgendeiner Weise auf Verfasser oder Inhalt des Buches bezieht. Diese Buchstabenkombinatorik findet auch andere Anwendungen und trägt dann den griechischen Namen *Gammatria*, »ein System, in dem der Buchstabe *gamma* gleich drei ist«. Manche leiten diese Bezeichnung von *Geometria* ab, im Sinne jeder Berechnungskunst. Ein sehr altes Beispiel dafür gibt es bereits im 14. Kapitel des 1. Buches Mose: Abraham hatte einen Hausverwalter, Elieser, und eine Privatarmee von 318 Mann. Mit denen gewann er einen Krieg. Das Merkwürdige ist nur, daß der Zahlenwert von Elieser 318 ist. Verfolgten und schlugen sie zu zweit die Heere vier fremder Herrscher vom Toten Meer bis Damaskus?

Von den Buchstaben

Weshalb heißt das ABC »Alphabet«? Wer sich überhaupt je die Frage gestellt hat, meint vermutlich: wegen der griechischen Namen Alpha, Beta usw. Aus der obigen Liste der hebräischen Buchstaben ist ersichtlich, daß diese Namen aus den semitischen Sprachen stammen. In ihnen haben sie auch einen Sinn, im Griechischen hingegen nicht. Wortgeschichte ist immer Kulturgeschichte. Sie zeigt dem, der sich die Mühe macht, ihr nachzugehen, wie die Kommunikation unter Menschen der verschiedensten Zeiten und Völker jeweils aussah.

In der Geschichte der uns geläufigen Buchstaben spielen die Nahostländer eine wechselreiche Rolle. Als erstes muß man in dieser Geschichte auf den Sinai gehen, denn dort befanden sich die ältesten Vorläufer der heutigen europäischen Schriften. Die nächste Etappe führt in die Berge östlich vom Toten Meer, und wiederum die nächste in die kanaanäischen Küstengebiete am Libanon, die im Altertum Phönizien hießen. Es scheint, daß irgendwann im 2. vorchristlichen Jahrtausend Stämme im Sinai lebten, die sich eine andere Schrift als die ägyptische wünschten, um sich ungestört untereinander verständigen zu können. Die Erfindung war einfach und neu. Anstatt eine Silbe oder ein ganzes Wort mit einem bestimmten Zeichen auszudrücken, wie es in verschiedenen nahöstlichen Kulturen üblich war, diente nun der Laut, mit dem das »gezeichnete« Wort begann, als feststehendes Symbol. Das stelle man sich, etwa am Beispiel des Wortes »Fisch«, so vor: Um es auszudrücken, hätte man ursprünglich also einen Fisch gemalt und später den Anfangslaut, F, als eigene Größe eingerichtet, zu der sich zum Worte Fisch z.B. die Zeichen *Insel* und *Schuh* fügen. Wie in der ägyptischen Schrift wurden auch in der sinaitischen die Zeichen sehr vereinfacht.

Als die Israelstämme inmitten der kanaanäischen Völkerschaften lebten, empfingen sie von ihnen, die sprachlich engstens mit ihnen verwandt waren, diese Schriftzeichen. Die kanaanäischen Phönizier waren ja auch in anderen Kulturbelangen mit ihnen verbunden: Sie sangen die gleichen Lieder, wovon viele der biblischen Psalmen Zeugnis ablegen; König Hiram von Tyrus sandte an seinen Bundesgenossen Salomo Zedern des Libanon und Handwerker für den Bau der Paläste und des Tempels in Jerusalem. Die Phönizier waren seefahrende Kaufleute mit Niederlassungen in Nordafrika, wo sie *Punier* genannt wurden, ferner in Spanien, Italien und Griechenland. Sie waren gewissermaßen die Hanseaten der Antike. Die Griechen lernten von ihnen die Kunst des Schreibens und übernahmen die Reihenfolge der Buchstaben und deren Namen. Zuerst gab es Schwierigkeiten mit der griechischen Schreibrichtung. Die Zeilen liefen einmal von rechts nach links, wie im Hebräischen, und einmal in umgekehrter Richtung, was auch zur Umkehrung der Zeichen führte. Später wurde diese Spiegelform beibehalten, wie der Vergleich mit den phönizischen, altmoabitischen und althebräischen Schriften zeigt, und das Schreiben von links nach rechts wurde die Regel. Aus der griechischen Schrift entwickelte sich die lateinische, und als die europäischen Stämme Lesen und Schreiben lernten, und zwar zuerst Latein durch Mönche, um ein wenig in der Bibel zu lesen und mit ihrem Namen zu unterschreiben, wie etwa Karl der Große, wurde diese Schrift die Grundlage ihrer eigenen Schriftsprache. Die Bedeutung des Schreibenkönnens für die neuentstehenden Völker zeigt der Wandel des lateinischen Wortes *clericus*, »Beamter«, zu »Geistlicher«: Denn Mönch und Schreiber waren identisch. *Clerus* wurde die Bezeichnung für den Priesterstand. Daher bedeutet heute etwa in der englischen Sprache *clerk* »Beamter«, aber die Parallele dazu, *clergyman*, »Pfarrer«. Aus der griechischen Schrift entstanden bei der Christianisierung ost- und südosteuropäischer Stämme im byzantinischen Bereich das russische und das bulgarische Alphabet.

Die althebräische Schrift wurde seit dem 5. Jahrhundert v.d.Z. mehr und mehr durch die aramäische Form verdrängt. Daß sie niemals vergessen wurde, bezeugt die Möglichkeit ihrer Wiederaufnahme in verschiedenen Zeitaltern. Die alten Namen der Buchstaben wurden auch für die aramäische »Quadratschrift« beibehalten, obwohl Form und Name nun nicht mehr übereinstimmten. Das interessanteste Beispiel dafür ist *Jod* (griechisch *iota*): In der alten Schrift war es ebenso groß wie alle Zeichen, in der Quadratschrift ist es jedoch fast nur ein Punkt. Daher wurde es zum Inbegriff für »ein Strichelchen«, und in diesem Sinne gebrauchte es Jesus:

> »*Meinet nicht, daß ich gekommen bin, das Gesetz* (= die Tora) *oder die Propheten aufzulösen. Ich bin nicht gekommen, aufzulösen, sondern zu erfüllen. Denn wahrlich, ich sage euch: Bis der Himmel und die Erde*

vergehen, wird nicht ein einziges Jota vom Gesetz vergehen, bis alles geschehen ist.«[29]

Er spricht als Jude zu seinen ebenfalls jüdischen Hörern, die ihre Bibel hebräisch lesen. Außerdem bedeutete dieses *Jod* wahrscheinlich schon damals *Jude*, so daß ein aggadisches Wortspiel dazukommt.

Die Betrachtung der Buchstaben in ihrer Reihenfolge ist einem archäologischen Abenteuer vergleichbar. Schicht um Schicht entfaltet sich vor dem Betrachter ein versunkene Welt, die in seine Gegenwart hineinragt, ohne daß er es wußte. Am Beginn stehen die Merkmale des Besitzes und der Verwaltung, danach die irdische und göttliche Umwelt des Menschen, den Abschluß bildet der menschliche Körper. In dieses Abenteuer wollen wir uns nun begeben.

Alef heißt im biblischen Hebräisch »Rind«. Das alte Zeichen ist ein stilisierter, gehörnter Kopf. Im Altägyptischen ist es das Zeichen der kuhköpfigen Göttin Hathor. Umgedreht ergibt es das große A. Rinder sind ein wichtiges Anzeichen der Seßhaftigkeit: Halbnomadische Stämme besitzen Schafe, Ziegen und Esel. Rinder bedeuten Reichtum, das ist bis heute so in vielen afrikanischen Ländern. Daher heißt *Alef* bzw. *Elef* »tausend«, in diesem Sinne wird es bis heute im Hebräischen und anderen semitischen Sprachen gebraucht. Aus dem Aramäischen kam dazu noch die Bedeutung des Unterweisens als ein weiteres Wort für Lernen und Lehren. Im Hebräischen und seinen Schwestersprachen ist Alef nicht A, sondern ein neutraler Konsonant, der mit Vokalen verbunden werden kann.

Bet heißt »Haus«. Es ist der zweite wichtige Besitz der Seßhaften. Das gleiche Zeichen bedeutete im Altägyptischen »Tempel«.

Gimel ist im Ägyptischen das Zeichen für »Beamter«. In den semitischen Sprachen wurde es eher als »Rücken des Ka-

---

[29] Matthäus 5, 17–18

mels« verstanden, denn es war der Inbegriff des Vorankommens, in physischer wie in gesellschaftlicher Hinsicht. Der gesamte Handel zwischen den Kontinenten fand auf dem Kamel, dem hohen »Schiff der Wüste« statt. Hebräisch heißt dieses Tier *Gamal*. Im Arabischen hat dieses Wort vor allem die Bedeutung »Das vollkommen Schöne« und wird sowohl als Männer- wie als Frauenname gebraucht. Das europäische Wort Kamel ist dem Arabischen entliehen.

Dalet war in der ägyptischen Schrift das Palasttor. Im Hebräischen heißt es »Tür« und war in der alten Schrift der dreiekkige Zelteingang. Diese Form führte zur Bedeutung des Delta als einer fächerförmigen Flußmündung wie etwa der des Nils.

He hieß anscheinend in altsemitischen Sprachen »Hurra«. Die Griechen benutzten es für Epsilon/E, daher kommt es bis heute nach D in den europäischen Alphabeten.

Waw heißt »Haken«.

Sajin heißt »Zepter« im Altägyptischen, »Waffe« im Hebräischen. Seine Form führte dazu, daß es griechisch Z geschrieben wird, aber wie im Hebräischen ausgesprochen wird, nämlich wie das S in »sie«. Dadurch entstanden unterschiedliche Aussprachen der gleichen Wörter in Sprachen, bei denen Z ein weiches S ist, und anderen, in denen es den gleichen Lautwert wie im Deutschen hat, z.B. das griechische »Zoo«.

Chet wird ausgesprochen wie ein stark gehauchtes H. Daher wurde es wie *He* mit einem zusätzlichen Strich geschrieben. Die Griechen schrieben es in der Form H, dieses blieb der achte Buchstabe der westlichen Alphabete. Im Altägyptischen war es das Zeichen »Lotos«. Weil es im Griechischen nicht ausgesprochen werden konnte, wurde z.B. aus dem Namen *Jizchak* »Isaak«.

Tet ist das verstärkte Gaumen-T der semitischen Sprachen. Es wurde bezeichnet, indem um das gewöhnliche T ein Kreis gezogen wurde. Im Altägyptischen bedeutete ein ähnliches Zeichen »grün«. Im Griechischen steht es für den »harten« T-Laut Theta.

Jod war ursprünglich eine südsemitische Gottesbezeichnung. In der alten Schrift ist es ein groß aufragendes Zeichen.

In der Quadratschrift wurde es mit der Bedeutung *Jad*, »Hand«, in Verbindung gebracht.

Kaf hieß ägyptisch »Rispe«. Man verstand es später aus der Form der Quadratschrift als Löffel oder Handteller.

Lamed ist der Treibstecken des Hirten.

Mem heißt »Wasser«.

Nun heißt »Schlange«. Als einer der alten Totem-Namen ist sie in der Bibel erhalten: Josua, Sohn des Nun.

Ssamech ist »Fisch« in den semitischen Sprachen. Im Griechischen bezeichnet das scharfe S Sigma, wie im Deutschen »Roß« oder im Englischen »song«.

Ajin heißt hebräisch »Auge«. Es wurde durch einen Kreis dargestellt. Das semitische Ajin ist ein stimmloser Gaumenlaut zwischen G und H. Um ihn auszudrücken, wurden in der griechischen Umschrift diese beiden Buchstaben benutzt. So wurde z.B. aus der Stadt *Asa*, geschrieben Ajin, Sajin, He, die Schreibung »Ghaza«. Später blieb oft nur das G für Ajin: Jene Einwohner Ägyptens, die hebräisch *Zo'anim* genannt werden, erhielten die europäische Bezeichnung »Zigeuner«. Aus dem Ajin-Kreis wurde im Griechischen das Omikron/O.

Fe ist »Mund«. Der gleiche Buchstabe wird hebräisch auch für den Laut F benutzt.

Zade hieß im Südsemitischen »Gesicht«.

Kof hieß »Bauch«. Im Griechischen fiel es weg, weil es einer der spezifischen Laute der semitischen Sprachen ist. Es wird mehr oder weniger stark kehlig ausgesprochen und entspricht dem Q. Infolge der überkommenen Umschreibungen hebräischer Wörter, die meist aus den griechischen Bibelübersetzungen stammen, werden Namen mit Kof immer mit K geschrieben, z.B. *Kain*, *Zedekia*, und ebenso das punische *Karthago*.

Resch heißt aramäisch »Kopf«, *Schin* ist »Zahn«.

Taw heißt »Kreuzmal«. Es wurde bei alten semitischen Stämmen auf die Stirn gezeichnet. Um dieses »weiche« T vom »harten« Tet zu unterscheiden, wurde es früher meistens mit Th wiedergegeben, was aus dem griechischen Brauch herrührt. In einem Teil der hebräischen Dialekte bezeichnet es nach einem Vokal den weichen englischen Th-Laut.

Soweit die zweiundzwanzig Buchstaben des Hebräischen. Die Griechen fügten einige Zeichen hinzu, wie Phi und Psi. An das Ende der Reihe stellten sie *O-mega*, d.i. »großes O«, wie sie überhaupt die Vokale in die Reihe aufnahmen. Daher wurde »Alpha und Omega« eine Bezeichnung für »Anfang und Ende« im Sinne von »allumfassend«.

Auch im Hebräischen wurden viele Versuche gemacht, ein Vokalsystem zu entwickeln. Eines derselben setzte sich im Mittelalter durch, es ist das sogenannte tiberianische System und behauptete sich gegenüber dem babylonischen. Es ist anzunehmen, daß einige der Vokalzeichen eine recht alte Geschichte haben. Wahrscheinlich gab es im hellenistischen Zeitalter Versuche dieser Art, als auch die Benutzung der Buchstaben für Zahlen im Hebräischen übernommen wurden. Interessanterweise tragen die Vokalzeichen für O die gleichen Namen wie im Griechischen. Dem *O-mikron*, d.i. »kleines O« entspricht *kamaz katan*, und dem *O-mega*, »großes O«, entspricht *kamaz gadol*. Meines Wissens wurde diese Parallele bisher nicht beachtet. Sie bestätigt, daß die Entwicklung des kamaz gadol von O zu A lokaler Natur ist und keineswegs das »reine« Hebräisch darstellt. Diese Aussprache war in den Mittelmeerländern üblich, vielleicht unter dem Einfluß der arabischen Grammatik, die keinen O-Laut »anerkennt«, obgleich er in den gesprochenen Dialekten vorhanden ist. Die O-Aussprache des kamaz gadol ist eines der Kennzeichen der Samaritaner, der Jemeniten und der aschkenasischen Juden.

Die Vokallosigkeit des hebräischen wie auch des arabischen Alphabets hat zur Folge, daß man ein Wort erst kennen muß, ehe man es lesen kann, denn die Konsonantenschrift allein reicht nicht zum Erraten. Um es lesen zu können, muß man aber den ganzen Satz in einem Zusammenhang erfassen, da oft eine Reihe von Möglichkeiten der Lesung besteht. Die Vokalzeichen werden nur in bestimmten Arten von Büchern benutzt, vor allem für ABC-Schützen, für Bibelausgaben, Gebetbücher und Dichtung. Normalbuch und Tageszeitung sind vokallos, und ebenso das jüdische Arabisch und Spanisch, die ebenfalls in hebräischen Buchstaben geschrieben werden. Es mag sehr wohl sein, daß dieser so mühsam erscheinende Umstand ganz wesentlichen Anteil an der Geistesschulung der Juden hat, soweit sie in ihrer eigenen Kultur stehen und Hebräisch lesen. Das Lesen wird nämlich über den mechanischen Vorgang hinaus eine ständige Übung des analytischen und des synthetischen Denkens. In gewissem Maße ist das natürlich auch in den europäischen Sprachen so, und zwar besonders, wenn die gleiche Buchstabenreihe verschiedene Bedeutungen hat: Ob Tee ein Getränk ist oder ein Schnellzug, ergibt sich aus dem Zusammenhang. Aber vorsichtshalber und um dem Leser nicht allzuviel zuzumuten, werden in den europäischen Sprachen Eigennamen durch einen großen Anfangsbuchstaben kenntlich gemacht, ja, dasselbe wird sogar für den Beginn eines neuen Satzes für notwendig befunden. Diese Hilfsmittel haben wie jede Krücke eine Schrumpfung zur Folge: nämlich des Denkvermögens. In der deutschen Sprache geht dieses freundliche Hinreichen ständiger Krücken so weit, daß eines Tages die Großschreibung der »Hauptwörter« eingeführt wurde. Das Festhalten an dieser künstlichen Einteilung der Wörter ist Symptom einer tiefen Unsicherheit, Symptom vor allem für einen Mangel an unmittelbarer Beziehung zu den Dingen, Begriffen und Relationen, die mit den geschriebenen Wörtern bezeichnet werden. Der Engländer, Italiener, Franzose befürchtet nicht, daß das geschriebene Wort weniger verstanden werden könne als das gesprochene, in dem die »Hauptwörter« ja auch nicht »groß geschrieben« werden.

Wie geht es dem hebräischen Leser? Er sieht vor sich die Buchstaben ss, p, r, wobei das p auch f sein kann. Es bleibt seiner Intelligenz überlassen, ob er liest: *ssefer* – »Buch«, *ssfar* – Grenze«, *ssapar* – »Friseur« oder *ssafar* – »er erzählte«; und es gibt noch weitere Möglichkeiten! Das gleiche gilt für Eigennamen, die in einem Großteil der Fälle eine sachliche Wortbedeutung haben: Ist die Rede von einem Knaben namens Ilan oder von einem Baum? Sagte der Gesprächspartner »er wird lachen« – *jizchak,* oder sprach er von jemandem namens Jizchak, »Isaak«? Gerade bei den biblischen Namen ist auch dem heutigen Sprecher noch sehr deutlich, wie sie vor Jahrtausenden inhaltlich verstanden wurden. Nicht Ruben, sondern *Re'uben*, »Seht, ein Sohn!«, nicht ein »Name« Imanuel, sondern ein altes Bekenntnis: *Imanu-el*, »mit uns ist Gott«.

Das ständige Einbeziehen vieler Möglichkeiten erweitert das Vorstellungsvermögen in realer wie in theoretischer Hinsicht in einer Weise, der westliche Kulturkreise nur schwerlich Entsprechendes entgegenstellen können. Denn fast alle anderen verbreiteten Methoden des Denktrainings, etwa das Erlernen der lateinischen Grammatik, oder der verschiedenen mathematischen Systeme finden in einem quasi luftdicht abgeschlossenen Raum statt und tangieren nicht die Gesamtpersönlichkeit als ein untrennbares Ganzes. Daher hat die Bewahrung der hebräischen Sprache im jüdischen Leben eine weitaus größere Rolle gespielt, als es ansonsten einer Sprache zukommt. Allein schon deshalb ist es für den, der mitten in dieser Kultur steht, ein abwegiger Gedanke, daß das Hebräische heute oft von Außenstehenden als eine wiederbelebte tote Sprache bewundert wird. Vielmehr ist sie so tief im Bewußtsein und im Unbewußten aller jüdischen Generationen verankert gewesen, daß eine Fortsetzung nur konsequent war. Es ist mit der hebräischen Sprache wie mit den anderen Bereichen der organisch entstandenen jüdischen Kultur: Wo sie gepflegt werden, bewahren sie die Struktur der kollektiven Persönlichkeit – Gemeinde, Stamm, Volk – durch das Bewahren vieler einzelner.

IV. Vom Meer des Talmud

Gesetz und Deutung

Die Einrichtung seiner rechtsprechenden und ausübenden Organe ist so alt wie das jüdische Volk selbst. Es kann nicht mehr auf Jahrhundert oder sogar auf Jahr festgestellt werden, wo die Anfänge liegen. Gewiß gab es durch lange Epochen lokale Unterschiede zwischen den Stämmen, die zum Volk zusammenwuchsen, aber man konnte sich eines Tages, in früher biblischer Zeit, nicht mehr vorstellen, daß es je anders gewesen wäre, als daß Richter und Wahrer der öffentlichen Ordnung für jeden Bezirk eingesetzt waren. So finden wir es ja auch in den anderen Kulturen des Alten Orients, jedoch bestand hier ein prinzipieller Unterschied: Im allgemeinen galten die Könige der großen und kleinen Staaten als die Gesetzgeber ihrer Völker. Sie waren absolute Herrscher: Land und Leute waren ihr Besitz, und nach ihrer besseren oder schlechteren Einsicht änderten sie die Gesetzgebung. Denn dem Hofprotokoll zufolge waren sie göttlicher Abstammung oder selbst Götter.

Im Alten Israel mit seinen demokratischen und theologischen Vorstellungen war es undenkbar, daß ein König, heiße er auch David oder Salomo, sich selbst als Gesetzgeber angesehen hätte und seine Hofchronisten entsprechende Mitteilungen für die Nachwelt verfaßt hätten. Daher bringen die Königsbücher und Bücher der Chronik des Alten Israel, die in der hebräischen Bibel erhalten blieben, schonungslose Darstellungen der menschlichen Schwächen und Vergehen gegen das Gesetz, die den Herrschern von Propheten, Priestern und Lehrern ihres Volkes vorgeworfen wurden. Sowohl in den damaligen wie in früheren und folgenden Hochkulturen waren solche Chroniken unvorstellbar. Meist war es ja Brauch, sogar die Namen unliebsamer Vorgänger aus Felsenreliefs oder Wandinschriften entfernen zu lassen oder Geschichte umzuschreiben, weil sie unbequem war. Als das einzige Volk ließ Israel stets seine Herrscher wissen: Das Gesetz ist viel zu ernst und schwerwiegend, als daß es der Willkür der politischen Machthaber ausgeliefert sein könne, weil es nämlich dem ganzen Volk am Sinai gegeben wurde. In anderen Worten ausgedrückt heißt das: Die Sammlung von Gesetzen, die verbindlich wurden, ist volkskonstituierend. Ihre Vorschriften müssen bei jeder weiteren Entwicklung aufs Neue durchdacht werden. Der Sinn der prophetischen Predigt und der Unterweisung der Meister ist dieses Neu-Durchdenken, das nicht von der Willkür der einzelnen aus geformt wird, sondern nach dem Sinn der betreffenden Einrichtung. Um ein bekanntes Beispiel zu nennen: Wenn es Gesetz war, einen bestimmten Teil der Ernte oder des Viehbestandes in Jerusalem zu opfern, so durfte damit nicht der Aberglaube einer automatischen Gottesgnade verbunden werden. Da die menschliche Natur aber zu solcher beruhigenden Autosuggestion neigt, stehen die Propheten auf als Vertreter des Gewissens, der Verantwortung vor Gott, und sagen: Nein! Sondern tut Recht und seid hilfreich, sonst handelt ihr zwar nach dem Gesetz, aber es hat wenig Einfluß auf die Art eurer Gesellschaft, in der es immer noch Eigennutz, Habgier und Willkür gibt. Ein solcher Prophet war der Priester Jeremia. Seine Mahnung gilt für Arm wie für Reich, für Bauer und König, denn im Alten Israel gab es nicht jene Masse der Rechtlosen, die in den meisten Gesellschaften die Mehrheit der Bewohner darstellten.

Die Handhabung der biblischen Gesetze war im Judentum bereits in sehr frühen Zeiten mit der Tradition oder mündlichen Lehre verknüpft. Das bedeutet vor allem, daß bestimmte Regeln bekannt waren und tradiert wurden, die es ermöglichten, ein als göttliches Wort überliefertes Gesetz der Tora oder schriftlichen Lehre so zu interpretieren, daß es im Rahmen des akzeptierten Systems blieb und dennoch geänderten

Vorstellungen entsprechen konnte. Diese Regeln gehen von der Tatsache aus, daß die Bibel kein Gesetzbuch ist, sondern die verschiedensten Formen des Berichts, der Erzählung und der Gesetzesvorschrift gleichwertig nebeneinander enthält. Es bestehen Unterschiede zwischen den Arten der Bestimmungen: Gebote des Tuns und des Lassens, Satzungen und Rechtsprüche. Oft gibt es Ergänzungen in fast parallelen Stellen, z.B. in den beiden Fassungen der Zehn Gebote und den Bestimmungen des Festkalenders. Aus dem genauen Studium solcher Parallelen und Ergänzungen, wie auch der feinen Unterschiede im Sprachgebrauch, wurden in den Schulen der Rechtslehrer Regeln formuliert. Nach ihnen ließen sich aus dem Text selbst Schlüsse ziehen. Sie dienten aber auch der Erweiterung im Sinne des zugrundeliegenden ethischen Systems, wie im Fall »Auge um Auge«.

Dieser alte Stämmebrauch sah voraus, daß als Buße für eine Körperschädigung Gleiches mit Gleichem vergolten wird. Es ist eine Einstellung zur Gerechtigkeit, die vor allem abschrecken wollte und darüber hinaus die Rachegefühle der menschlichen Natur mit zum Maßstab nahm. In ähnlicher Form findet sich diese Art des Rechtsspruchs bis heute in streng konservativen Ländern des Islam, vor allem anscheinend auf der Arabischen Halbinsel, wo noch in der Gegenwart die Übertretung des Bildverbots durch Fotografen zu deren Hinrichtung führen konnte, wo zahllose Missetäter ohne Hand oder Zunge weiterleben müssen, nachdem Verleumdung oder Diebstahl durch das Gericht gestraft wurden.

Auch in der altisraelischen Zeit galt das Recht der Vergeltung (lateinisch: *ius talionis*): »Auge um Auge, Zahn um Zahn, Fuß um Fuß«,[30] und zwar nach Rechtsspruch der eingesetzten Behörden. Für das 2. vorchristliche Jahrtausend war ein solches Gesetz äußerst wichtig, um zu verhindern, daß die Geschädigten oder ihre Familien Rache übten und ohne eine juristische Instanz etwa jemand umgebracht wurde, weil er ab-

---

30 5. Mose 19, 21

sichtlich oder unabsichtlich einen leichten oder schweren Körperschaden verursacht hatte. Da das jüdische Verhältnis zu biblischen Gesetzen keines der Wortwörtlichkeit, sondern der Sinnhaftigkeit ist, wurde das jus talionis in späteren Zeiten vollkommen anders aufgefaßt: Bei Körperbeschädigung mußte Schadenersatz für vorübergehende oder ständige Arbeitsunfähigkeit geleistet werden. Bereits früher wurde vor allem vor Blutrache gewarnt, wie sie bei anderen Völkern üblich war. Zu ihrer Verhinderung wurde in jedem Bezirk eine Asylstadt bestimmt, um den Totschläger seinen gesetzlichen Richtern zuzuführen. Wer vorsätzlich mordete, sollte durch Gerichtsspruch sterben, aber es durfte keinen durch Generationen dauernden Familienmord geben:

> *»Väter sollen nicht wegen Söhnen getötet werden und Söhne sollen nicht wegen Vätern getötet werden, jedermann soll für seine eigene Sünde getötet werden.«*[31]

Im Gegensatz zu anderen antiken Gesetzgebungen wurde jene Möglichkeit verneint, die sich bekanntlich im Gefolge der arabischen Stammesüberlieferungen bis heute erhalten hat, und zwar nicht nur in Islamländern, sondern auch im lange christianisierten, aber immer noch islamisch beeinflußten Sizilien und bei seinen Auswanderern in Amerika. Die berüchtigte Mafia entspricht der arabischen Einrichtung der Familienrache.

Für die jüdische Ethik ist in erster Linie die Ehrfurcht vor dem Leben bestimmend. Sie führte zu einer sehr strengen Handhabung der Einschränkungen in Fragen der Todesstrafe, die nach biblischem Gesetz auf viele Vergehen stand. Diese Art der Bestrafung für das Übertreten der Zehn Gebote, Schwarze Magie oder Hexenkunst, Entführung und anderes entsprach jedoch nicht mehr den Vorstellungen der Zeit, in der das Fünfbuch als verbindlich erklärt wurde und die Entste-

---

[31] 5. Mose 24, 16

hung des weiteren biblischen Kanon begann. In den letzten Jahrhunderten des Zweiten Staates wurde kaum noch von der Todesstrafe nach biblischer Vorschrift Gebrauch gemacht. Erschwerende Voraussetzungen waren: die Notwendigkeit zweier Augenzeugen wie bei jedem jüdischen Rechtsverfahren sowie die Warnung des Täters vor Vollzug der Tat, daß er sich der Todesstrafe aussetze. Fanden sich tatsächlich einmal diese Umstände, so mußte der Fall vor ein Bezirksgericht mit mindestens 23 Richtern gebracht werden. Aber selbst dann wurde eine weniger schwere Strafe gewählt, weil ein Gericht, das einmal in siebzig Jahren jemanden zum Tode verurteilte, nach manchen Ansichten als blutrünstig galt.

Mit der Ausweitung der römischen Oberherrschaft büßten die jüdischen Gerichtshöfe noch in Tempelzeiten dieses Vorrecht ein. Aber ohnehin war es damals schon längst unmöglich, etwa einen Sohn zum Tode zu verurteilen, weil er seinen Vater geschlagen hatte, obwohl es in der Vergangenheit einmal üblich gewesen war. Denn die Tora ist dem Menschen gegeben, um nach ihr zu leben, auch wenn er sündigt. Dann aber hat die Gesellschaft ihm eine Strafe aufzuerlegen oder in anderen Fällen nicht einmal das zu tun, sondern sich lediglich von ihm fernzuhalten.

Es war also Brauch der Rechtslehrer, *»kein Jota von der Tora aufzuheben«*, sondern sie auf sich und ihre Zeit bezogen zu verstehen, um nach ihr ein der Zeit entsprechendes normales Leben zu führen. Ein berühmtes Beispiel dafür ist die Neuerung betreffs der Schulden im Sabbatjahr. Nach alter Tradition ist der Sabbat nicht nur Woche um Woche für den Menschen eingesetzt, sondern auch für alles, das der Mensch in seinem Leben zur Verwaltung und Betreuung besitzt. Das Land Israel hat ebenfalls einen Sabbat, denn im siebenten Jahr soll es ruhen, es soll nicht gepflügt und nicht gesät werden. Mit dem Ende des Siebentjahres verfallen nach biblischem Recht alle Schulden der Volksglieder untereinander als *Schmita*, »Nachlaß«. Nach alten religiösen Vorstellungen sollte dadurch das Wohlergehen Israels gesichert werden. In der späteren ökonomischen Entwicklung war dieses Gesetz jedoch geradezu schädlich geworden. Man überlegte es sich schließlich sehr, im fünften oder sechsten Jahr ein Darlehen zu geben, wenn es im Grunde ein Geschenk werden mußte. Was tun in einer Zeit, die mit großen Kapitalanlagen arbeitete, wie der römischen Epoche, der Zeit Herodes des Ersten insbesondere, in welcher Stadt und Tempel von Jerusalem erweitert wurden und auch in anderen Städten des Landes eine rege Bautätigkeit bestand und der Handel mit Niederlassungen in Babylonien und den Mittelmeerländern auf Kapitalanlagen angewiesen war? Das biblische Gesetz hatte offensichtlich nicht mit einer solchen Möglichkeit gerechnet.

Die Lösung lag in der Annahme des Unterschieds zwischen Privatdarlehen und solchen einer Institution. Damit begann vor allem eine Entwicklungszeit des Bankwesens. Diese Lösung fand der größte Meister der herodianischen Zeit: Hillel. Neben anderen Reformen unpraktikabel gewordener Gesetze führte er den *Prosbul* ein (griechisch »für das Gericht«), eine Schuldverschreibung, durch die eine öffentliche Institution die Befassung mit Privatdarlehen übernimmt.

So zeigte der Begründer der systematisch gepflegten mündlichen Lehre Möglichkeiten auf, die ängstliche Geister mit weniger weitem Horizont bis dahin für umstürzlerisch gehalten hatten. Hillel, »der Alte«, war der Vorsitzende des Obersten Gerichtshofs in Jerusalem und des angeschlossenen Gelehrtenkollegiums. Seine Amtszeit dauerte etwa vierzig Jahre, vom Jahr 30 v.d.Z. an. Sein liebevolles Menschenverständnis führte dazu, daß sein Urteil in der Diskussion den Ausschlag gab gegenüber seinem strengen Gegenspieler und Vizepräsidenten Schammai. Noch Generationen hindurch diskutierten ihre Schüler, welche die Meister der nächsten hundert Jahre waren. Etwa 300 solcher Meinungsverschiedenheiten sind bewahrt. Wo immer eine Differenz besteht, ist der Rechtsspruch nach Hillels Schule.

Das hing auch damit zusammen, daß Hillel eine Tradition der davidischen Abstammung besaß. Solche Traditionen gab es viele. Wo politische Führung zur Debatte stand, wurden möglichst Davididen mit ihr betraut. Daher rührt auch der davidische Stammbaum, den die Evangelisten zur gleichen Zeit erstellten. Auch die Leitung der Juden im Perserreich lag in den Händen davidischer Familien. Nach der Zerstörung Jerusalems durch die Römer blieben Hillels Nachkommen durch 350 Jahre, bis in das 5. Jahrhundert, die politischen Leiter der Juden im Römischen Reich. Sie führten den Titel *Patriarch*, hebräisch *Nassi*, »Präsident«. Das ist heute der Titel des Staatspräsidenten von Israel.

Das Bedeutende an Hillel war wohl seine Sanftmut und Menschenliebe. Dieser große Jurist setzte die Nächstenliebe als Goldene Regel für das Judentum aller kommenden Generationen ein: *»Liebe deinen Nächsten wie dich selbst – das ist die Grundlage der Tora. Alles andere ist ihre Deutung. So gehe hin und lerne sie!«* Dieser Grundauffassung gemäß beantwortete er die Frage eines heidnischen Römers, der Jude werden wollte. Um die Tora lernen zu können, formulierte Hillel sieben Regeln der Schriftdeutung, nach denen in seiner Akademie Theorie und Praxis des biblischen Rechts betrieben wurden. Diese hermeneutischen Regeln, hebräisch *Middot*, »Kategorien«, ermöglichen sowohl das Verständnis biblischer Vorschriften im Sinne einer damals bereits uralten Tradition wie auch ihre Anpassung an zeitgemäße Entwicklungen, ohne daß dafür auf Schritt und Tritt Neuerungen eingeführt werden müßten. Die sieben Regeln sind:

1. *Schlußfolgerung von einem leichteren auf einen schwerwiegenden Fall;*
2. *Folgerung aufgrund des Gebrauchs gleicher Beziehungen in Vorschriften ungleichen Inhalts;*
3. *prinzipielle Bedeutung einer einzigen Belegstelle für eine ganze Reihe von Vorschriften;*
4. *desgleichen aus zwei Belegstellen;*
5. *Einschränkung eines allgemeingültigen Grundsatzes unter Bezugnahme auf eine Belegstelle;*
6. *Ableitung von Grundsätzen durch Vergleich verschiedenartiger Belege;*
7. *Schlußfolgerung aus dem Zusammenhang.*

Hundert Jahre später erweiterte Rabbi Ismael diese Regeln auf dreizehn. In seiner Akademie wurden die logischen und inhaltlichen Ableitungsmethoden verfeinert, die eine ständige Brücke zwischen den Forderungen des Lebens, der ethischen Überlieferung und biblischen Vorschriften wurden. Entgegen der Schule Rabbi Akibas betonte Ismael, daß in jeder Hinsicht, rechtlicher, ethischer und erbaulicher, stets davon auszugehen sei, daß die Tora in menschlicher Umgangssprache verfaßt ist. Daher können auf sie weder die strengen Deduktionsmethoden eines logisch-legalistischen Denkens wie diejenigen der Römer angewandt werden noch dürfen sie zum Ausgangspunkt für allegorisch-mystische Spekulationen und theosophische Interpretationen gemacht werden. Im letztgenannten Punkt wurde Ismael richtunggebend für diejenigen Temperamente unter zeitgenössischen und späteren Meistern, die ohnenhin der Mystik abgeneigt waren. Die dieser Zugetanen bildeten die Nachfolge Rabbi Akibas. Die einen wie die anderen bestimmten Ismaels Interpretationsregeln zum Gegenstand täglicher Betrachtung für jeden betenden Juden: Sie wurden in die Texte aufgenommen, die vor dem Morgengebet gelernt oder meditiert werden. Denn es gibt kein Bibelverständnis wie im Christentum, keine »schriftliche Lehre« ohne »mündliche Überlieferung«.

Die Kette der Überlieferung

Hillel und Schammai bildeten im letzten Jahrhundert der Tempelzeit das abschließende Glied einer bedeutenden Epoche in der Kette der Überlieferung, ohne die die Bibel praktisch nicht brauchbar war in allen Belangen, die sich auf das soziale Leben und die Glaubensbegriffe beziehen, die im Laufe der Zeit weiterentwickelt wurden.

Nach der Selbstdarstellung der Traditionsträger durchliefen die ethischen und sozialen Entwicklungen, die sich auf die sinaitische Tradition gründeten, folgende Etappen:

Mose empfing Tora, Unterweisung, vom Sinai und übergab sie an Josua, dieser an die zum Rechtsspruch eingesetzten

Männer, die den Titel Älteste trugen. Deren Nachfolger waren die Propheten, die während der gesamten Königszeit wirkten, danach in Babylonien und einige nach der Rückkehr in das Land Israel bis in das 5. Jahrhundert v.d.Z. Danach waren die »Männer der Großen Versammlung« die Träger, Weiterformer und Überlieferer der Lehre.

Diese leitende Institution wirkte bis etwa um 200 v.d.Z. Sie soll aus jeweils achtzig bis hundertzwanzig führenden Lehrern bestanden haben, die aus den Reihen der Schriftgelehrten kamen. Ihre Namen sind unbekannt. In einer ihrer letzten Generationen wirkte der Hohepriester Simon, der Gerechte, der anscheinend gleichzeitig auch die politische Führung in Judäa übernehmen konnte. Neben dieser Kette der mündlichen Tradition bestand auch eine gleiche Aufzählung für die biblischen Bücher. Nach der Meinung der alten Meister verhielt es sich damit folgendermaßen: Mose schrieb das Buch Hiob und »sein Buch«, die Tora, bis auf die letzten acht Verse, die von Josua stammen, welcher auch das Buch Josua schrieb; Samuel schrieb sein Buch, die Richterbücher und das Buch Ruth; David schrieb die Psalmen und nahm die der anderen Psalmendichter mit auf; Jeremia schrieb sein Buch, die Klagelieder und die Bücher der Könige. Der König Hesekia und seine Ratgeber redigierten die Bücher Jesaja, Sprüche, Hohelied, Prediger. Esra schrieb sein Buch und die Bücher der Chronik bis zu seiner eigenen Zeit. Die Männer der Großen Versammlung redigierten die Bücher Ezechiel, die zwölf »kleinen« Propheten, Daniel und Esther.

In den fünf Generationen vom Makkabäeraufstand bis zur herodianischen Epoche wurde die Lehre durch die sogenannten »fünf Paare« bewahrt. Die »Paare« waren jeweils zwei autoritative Lehrer, die dem *Sanhedrin*, d.i. das Gelehrtenkollegium in Jerusalem, wie auch dem ihm angeschlossenen Obersten Gericht vorstanden. Nach manchen Ansichten vertrat jeweils einer die Aristokratie und der andere die übrigen Volksschichten. Durch ihre Einstellung und ihre Position gelang ihnen die Bewahrung des Judentums gegenüber fremden Einflüssen. Ihre Namen wurden daher ebenso bewahrt wie die biblischer Personen. Sie waren:

1. Josseij ben Jo'eser aus Zereda und Jossej ben Jachanan aus Jerusalem;
2. Josua ben Perachja und Nittai aus Arbel, deren erster nach einer Legende der Lehrer des Josua, genannt Jesus aus Nazareth, war;
3. Juda ben Tabbai aus Alexandria und Simon ben Schatach, »der Sohn des Teppichknüpfers«, der unter der Königin Salome Alexandra (76–67 v.d.Z.) pharisäischen Einfluß in die bisher vorwiegend sadduzäisch-aristokratische Legislatur einführen konnte;
4. Schemaja und Awtalion, welche Konvertiten oder Söhne von solchen waren;
5. Hillel aus Babylon und Schammai.

In den spannungsreichen Jahrhunderten der Hasmonäerkönige und ihrer Nachfolger waren diese Persönlichkeiten die eigentlichen Autoritäten des jüdischen Volkes, das sich nicht der hellenistisch-römisch assimilierten Oberschicht anvertrauen mochte. Dazu kam, daß die Könige das Amt des Hohepriesters den Aaroniden entzogen und in einen Spielball ihrer politischen Intrigen und Machtkämpfe verwandelt hatten.

Die Begründer der hasmonäischen Dynastie, Juda Makkabi und seine Familie, gehörten zu einer priesterlichen Familie, deren Stammvater Zadok hieß. Die Familie der Zadoksöhne hat im Ersten Staat und in der Frühzeit des Zweiten eine wesentliche Rolle im Priestertum und damit auch in der Redaktion der biblischen Vorschriften als »die Bibel« gespielt. Jahrhundertelang stellte sie die Hohepriester. Um sie scharten sich die Priester und die führenden Familien des Landes. Und sicher hatten sie Anteil an der politischen Befreiung durch den Makkabäeraufstand (165 v.d.Z.). Dieser Aufstand hätte aber nie ohne die ländlichen Priester und das Landvolk stattfinden und gelingen können. Das Landvolk, seine Priester und Lehrer waren einige Generationen später nicht so sehr mit dem prunkvollen Tempelzeremoniell verbunden wie mit den praktischen Fragen des tägliche Lebens. Sie bildeten die Volkspartei der Handwerker, Bauern und Lehrer. Ihre aristokratischen

Gegner nannten sie spöttisch *Pharisäer*, »Eigenbrötler«, beinahe so etwas wie »Hinterwäldler«. Als die Meister der mündlichen Lehre lehrten sie Bibel und Brauchtum, waren die Lehrer der Ethik, der Milde und Nächstenliebe. Anders als die Gegnerpartei gründeten sie ihre Auffassung des Judentums auf die Lehre von der Unsterblichkeit der Seele, die Auferstehung des Leibes, den freien Willen des Menschen, die Vorsehung und die Engel. Als Nachfolger der Schriftgelehrten aus der Schule Esras stellten sie die Autorität des Lehrers über die des Hohepriesters und machten zur Regel, daß ein Konvertit, der im Judentum bewandert ist, intellektuellen und gesellschaftlichen Vorrang vor einem ungelehrten Hohepriester hat.

Die gegnerische Partei führte den Namen *Sadduzäer*, hebräisch *Zedokim*, »Zadokiten«. Als Tempelpriester und Gutsbesitzer waren sie konservativer als die Pharisäer. Vor allem bestritten sie das Recht, die biblischen Vorschriften in der Art zu interpretieren, wie es durch diese geschah, und lehnten daher die mündliche Lehre ab. Freilich hatten sie selbst ebenfalls mündliche Tradition, vor allem in Dingen des priesterlichen Tempelzeremoniells. Nach der Zerstörung des Tempels hinterließen sie keine Spuren als Partei oder Richtung im Judentum. Wir wissen von ihnen durch den Bericht bei Flavius Josephus und durch die Bewahrung vieler mit ihnen geführten Diskussionen, die in die Sammlungen der mündlichen Lehre aufgenommen wurden. Einige lebenserschwerende sadduzäische Bräuche und Einstellungen, vor allem bezüglich des Sabbat, wurden zu Leitbildern mehrerer jüdischer Bewegungen, die im Mittelalter gegen die rabbinische Mehrheit rebellierten.

In den beiden Jahrhundeten, die auf die Tätigkeit Hillels und Schammais folgten, tragen die großen Meister des jüdischen Volkes die Bezeichnungen *Tanna'iten* (Einzahl: *Tanna*) und »unsere Weisen«. So wenig an Einzelheiten über die Namen und den genauen Wirkungsbereich aus der Zeit bis zu den »Paaren« und ihren Schülern erhalten blieb, so viel ist aus dieser Zeit vorhanden. In den Schriften, die die tannaitische Literatur bilden, sind 128 der Meister genannt, die an den Akademien im Land Israel und im persischen Babylonien wirkten.

Bei den meisten läßt sich deutlich erkennen, in welcher Schultradition sie stehen. Das tannaitische Schrifttum besteht aus zwei großen Gruppen: Die eine behandelt die Dinge der Lebensordnung und der Jurispurdenz; dieser Bereich trägt die Bezeichnung *Halacha*. Die andere enthält Ethik, Predigt, Historisches und Erzählendes; dieser Bereich wird *Aggada* genannt. In manchen Schriften finden sich Halacha und Aggada dicht nebeneinander, in anderen wurden sie getrennt behandelt. Wie sehr sie jedoch immer als ein im Grunde untrennbares Gefüge verstanden wurden, zeigt die Wortgeschichte von Halacha. Es stammt von einem alten babylonischen (akkadischen) Namen für eine Bodensteuer, *ilku*, der sich im 5. Jahrhundert v.d.Z. in einem der aramäischen Briefe des Esra an den persischen König findet, in der Form *Halach*. In nichtjüdischen aramäischen Texten kommt es in der Form *Halacha* vor. Daraus entwickelte sich später im jüdischen Bereich die Bedeutung »festgesetzte Bestimmung«, »Regel«, »Ordnung«. Da diese Ordnungen das Leben des Juden in allen seinen Aspekten umfaßten, ging die ursprüngliche Bedeutung völlig verloren und man verstand es als »Lebenswandel«, von hebräisch *halach*, »gehen«. Daher stammt auch die gern zitierte englische Formulierung: *Judaism is a way of life*. Dieser Bedeutungswandel ist bereits ein Beispiel für das, was unter Aggada zu verstehen ist: ethische Lehre anhand eines erzählbaren Beispiels, vor allem anhand von Bibeltexten, die nach dem jeweiligen Stand der ethischen und sozialen Entwicklung interpretiert werden. Daher wurde Halacha in ihrer spezifischen Entwicklung oft Sache der Scharfsinnigen und Aggada die Belehrung des ganzen Volkes, was immer die intellektuellen Gaben der einzelnen seien. Außerdem bedeutet Aggada auch »Legende« oder »Erzählung«. Die Parallelform *Haggada* bezieht sich besonders auf die häusliche Liturgie der Osternacht, die *Haggada schel Pessach*. In eine etwas vergröbernde Formulierung gebracht, ist alles im rabbinischen Schrifttum Aggada, was nicht unmittelbar mit Dingen des Rechts zu tun hat. Beide Zweige der rabbinischen Literatur, Halacha und Aggada, formten die Lebensideale und das Weltbild der Juden. »Gelehrt« war, wer sich mit Halacha befaßte und sie wirklich verstand; »einfaches Volk« war in Mittelalter und Neuzeit, wer außer Bibel und Gebetbuch und dessen Kommentaren »nur« die aggadischen Schriften mehr oder weniger regelmäßig las oder sich vorlesen ließ. Ohne dieses war und ist es unmöglich, Jude zu sein. Deshalb gilt Ignoranz im Judentum als Gotteslästerung.

Dieses Weltbild liegt bereits den biblischen Schriften zugrunde, in denen es kein anderes Wort für Glauben gibt als »Gott vertrauen«, was wiederum bedeutet: Gott erkennen durch Gewissen, Gefühl, Verstand. Dieses Erkennen bedeutet gleichzeitig: Gott dienen. Das hat sich niemals geändert. Es gibt eine Fülle verschiedener Zugänge, so verschieden, wie die Möglichkeiten des menschlichen Denkens, Fühlens und Erkennens sind. *Man ist bewußt Jude, indem man in bestimmter Art handelt, weil man »erkennt« und nicht weil man »bekennt«, an was man »glaubt«.* »Höre, Israel« bedeutet nicht »hör zu, dann bist du Israel«, sondern »verstehe und verhalte dich dementsprechend, weil du Israel bist«. Darauf beruht die Dynamik des Judentums und seine Ablehnung jeder Dogmatik und jedes Katechismus. Daher bat Hillels Schüler Jochanan ben Sakkai Vespasian noch vor der Zerstörung Jerusalems: Gib mir die Akademie in Jawne. Denn nicht der Tempel und seine sadduzäischen Verwalter waren die Meister, die das Erbe jüdischen Lebens weiterreichen konnten, sondern es waren die pharisäischen Weisen, die Tannaiten. In Jawne lehrte Jochanan, daß die Tradition wichtiger ist als Tempelkult, daß sogar der Verlust des eigenen Staates durch die Tradition überbrückt werden kann. In einem Weinberg der Stadt Jawne bei Askalon wurde weitergeführt, was in Jerusalem nicht mehr erlaubt war. Hier und an den weiteren Akademien in der Saron-Ebene und in Galiläa entstanden die Aufzeichnungen und die im Gedächtnis der Schüler gespeicherten Wissensinhalte, die in späteren Jahrhunderten unter einer Reihe von Titeln niedergeschrieben wurden und zusammen das tannaitische Schrifttum bilden.

Vor allem wurden die Deutungen der biblischen Bücher nach den Regeln der Halacha und denen der Aggada als Midrasch-Halacha und Midrasch-Aggada gesammelt. Das eine bezog sich auf die erzählenden und dichterischen biblischen Bücher, das andere auf die Gesetze der Tora, die die Grundlage für die weitere Rechtsentwicklung bildeten. Ein Teil dieser Sammlungen blieb erhalten. Die wichtigsten sind: *Mechilta*, »Maß«, zum zweiten Buch der Tora, *Ssifra*, »das Buch«, zum dritten Buch der Tora, und *Ssifrej*, »Bücher«, zum vierten und fünften Buch. Den Namen *Tanna'iten* tragen die Meister nach ihrem Hauptwerk, der Mischna. Das ist die Sammlung von Modellsituationen aus dem weiterentwickelten jüdischen Recht, lose nach Sachfragen geordnet und nach den Traditionen der Lehrmeinungen, die durch vier Schüler des Rabbi Akiba weitergegeben wurden.

Da die hebräische und die aramäische Sprache nebeneinander und neben den weiteren Umgangssprachen Griechisch und Latein bestanden, heißt der Meister *Tanna* und seine Lehre *Mischna*: Das hebräische Verb *schana* entspricht dem aramäischen *tana*, »einprägen, wiederholen« und daher weiterhin »lehren«. Jedes einzelne Lehrstück ist eine Mischna, und die Sammlung aller bildet die Mischna. Jede Schule hatte ihre eigene schriftliche Sammlung, wie es spätestens durch Rabbi Akiba eingeführt worden war, um das gewaltige Material nicht ausschließlich auf mündliche Überlieferung zu stützen. Diese Sammlungen waren wie alle wichtigen Schriften auf Rollen verzeichnet. Vor allem sollte aber vermieden werden, daß eine Richtung sich die Alleinverwaltung der Lehrmeinung anmaßte. Brauch und logische Folgerung mußten verglichen werden, die Halacha im Sinne von Rechtsspruch in einem Modellfall mußte von Lehrern und Schülern in ständigem Wetteifer neu durchdacht und diskutiert werden, um die Fülle der organisch gewachsenen Formen und Vorstellungen in einen Rahmen zu fassen. Als Vorbild solcher »Meinungsverschiedenheiten um Gottes willen« galten Hillel und Schammai.

Aus dem angewachsenen Material wurde die verbindliche Mischna ausgewählt. Diese Sammlung und Redaktion des Lehrguts fand hauptsächlich während der langen Amtszeit des Patriarchen Juda statt, der hebräisch Jehuda Hanassi heißt. Wie sein Vater, Simon ben Gamliel II., war er durch die Römer anerkannt als Patriarch, das heißt Fürst der palästinischen Juden.

Die Amtszeit des Vaters hatte nach dem gescheiterten Bar-Kochba-Aufstand des Jahres 135 n.d.Z. eine neue Epoche der politischen Führung gebracht. Ohne die erhoffte Befreiung Jerusalems zu erreichen, hatte der Aufstand gegen Hadrian das Leben von zehntausenden junger Leute gekostet, die alle die Studenten des Rabbi Akiba und seiner neun Kollegen waren. Zum Gedenken an die damaligen Vorgänge wurde die Zeit von Ostern bis Pfingsten zur Trauerzeit erklärt. Als Gedenktag an einen Sieg am 33. Tag während dieser Zeit wurde dies sowohl der »Festtag der Schüler« wie der Tag, an dem möglichst viele Ehen geschlossen werden. Nicht nur die Schüler waren im Krieg gefallen: Der fünfundachtzigjährige Akiba und die anderen Tannaiten wurden hingerichtet. Sie sind »die zehn Erschlagenen der Regierung«.

Hadrian herrschte seit dem Jahr 117. Die Zeit bis zu seinem Tode (138) wurde Gegenstand vieler hebräischer Berichte über »Adrianus, den Bösewicht«. Anders sah es unter seinem Nachfolger aus, Antoninus Pius, »dem Frommen«. In dieser friedlichsten und fortschrittlichsten Zeit römischen Kaisertums konnte die jüdische Selbstverwaltung fast ungestört wirken. Diese Entwicklung hing unter anderem mit dem verstärkten Einfluß der griechischen Stoa in Rom zusammen. Die stoische Philosophie galt seit Jahrhunderten als die einzige Parallele zur jüdischen Weltauffassung. In vieler Hinsicht kann man zentrale Aussagen der Pharisäer und ihrer Nachfolger als Stoizismus bezeichnen. Sowohl Antoninus Pius wie sein Nachfolger Mark Aurel gehörten dieser Schule an. Nun begann auch die Sammelarbeit der Tannaiten unter den eigenen Fürsten. Die zentrale Institution war das Sanhedrin, Akademie und Gericht zugleich, in Beth-Schearim am Nordosthang des Karmel-Gebirges. Bis heute sind dort der große Sitzungssaal und die fürstlichen Katakomben zu sehen. Später wurde der Lehr- und Verwaltungsbetrieb weiter landeinwärts in die damalige Hauptstadt Galiläas, Zippori (Sepphoris) bei Nazareth, verlegt. Dem Tod des Antoninus im Jahre 161 folgte die Regierungszeit des Marcus Aurelius Antoninus.

Meister und Mischna

In Galiläa wirkte nun der Mann, der allen folgenden Generationen von Juden als »der Meister« schlechthin galt, Juda der Fürst, genannt Rabbi, oder *Rabbenu Hakadosch*, »unser heiliger Meister«. Im Jahre des Bar-Kochba-Aufstands geboren, lebte er bis um 220. Die Tradition berichtet von seinen Gesprächen mit Antoninus.[32] Sein Lebenswerk bezeugt, wie sehr er es verstand, in Parallele zur Entwicklung des römischen Rechts das jüdische Recht systematisch anzulegen. Dazu benutzte er die bereits durch Hillel eingeführte Aufteilung des Lehrguts in sechs Ordnungen oder Abteilungen. Viele aus den von ihm, seinen Mitarbeitern und Nachfolgern nicht aufgenommenen tannaitischen Ansichten und Diskussionen wurden nach einigen Jahrhunderten ebenfalls gesammelt; sie heißen *Tossefta*, »Zusatz«. Aus sachlichen Gründen folgt diese Sammlung der Einteilung der Mischna, was zur Legende der beinahe gleichzeitigen Abfassung führte.

»Sechs Ordnungen« heißt hebräisch *Schischa ssedarim*. Daraus entstand die abgekürzte Bezeichnung *Schass*. Die Mischna, der verbindliche Leitfaden des jüdischen Lebenswandels, enthält 63 Traktate, die in Kapitel und Abschnitte eingeteilt sind. Traktate und Kapitel werden nach Inhalt oder Anfangswort bezeichnet. Die sechs Ordnungen sind:

1. *Sera'im*, »Samen«, elf Traktate, davon zehn über landwirtschaftliche Bestimmungen;
2. *Mo'ed*, »Festzeiten«, zwölf Traktate über die gesetzliche Regelung der Feiertage;
3. *Naschim*, »Frauen«, sieben Traktate über Ehe, Scheidung und Gelübde;
4. *Nesikin*, »Sachschaden«, zehn Traktate des bürgerlichen und Kriminalrechts;

---

[32] Antoninus (138–161)

5. *Kodaschim*, »Heiliges«, elf Traktate über Tempelvorschriften und Verwandtes;
6. *Tohorot*, »Reinheit«, zwölf Traktate über rituelle und hygienische Verunreinigung und Neu-Reinigung.

Abgesehen von ihrer Bedeutung für die Einrichtungen des jüdischen Lebens bildet die Mischna bis heute die Grundlage eines gepflegten und präzisen hebräische Stils. Das mischnische Hebräisch oder Mittelhebräisch, das manchmal als Neuhebräisch bezeichnet wird, was jedoch zu Mißverständnissen Anlaß gibt, enthält ein Vielfaches der höchstens 7000 Vokabeln, die den Sprachschatz der hebräischen Bibel ausmachen. Nach seinen Tradenten heißt es »die Sprache der Weisen«. Da es nicht in einem abgekapselten Schattendasein entstand, sondern im regen Getriebe des Zweiten Staates, weist es in Satzbau und Stil ähnliche Entwicklungen auf, wie sie in anderen Sprachen zwischen dem alten und dem mittleren Sprachgut bestehen, z.B. zwischen Althochdeutsch und Mittelhochdeutsch. Als lebhafte Umgangssprache ohne klassizistische Bestrebungen scheute es sich nicht vor der Aufnahme vieler Lehnwörter, vor allem aus dem Griechischen, wie ja auch die Bibeltexte zahlreiche Lehn- und Fremdwörter aus dem Ägyptischen, dem Persischen und anderen Sprachen enthalten. Der Einfluß der aramäischen Schwestersprache ist unverkennbar. Durch die knappe Darstellung verschiedener Sachverhalte wurde die Mischna bestimmend für die Ausdrucksmöglichkeiten der hebräischen Sprache in den meisten Dingen eines normalen Lebens: Handwerk und Landwirtschaft, Küche und Rechtsverwaltung, Anatomie und Botanik. Theoretisch könnte man sagen, daß jemand, der durch Gebetbuch und Mischna in der Sprache der Weisen zu Hause ist, ohne die ältere Bibelsprache zu beherrschen, sich mit diesem Mittelhebräisch mühelos so ausdrücken kann, daß es wie besonders edles modernes Hebräisch klingt. Wer hingegen weder Gebetbuch noch Mischna sprachlich beherrscht und versucht, klassisches Bibelhebräisch zu sprechen, den wird man zwar ohne weiteres verstehen, aber seine Sprache als merkwürdig gekünstelt empfinden, und zwar im allgemeinen als »neunzehntes Jahrhundert«, in welchem die bisher letzte bibelpuristische Bewegung des hebräischen Literatenstils verbreitet war.

Bei dem Umfang der Mischna ist es klar, daß nicht jeder sich ausführlich mit ihr beschäftigt. Manche Traktate sind fast ausschließlich Sache des Halachisten, andere gehören zum jüdischen Grundschulstudium. Das betrifft vor allem die Traktate *Berachot* und *Awot*.

Der Traktat Berachot, »Segenssprüche«, wurde durch die Redaktion an den Anfang der gesamten Mischna gestellt, denn er handelt von den Gebetszeiten und Gebetsordnungen, die eines der konstituierenden Elemente des Judentums sind.

Die Sprüche der Väter

Awot oder *Pirkej Awot*, »Väter«, »Sprüche der Väter« ist das Handbuch der Ethik, dessen häufiges Studium seit dem 3. Jahrhundert Pflicht des einzelnen wie der Gemeinde ist. Es enthält die Lebensregeln aus fast sechs Jahrhunderten, von den »Männern der Großen Versammlung« bis zur Generation nach Juda dem Fürsten. Das erste der fünf Kapitel gibt die Folge der Traditionsträger von Mose bis Hillel, danach kommen die Sprüche in loser Folge. Das fünfte Kapitel bringt Zahlensprüche über die Welt und die menschliche Natur. In späterer Zeit wurde ein sechstes Kapitel angefügt: das Lob der Tora. Als eine der populärsten jüdischen Schriften wurden die 130 Lehrstücke der *Pirkej Awot* mit vielen Kommentaren versehen und oft in andere Sprachen übersetzt.

Eine Reihe von Aussprüchen der Weisen befasst sich mit dem Verhältnis des Menschen zu Gott, die meisten handeln von der Beziehung zwischen Schülern und Lehrern. Das Verhältnis zu materiellen Gütern wird dargestellt. Oft ist ein Ausspruch nicht nur ein kurzer Aphorismus, sondern es werden in der Art des aggadischen Midrasch Bibelverse als Beleg herangezogen. Als klassisches Werk der pharisäischen Tradition enthält es Aussprüche über die »kommende Welt« im Sinne des Schicksals der Seele nach dem Tode.

Es folgt eine Auswahl aus den Sprüchen:

Josseij ben Jo'eser aus Zereda sagt: *Dein Haus sei ein Versammlungshaus der Weisen, sitze im Staub ihrer Füße und trinke begierig ihre Worte.*

Jossej ben Jochanan aus Jerusalem sagt: *Dein Haus sei weit offen, und die Armen seien deine Hausgenosssen.*

Josua ben Perachja sagt: *Mach dir einen Meister. Erwirb dir einen Freund. Urteile mild über die Menschen.*

Hillel sagt: *Sei ein Schüler Aarons: Liebe den Frieden, jage ihm nach, liebe die Menschen, bringe sie der Tora nahe. Er sagt: Wenn ich nicht für mich bin, wer ist's? Wenn ich nur für mich bin, was bin ich? Wenn nicht jetzt, wann denn?*

Rabban Gamliel, der Sohn des Fürsten Juda, sagt: *Studium ist gut in Verbindung mit praktischem Tun, denn die Mühe um beides läßt Sünde vergessen. Jede Tora, die nicht mit Handwerk verbunden ist, vergeht und bringt Sünde. Wer für die Gemeinschaft wirkt, der tue es nur um Gottes Willen.*

Hillel sagt: *Sondere dich nicht von der Gemeinschaft ab. Sei nicht selbstsicher bis zum Tage deines Todes. Richte deinen Nächsten nicht, bis du in seiner Lage bist. Sage nicht, wenn ich Zeit habe, werde ich lernen – vielleicht wirst du keine Zeit haben. Wo keiner ein Mann ist, bemühe du dich, einer zu sein.*

Rabban Jochanan ben Sakkai sagt: *Hast du viel Tora gelernt, so halte es dir nicht zugute, denn dazu wurdest du erschaffen.*

Sein Schüler, Rabbi Elieser ben Hyrkanos, sagt: *Die Ehre deines Nächsten sei dir so lieb wie deine eigene. Sei nicht jähzornig. Tu Umkehr einen Tag vor deinem Tode.*

Sein anderer Schüler, Rabbi Simon ben Chananel, sagt: *Dein Gebet sei nicht stets gleich, sondern Bitte um Gottes Erbarmen und Gnade. Doch denke nicht schlecht von dir selbst.*

Rabbi Tarfon pflegte zu sagen: *Nicht an dir ist's, das Werk zu vollenden, nicht an dir, dich ihm zu entziehen.*

Rabbi Akiba sagt: *Alles ist vorausbestimmt, und die Willensfreiheit ist gegeben. In Milde wird die Welt gerichtet, jedoch entsprechend dem Tun.*

Rabbi Elasar ben Asarja sagt: *Der, dessen Weisheit größer ist als sein Tun, gleicht einem Baum mit viel Geäst und geringen Wurzeln. Kommt ein Sturm, so reißt er ihn aus und wirft ihn um. Aber der, dessen Taten mehr sind als seine Weisheit, gleicht einem Baum mit geringem Geäst und vielen Wurzeln: Alle Stürme der Welt können ihn nicht von der Stelle bewegen, wie geschrieben ist (Jeremia 17,8): Er ist wie ein Baum, am Wasser gepflanzt. Seine Wurzeln reichen in den Bach, er spürt nicht die Hitze, seine Blätter sind frisch, im Dürrejahr hat er keine Sorgen, stets trägt er Frucht.*

Ben Soma sagt: *Wer ist weise? Der von jedem Menschen lernt. Wer ist ein Held? Der seine Triebe zügelt. Wer ist reich? Der sich an seinem Besitz erfreut. Wer ist geehrt? Der die Menschen ehrt.*

Ben Asai sagt: *Verachte keinen Menschen, halte kein Ding gering, denn jeder Mensch hat seine Stunde und jedes Ding seinen Platz.*

Rabbi Elasar ben Schamua sagt: *Die Ehre deines Schülers sei dir lieb wie deine eigene, die Ehrfurcht vor deinem Meister sei wie die vor Gott.*

Rabbi Jakob sagt: *Diese Welt gleicht dem Vorraum vor der kommenden Welt, bereite dich im Vorraum vor, damit du in den Palast kommst. Er sagte: Eine Stunde der Umkehr und der guten Werke in dieser Welt ist besser als alles Leben in der kommenden Welt: jedoch eine Stunde der Freude in der kommenden Welt ist besser als alles Leben in dieser Welt.*

Rabbi Simon ben Elasar sagt: *Beschwichtige deinen Nächsten nicht in der Stunde seines Zorns. Tröste ihn nicht, wenn sein Toter vor ihm liegt. Bitte ihn um nichts während seines Gelübdes. Starre ihn nicht an, wenn er Unrecht tut.*

Rabbi Elasar, der Pechbrenner, sagt: *Neid, Begierde und Ehrsucht verkürzen das Leben. Er pflegte zu sagen: Ob du es willst oder nicht, wurdest du geschaffen und geboren, lebst du und stirbst du. Ob du es willst oder nicht, mußt du Rechenschaft ablegen vor dem König aller Könige, dem Heiligen, gelobt sei er.*

Von den Wundern, die unseren Vätern in Jerusalem geschahen: Gedrängt standen sie im Tempel, doch wenn sie sich niederwarfen, war reichlich Raum. Niemand kam durch Schlange oder Skorpion zu Schaden. Nie sagte jemand, ich habe keinen Platz zum Übernachten.

Sieben Dinge bezeichnen den Narren und sieben den Weisen. Der Weise spricht nicht vor dem, der ihm an Weisheit überlegen ist, er unterbricht nicht die Worte des anderen; er antwortet nicht überstürzt; er fragt zur Sache und antwortet sachlich; er nennt das Erste »das Erste« und das Letzte »das Letzte«; wovon er nichts hörte, sagt er, ich habe nicht davon gehört, und er gibt die Wahrheit zu. Der Narr verhält sich umgekehrt.

Die vier menschlichen Charaktere sind: »Mein ist mein, und dein ist dein«, das ist der Durchschnittsmensch, aber nach anderer Ansicht ist das die Art der Leute aus Sodom. »Mein ist dein, und dein ist mein«, das ist der Tölpel. »Meines und deines ist dein«, das ist der Fromme. »Deines und meines ist mein«, das ist der Bösewicht.

Liebe, die von etwas abhängig ist, vergeht wie ihr Anlaß, aber unabhängige Liebe vergeht niemals. Die erste ist wie die Liebe des Amnon zu Tamar, die zweite wie Davids Liebe zu Jonathan.

Juda ben Tema sagt: *Sei stark wie der Panther und leicht wie der Adler, flink wie der Hirsch und mutig wie der Löwe, um den Willen deines Vaters im Himmel zu tun.*

Er pflegte zu sagen: *Mit fünf Jahren zur Bibel, mit zehn zur Mischna, mit dreizehn zur Erfüllung der Gebote, mit fünfzehn zum Talmud, mit achtzehn zur Trauung, mit zwanzig zum Broterwerb, mit dreißig zur Stärke, mit vierzig zur Weisheit, mit fünfzig zum Ratschlag, mit sechzig weißes Haar, mit siebzig zum Alter, mit achtzig noch Held, mit neunzig zur Grube, mit hundert – als lebte er nicht mehr.*

Wer von seinem Nächsten ein Kapitel lernt, einen Rechtsspruch, einen Vers, einen Ausdruck, ja sogar einen einzigen Buchstaben – der ist verpflichtet, ihn zu ehren.

Größer als Regieren und als Priestertum ist die Tora, und so wird sie erworben: durch Hören und Reden, Einsicht und Verstehen, Furcht und Ehrerbietung, Demut, Freude, im Dienst vor den Weisen und in Freundesliebe, in Debatte mit Schülern über Bibel und Mischna, durch Einschränken von Handel, Ehelust und Vergnügungen; mit wenig Schlaf und wenig Zeitvertreib, mit Geduld und Herzensgüte, im Vertrauen auf die Weisen, im Ertragen von Leiden. Es erwirbt sie, wer seinen Platz kennt und dem das Seine genügt, der seine Worte genau wählt und sich nichts zugute hält. Er ist geliebt und liebt Gott und die Menschen, liebt Wohltun, Rechtschaffenheit und Rechtweisung. Er entfernt sich von Ehrsucht und Ruhmsucht und drängt sich nicht zum Lehramt. Er trägt an der Last seines Nächsten mit, richtet milde, berichtigt Irrtümer und bemüht sich um Frieden. Und so lernt er: fragt und antwortet, hört und ergänzt. Er lernt, um zu lehren, und lernt, um zu tun. Er bringt seinem Meister weitere Weisheit und wendet sein Wissen behutsam an und zitiert im Namen dessen, von dem er etwas hörte. Wie du ja weißt: Wer einen Ausspruch im Namen des Sagenden wiedergibt, bringt Erlösung in die Welt.

Diskussion als Tradition

Seit dem 3. Jahrhundert n.d.Z. bildeten die Traktate der Mischna den Ausgangspunkt für die Diskussionen an den galiläischen und babylonischen Akademien. Jede Akademie hatte einen Verwalter der Mischna, der ebenfalls *Tanna* genannt wurde, wie die Lehrer, deren Meinungen er vortrug. Die anschließende Diskussion heißt *Gemara*, »Weiterführung«. Sie enthält die Meinungen der Gelehrten durch Jahrhunderte. Nach der assoziativen Methode der jüdischen Weisen werden die Dinge nicht in strengem Schema abgehandelt; ein Punkt führt zum anderen, und dadurch blieb vieles erhalten, was nicht direkt zum Thema gehörte. Die Redaktoren brachten zu jeder Mischna die interessantesten Beiträge der verschiedenen Schulen. Die Lehrer der Gemara heißen *Amoräer*, Einzahl *Amora* – »die Sagenden«. Mehr als dreitausend werden in den verschiedenen Traktaten und anderen Sammlungen mit Namen erwähnt. Die Redaktoren des Babylonischen Talmud im 6. und 7. Jahrhundert sind die *Saworäer*, Einzahl *Sawora* – »die Sinnenden«. Das Studium der Gemara ist stets mit einer eingehenden Beschäftigung mit den Methoden der widerstreitenden Schulen verbunden, ohne die ein solcher Text nicht erfaßt werden kann. Dieses Studium heißt *Talmud*, von *lamad*, »lernen«, und das ist auch die üblichste Sammelbezeichnung für Mischna und Gemara.

Der Lehrer war im Judentum immer wichtiger als die endgültige Formulierung einer »verbindlichen Lehrmeinung«.

Daher ist es sicher kein Zufall, daß seit sehr alter Zeit meist von zwei Lehrern die Rede ist: ganz verschiedene Persönlichkeiten, um die sich die Schüler drängen, die ihren Debatten lauschen, sich an ihren Wortkämpfen beteiligen, um später selbst Meister zu werden. Alte biblische Vorbilder sind Mose, der Strenge, Gewalttätige, dabei aber der große Fürbitter, und sein Bruder Aaron, »der Frieden liebte und dem Frieden nachjagte«, der Priester und »Moses Mund«. Spätere Vorbilder sind die berühmten »Fünf Paare« bis zu Hillel und Schammai. Rabbi Akiba und Rabbi Ismael, der eine Mystiker und Politiker, der andere Rationalist, führten die mündliche Lehre in ihren Debatten weiter.

Babylonische Tannaiten und später Amoräer kamen an die galiläischen Akademien nach Beth-Schearim, Zippori und Tiberias, lehrten hier und wanderten wieder in das Zweistromland. Der bedeutendste unter diesen war Abba Aricha, ein Schüler des Patriarchen Juda. Als *Raw*, »Meister«, der keinen Privatnamen mehr zur Kennzeichnung brauchte, kehrte er nach vielen Jahren in seine Heimat zurück. Die alte Akademie in der Stadt Nehardea am Euphrat, wo auch der Sitz der Exilarchen und damit das politische Zentrum der orientalischen Juden war, stand unter der Leitung seines Freundes Schemuel (Samuel). Also gründete Raw im Jahre 220 eine neue Akademie, Ssura. Sie bestand 800 Jahre. Die Diskussionen zwischen Raw und Schemuel legten den Grund für das, was später als Babylonischer Talmud bekannt wurde. Schemuel, der Jüngere der beiden, wurde die Autorität aller folgenden Generationen in Entscheidungen des Zivilrechts. Von ihm stammt das für alle Juden geltende Gesetz: *»Das landesübliche Recht verpflichtet die ansässigen Juden.«*[33] Sein Gegenspieler Raw wurde die Autorität des Ritualgesetzes. Als bedeutendem Prediger und Verfasser von Gebeten wird ihm die Anordnung der Liturgie zugeschrieben.

---

[33] Babylonischer Talmud, Gittin 10b

259 wurde die Stadt Nehardes zerstört. Im Jahr darauf wurde durch Schemuels Nachfolger die Akademie Pumbedita eröffnet, die mit Unterbrechungen ebenfalls bis zum 11. Jahrhundert bestand. Zu Beginn des 4. Jahrhunderts wurde Abbaje der Rektor von Pumbedita. Nun begann zwischen ihm und seinem Freund und Studienkollegen Rawa, dem Rektor von Ssura, jenes Feuerwerk subtiler Debatten, das sich auf fast jeder Seite der Talmudtraktate findet und dessen Nachvollziehen einen der intellektuellen Reize des Talmudstudiums bildet. All das wurde verzeichnet, obwohl Abbaje fast niemals »Recht behält«, nur sechsmal im ganzen Talmud wird nach seiner Meinung entschieden. Er wurde zum Vorbild unzähliger jüdischer Gelehrter: Um am Tag unterrichten zu können, ging er nachts seinem Broterwerb nach: Er war Bauer und bestellte nachts seine Felder. Die Landwirtschaft war ein solch wichtiger Berufszweig der babylonischen Juden, daß die halbjährlichen offenen Seminare so gelegt wurden, daß Handwerker und Bauern sich für sie freimachen konnten. Diese Einrichtung bestand bis an das Ende der gaonäischen Epoche und wurde nach dem Zweiten Weltkrieg im Staat Israel erneuert.

Trotz der Schwierigkeiten, die mit dem Lesen des Talmudtextes verknüpft sind, soll wenigstens ein kurzes Beispiel angeführt werden. Zum Verständnis notwendige Erläuterungen und Ergänzungen stehen in Klammern. Es sind zwei aufeinanderfolgende Mischna-Stücke und eine Auswahl aus der Diskussion darüber im Babylonischen Talmud, im Traktat *Bawa Mezi'a*, »Mittleres Tor« (Blatt 26b ff.) in der Ordnung Nesikin; sie stehen in einer Reihe von Fällen über Funde, Finder und Beschreibung des Gegenstands durch den wirklichen oder angeblichen Verlierer.

Mischna. *Wer von seinem Nächsten Obst erwirbt oder zugestellt bekommt und darin (lose) Münzen findet, hat Anrecht auf sie. Sind sie in einem Beutel, so nimmt er ihn und ruft ihn aus.*

Gemara. Resch Lakisch (einer der Grundleger des Jerusalemer Talmud, Rektor der Akademie von Tiberias im 3. Jahrhundert n.d.Z.; in seiner Jugend war er professioneller Ringkämpfer) sagt im Namen des Rabbi Jannai: *Diese Mischna bezieht sich nur auf Kauf vom Händler. Wer vom Gutsherrn kauft, muß ihm die Münzen zurückgeben.*

Dagegen lautet der Einwand des Raw Nachman (ein babylonischer Amoräer des 4. Jahrhunderts): *Hat denn der Gutsherr selbst geerntet* (oder nicht vielmehr seine Arbeiter, und wie weiß man, wem die Münzen gehören)?

(Auf diesen Einwand hin fragt der »Tanna« der Akademie:) *Soll ich weglassen* (»muß ihm die Münzen zurückgeben«)?

Nein! sagt er (der Meister), *sondern erkläre* (wörtlich: übersetze) *es im Zusammenhang »Ernte durch seine kanaanäischen Knechte und Mägde.«*

Rawa (der große Meister der Ethik im 4. Jahrhundert und die bestimmende Persönlichkeit des Babylonischen Talmud) wurde gefragt: *Ist es Verordnung der Tora oder unserer Meister, daß Kennzeichen erbracht werden müssen?* Er erwiderte: *Nehmen wir an, es sei keine Vorschrift der Tora; weshalb sollten dann Funde aufgrund von Kennzeichen zurückgegeben werden* (anstatt sich diese Mühe zu ersparen)? – *In der Tora heißt es* (im Gebot über Funde, 5. Mose 22,1-3): *»Du sollst nicht den Ochsen deines Bruders oder sein Lamm sehen, die sich verliefen, und dich ihnen entziehen: sondern du mußt sie ihm zurückgeben. Wenn aber dein Bruder nicht nahe bei dir ist, oder du kennst ihn nicht, dann hole es in dein Haus hinein, und es bleibe bei dir bis zum Forschen deines Bruders danach. Dann gib es ihm zurück. Ebenso tue mit seinem Esel, ebenso tue mit seinem Gewand, ebenso tue mit jedem Verlust deines Bruders, der ihm verloren geht und den du findest – du darfst dich ihnen nicht entziehen.« Würden wir denn annehmen, daß er es zurückgeben könnte, ehe jener ihm nachforscht? Sondern es ist* (mit dieser Formulierung der biblischen Vorschrift) *gemeint: bis zum Erforschen* (»deines Bruders«, als Objekt des Satzes danach), *ob er ein Betrüger ist oder nicht. Wie aber könnte das anders geschehen als durch* (die Angabe von) *Kennzeichen für seinen Verlust? Also ziehe den Schluß daraus.*

Mischna. *Wie lange muß er ausrufen?* Rabbi Me'ir (2. Jahrhundert, Schüler des Rabbi Akiba und der wichtigste Übermittler von dessen Mischna) sagt: *Bis die Nachbarn es wissen.* Rabbi Jehuda (Rabbi Me'irs Kollege und Gegenspieler, Gründer der Akademie von Uscha in Galiläa) sagt: *Während der drei folgenden Wallfahrtsfeste und dazu eine weitere Woche – drei Tage für die Heimreise* (des Pilgers aus Jerusalem nach Babylonien), *drei Tage für die Rückreise* (nachdem er den Verlust bemerkte) *und einen Tag für das Ausrufen.*

Gemara. *Eine Lehre der Tannaiten lautet: »die Nachbarn« bedeutet »die Nachbarn des verlorenen Gegenstands«. Aber wer sind sie? Doch nicht die Nachbarn des Verlierers? Denn hätte er ihn dort verloren, so wäre es ja leicht zu beheben! Sondern: die Nachbarn des Fundorts.*

Zu den Worten Rabbi Jehudas (ist zu bemerken, daß im Gegensatz zu dieser Ansicht) Rabbi Jehoschua (der führende Amoräer des 3. Jahrhunderts im Land Israel, Rektor der Akademie von Lydda, dessen Ansichten meist verbindlich sind) sagt: *Fünfzehn Tage nach dem Laubhüttenfest, bis der Letzte aus dem Land Israel an den Euphrat zurückgekommen ist.*

Rabbi Josef erklärt: *Darin liegt kein Widerspruch. Das eine war Brauch im Ersten Tempel und das andere im Zweiten Tempel, als Israel nicht so zahlreich war wie zuvor und* (wegen der weniger überfüllten Straßen) *drei Tage für den Weg ausreichten.*

Abbaje (der Rektor der Akademie von Pumbedita im 4. Jahrhundert, Rawas großer Diskussionspartner) wandte dagegen ein: *Es verhält sich genau umgekehrt! Denn zur Zeit des Ersten Tempels, als Israel zahlreich war wie der Sand am Meer, gab es tags und nachts Karawanen. Daher dauerte die Reise nur drei Tage. Hingegen waren ihrer zur Zeit des Zweiten Tempels viel weniger, so daß nicht so viele Karawanen erforderlich waren. Daher dauerte die Reise fünfzehn Tage.*

Rawa (ungeduldig über die aggadischen Ausführungen) sagte: *Es spielt überhaupt keine Rolle, ob* (in diesen Überlieferungen) *der Erste oder der Zweite Tempel* (gemeint ist)*! Unsere Meister belästigten die Leute nicht übermäßig wegen* *eines Verlustes. Unsere Meister lehrten: Ursprünglich war der Brauch so – wer einen verlorenen Gegenstand fand, rief ihn während dreier Wallfahrtsfeste aus und zusätzliche sieben Tage nach dem letzten Fest* (damit der Verlierer Zeit habe) *für drei Tage Heimreise, drei Tage Rückreise* (nach Jerusalem, zur Suche) *und einen Tag zum Ausrufen. Nach der Zerstörung des Tempels – möge er bald, in unseren Tagen, wieder erbaut werden! – war die Bestimmung, in den Synagogen und Lehrhäusern auszurufen. Seitdem die Gewalttätigen zur Übermacht wurden, ist die Bestimmung, daß der Finder lediglich seinen Nachbarn und Bekannten davon Mitteilung macht.*

Was bedeutet das: »Seitdem die Gewalttätigen zur Übermacht wurden«? Das sind die, die alle Funde für den König beanspruchen.

Raw Ammi (Rektor der Akademie von Tiberias im 4. Jahrhundert) *fand ein Gefäß mit Münzen. Ein Römer bemerkte, wie es ihn beunruhigte* (er war verpflichtet, sich dem Fund nicht zu entziehen!) *und sagte zu ihm: Das kannst du behalten, wir sind doch keine Perser, die den Fund für den König fordern!*

Unsere Meister lehrten: In Jerusalem gab es den »Stein der Verhandlung«. Dorthin wandte sich jeder, der etwas verloren hatte. Einer stand und rief aus, ein anderer stand und gab Kennzeichen an. Das ist der Stein, von dem wir gelernt haben: »geht hin und seht, ob der Verhandlungsstein erweicht ist!« (Aus einer Sammlung von Geschichten im Traktat Ta'anit über das hilfreiche Gebet eines gottgeliebten Meisters aus der Tempelzeit; das Zitat reicht als Hinweis auf die politische Not unter Römern und Persern).

Das Lernen

Wenn von der Bibel gesagt wird, daß sie nicht ein Buch, sondern eine Bibliothek sei, so gilt das noch viel mehr vom Talmud; er wird gern als ein unendliches Meer bezeichnet. Zu seinem Studium gehört außer Scharfsinn die Kenntnis der aramäischen Sprache, genauer gesagt, zweier aus der Vielfalt der aramäischen Sprachen. Der um 400 n.d.Z. abgebrochene Jerusalemer Talmud ist in einem westlichen Mittelaramäisch verfaßt und der Babylonische Talmud in einem östlichen Mittelaramäisch. Vor jedem Gemarastück befindet sich die Mischna, die in ihm zur Debatte steht.

Als »der Talmud« schlechthin wird der Babylonische Talmud bezeichnet. Mit zweieinhalb Millionen Worten in 36 Traktaten ist er fast viermal so umfangreich wie der Jerusalemer, der 39 Traktate enthält. Dennoch ist auch dieser unumgänglich für ein vollständiges Talmudstudium.

In den Gedächtnissen der Meister und in Niederschriften wurden die Mischna und die Gemara in jede jüdische Ansiedlung getragen. Von den Akademien der östlichen Zentren gelangte er nach Nordafrika, Spanien, Italien und in das Rheinland. Die äußerst knappe Sprache machte jedoch zusätzlich zu den Erläuterungen der babylonischen Redaktoren einen Kommentar notwendig, besonders für die kulturell rückständigen Gemeinden im christlichen Europa. Diesen verfaßte im 11. Jahrhundert der Meister, der auch den volkstümlichsten jüdischen Kommentar zur Bibel schuf: *Raschi*. Ohne ihn hätte dieses Studium nicht zur Sache des ganzen Volkes werden können.

Raschi – so heißt in abgekürzter Form *Rabbi Schlomo Jizchaki* (Salomo, der Sohn des Isaak) aus Troyes unweit von Paris. Er lebte 1040–1105. Nach Beendigung seines Studiums in Worms gründete er seine eigene Akademie. Sie bedeutete für die jüdische Gelehrsamkeit dasselbe wie für die christliche die benachbarte Sorbonne, die 200 Jahre später gegründet wurde. Durch Raschi und seine Schule wurde Frankreich zum Mittelpunkt der biblischen und talmudischen Gelehrsamkeit.

Sein Bibelkommentar wurde als eines der ersten hebräischen Bücher 1475 gedruckt. Mittels der lateinischen Übersetzung, die Nikolaus von Lyra im 13. Jahrhundert anfertigte, konnte auch Martin Luther ihn für seine deutsche Bibelübersetzung einsehen.

Den Talmud-Kommentar ergänzte Raschis Enkelsohn, Schemuel (Samuel) ben Me'ir, besser bekannt als *Raschbam*

(1080–nach 1158), der außerdem einen weiteren, besonders in sprachlicher Hinsicht sehr sorgfältigen Bibelkommentar verfaßte. Zusammen mit seinem Bruder Jakob ben Me'ir (1100–1171), genannt *Rabbenu Tam*, »unser vollkommener Meister«, wirkte Raschbam im Juristenkreis der *Tossafisten*, »Erweiterer«, die bis in das 14. Jahrhundert in Frankreich und Deutschland tätig waren. Über 300 Meister dieser Schule sind mit Namen bekannt. Ihre Glossen zum Talmud befinden sich in den Standardausgaben. Zu den bedeutendsten gehörten Jechiel aus Paris und Me'ir aus Rothenburg. Die Schriften dieser großen Juristenschule bilden ein eigenes Gebiet in der Erforschung des jüdischen Rechts. Die hebräische Dichtung verdankt Raschi und seiner Schule Lehrgedichte und historische Klagelieder. Wie die Dichtungen der hebräischen Mystiker im Rheinland weisen auch bei ihnen Form und Metrik auf eine enge Beziehung zur altfranzösischen Dichtung hin. In diesen Kreisen wurde die hebräische Liturgie in das Altfranzösiche übersetzt, einiges daraus hat sich durch Zufall erhalten. Zudem sind Raschis Schriften eine der wichtigsten Quellen zur Kenntnis des Altfranzösischen: Die beiden großen Kommentare enthalten etwa zehntausend Ausdrücke in dieser Sprache, mittels derer er seinen Zeitgenossen schwierige hebräische und aramäische Wörter in ihrer Umgangssprache erläuterte.

Aber wenn Raschi als unumgänglicher Lehrer Europas für das Verständnis der hebräischen Bibel gebraucht wurde, heißt das keineswegs, daß damit ein positives Verhältnis zur jüdischen Geisteswelt verbunden war. Trotz dieser jahrhundertelangen Beschäftigung, trotz des großen akademischen Betriebs in vielen Ländern blieb von jedem der beiden Talmude nur je eine vollständige Handschrift erhalten, die eine in München und die andere in Leyden. Denn mehr als einmal wurden die Manuskripte in Wagenladungen durch die kirchlichen Behörden eingesammelt und öffentlich verbrannt.

Und nicht nur die Handschriften: Auch mit den Drucken ging es mehrfach so. Beide Talmude erschienen zuerst 1520/23 in Venedig bei Daniel Bomberg, dem Drucker der berühmten hebräischen Bibel, welche die Grundlage aller heutigen Bibeltexte ist. Aber im Gegensatz zur Bibel, die gleichzeitig als »Altes Testament« drei Viertel der christlichen Bibel darstellt, war der Talmud unerwünscht, war er doch eine intern jüdische und durch ihren Umfang so unüberschaubare Sache. Zensoren wurden beauftragt, alles mit schwarzer Tinte zu überdecken, was ihnen als »Beleidigung« der christlichen Vergangenheit oder Gegenwart erschien. Berichte aus dem 17. Jahrhundert machen klar, daß die italienischen Rabbiner keine vollständigen Talmudausgaben besaßen. Jahrelang wurde der Versuch gemacht, durch Subskription einen Druck in der Türkei zu finanzieren. Es gibt wohl kaum ein anderes Handbuch oder klassisches Werk der westlichen Kulturen, dessen Drucklegung so schwierig und daher auch kostspielig ist wie die des Talmud. Daher kam jene lang erhoffte türkische Ausgabe nicht zustande.

In der langen Geschichte hat sich erwiesen, daß die Talmud betreibenden Gemeinden die einzigen waren, die ein lebendiges Judentum weiterentwickeln konnten. Wo aus irgendeinem Grunde diese spezifisch jüdische Art des Studiums ganz wegfiel, verkümmerten die Gemeinden oder gingen in der Umwelt unter. Daher gehörte die Förderung gerade dieses Studiums zur Selbsterhaltung des Volkes ebenso wie Gemeindegebet und Tora-Lesung. In der Gegenwart hat es wieder einen großen Aufschwung genommen.

Die Beschäftigung mit dem Talmud hat viele Aspekte. Geschichtsforschung und Sprachlehre benutzen diese Quelle. Durch die Verflechtungen mit zeitgenössischen römischen und persischen Institutionen läßt sich hier mancherlei lernen. Viele neue Orte im Staat Israel heißen nach den Hunderten jüdischer Dörfer und Städte, die sich in talmudischer Zeit dort befanden. Moderne orthodoxe Dörfer in Israel können ihre Landwirtschaft im Geist der alten Bestimmungen führen. In einer längst vergangenen Ära hatten die Propheten die Grundeinstellung ihres Volkes geprägt: das Tun um Gottes willen. Was Juden unter diesem Willen verstehen, lernte jede Generation aus der Tora, den Propheten und den Weisen. Bei allen Unterschieden der einzelnen Auffassungen war immer eines klar, daß Tun und Lernen Hand in Hand gehen und daß sie nicht von Zeitumständen abhängig sind. Ein Schüler oder Meister im Mittelalter oder im 19. Jahrhundert fragte nicht, weshalb er sich eingehend mit den Diskussionen über die Anwendung der biblischen Landwirtschaftsgesetze beschäftigen solle, die nur für das Land Israel Geltung haben und von ihm selbst nicht »getan« werden konnten, wenn er in einem anderen Land lebte. Als Glied der Gemeinschaft Israel spielte es für ihn keine Rolle, in welcher Zeit die Diskussion geführt wurde und wann sie wieder direkt zum Tun führen könne. Er wußte nur eines: Wenn er seinen Teil tut, dann kann die Welt des Juden in ihrer Ordnung bestehen bleiben. Er bemühte sich auch, die Freude des Tuns zu erlangen. Daher hielt jede Ansiedlung im Land Israel Kontakt mit diesen »Stubengelehrten«, denn jeder Mensch hat seine Stunde.

Der modernen hebräischen Sprache steht der Reichtum des nahe verwandten talmudischen Sprachguts zur Verfügung. »Schule« zum Beispiel heißt aramäisch *ulpana*, von *alef*, »belehren«. Die hebraisierte Form *ulpan* bedeutet heute »Studio«, etwa im Rundfunk, und in spezifischem Sinn: Schnellkurs für Hebräisch.

Im Grunde hat der Talmud nur sekundär mit »Recht« und »Gesetzen« zu tun. Ein Drittel des gesamten Babylonischen Talmud ist überhaupt nicht der Rechtsdiskussion gewidmet, sondern enthält Gespräche über nichtjuristische Dinge: Predigten, Legenden, Anekdoten und sogar Narrenschwänke. Die Beschäftigung mit ihm ist eine spezifische Form des intellektuellen Spieltriebs, die zur schnellen Reaktionsmöglichkeit führt, zur Kombinationsgabe, zum abstrakten Denken anhand konkreter Tatsachen.

»Mündliche Lehre« ist nicht nur Pflichtfach an allen Schulen in Israel und den jüdischen Schulen in vielen Ländern, sondern vor allem ist sie für zahlreiche Menschen ebenso wie das Bibelstudium eine gesellige Freizeitbeschäftigung wie anderswo Kegeln oder Biertrinken. Oft sind es die gleichen Jugendlichen und Erwachsenen, die sich in ihrer Zeitung sowohl über Sportereignisse informieren, an denen sie Anteil nehmen, wie auch über das Studienpensum der jüdischen Tradition, das niemals die Sache einer exklusiven Fachmannschaft werden kann und soll. Für diese Interessenten bringen in Israel Rundfunk, Synagogen und Klubhäuser regelmäßig historische und theologische Vorträge. Daher nimmt es nicht Wunder, daß in einer hebräischen Tageszeitung gleich neben dem Wetterbericht, genauer gesagt, noch vor ihm, täglich eine entsprechende Rubrik zu finden ist:

> *Sonnenaufgang 5.18, Untergang 17.58. Wochenabschnitt »Richter« (d.i. 5. Buch Mose, Kap. 16,8–21,9). Bibelkapitel für den Tag: Daniel 3–4. Das heutige Mischna-Pensum: Traktat Makkot (»Geißelungen«), Kap. 1, Abschnitte 4–5. Heutige Gemara: Traktat Temura (»Auswechseln von Opfertieren«), Blatt 25. Die Halacha für heute: Schulchan Aruch, Volksausgabe, S. 183, Abschnitte 3–7.*[34]

Auch Pensionierte und Rentner behandeln häufig in Studienkreisen eines oder mehrere dieser täglichen Pensen. Viele von ihnen treffen sich am Spätnachmittag in ihrer gemeinsamen Betstube, um in kleinen Gruppen an diesen objektiven Dingen zu arbeiten, die einen willkommenen Wettbewerb für Gedächtnis und Nachdenken bieten. Heute wie vor Jahrhunderten ist das Lernen als Volkssport eine der Ursachen dafür, daß es bei Juden Trunksucht oder Gewalttätigkeit selten gab. Vieles an unerreichtem Ehrgeiz kann auf diese Weise sublimiert werden, denn im jüdischen Lernen gibt es kein Ansehen der Person oder des Ranges.

An den großen Urlauberseminaren an der Jeschiwa, der Talmudhochschule des Rabbi von Poniwesz, jetzt bei Tel-Aviv, nehmen Studenten teil, ergraute Arbeiter, Volksschullehrer, Offiziere. Am Kurs für die israelischen Parlamentsabgeordneten beteiligen sich linkssozialistische weibliche Mitglie-

---

[34] Fünfter Tag, 2 Elul 5725, (7. September 1967)

der des Hauses neben bärtigen Rabbinern. Eine wöchentliche Stunde fand im Haus des Staatspräsidenten statt. Die Teilnehmer sind ebenso bunt gemischt wie bei den anderen genannten Veranstaltungen. Neben den traditionellen Talmud-Akademien, die es in vielen Ländern als Institution der Orthodoxie gibt, entstand in den letzten Jahren in Israel der Typ des Talmud-Gymnasiums. Tausende von Oberschülern aus nicht-orthodoxen Familien wählen diesen Schultyp, um wenigstens einige Jahre lang im faszinierenden »Meer des Talmud« zu schwimmen. Auf diese Weise verbindet »das Lernen« die Gemeinschaft Israels in vielen Ländern der Welt.

Die Lebensordnungen

Als im Mittelalter Mischna und Gemara die verpflichtende Grundlage des Judentums darstellten, wurde es notwendig, das ungeheure Material der Halacha in Nachschlagewerken zusammenzufassen. Das geschah zuerst an den baylonischen Akademien durch die Gaone. Es gab sowohl Register der Parallelstellen wie Zusammenstellungen der Diskussionsergebnisse, entweder in der Reihenfolge der Traktate als Leitfaden zum Studium oder in thematischer Anordnung für die ethische und juristische Unterweisung und die Weiterentwicklung des Rechts. Daher nennt man diese Tätigkeit die *Kodifizierung* des jüdischen Rechts. Es liegt in der Natur der Sache, daß es dabei um alle Lebensbereiche geht. Der Ausdruck »Kodifikatoren«, Verfasser von Gesetzbüchern, kann allerdings wiederum zu ungenauen Vorstellungen führen. In der hebräischen Sprache heißen die rabbinischen Autoritäten *Poskim*, »Dezisoren, Entscheider«, denn vor allem ermitteln sie den *Psak*, d.i. die Entscheidung, welche halachische Bestimmung für einen aktuellen Fall des jüdischen Lebens anzuwenden sei. Sie werden in vier Epochen eingeteilt: *Kadmonim*, »die Frühesten«, vom 7. bis 10. Jahrhundert, *Rischonim*, »die Ersten«, vom 10. bis 15. Jahrhundert, *Acharonim*, »die Letzten«, vom 16. bis 18. Jahrhundert, und *Achronej Acharonim*, »die Spätesten«, bis zur Gegenwart.

Das früheste Werk dieser Art, von dem Bruchstücke erhalten geblieben sind, verfaßte im 8. Jahrhundert einer der Rektoren der Akademie von Ssura, Jehudai. Sehr schnell wurde es als wichtiges Hilfsmittel in vielen Ländern verbreitet. Ein Werk aus dem 9. Jahrhundert, »Die Großen Halachot«, befaßt sich als erstes mit der Frage, wie denn eigentlich die biblischen Vorschriften zu »numerieren« seien. In der rabbinischen Tradition spricht man nämlich von 613 (»Tarjag«) Vorschriften: 248 des Tuns und 365 des Unterlassens, nach der Anzahl der Knochen und Muskeln des menschlichen Körpers, die der antiken jüdischen Anatomie bekannt waren. Die rabbinischen Ethiker oder Aggadisten schufen auf diese Weise einen Zusammenhang zwischen dem Sein und dem Handeln des Menschen. Psalmenverse wie *»Alle meine Knochen loben den Herrn und alles, was in mir ist, seinen heiligen Namen«*[35] bedeuten nun: Das Leben im Sinne der biblischen Vorschriften stellt das Gotteslob dar, das der Mensch mit seiner untrennbaren physischen und psychischen Existenz vollbringt und nicht durch »gute Absichten« in der Form einer theoretischen Anerkennung von Worten. Für den Halachisten, der als verantwortlicher Lehrer und Richter für Leitfäden zu sorgen hatte, stellt sich jedoch die Frage: Wie lassen sich diese Vorschriften aus der Tora aufzählen? Nach alter Auffassung stellen sie samt und sonders Einzelfälle zu den Zehn Geboten dar. Deshalb wurden Listen angelegt, die diese biblischen Vorschriften aufzählten und erläuterten.

Die Halachot-Sammlungen der Gaonen von Ssura folgten aus praktischen Gründen meist der Ordnung der talmudischen Traktate. In Pumbedita entstand im 8. Jahrhundert eine andere weit verbreitete Sammlung, welche in der Reihenfolge der biblischen Wochenabschnitte – und damit natürlich auch in der Folge der 613 Vorschriften – die Bestimmungen aus Mischna, Talmud und weiterem Akademiematerial zusammenstellt. Diese Sammlung war vor allem für die wöchentliche Gemeindebelehrung gedacht.

---

[35] Psalm 35, 10

In Sammlung wie in Rechtsspruch berücksichtigten die babylonischen Akademien vor allem ihren lokalen Talmud. Für die praktischen Richtlinien wurden nur die Dinge der tatsächlichen Vorkommnisse abgehandelt, so daß z.B. die Entscheide bezüglich des Jerusalemer Tempels keine Aufnahme fanden. An den Akademien der Mittelmeerländer wurde hingegen der Jerusalemer Talmud ebenso eifrig gepflegt wie der Babylonische, und daher war man dort nicht mit der Methode der Gaonen einverstanden, was bis zur Anzweiflung ihrer Autorität führte. Die Gaonen konnten nicht einfach auf ihre angestammte Position pochen, sondern mußten auch den historischen Beweis für ihre Rechtfertigung erbringen. Unter Heranziehung der akademischen Archive versuchten sie, eine möglichst lükkenlose Kette der Überlieferungsgeschichte von einer Generation zur nächsten zu verfertigen. Das geschah vor allem auf die Herausforderung der Akademie von Kairuan in Tunis hin, die seit dem 9. Jahrhundert eines der bedeutendsten westlichen Zentren war. Hier wirkte am Ende des 10. Jahrhunderts Rabbi Chuschiel ben Elchanan aus Italien. Sein Sohn und Nachfolger Chananel verfaßte einen der ersten Kommentare zum Babylonischen Talmud unter Heranziehung der Parallelen und Differenzen im Jerusalemer Talmud. Mit ihm beginnt das Zeitalter der rabbinischen Systematik.

Sein Schüler Isaak Alfassi (d.i. »aus Fez«, 1013–1103), genannt *Rif*, wurde sowohl das Bindeglied zwischen Nordafrika und Spanien wie der Verfasser der grundlegenden Systematik des jüdischen Rechts. Sein Buch ist so angelegt, daß es für den Halachisten besser als der Talmud selbst als Standardwerk geeignet ist, und tatsächlich wurde sehr oft lediglich Alfassi studiert. Es enthält nämlich nicht wie die gaonäischen Handbücher lediglich die Rechtssprüche, sondern auch die juristische Diskussion, die zu ihnen führt, und zusätzlich die gaonäischen Entscheidungen. Dieses Handbuch zum Talmud sollte in erster Linie dessen Schwierigkeiten für den Studenten erleichtern und als Wegweiser im Rechtsspruch dienen. Sowohl Sprache wie Terminologie sind die des Talmud selbst. Dieses Werk steht bis heute auf dem Studienplan der orthodoxen Rabbinerausbildung und ist ständiges Rüstzeug des Fachmanns für rabbinisches Recht. Alfassi wurde das Vorbild der Rechtslehrer aus Raschis Nachfolge, die Tossafisten in Deutschland und Frankreich im 12. und 13. Jahrhundert.

Maimonides und sein Kodex

In einer völlig anderen Weise ging im 12. Jahrhundert Mose ben Maimon (Cordoba 1135–Kairo 1205), genannt *Maimonides* und *Rambam*, an das gleiche Textmaterial. Für die Erläuterung des talmudischen Materials wandte dieser große Logiker und Naturwissenschaftler nämlich die gleichen Grundsätze an wie auf seinen weiteren Wissensgebieten. 1168 beendete er seinen Kommentar zur Mischna. Im Gegensatz zum Raschi-Kommentar ist dies keine fortlaufende Erläuterung zum Text, sondern er bringt sowohl eine kurze Zusammenfassung jedes Abschnitts wie die Endergebnisse der talmudischen Diskussion, die zur tatsächlichen Rechtsprechung anleiten. Während er in diesem arabischsprachigen Werk die Reihenfolge der Mischna beibehält, geht er in seinem monumentalen Kodex des talmudischen Rechts anders vor, den er im klassischen, allgemein verständlichen Mischna-Hebräisch schrieb. Der Kodex *Mischne Tora*, »Wiederholung der Lehre«, enthält das gesamte ihm vorliegende Material der Rechtsentscheidungen, der Bräuche und der Ethik. Zugleich wollte Maimonides die Erkenntnisse der zeitgenössischen Medizin und Naturwissenschaften mit einschließen und die Entwicklung der fünfhundert Jahre seit dem Abschluß des Talmud berücksichtigen. Aber trotz seiner überragenden Autorität als Denker und Lehrer wurden seine Absichten als anmaßende Diktatur empfunden, zumal er nicht die Quellen und die Überlegungen zu seinen Feststellungen anführte und seine eigenen Beiträge nicht als solche kennzeichnete. Erst nachdem weitere Juristen dieses taten, soweit sie dazu in der Lage waren, und in umfangreichen Schriften ihre Beanstandungen formulierten, wurde der Kodex zu einem allgemein benutzten Buch; es heißt daher meistens »starke Hand«, *Jad Chasaka*, was eines der beliebten Zahlenwortspiele ist, denn Jad bedeutet 14, und das Buch bestand aus vierzehn Teilen. Der erste Teil ist »das Buch der Wissenschaft«: Es enthält die Raum- und Elementenlehre des Maimonides als Grundlage jeder Bildung. In knapper Mischna-Sprache erläutert er sein Weltbild, das sich im wesentlichen auf die zeitgenössische Astronomie und Physik stützt und sie mit der jüdischen Überlieferung verbindet. Denn als Vertreter der rationalistischen Schule ist ihm diese Verbindung unumgänglich zur Gotteserkenntnis, und diese wiederum ist unlöslich verknüpft mit der Liebe zu Gott und mit dem Bundesverhältnis. Daher ist seine Behandlung des Traditionsgutes auch ganz bewußt pädagogisch, einschließlich aller List, die ein großer Pädagoge zur Erreichung seiner Ziele anwendet. Diese »List«, das verschlüsselte Einbauen von Ansichten, die durchaus nicht traditionell sind, war überhaupt eine Eigenheit der mittelalterlichen Aufklärung, die stets mit größter Vorsicht zu Werke gehen mußte.

Die Hauptthemen dieses einleitenden Teils sind: Die Naturgesetze, die Tora, die menschliche Willensfreiheit und die Umkehr. Im Sinne seiner rationalistischen Weltsicht deutet Maimonides die Begriffe Unsterblichkeit und Kommende Welt als Schicksal des unvergänglichen menschlichen Intellekts. Wer ihn in einem wie immer gearteten Maße anwendet, ist des ewigen Lebens teilhaftig durch eben diesen Fortbestand des Denkens, und in ihm allein. Weder Gefühle noch gar Belohnung oder Strafe der »Seele« haben in diesem System Raum. Es folgt eine Auswahl aus den Hauptstücken des Buches:

Die Grundlage und Säule der Wissenschaften ist die Erkenntnis, daß es einen Ersten Vorhandenen gibt, der alles Vorhandene vorhanden sein läßt, und daß alles Vorhandene im Himmel und auf der Erde und zwischen diesem und jener nicht anders vorhanden ist als durch die Tatsache seines Vorhandenseins.

Dieser Vorhandene ist Gott, der Herr der ganzen Welt. Er ist es, der die Bahnen der Gestirne mit endloser, grenzenloser und pausenloser Kraft führt, denn diese Bahnen sind ständig in Bewegung. Es ist unmöglich, daß sie sich ohne einen Bewegenden bewegen. Er ist ihr nicht-körperhafter Beweger.

Das Erkennen dieses Sachverhalts ist ein Gebot des Tuns, wie geschrieben steht: »Ich bin der Herr, dein Gott« (2. Buch Mose, Kapitel 20, Vers 2 = 5. Buch Mose 5,6; der Beginn der Zehn Gebote).

Gott ist Einer. Er ist nicht zwei oder mehr als zwei, sondern Einer, in einer Einheit, die anders ist als die alles in der Welt Vorhandenen, nämlich weder zahlenhaft noch teilbar. Da die Sternenbahnen sich stets bewegen, ist seine Kraft unkörperhaft. Da er unkörperhaft ist, betreffen ihn nicht die Wandlungen der Körper.

Weshalb heißt es dann in der Tora »mit Gottes Hand geschrieben«, »Gottes Augen« u.ä.? Das entspricht der Vorstellung der Menschen, die nur Körperhaftes kennen, daher spricht die Tora in menschlicher Sprache. Es handelt sich dabei um gleichnishafte Sprache, um prophetische Bilder und Vorstellungen. In Wirklichkeit kann die Erkenntnis des Menschen sich Gott nicht vorstellen oder ihn erforschen.

Das sagte auch Gott dem Mose – daß der Mensch bei Lebzeiten, während er aus Körper und Seele besteht, diese Erkenntnis nur begrenzt erlangen kann.

Da Gott nicht körperhaft ist, betrifft ihn nichts auf Körper Bezogenes: Hinzufügen und Abziehen, Raum und Maß, Aufstieg und Abstieg, rechts und links, vorn und hinten, Sitzen und Stehen. Er ist zeitlos und unveränderlich, besitzt weder Tod noch Leben im Sinne des körperhaften Lebens, weder Torheit noch Weisheit im Sinne der menschlichen Weisheit, er zürnt nicht, ist nicht traurig und nicht erfreut, schweigt nicht und redet nicht, wie Menschen reden. Alles, was in Tora und Propheten so formuliert ist, sind bildliche Ausdrücke.

Es ist Gebot, diesen erhabenen und ehrfurchterregenden Gott zu lieben und zu fürchten, wie geschrieben steht: »Liebe den Herrn Deinen Gott«[36] *und: »Fürchte den Herrn deinen Gott«*[37]*. Welcher Art ist diese Liebe und diese Ehrfurcht? – Wenn der Mensch seine Werke und seine wunderbaren großen Geschöpfe betrachtet und aus ihnen seine unendliche Weisheit ersieht, da liebt er unmittelbar, rühmt und lobt und ist begierig, Gott zu erkennen, wie David sagte: »Meine Seele dürstet nach Gott, dem lebendigen Gott«*[38]*. Wenn er aber über diese Dinge nachdenkt, so gerät er in Furcht und Zittern. Es wird ihm klar, daß er ein kleines Geschöpf ist, dessen Wissen begrenzt und dessen Erkennen dunkel ist im Vergleich zu Gott. Deshalb erläutere ich den Menschen die großen Grundsätze der Schöpfertaten des Weltherrn (= die Naturgesetze), um mittels ihrer einen Zugang zur Liebe zu Gott zu ermöglichen.*

Alles Vorhandene mit Ausnahme des Schöpfers, von den Ideen bis zur kleinen Mücke, ist durch seine Wirklichkeit vorhanden. Da er sich selbst erkennt und seine Größe, Herrlichkeit und Wahrheit weiß, daher weiß er alles, und es gibt nichts vor ihm Verborgenes. Er weiß nichts mit einem Wissen, das außer ihm selbst sich befindet, wie wir etwas wissen, da unser Wissen und unser Selbst nicht identisch sind. Er ist zugleich und in einem Wissender, Gewußtes und Wissen. Daher kennt er nicht die Geschöpfe und weiß sie nicht in der Art,

---

[36] 5. Mose 6, 5

[37] Ebd., 6, 13

[38] Psalm 42, 3

wie wir sie wissen und kennen, sondern er ist allwissend, weil jedes Sein an ihn gebunden ist. – Dies sind nur einige Hinweise auf das weite Gebiet der Metaphysik, es ist nicht jedermann zugänglich, nur die dazu Geeigneten können sich unter Anleitung ihrer Lehrer damit beschäftigen.

Alles Erschaffene unterhalb des Himmelfirmaments besteht aus vier Elementen: Feuer, Luft, Wasser und Erde. Alle wahrnehmbaren Dinge bestehen aus Körper und Form (= Idee). Jedoch sehen wir nie das Eine oder das Andere, sondern das menschliche Denken teilt sie solchermaßen in seiner Vorstellung. Die körperlosen Ideen sind dem Auge unsichtbar. Der Mensch erkennt sie in der gleichen Art, wie er ohne körperlichen Anblick den Herrn des Alls erkennt. Die Seele aller Lebewesen ist die Form, die ihnen von Gott gegeben wurde. In der menschlichen Seele ist außerdem noch das vernünftige Denken vorhanden, es macht die Form des vollkommenen Menschen durch seine Erkenntnis aus. Daher kann er körperlose Ideen wissen. Dieses Denken ist nicht die Seele, die allen Lebewesen gemein ist und durch die sie essen und trinken, sich fortpflanzen, empfinden und überlegen. Sondern es ist das Wissen (= der Intellekt) als Form der Seele. Sie wird auch Geist genannt. Man muß mit diesen Bezeichnungen sorgfältig umgehen, um sie nicht zu verwechseln. Die Form der Seele ist nicht aus Elementen zusammengesetzt und hängt nicht von demjenigen Seelenbestandteil ab, den der Mensch zum Atmen braucht. Beim Zerfall der Körperbestandteile vergeht auch die Atemseele, die nur zum körperlichen Leben notwendig ist. Diese Formseele jedoch (= der Intellekt) bleibt ewig bestehen, weil sie das körper-ungebundene Wissen hat und den Schöpfer des Alls erkennt. Diese Dinge sind Gegenstand der Grundlagenphysik. Mit ihnen soll sich erst beschäftigen, wer eingehend Religionsvorschriften und Ethik studiert hat, denn diese sind »Brot und Fleisch« für den Menschen.

Aber man soll sich möglichst bald mit den genannten Dingen abgeben, denn durch sie wird der Verstand erst ausgewogen. Außerdem sind sie das höchste Gut, das Gott zum Bestand dieser Welt verliehen hat. Durch sie wird das ewige Leben erworben. Jeder kann sie erkennen, klein und groß, Mann und Frau, solche mit großem und solche mit geringem Denkvermögen.

Verfalle nicht dem Irrtum, der bei dummen Juden und ungebildeten Nichtjuden verbreitet ist, daß Gott jedem Menschen bestimmt hat, ob er gut oder böse ist. Es ist nicht so, sondern jeder Mensch kann gut oder böse, dumm oder klug sein, niemand verhängt es über ihn. Vielmehr ist es Gottes Wille, daß jeder Mensch seine Taten nach eigener Entscheidung begeht. Wenn er sündigte, steht ihm die Umkehr offen. Der Umkehrende sei bescheiden und demütig und achte nicht auf Spötter. Es ist jedoch eine große Sünde, ihn an seine früheren Missetaten zu erinnern, ihn zu verachten oder zu verspotten.

Der Lohn der Frommen ist das Leben der kommenden Welt. Die Strafe der Bösen ist, daß sie dieses Leben nicht erlangen, sondern absterben wie die Tiere. Denn die Seelen, d.h. die Erkenntnis, der Frommen erkennen Gott in einer Weise, die ihnen unmöglich war, solange die körperlichen Schranken sie einengten. Kein Mensch kann sich eine Vorstellung von der Größe und Schönheit dieses höchsten Gutes machen.

Nicht das ist es, wovon die Propheten in ihren Verheißungen gesprochen haben. Wie unsere Weisen erläuterten, handelt es sich bei derartigen Prophetenworten nicht um die kommende Welt, sondern um körperhafte Dinge, die das Volk Israel in der Zeit des Messias erhalten wird, wenn Israel sich wieder selbst regieren wird. Hingegen kann kein Prophetenwort die kommende Welt in Gleichnissen beschreiben.

Wie verhält es sich nun um den Lohn, den die Tora für das Befolgen der Gebote verheißt? Das sind Dinge, die uns unmittelbar als Lohn oder Strafe betreffen, infolge des Tuns oder Unterlassens der Tora-Gebote. Wenn wir die Tora freudig befolgen und uns immer nach ihrer Weisheit richten, werden jene Dinge von uns genommen, die uns an ihr verhindern, wie Krankheit, Krieg, Hunger usw., und es wird uns alles Gute gegeben werden, das uns darin bestärkt, die Tora zu tun, z.B. Sättigung, Frieden und Geld, damit wir uns nicht unser Leben lang für den Körper abmühen müssen, sondern frei sind, um Weisheit zu lernen und die Gebote zu befolgen und dadurch teilhaben am Leben der kommenden Welt. Das ist der Sinn der Segen- und Fluchsprüche in der Tora. Deshalb sehnten sich alle aus Israel, und die Propheten und Weisen, nach den Tagen des Messias, um frei zu werden von den bösen Herrschern, die Israel nicht gestatten, sich gebührend mit der Tora und den Geboten zu befassen. Wenn sie in Ruhe leben können, werden Erkenntnis, Weisheit und Wahrheit sich mehren. Denn jener König aus dem Stamme Davids, der erstehen wird, wird weiser sein als Salomo und ein großer Prophet, fast wie unser Lehrer Mose. Er wird das ganze Volk belehren und ihnen den Weg Gottes weisen. Alle Völker werden kommen, um auf seine Worte zu hören. So sagten es bereits unsere Weisen: Der einzige Unterschied zwischen dieser Welt und den Tagen des Messias ist die Unterdrückung Israels durch die Völker. Das ganze Haus Israel ist verpflichtet, Gott zu heiligen. Wenn Andersgläubige einem mit dem Tod drohen, falls man die Gebote der Tora befolgt, so darf man sie übertreten, denn es heißt: »Der Mensch soll sie tun und in ihnen leben.«

Im siebenten Teil »Buch von den Saaten« sind die landwirtschaftlichen religiösen Vorschriften des jüdischen Bauern im Land Israel zusammengefaßt, darunter die Armengaben, die Spenden und die Bestimmungen über das Siebentjahr.

Das achte Buch heißt »Vom Tempeldienst«. Es enthält Material über alle Einzelheiten des Tempelbaues, des priesterlichen Dienstes und der Gemeindeopfer, die nur im Tempel dargebracht wurden.

Im neunten Buch »Von den Opfern« werden hingegen die privaten oder häuslichen Opfer behandelt, die nicht an das Bestehen des Jerusalemer Tempels gebunden waren.

Der zehnte Teil des Werkes ist »Das Buch von der Reinheit«. Vor allem geht es dabei um die Wiederherstellung der Reinheit im rituellen und hygienischen Sinn auf biblischer Grundlage.

Die letzten vier Teile des Kodex befassen sich mit den Belangen des öffentlichen Lebens.

Der elfte Teil ist »Das Buch von den Schädigungen«, das Strafgesetzbuch der jüdischen Tradition. Es behandelt Vergehen vom Diebstahl bis zum Mord.

Das zwölfte Buch »Vom Erwerb« enthält die für Juden verbindlichen Vorschriften über den rechtschaffenen Handel. Da in Altertum und Mittelalter Dienstboten zum Besitz gerechnet wurden, sind hier auch die Verpflichtungen des Juden gegenüber seinen Knechten und Mägden enthalten.

Das dreizehnte Buch ist das Bürgerliche Gesetzbuch der jüdischen Gemeinden. Vor allem geht es um die Dinge wie Mieten, Pfänder, Anleihen, Pachtbestimmungen und um daraus entstehende Zwistigkeiten.

Das vierzehnte Buch ist ein Handbuch des Gemeindegerichts. Hier finden sich die verbindlichen Ausführungen über richterliche Befugnisse, die Strafen, die verhängt werden können, und das gesamte sehr wichtige Material über Zeugenaussagen.

An den letzten Teil angeschlossen sind die Trauervorschriften sowie einige Kapitel über »Die Könige Israels und ihre Kriege«. Das bezieht sich vor allem auf die Zeiten des Ersten und des Zweiten Tempels. Hier finden sich jedoch auch die Dinge, die den künftigen befreienden König Israels angehen, den Messias. Als einen sehr wichtigen Bestandteil der Tradition und der christlich-jüdischen Auseinandersetzung gibt es hier einige Aussagen zum Messias-Thema wie bereits im letzten Kapitel des ersten Teils.

Die geschichtliche Entwicklung brachte es mit sich, daß die kühnen Ansätze des Maimonides nur bei einem Teil der Gelehrten Schule machten. Er hatte angenommen, daß die rationalistische Philosophie in vollem Einklang mit der Tradition gebracht werden konnte, und als optimistischer Denker meinte er, die Mehrzahl seiner Kollegen und Schüler zu einer ähnlichen Haltung veranlassen zu können. Aber die Neigung der folgenden Jahrhunderte war vorwiegend anti-rationalistisch, was mit den Tendenzen der Umwelt zusammenhing. Etwa hundert Jahre lang galt Maimonides vielen Rabbinern als Ketzer, besonders wegen seines philosophischen Hauptwerkes »Lehrer der Ratlosen«. Bei der religiösen und politischen Enge, die sowohl in christlichen wie in moslemischen Ländern in steigendem Maße überhand nahm, war es kaum möglich, im jüdischen Bereich eine Entwicklung weiterzuführen, wie sie Maimonides vorgezeichnet hatte, in der die Philosophen eine von Verstand und Gefühl in harmonischem Ausgleich regierte Gesellschaft schaffen sollten.

Obwohl also »die Jad« ein grundlegendes Werk der jüdischen Lebensordnung ist, wurde sie nicht zum ausschlaggebenden Leitfaden. Den Grundstock für einen solchen legte ein süddeutscher Gelehrter, Rabbi Ascher ben Jechiel. Die Erfahrungen mit der ihm bekannten christlichen Umwelt führten ihn wie andere zur Ablehnung nicht-jüdischer Gelehrsamkeit. Wenn das Wissen, das der Kirche durch Maimonides vermittelt worden war, kein Mittel gegen Willkür der Herrscher und Verrohung der Menge darstellte, war es nunmehr sinnvoller, möglichst viele jüdische Studenten bis zum 25. Lebensjahr von der Beschäftigung mit nicht-rabbinischem Wissensstoff fernzuhalten. Denn im 13. Jahrhundert begann eine der dunkelsten Zeiten der Entrechtung der westeuropäischen Juden. Bei diesen Vorgängen herrschte ein wohlbekanntes Verhaltensschema: Jüdischer Besitz wurde beschlagnahmt, zugleich wurden Rechtfertigungen durch christliches Dogma verbreitet, die Erklärung der Juden zum Freiwild lenkte die Aufmerksamkeit der Bevölkerung von innenpolitischen Schwierigkeiten ab, die gleichzeitig ein Ventil für ihre Gewalttätigkeit erhielt. Als erstes Land wies England 1290 sämtliche Juden aus, Frankreich folgte dem Beispiel sechzehn Jahre später mit der Enteignung und Vertreibung von 100.000 Juden. 1298 wurde in Süddeutschland die Legende der Hostienschändung verbreitet, woraufhin der fränkische Ritter Rindfleisch jenes nach ihm benannte Blutbad anstiftete, dem 140 jüdische Gemeinden in Franken, Bayern und Österreich zum Opfer fielen. Die im Mittelalter mehrfach gebrauchte Verleumdung der Hostienschändung durch Juden machte sich den Umstand zunutze, daß auf dem Hostienbackwerk eine biologische Rotfärbung durch eine manchmal auftretende Pilzformation entstehen kann. Nun setzte der Zug nach Osteuropa ein, wo die geflüchteten deutschsprachigen jüdischen Gemeinden einen gewichtigen Anteil an der Entwicklung der östlichen deutschen Gebiete hatten.

Der führende deutsche Rabbiner, Ascher ben Jechiel, zog jedoch den Weg nach Spanien vor, wo seit Jahrzehnten der Kronrabbiner Salomon Ibn Adret einen Mittelpunkt der Gelehrsamkeit bildete und ein reges Geistesleben der jüdischen Gemeinden herrschte. Als Erbe der deutschen und französischen Gelehrten des 10. bis 13. Jahrhunderts begann nun Ascher, genannt »das Haupt«, *Ha-Rosch* (aus den Anfangsbuchstaben seines Namens), den systematischen Umbau des halachischen Wissens, erst in Barcelona, dann an der Akademie von Toledo. Dieses Werk wurde durch seinen Sohn fortgesetzt.

Jakob ben Ascher (1269–1343) verfaßte den vierteiligen Kodex *Arba'a Turim*, »vier Pfeiler«, der zur Grundlage der weiteren Entwicklung wurde. Hierzu verwendete er beide Talmude, die gaonäischen Entscheidungen und die weiteren halachischen Werke bis zu denen seines Vaters. Vor allem wollte er die abweichenden Handhabungen der sefardischen und der aschkenasischen Juden in einen gemeinsamen Rahmen fassen. Die vier Teile sind: *Orach Chajim*, »Lebensweg« – die Bestimmungen für das tägliche Leben des Juden, darunter die Gebete für Wochentag und Sabbat, *Joré Dea*, »Wissensweiser« – die Ausführungen über das Speisegesetz und andere rituelle Belange, *Ewen ha'eser*, »der Stein der Hilfe« – Familienrechtliches, *Choschen Mischpat*, »Brustschild des Rechts« – Zivilrechtliches.

Zu jedem einzelnen Punkt der Lebensordnung führt »der Tur« die im Talmud befindlichen Ansichten an, danach die seiner Vorgänger und abschließend die seines Vaters oder seine eigenen Ansichten. Damit sollten Richtlinien geschaffen werden, die nach örtlichem Brauch und Zeitumständen angewandt werden können.

Es wurde keine Uniformierung des Lebens angestrebt, sondern die ohnehin üblichen Ordnungen von Brauch und Sitte sollten überschaubar gemacht werden und gleichzeitig diejenigen Gemeinden stärken, die abseits von großen jüdischen Gemeinschaften lebten. Zugrunde lag, wie bei jeder Formulierung jüdischer Verbindlichkeiten, die Idee des »Klal Jisrael«, der umfassenden Gemeinde als Volk, in dem zwischen Regel und Ausnahme eine gewisse Proportion bestehen muß, um das Auseinanderfallen zu verhindern.

Diese Bestimmung erfüllte der Tur durch Jahrhunderte, bis die Katastrophe des spanischen Judentums alle gewohnten Lebensordnungen der mittelmeerländischen Gemeinden aus den Fugen hob. Als im Jahre 1492 die Juden innerhalb von drei Monaten Spanien mittellos verlassen mußten, begaben sich viele in das benachbarte Portugal, wo jedoch nach fünf Jahren ebenfalls die Bestimmung »Zwangstaufe oder Auswanderung« eingeführt wurde. Auch hier nahmen viele die Taufe an, weil sie nicht mit Kindern und Alten die gefährliche Seereise in unbekannte Länder wagten, in denen sie vielleicht keine Lebensmöglichkeit finden konnten. Jedenfalls aber gelangte ein ständiger Strom entwurzelter Familien aus den iberischen Königreichen in das türkische Großreich. Saloniki und Konstantinopel wurden neben Venedig die bedeutendsten Zentren des jüdischen Buchwesens zu dieser Frühzeit der Druckerkunst, und nun konnten die Gemeinden mit den Handbüchern des Judentums in umwälzender Weise ausgerüstet werden. Auf dem Gebiete der lebensordnenden Halacha lag es nahe, den Druck des Tur mit einer ausführlichen Ergänzung zu versehen, um der Entwicklung von der Mitte des 14. bis zur Mitte des 16. Jahrhunderts gerecht zu werden.

Diese Aufgabe übernahm der größte jüdische Jurist der Generation nach der Vertreibung aus Spanien, Josef Karo (1488–1575). Als Kind hatte er die Entrechtung miterlebt, war mit seiner Familie in die Türkei gelangt und amtierte dort. Im Jahre 1525 übersiedelte er in die türkische Provinz Galiläa, um sich dem Kreise der Mystiker und Juristen in Safed anzuschließen. Hier setzte er bis 1554 die Arbeit an seinem Kommentar zum Tur fort, den er *Bet Jossef* nannte, »Josefs Haus«, denn in »Pfeilern« konnte man nicht wohnen. Dieses umfangreiche Werk bringt zu jedem Punkt seines Vorgängers ausführliche Darstellungen der Fachliteratur und der Praxis aus den Mittelmeerländern, wo nunmehr die türkischen Bräuche besonders berücksichtigt wurden. Die venizianische Ausgabe des Tur von 1550–1559 ist bereits mit Karos Kommentar versehen und gelangte sofort in das damalige Zentrum jüdischer Gelehrsamkeit in Mitteleuropa, die Akademie von Krakau. Hier war seit dem 15. Jahrhundert eine besondere Methode der scharfsinnigen Argumentation gepflegt worden, die im südeuropäischen Gebiet nicht beliebt war: *Pilpul*, »Pfefferung«. Neben dieser Dialektik, die ausschließlich der Förderung analytischen Denkens anhand talmudischer Ausgangspunkte diente, waren auch die lebensnäheren Aspekte der Halacha wichtig. Der führende Halachist war damals Mose Isserles, der 1552 eine eigene Akademie eröffnet hatte. Als nun das Monumentalwerk seines viel älteren und ungleich berühmteren sefardischen Kollegen erschien, ging Isserles mit aller Vehemenz seiner analytischen Kritik Seite um Seite daraufhin durch, wie denn die Halacha der aschkenasischen Juden eingebaut sei, die sich ja in zahlreichen Bräuchen und Ansichten durchaus unterschieden.

Sie wurde überhaupt nicht erwähnt. Durch das Auslassen der Entwicklung der aschkenasischen Halacha des 14.–16. Jahrhunderts wurde der umfangreiche Kodex praktisch unbrauchbar für die nicht-sefardischen Gemeinden, und es erhob sich ein Sturm des Protests an allen Akademien der aschkenasischen Judenheit. In dem von ihm verfaßten Kommentar zum Tur ergänzte Isserles diesen fehlenden Teil der halachischen Entwicklung. Karo beließ es jedoch nicht bei dem umfangreichen Sammelwerk, sondern druckte kurz darauf einen volkstümlichen Auszug für diejenigen, die an der Diskussion weniger Interesse hatten als am Ergebnis. Wie er im Namen des Werkes bildlich andeutet, nahm er aus seinem Haus den Tisch und bereitete ihn für alle Bedürftigen. Das Buch heißt »Bereiteter Tisch«, hebräisch: *Schulchan Aruch*. Es fand rasche Verbreitung, was wiederum Isserles dazu nötigte, aus seinem eigenen Kommentar zumindest ergänzende Randbemerkungen hinzuzufügen. Um im Bilde zu bleiben, nannte er sie »Tischtuch«, hebräisch: *Mappa*. Karo selbst schrieb auch noch »Hausreparaturen«, die nach seinem Tode erschienen.

In dieser aus scharfen Kontroversen entstandenen gemeinsamen Form bildet der Schulchan Aruch seit dem 17. Jahrhundert das Fundament des jüdischen Lebenswandels und des religiösen Rechts in christlichen wie in moslemischen Ländern. Die weitere Entwicklung, die in zahlreichen gelehrten Werken vorliegt, befaßt sich besonders seit Beginn des technischen Zeitalters mit den vielen Wandlungen im Leben nach der Halacha. Jedoch wurde bisher kein weiterer allgemein verbindlicher Kodex geschaffen. Daher ist der Schulchan Aruch die Waage der jüdischen Orthodoxie: Wer ihr angehört, lebt ihm entsprechend, allerdings nach den Bestimmungen der »Spätesten Dezisoren«; wer in ihm eine weitere Entwicklungsstufe in der langen Geschichte des Judentums sieht, ohne ihn als verbindlich anzuerkennen, nennt sich nicht-orthodoxer Jude.

Zu der überragenden Bedeutung des Schulchan Aruch als Integrationsfaktor der Gemeinden in Ost und West kam ein weiteres Moment, das mit der Popularisierung der jüdischen Mystik im 16. Jahrhundert zusammenhing: Die führenden

Männer dieser Bewegung waren identisch mit den Kodifikatoren und ihrem Kollegenkreis. Sowohl Josef Karo wie Mose Isserles gehörten zur mystischen Richtung des Judentums, die in engster Verflechtung mit den Ritualformen steht. Daher bedeutete die Anweisung für die rituellen Belange, die das gesamte jüdische Leben zu umfassen vermögen, gleichzeitig das äußere Rahmenwerk der Meditation und der Symbolik für diejenigen, die einer solchen Auffassung des Judentums nahestanden. Das ist weiterhin der Grund dafür, daß Teile der osteuropäischen Judenheit den sefardischen Gebetsritus übernahmen, der durch die Safeder Schule mit Anleitungen und entsprechenden Zusätzen in vielen Drucken verbreitet wurde.

Es hing gewiß mit nichtjüdischen mystischen und pietistischen Bewegungen der gleichen Zeit zusammen, daß seit dem 16. Jahrhundert in zahlreichen jüdischen Gemeinden eine Aufteilung in Mystiker und Gegner der Mystik stattfand, die oft zu scharfen Auseinandersetzungen führte. Um so größer war die vereinigende Wirkung des Schulchan Aruch, der nunmehr als Maßstab dafür dienen konnte, wer als frommer Jude zu definieren sei. Auch wo eine Gruppe von ihren Gegnern als »Sekte« bezeichnet wurde, wie es vor allem mit dem Chassidismus geschah, war die Richtlinie stets wieder durch die im Grunde gleichen Lebensordnungen gegeben. Im Laufe der Zeit wurden die erbitterten Diskussionen und Gegensätze soweit ausgeglichen, daß es keine endgültige Auseinanderentwicklung der vielfältigen Schattierungen jüdischer Orthodoxie gab.

Die Responsenliteratur

Die Eigenart des jüdischen Lebens als Volk inmitten der Völker brachte als eine ihrer besonderen Kulturformen das als Responsenliteratur bezeichnete Schrifttum hervor, hebräisch *She'elot u-teschuwot*, »Anfragen und Auskünfte«. Es handelt sich um die Darstellung von Einzelfällen aus allen Lebensbereichen mit der Bitte um ein Gutachten seitens einer als besonders autoritativ geschätzten Persönlichkeit. Mit mehreren Millionen solcher Dokumente der letzten 1200 Jahre bildet sie einen der wichtigsten Zweige der von Juden für Juden verfaßten Schriften. Sie ist eine unerschöpfliche Fundgrube der Geschichtsforschung, ein Spiegel des jüdischen Lebens in seiner ganzen Vielfalt. Denn es gibt keinen Gegenstand des privaten oder des öffentlichen Bereichs, der internen wie der umweltlichen Angelegenheiten, der nicht von Mal zu Mal, in den verschiedensten Zeiten und Ländern, in diesem Schrifttum auftaucht. Was ursprünglich für die Fachleute der Halacha in technisch knapper Sprache verfaßt wurde, dient dem Kulturhistoriker als eines seiner wichtigsten Hilfsmittel. Allein der Bruchteil, der seit der Erfindung der Druckerkunst in Buchform erschien, füllt eine stattliche Bibliothek. Der weitaus größere Teil ist in Handschriften erhalten. Auch heutzutage werden ständig weitere Responsen abgefaßt, sowohl im orthodoxen Judentum wie in den nicht orthodoxen Richtungen. Die Sprache ist vorwiegend das Hebräisch und Aramäisch des halachischen Schrifttums, aber es gibt auch Responsen in mehreren anderen Sprachen.[39]

Die Einrichtung der schriftlichen Auskunft durch angesehene Lehrer geht anscheinend auf altorientalische Gepflogenheiten zurück. Die hebräische Bibel enthält eine Reihe von Sendschreiben an Gemeinden, und im Neuen Testament sind solche Episteln in einer eigenen Abteilung zusammengestellt. Diese neutestamentlichen Briefe weisen die Kennzeichen der bei jüdischen Gemeinden üblichen Diskussionsmethode auf, zu welcher die Anführung biblischer Belege gehört, die nach den Regeln der Halacha oder der Aggada gedeutet werden, um sie mit dem Gegenstand der Diskussion in Verbindung zu bringen. Es ist anzunehmen, daß in der spätrömischen Zeit zahlreiche Sendschreiben in jüdischen Gemeindearchiven vorhanden waren, jedoch blieb nichts davon erhalten. Viel-

---

[39] Siehe Navè Levinson, Pnina, Die Responsen als Spiegel der jüdischen Geschichte. Tübingen 1996

leicht galten sie durch die Sammlungen des tannaitischen Schrifttums und der beiden Talmude als überholt und wurden daher nicht mehr aufbewahrt. Auch die ständigen Kriege in vielen Ländern dürften zur Zerstörung wertvoller zeitgeschichtlicher Dokumente beigetragen haben. Hingegen liegen durch einen glücklichen Zufall mehr als zehntausend Sendschreiben der babylonischen Gaonen in Abschriften vor. Mit diesen beginnt die eigentliche Responsenliteratur.

Viele Gemeinden waren durch Jahrhunderte mit einer der beiden großen Akademien in Babylonien verbunden, an die sie ihre Anfragen richteten. Ein Hinüberwechseln wurde ungern gesehen, da die Empfehlungen in vielen Dingen verschieden waren. Auch hier wirkte der alte Grundsatz von der fruchtbaren Kontroverse zwischen anders gearteten Persönlichkeiten und Schulen. Die Gelehrten von Pumbedita legten das Hauptgewicht auf Scharfsinn, intellektuelle Gewandheit und Rationalismus, während in Ssura ein besonderes Interesse den mystischen Überlieferungen galt, die auf den Tannaitenkreis um Rabbi Akiba zurückgehen.

Die meisten erhaltenen Abschriften wurden in Ägypten hergestellt. Kairo war Schnittpunkt der Karawanenstraßen von Bagdad nach Nordafrika und Spanien. Wenn die Abgesandten der Rektoren von Ssura und Pumbedita dort eintrafen, wurden ihre Sendschreiben für die ägyptischen Gemeinden abgeschrieben. Leider enthalten sie nur im Ausnahmefall Name und Adresse der Fragesteller. Durch das trockene Wüstenklima sind viele davon bis zum heutigen Tage vorhanden, weil sie auch nach der Ablage in Archiven nicht verwitterten. Die jüdischen Gemeinden des Mittelalters pflegten unbrauchbar gewordene Schriften in hebräischen Lettern in einem Archiv aufzubewahren, weil sie oft den Gottesnamen enthielten und deshalb nach alter Bestimmung nicht willkürlich vernichtet werden durften. Da in den Islamländern der Gebrauch arabischer Buchstaben Andersgläubigen untersagt war, schrieben Juden *alle* Sprachen in hebräischen Lettern. Ein solches Archiv heißt hebräisch *Genisa*, »Versteck, Aufbewahrungsort«. Die Kairoer Genisa wurde vor etwa hundert Jahren allmählich der Forschung zugänglich gemacht, und unter den einmaligen handschriftlichen Schätzen befanden sich auch die Abschriften Tausender von gaonäischen Sendschreiben.

Oft enthielten solche Schreiben ausführliche Abhandlungen. Die beiden berühmtesten stammen von Amram und Scherira. Amram Bar Scheschna aus Ssura wurde im 9. Jahrhundert durch die spanische Gemeinde in Lucena nach der Gebetsordnung befragt und sandte ihr eine vollständige Sammlung der Texte und der auf sie bezogenen Bestimmungen. Diese Sammlung ist das älteste erhaltene jüdische Gebetbuch.

An Scherira aus Pumbedita sandte im 10. Jahrhundert die Kairuaner Gemeinde Einwände der Gegner mündlicher Überlieferung. Als Antwortschreiben schickte er den nordafrikanischen Gelehrten die einzige uns bekannte Darstellung der Tradition seit der tannaitischen Zeit.

Das Abfassen solcher Schreiben gehört zu den Lehrverpflichtungen jedes über seinen unmittelbaren Wirkungskreis hinaus bekannten Meisters des Judentums. Es handelt sich niemals um einen Befehl an Untergeordnete, sondern um kollegialen Gedankenaustausch. Weder die Rektoren von Ssura und Pumbedita noch die deutschen, spanischen, nordafrikanischen, galiläischen, ungarischen, amerikanischen Schulhäupter späterer Zeitalter bildeten je die Spitze einer Behörde, der sich lokale Gemeinden zu unterwerfen hatten. Bei großen Meinungsverschiedenheiten wurden die Rabbiner vieler Länder durch Sendschreiben unterrichtet, und sie versuchten, die Meinungsbildung in einer oder der anderen Richtung durchzusetzen. Es gibt bis heute Fälle, in denen die Unterschriften von Rabbinern aus mindestens drei Ländern erforderlich sind, um einen halachischen Entscheid zu bestätigen, denn nichts ist nach jüdischer Auffassung verhängnisvoller als die Ausschaltung der demokratischen Prozeduren in Dingen, die das Wohl und Wehe von einzelnen und Gemeinden betreffen. Daß dabei Auseinandersetzungen schneller an die Öffentlichkeit gelangen als in einer behördlich geregelten Kirche, ist sowohl unumgänglich wie wünschenswert. Längst vor der Erfindung moderner Kommunikationsmittel wurde in den jüdischen Gemeinden jede belangvolle Angelegenheit dem Publikum zugänglich gemacht, um seine Ansicht einzuholen und lokal zur Debatte zu stellen.

Ein typischer Fall aus der Mitte des 17. Jahrhunderts ist z.B. folgender: Ein katholischer Nachkomme spanischer Zwangschristen, Arzt und Philosoph, flüchtet nach Amsterdam, kehrt zum Judentum zurück, hält öffentliche Vorträge, deren philosophische Anschauungen einem Teil der Gemeinde ketzerisch erscheinen. Um peinliche Zusammenstöße mit den calvinistischen Behörden zu vermeiden, wird ein Rundschreiben an die führenden Akademien Europas gesandt, darunter Prag, Venedig, Saloniki: Sie sollen begutachten, ob die Gemeinde den Betreffenden mit gutem Gewissen als Juden bezeichnen kann.

Von der Tätigkeit der großen Responsoren geben folgende Zahlen einen Begriff: Von Scheriras Sohn Haia (939–1038), dem letzten Rektor von Pumbedita, blieben eintausend Responsen erhalten, von Salomon Ibn Adret aus Barcelona (1235–1310) sind über zweitausend gedruckt und mehr als viertausend weitere in Handschriften erhalten, Samuel di Medina aus Saloniki (1505–1589) verfaßte nahezu tausend, die in einer vierbändigen Ausgabe vorliegen; der italienische Rabbiner und Arzt Isaak Lampronti sammelte im 18. Jahrhundert, dem Zeitalter der Enzyklopädien, seine eigenen Responsen, die seiner Zeitgenossen und Vorgänger in der ersten hebräischen Enzyklopädie, die in alphabetischer Reihenfolge alle Themen der jüdischen Lebensordnungen behandelt; die Responsen des dritten Meisters des Chabad-Chassidismus, Menachem Mendel aus Lubawitsch (1789–1866), füllen sechs Bände, die bei Zehntausenden seiner Getreuen in den Vereinigten Staten und Israel in ständigem Gebrauch sind. Auch die Gutachten der Reformrabbiner liegen in zahreichen Bänden vor.

Der klassische Aufbau eines Responsums bringt die ausführliche Anfrage im Wortlaut und anschließend die systematisch aufgebaute Anwort des Gutachters in der Reihenfolge: talmudische Präzedenzfälle, Überlegungen zu diesen bei den

Dezisoren, Analyse der verschiedenen Ansichten, Widerlegung der vom Verfasser nicht akzeptierten Argumentationen und seine eigene Ansicht zum vorliegenden Fall.

Als Einblick in dieses Schrifttum folgen kurze Zusammenfassungen aus Responsen berühmter orthodoxer Rabbiner:

Gerschom aus Mainz, genannt »*Das Licht des Exils*« (960–1040), der Begründer der talmudischen Gelehrsamkeit im Rheinland: *Es ist Pflicht der Gemeindemitglieder, eine Sonderordnung für die Geschäftsinteressen des Gelehrten X. Y. anzuerkennen, um ihm die Möglichkeit der unentgeltlichen Lehrtätigkeit zu belassen.*

Isaak Alfassi (Tunis 1013–Lucena 1103): *Die Gemeindemitglieder haben sich ausnahmslos an den vertraglich festgelegten Unterhaltskosten des Talmudlehreres X. Y. zu beteiligen, der auf ihre Einladung seine Familie aus Frankreich nach Spanien brachte. Wer den Vorlesungen nicht folgen kann, sollte außerdem Privatstunden nehmen.*

Raschi aus Troyes (1040–1105): *In bestimmten familienrechtlichen Belangen ist ein Zwangstäufling weiterhin als Jude anzusehen. – Ein Zwangstäufling aus dem Priesterstamm, der zum Judentum zurückkehren konnte, erwirbt damit erneut das Vorrecht, an der priesterlichen Segnung der Gemeinde teilzunehmen.*

Me'ir aus Rothenburg (1215–1293): *Es ist für eine Minderheitsgruppe unstatthaft, sich gegenseitig in den Gemeindevorstand zu wahlen.*

Salomo Ibn Adret (Barcelona 1235–1310): *Kreisgemeinden haben hierzulande Selbstbestimmungsrecht.*

Ascher ben Jechiel (Rheinland 1250– Toledo 1327): *Bei mangelnder Fachkenntnis der talmudischen Zusammenhänge führt die Benutzung des maimonidischen Kodex zu Irrtümern.*

Simon Duran (Mallorca 1391–Algier 1444): *Die Tätigkeit des Rabbiners muß von nun an hierzulande als Hauptberuf besoldet werden, wenn der Betreffende durch die herrschenden Umstände an der Ausübung seines Berufs – etwa als Mediziner – verhindert ist.*

Jakob Weil aus Erfurt (gest. vor 1456): *Nicht einmal der berühmteste Rabbiner hat Anspruch auf Sonderrechte.*

Israel Isserlein (Regensburg 1395–Wiener Neustadt 1460): *Auch in Fällen, die öffentliches Ärgernis veranlassen können, ist der jüdische Rechtsspruch überall dort anzuwenden, wo der Staat ihn genehmigt.*

Juda Minz (Deutschland 1408–Padua 1508), Rabbiner und Professor der Philosophie in Padua: *Falsches Sparen an öffentlichen Bauten führt zu Konflikten. Ich empfehle mich als Schiedsrichter.*

Josef Karo (Spanien 1488–Safed 1575): *Die talmudischen Bestimmungen bezüglich des Bildverbots am Toraschrein beziehen sich vor allem auf dreidimensionale Darstellungen weniger bestimmter Tiere. Das ist kein Hinderungsgrund für die Verwendung eines Bildteppichs als Vorhang für den Schrein, falls der Ortsrabbiner sich meinem Gutachten anschließt.*

Mose Isserles (Krakau 1520–1572): *Die Würde der Menschen ist wichtiger als die Befolgung aller Einzelheiten alter Bräuche. Daher darf eine auf einen Feiertag angesetzte Trauung sogar nach Sabbatbeginn vollzogen werden, um die Braut nicht zu beschämen.*

Jomtow Zahalon (Safed 1557–1638): *Zwar ist die Einwanderung in das Heilige Land religiöse Pflicht, aber dennoch darf der junge Gelehrte X.Y. nach Deutschland zurückwandern, da er keine geeignete Frau findet und seine Gesundheit gefährdet ist.*

Juda Arje Modena (Venedig 1571–1648): *Es ist erwünscht, moderne vielstimmige Madrigalmusik für Syn-*

agogen zu schreiben, obwohl Jakob ben Ascher und Maimonides sich gegen die Verwendung nicht-traditioneller Musikstile aussprachen.

Ja'ir Chajim Bachrach (Mähren 1638–Worms 1702): *Obwohl Ludwig XIV. Worms im Jahre 1689 zerstört hat, müssen alle geflüchteten Gemeindemitglieder die Wormser Bräuche weiter einhalten und die Kommunalsteuer zahlen. Denn kriegführende Könige gibt es immer, aber der Friede bleibt nicht lange aus.*

Zwi Hirsch Aschkenasi (Mähren 1658–Lemberg 1718): *Der sefardische Rabbiner und Arzt David Nieto hielt 1703 in London eine Predigt über die Einheit von Gott und Natur. Der nunmehr zwei Jahre anhaltende Sturm über diese sogenannte Ketzerei bezeugt lediglich, daß viele Kollegen leider nicht das wünschenswerte philosophische und theologische Verständnis aufbringen. Als Rabbiner der aschkenasischen Gemeinde in Hamburg beglückwünsche ich Nieto zu seinen wahrhaft gläubigen Einsichten. Zwei der hiesigen Kollegen schließen sich an.*

Jecheskel Landau (Polen 1713–Prag 1793) an einen jüdischen Gutsherrn: *Die bloße Frage, ob Jagd erlaubt sei, versetzt mich in Erstaunen. Tiere darf man nur für Nahrung und Kleidung töten und sich gegen Überfälle von Raubtieren sichern. Aber das Verfolgen von Tieren in Wald und Feld ist verboten, weil der Jäger diese Grausamkeit zu seinem Vergnügen betreibt. Gleichzeitig begibt er sich in sinnlose Gefahr, was ein Verstoß gegen biblisches Gebot ist.*

Chajim Palagi (Türkei 1788–1869): *Es ist sündhaft und lieblos, wenn Angehörige und Freunde um das Weiterleben eines Sterbenden beten. Wer an einer unheilbaren Krankheit so schwer leidet, daß er nicht mehr zu leben vermag, darf Gott um den Tod bitten.*

Jakob Ettlinger (Karlsruhe 1798–Altona 1871): *Es liegt nicht in unserer Macht, jüdische Arbeiter an der Sab-*

batarbeit zu hindern. Da sie nicht blindlings arbeiten, ist es kein Fall bezüglich der biblischen Bestimmung »lege nicht einen Stein des Anstoßes vor den Blinden«. Daher ist es kein Verstoß gegen die Gebote, einem christlichen Drucker hebräische Bücher zu geben, die von Juden gesetzt werden.

Elieser Deutsch (Ungarn 1850–1916) auf eine Anfrage aus New York: *Wer aus Berufsgründen am Sabbat arbeitet, ist keineswegs ein »Abtrünniger«, wenn er im übrigen am synagogalen Leben teilnimmt.*

Naftali Z.J. Berlin (Rußland 1817–Warschau 1893) auf eine Anfrage aus Cincinnatti, USA: *Der Stifter einer Synagoge ist nicht befugt, einen Weihegottesdienst mit Sabbatzeremoniell an einem Wochentag zu »bestellen«. Der Kollege tat recht daran, sich ihm zu widersetzen, da der Beweggrund des Mannes nicht etwa ein ihm geläufiger Brauch war, sondern Sensationshascherei.*

David Hoffmann (Ungarn 1843–Berlin 1921): *Der nichtjüdische Mann der Jüdin X. Y. muß auf Wunsch des Paares trotz bereits vollzogener Ziviltrauung in das Judentum aufgenommen werden, um die religiöse Trauung zu ermöglichen, da andernfalls die Frau und etwaige Kinder schweren Belastungen ausgesetzt sind. Daher sollten die Rabbiner die geringe Sünde einer Konversion auf sich nehmen, die nach traditionellen Überlegungen unstatthaft ist. Die Würde der Frau geht vor.*

Aaron Walkin (Rußland 1863, im Zweiten Weltkrieg gestorben): *Die künstliche Befruchtung der Ehefrau ist nicht nur zulässig, sondern Verpflichtung, wenn dies die einzige Möglichkeit für das Paar ist, Kinder zu zeugen.*

Isaak Jakob Weiß (Rumänien, Konzentrationslager, England): *Die Rabbiner haben Fragen des Personal-*

rechts den jeweiligen Zeitumständen gemäß zu überprüfen. Im Falle von vermißten Ehepartnern ist dabei die Rücksichtnahme auf die überlebenden ausschlaggebend. Nachweislich konnten die zum Tode bestimmten sechs Millionen Juden nicht ihrem Schicksal in den Gaskammern entrinnen. Daher dürfen Ehepartner, die in Konzentrationslagern von ihren Partnern getrennt wurden, aufgrund sorgfältiger Vernehmung auch ohne Vorweis von Totenschein und Augenzeugen als verwitwet erklärt werden und eine neue Ehe eingehen.

Ein Programm des Judeseins

Im ausgehenden 18. Jahrhundert entstand im deutschen Sprachraum die jüdische Reformbewegung, die sich in Amerika weiter als in Europa verbreitete. Sie ergreift dort etwa ein Drittel der Synagogengemeinden. Die Reform postuliert die Aufgabe mancher theologischer Ansichten und die Weiterentwicklung jener Grundgedanken, die ihr unaufgebbar scheinen.

Bis zum Ausbruch des zweiten Weltkrieges waren die Reformgemeinden gekennzeichnet durch die Negierung der hebräischen Sprache als Gebetssprache, die Aufgabe der Dank- und Bittgebete, in denen das Land Israel und Zion erwähnt werden, die Distanzierung von einer Definition des Judentums als Ausdruck des jüdischen Volkes. Wie es die christlich-staatliche Umwelt gefordert hatte, so geschah es: Judentum wurde zur Konfession, zum »mosaischen Glauben«, Juden wurden Mitglieder einer »Kultusgemeinde«. Damit vollzog sich ein tiefgehender Schnitt im Selbstverständnis zwischen reformjüdischen und allen übrigen jüdischen Gemeinden.

Die Ausnahmegesetze und Verfolgungen im nationalsozialistischen Deutschland zeigten die Notwendigkeit einer weitgehenden Neuorientierung der Reform. Die in Columbus im Staate Ohio angenommenen Resolutionen der Reformrabbiner (CCAR) bewirken bei den neuen Generationen allmähliche Veränderungen wie das Abrücken vom religiösen Liberalismus des 19. Jahrhunderts und die Beschäftigung mit historischen und psychologischen Aspekten des Judentums.[40]

1937

Angesichts der Änderungen in der modernen Welt und damit der Notwendigkeit einer Revidierung der Lehren des Reformjudentums gibt die Central Conference of American Rabbis (CCAR) die folgende Erklärung ihrer Grundsätze ab. Sie sind nicht als ein feststehendes Glaubensbekenntnis gemeint, sondern als Richtlinien für die progressiven, d.h. nicht-orthodoxen jüdischen Gruppierungen.

I. Das Judentum und seine Grundlagen

1. Das Wesen des Judentums

Das Judentum ist die geschichtliche religiöse Erfahrung des jüdischen Volkes. Aus dem jüdischen Leben gewachsen, ist seine Botschaft universal: Sie erstrebt die Einigung und Vervollkommnung der Menschheit unter der Herrschaft Gottes. Das Reformjudentum anerkennt den Grundsatz der fortschreitenden religiösen Entwicklung und wendet diesen Grundsatz bewußt auf das geistige ebenso wie auf das kulturelle und soziale Leben an.
Das Judentum begrüßt jede Wahrheit, sei sie in den Blättern der Bibel geschrieben oder aus den Aufzeichnungen der Natur entziffert. Zwar treten die Neuentdeckungen der Wissenschaften anstelle jener älteren naturwissenschaftlichen Ansichten, die unserer geheiligten Literatur zugrunde lagen, jedoch besteht kein Konflikt zwischen ihnen und dem essentiel-

---

[40] Programm der jüdischen Reformbewegung vom Jahre 1937, übersetzt von Pnina Navè Levinson

len Geist der Religion, der sich äußert in der Beschäftigung des menschlichen Willens, Fühlens und Denkens mit dem Dienst für Gott und für die Menschheit.

2. Gott

Das Kernstück des Judentums und sein bedeutendster Beitrag zur religiösen Erkenntnis ist die Lehre von dem Einen, lebendigen Gott, der die Welt durch Gesetz und Liebe regiert. In ihm hat alle Existenz ihren schöpferischen Ursprung, in ihm ist das Verhaltensideal der Menschheit verankert. Obwohl jenseits von Zeit und Raum, ist er die innewohnende Gegenwart der Welt. Wir verehren ihn als den Herrn des Universums und als unseren barmherzigen Vater.

3. Der Mensch

Das Judentum setzt voraus, daß der Mensch im Ebenbilde Gottes erschaffen ist. Sein Geist ist unsterblich. Er ist ein aktiver Mitarbeiter Gottes. Als einem Kind Gottes ist ihm die ethische Freiheit verliehen und die Verantwortung aufgetragen, Böses zu überwinden und idealen Zielen nachzustreben.

4. Die Tora

Gott offenbart sich nicht nur in der Majestät, Schönheit und Ordnung der Natur, sondern auch in den Möglichkeiten und im ethischen Streben des menschlichen Geistes. Offenbarung ist ein ständig fortschreitender Vorgang, auf keine Gruppe und kein Zeitalter beschränkt. Jedoch erreichte das Volk Israel durch seine Propheten und Weisen einzigartige Einsichten auf dem Gebiet der religiösen Wahrheit. Die Tora, sowohl als schriftliche wie als mündliche Lehre, enthält Israels ständig weiter wachsendes Wissen um Gott und um das ethische Gesetz. Sie enthält die historischen Präzedenzen, Heiligungen und Normen des jüdischen Lebens, das nach den Vorbildern der Güte und der Heiligung gestaltet werden soll. Infolge historischer Vorgänge haben manche ihrer Gesetze die bindende Kraft verloren, nachdem die Umstände nicht mehr bestehen, die sie hervorriefen. Aber als Sammelbecken gültiger geistiger Ideale bleibt die Tora die dynamische Quelle für Israels Leben. Jede Generation ist verpflichtet, die Lehren der Tora mit den wichtigsten Notwendigkeiten der Zeit in Übereinstimmung zu bringen.

5. Israel

Das Judentum ist die Seele, deren Körper Israel ist. In allen Teilen der Welt lebend wurde Israel zusammengehalten durch die Bande gemeinsamer Geschichte und vor allem durch sein Glaubenserbe. Wir anerkennen die Gruppenloyalität von Juden, die unserer Tradition entfremdet sind, als ein Band, das sie noch mit uns vereint. Doch wir sind der Ansicht, daß das jüdische Volk durch seine Religion und für seine Religion gelebt hat. Der Nichtjude, der unseren Glauben annimmt, gilt uns als ein Vollmitglied der jüdischen Gemeinschaft.

In allen Ländern, in denen Juden leben, nehmen sie als loyale Staatsbürger teil an allen Pflichten und Verantwortungen und bemühen sich um die Errichtung von Institutionen jüdischen Wissens und jüdischer Religion. Im Wiederaufbau Palästinas, des durch Erinnerungen und Hoffnungen geheiligten Landes, erblicken wir das Versprechen erneuerten Lebens für viele unserer Brüder. Wir bestätigen die Verpflichtung der gesamten Judenheit, bei seinem Aufbau als jüdisches Heimatland mitzuhelfen, indem sie nicht nur nach besten Kräften beiträgt, es zu einem Rettungshafen für Unterdrückte werden zu lassen, sondern auch zu einem Zentrum jüdischer Kultur und jüdischen Geisteslebens.

In allen Zeiten war es Israels Sendung, gegen jede Form von Heidentum und Materialismus Zeugnis für das Göttliche abzulegen. Wir betrachten es als unsere historische Aufgabe, mit allen Menschen zusammenzuarbeiten in der Errichtung des Königtums Gottes, das heißt: der umfassenden Brüderlichkeit, Gerechtigkeit, Wahrheit und des Friedens auf Erden. Dieses ist unser messianisches Ziel.

II. ETHIK

6. Ethik und Religion

Im Judentum bilden Religion und Moral eine unteilbare Einheit. Gott suchen bedeutet Streben nach Heiligkeit, Rechtschaffenheit und Gutsein. Die Liebe zu Gott ist unvollständig ohne die Liebe zu den Mitmenschen. Das Judentum betont die Verwandtschaft aller Menschen, die Heiligkeit und den Eigenwert von Leben und Freundlichkeit des Menschen und das Recht des einzelnen auf Freiheit und auf die Ausübung seines gewählten Berufes. Gerechtigkeit für jeden ohne Unterschied von Rasse, Sekte oder Klasse ist das unabdingbare Recht und die unentweichliche Pflicht aller. Der Staat und die organisierte Regierung bestehen zur Förderung dieser Ziele.

7. Soziale Gerechtigkeit

Das Judentum erstrebt die Schaffung einer gerechten Gesellschaft mittels der Anwendung seiner Lehren auf die Gesellschaftsordnung, auf Industrie und Handel, auf staatliche und internationale Angelegenheiten. Es erstrebt den Abbau des von Menschen geschaffenen Leidens und Unglücks: Armut und Erniedrigung, Tyrannei und Sklaverei, soziale Ungleichheit und Vorurteile, Böswilligkeit und Kämpfe. Es empfiehlt die Förderung harmonischer Beziehungen zwischen einander bekämpfenden Klassen auf der Basis von Gleichheit und Gerechtigkeit sowie das Schaffen solcher Bedingungen, die die Entfaltung der menschlichen Persönlichkeit ermöglichen. Es tritt ein für den Schutz der Kinder vor Mißbrauch. Es kämpft für die Sache aller Arbeitenden und sieht in ihrem Anspruch auf einen angemessenen Lebensstandard ein wichtigeres Gut als in den Privilegien des Besitztums. Das Judentum betont die Pflicht der Wohltätigkeit und erstrebt eine Gesellschaftsordnung, in der die Menschen gegen Benachteiligung infolge Alters, Krankheit und Arbeitslosigkeit geschützt sind.

8. Frieden

Das Judentum verkündet der Menschheit seit den Tagen der Propheten das Ideal des universalen Friedens. Eine seiner wichtigsten Lehren war die geistige und physische Abrüstung aller Völker. Es verabscheut jede Gewalttätigkeit und vertraut auf ethische Erziehung, Liebe und Zuneigung als Mittel des menschlichen Fortschritts. Es betrachtet Gerechtigkeit als Grundlage für das Wohlbefinden der Völker und als Bedingung für dauerhaften Frieden. Es mahnt zur Einrichtung internationaler Aktionen für Abrüstung, kollektive Sicherheit und Weltfrieden.

III. Religiöse Praxis

Das religiöse Leben

Die Ausrichtung auf diese Ideale des Judentums kennzeichnet das jüdische Leben. Es umfaßt getreue Teilnahme am Leben der jüdischen Gemeinschaft in seinen Ausdrucksformen in Heim, Synagoge, Schule und allen anderen Institutionen, die das jüdische Leben bereichern und seine Wohlfahrt fördern. Das Heim war und muß weiterhin eine Festung jüdischen Lebens sein, geheiligt durch den Geist der Liebe und Ehrfurcht, durch ethische Selbstzucht und religiöse Observanz und Gottesdienst.

Die Synagoge ist die älteste und demokratischste Institution des jüdischen Lebens. Sie ist die wichtigste kommunale Einrichtung, durch die das Judentum gepflegt und erhalten wird. Sie verbindet die Juden jeder Gemeinschaft und vereint sie mit ganz Israel.

Das Weiterbestehen des Judentums als einer lebendigen Kraft hat zur Bedingung religiöses Wissen und die Erziehung jeder neuen Generation in unserem reichen religiösen und geistigen Erbe. Das Gebet ist die Sprache der Religion, die Sprache von Glaube und Bestreben. Es richtet Herz und Sinn des Menschen auf Gott hin, verleiht den Bedürfnissen und Hoffnungen der Gemeinschaft Ausdruck und langt nach Zielen, die dem Leben höchsten Wert geben. Zur Vertiefung des geistigen Lebens unseres Volkes pflegen wir in Heim und Synagoge nach überliefertem Brauch die Kommunion mit Gott durch das Gebet.

Das Judentum als Lebensweg fordert neben ethischen und geistigen Aufgaben das Befolgen des Sabbats, der Feste und Feiertage, die Erhaltung und Entwicklung von Bräuchen, Symbolen und Zeremonien mit Inspirationswert, die Pflege eigener Formen religiöser Kunst und Musik sowie in Gottesdienst und Unterricht den Gebrauch des Hebräischen neben der Landessprache.

Diese überzeitlichen Bestrebungen und Ideale unseres Glaubens stellen wir erneut einer verwirrten und bedrängten Welt dar. Wir rufen alle Juden auf, sich ihnen wieder zuzuwenden und in Übereinstimmung mit allen Menschen in Mut und Hoffnung Israels ewige Suche nach Gott und seinem Reiche fortzusetzen.

Der ganze Mensch

An den Anfang der Bibel setzten die jüdischen Schriftgelehrten den Bericht vom Platz des Menschen in der Welt. Denn zu den Grundlagen der jüdischen Weltauffassung gehört die Bejahung des Menschen, hebräisch *Adam*, und das Streben nach Erkenntnis aller ihm innewohnenden Möglichkeiten. Daher gab es in keiner Phase der Geschichte der jüdischen Religion eine Forderung der Zweiteilung in Körper und Seele als einer »unreinen«, weil weltverknüpften Seite des Menschen, derer er sich eigentlich zu schämen hat, und einer »reinen«, weil weltverneinenden oder materielosen Seite, die daher »Gegenstand« der Religion ist. Es war immer ganz selbstverständlich, daß der Mensch so, wie er *be*schaffen ist, auch *er*schaffen wurde: aus irdischem Staub und gottgegebenem Geist. Gerade deshalb ist es ja seine Aufgabe, sein Leben und das der anderen zu respektieren, es zu verbessern und dadurch alle seine Möglichkeiten als einzelner und in Gemeinschaft besser zu entfalten. In ganz engem Zusammenhang damit steht die Auffassung vom Menschen als verantwortlichem Mitarbeiter Gottes. Das bezieht sich nicht nur auf ethische Grundregeln der Meister wie »*Werde Gott ähnlich: So wie er barmherzig ist, sei* *auch du barmherzig«* oder *»Die von Israel sind Barmherzige, Söhne von Barmherzigen«* und in Verbindung damit auf die Bezeichnungen Gottes als »Herr der Welt« und als »der Barmherzige«, sondern vor allem bezieht es sich auf die direkte Verantwortung für alle Aspekte des Lebens als körperliches Geschehen. Das Erfüllen dieser Aufgabe heißt *Heiligung des Lebens*. Dazu gehört in allererster Linie das Verstehen der physischen Funktionen und das Heilen von Krankheiten. Aus dieser uralten Überlieferung heraus waren Juden das ganze Mittelalter hindurch hervorragende Ärzte, die im Sinne der alten griechischen Erkenntnisse stets die Beziehung von Leib und Seele berücksichtigten. Das ist auch der Grund dafür, daß so vieles an der modernen Medizin und Psychologie von Juden geschaffen wurde: Als Verantwortliche, mit Vernunft und Gefühl begabte Wesen haben sie sich dem Mitmenschen in jedem Sinne zu widmen. Auch wo diese Einstellung ganz aus einem religiösen Zusammenhang herausgelöst wurde, verblieb dennoch die unverminderte Pflicht des Forschens und helfenden Heilens. Im Gegensatz zu anderen antiken Kulturen waren bei dem jüdischen Volk die Erkennungszeichen und Heilmittel der Krankheiten kein ängstlich gehütetes Geheimwissen der Priester, sondern sie wurden allen beigebracht, ihre Kenntnis war daher Teil der religiösen Pflichten. Die Aufgabe der Priester war dabei die des späteren Arztes: Sie hatten zu begutachten, ob der von einer ansteckenden Krankheit Befallene bereits »rein« war, also keine Ansteckungsgefahr mehr darstellte. Das gleiche galt auch für Kleidung und Gefäße, die Krankheitskeime übertragen konnten. Die Wiederherstellung dieser Reinheit wurde außerdem in symbolischer Form mit bestimmten Opfern und Gebeten begangen. Daher finden sich in der Tora als der Lebensweisung der Juden genaue Vorschriften für die Bewahrung und die Wiederherstellung des menschlichen Wohlbefindens, die später von den tannaitischen Meistern in allen Einzelheiten erläutert wurden. Es wird vor Aberglauben und Beschwörungen gewarnt und damit bereits die Richtung für die rationale Erfassung menschlicher Leiden vorgegeben: Eines der strengsten Verbote des Alten Israel betraf Hexenwesen und Zauberei. Das wurde auch im Mittelalter sehr ernst genommen, als jeder Europäer »wußte«, daß Hexen eine besondere Macht besitzen, und viele versuchten, diese Macht zu erreichen. In Europa und Amerika ist dieser Glaube bis heute verbreitet und wird durchaus nicht durch den christlichen Glauben beseitigt.

Die Aufnahme der hygienischen Vorschriften für Mann und Frau, Haus und Öffentlichkeit in die verpflichtende Lehre ließ niemals eine Tabuisierung dieser so außerordentlich wichtigen Belange aufkommen, denn wie jede Vorschrift der Tora wurden ja auch diese Bestimmungen, Gegenstand der steten Anpassung an die jeweiligen sozialen und wissenschaftlichen Erkenntnisse. Daher wurden seit dem Altertum in den Schulen und Lehrhäusern sachliche Erörterungen über die Belange des Lebens angestellt: Wie die Sexualhygiene zu handhaben sei, wie lange Lebensmittel aufbewahrt werden dürfen, wie Aborte angelegt werden, um Infizierungen zu vermeiden, wie den Kleinkindern das Händewaschen als religiöse Pflicht beizubringen sei.

Zum Thema des Händewaschens findet sich ein interessanter Hinweis in den Evangelien. Jesus und seine Schüler sehen diese Weisung der pharisäischen Meister nicht als verbindliches Gesetz an, denn sie ist ja nicht auf einer biblischen Vorschrift gegründet. Nun gab es jedoch während der gesamten Zeit des Zweiten Staates immer wieder neue Verordnungen der Meister, die allgemeine Gültigkeit erlangten, weil sie in physischer oder geistiger Hinsicht für das Bestehen des jüdischen Volkes von großer Bedeutung waren. Im Sinne des Heiligkeitsgesetzes wurden die Erweiterungen der Hygienevorschriften an die Bestimmungen für die Tempelpriester angeknüpft, für welche es strenge Waschvorschriften gab. Dementsprechend wurde eingeführt, daß vor jedem Aussprechen des Gottesnamens der Jude sich die Hände zu waschen habe. Der Gottesname in der Form »Herr unser Gott, König der Welt« ist in den zahlreichen Lobsprüchen enthalten, die das jüdische Leben umrahmen, vom Aufstehen über die Verrichtungen des Essens und Trinkens bis zu den eigentlichen Gebeten. Daher mußte der Tag mit einer Waschung beginnen, ebenso jede Mahlzeit und die Zeit bis zum Schlafengehen. Das entsprach anscheinend nicht den ländlichen Gepflogenheiten der alten Zeit und ist vielleicht auch in der Neuzeit nicht überall ohne weiteres verständlich. Vor diesem Hintergrund ist also der Bericht in Matthäus 15 zu verstehen, daß Jesus die Vorschrift des Händewaschens nicht akzeptierte. Der dort dargestellte Wortwechsel zwischen ihm und anderen Meistern, »Pharisäern und Schriftgelehrten«, steht freilich bereits ganz im Zeichen der Polemik, wie sie im nachhinein durch die Verfasser der Evangelien zum vorwiegenden Stil solcher Gespräche bestimmt wurde. Es ist durchaus möglich, daß die zugrundeliegende tatsächliche Meinungsverschiedenheit sich in erster Linie auf die Bezeichnung des Händewaschens als »Gebot des Herrn« bezog, und zwar im Rahmen der häufig in der tannaitischen, d.i. pharisäischen Literatur anzutreffenden Frage, ob abgeleitete Bestimmungen dieser Art den Status eines biblischen Gebotes hätten und die Form des Segensspruchs auf sie zutreffe. In diesen Zusammenhang gehören z.B. die Sprüche für das Anzünden der Sabbat- und Festtagslichter und manches andere.[41]

Bei dieser weltbezogenen, realistischen Einstellung der jüdischen Meister nimmt es nicht Wunder, daß alle körperlichen Vorgänge mit dem gleichen Interesse und der gleichen religiösen Ergriffenheit betrachtet wurden wie die Sternenwelt. Die einzelnen Phasen des Morgengebets bringen dies ganz deutlich zum Ausdruck. Bevor der traditionstreue Jude sein eigentliches Morgengebet verrichtet, in welchem er Gott als den Schöpfer des Lichts preist, der an jedem Tag die Taten der Weltschöpfung erneuert, muß er sich erst einmal als Jude mit seinen eigenen Verpflichtungen gegenüber diesem Schöpfer bezeichnen. Und bevor er dieses tut, was durch das Anlegen der Gebetskapseln und des Gebetsschals geschieht, hat er sich nicht nur gewaschen, sondern bereits dafür gedankt, daß der

---

[41] Siehe David Flusser, Jesus, Reinbek 1968, S. 44

menschliche Körper in solch wunderbarer Weise aus Hohlräumen zusammengefügt ist, die in dem Menschen unverständlicherweise ohne sein eigenes Dazutun funktionieren. Der Schöpfer des Lichts und des Weltalls wird gepriesen als »der den Menschen in Weisheit schuf« und als »der Heiler allen Fleisches, der Wunderbares tut«. Diese Gebete erwirkten zwei Jahrtausende hindurch eine realistische Einstellung zum Ich als Teil der Schöpfung. Auch wer sich nicht weiter mit tiefgründigen Erörterungen befaßte, erfuhr durch das Gebet, das bereits jedem Kleinkind beigebracht wurde, daß er selbst und alle anderen Menschen ebenso zur Welt gehören wie die übrigen Kreaturen und Dinge und daß jedem Menschen eine sündlose Seele verliehen ist, deren Schicksal weitgehend in seiner eigenen Hand liegt. Auf dieser naturverbundenen und gesunden Grundlage konnte dann bruchlos die Erfassung der menschlichen Aufgaben beigebracht werden. Auch diese wurden in das Morgengebet eingefügt, das in seinem vollen Umfang, in dem es seit dem späten Mittelalter vorliegt, eine Anthologie der nationalen und menschlichen Bestimmungen des Juden bildet.

Freilich enthalten die Lehrstücke der Meditation zum Morgengebet ethische Bestimmungen und nicht die Vorschriften der kreatürlichen Notwendigkeiten. Durch die Diskussion der Meister im Altertum wurden diese zu mündlicher Lehre und konnten daher nicht mehr aus dem Gedächtnis verschwinden, sondern sind durch die Aufnahme in die Sammelwerke des jüdischen Lebenswandels fester Bestandteil des gemeinsamen Kulturerbes in Ost und West geworden.

Sowohl die Mischna wie die Gemara beider Talmude enthalten ausführliche Beobachtungen der persönlichen und der sozialen Medizin und der Vorbeugung gegen Krankheiten. Vor allem durch die Volksausgaben des Schulchan Aruch sind sie den traditionell lebenden Juden und ihren Familien auch dann selbstverständlich, wenn die jeweilige Umgebung noch nicht unbedingt den Idealstand moderner Hygiene erreicht hat.

Auch in äußerst puritanisch eingestellten, strengst religiösen jüdischen Familien und Gemeinden bedeutete es niemals eine Verletzung des guten Tons, Jugendlichen sexuelle Aufklärung zu vermitteln. Der Knabe, der im Volksschulstadium Mischna lernte, erfuhr weitaus mehr etwa über die Entwicklung des menschlichen Embryos als seine Altersgenossen anderer Religionen im gleichen Alter oder später. Es war für ihn eine Selbstverständlichkeit, über seinen eigenen Körper, seine Begierden und seine Verantwortung Bescheid zu wissen. Denn nicht der Trieb ist böse, sondern die Zügellosigkeit. Eine der alten Maximen der Ethik ist ja: Ein Held ist der Mensch, der seine Begierden zu zügeln versteht. Wie das im einzelnen vor sich geht, mußte genauso gelehrt werden, wie alle anderen Dinge des Miteinanderlebens.

Nicht um die Unterdrückung der Begierden und Triebe ging es dabei, sondern vielmehr um die Frage, wie alle Seiten der menschlichen Persönlichkeit in den Dienst Gottes zu stellen seien. Was negiert wurde, war die ich-bezogene Befriedigung von Machtgelüsten und anderen menschlichen Appetiten diese Appetite selbst jedoch wurden stets als unausklammerbarer Teil der menschlichen Anlage verstanden. Dadurch wurden und werden bis heute viele der seelischen Konflikte vermieden, die in anderen Kulturen sehr oft zur Aggression gegen den Nächsten führen.

Die Nicht-Tabuisierung geschlechtlicher Dinge findet sichtbaren Ausdruck in dem traditionellen Gebet der Trauzeremonie, der »Anheiligung«, aramäisch *Kidduschin*:

> *Gepriesen seist du, Herr unser Gott, König der Welt, der uns durch seine Gebote geheiligt hat und uns die Vorschriften über Blutsverwandte geboten hat, der uns unsere Verlobten versagt und die uns Angetrauten gestattet durch Traubaldachin und Anheiligung. – Gepriesen seist du, Herr unser Gott, König der Welt, der alles zu seiner Ehre erschuf, der den Menschen in seinem Bilde erschuf, in der Form, aus der er ihn prägte, und von ihm einen Bau für alle Zeit errichtete. Gepriesen sei der Schöpfer des Menschen. Gepriesen seist du, der Freude und Jubel erschuf, Bräutigam und Braut, Liebe und*

> *Freundschaft, Friede und Zuneigung. Mögen bald, o Herr unser Gott, in den Städten Judäas und den Straßen Jerusalems Stimmen der Freude und des Jubels ertönen, die Stimmen von Bräutigam und Braut, das Jauchzen der Bräutigame im Traubaldachin und der Jünglinge bei Trank und Gesang. Gepriesen seist du, Herr, der den Bräutigam mit der Braut erfreut.*[42]

Das Sexualleben des traditionstreuen Juden ist durch alte Vorschriften geregelt, bei denen in erster Linie die Rücksichtnahme auf die Frau ausschlaggebend ist. Periode und Kindbett sind Ruhepausen, die der Mann zu respektieren hat. Gleichzeitig wird dadurch erreicht, daß die Frau kein Gegenstand für den Mann wird, der ihm nach seiner eigenen Willkür zur Verfügung steht; vielmehr muß er sich weitgehend nach ihr richten. Das betrifft auch die Häufigkeit des Verkehrs, für die seit der tannaitischen Zeit die Ansprüche der Frau geltend gemacht werden, und zwar in Übereinstimmung mit dem Beruf und der Wesensart des Mannes. Der Mann kann die Inanspruchnahme durch Berufspflichten nicht als Grund zur Vernachlässigung seiner Frau benutzen, ohne dadurch Gefahr zu laufen, daß sie die Scheidung verlangt. Die Gesundheit von Mann und Frau wurde weiterhin durch die Beschneidung des Mannes geschont. Diese Einrichtung wurde übrigens wegen ihrer großen Wichtigkeit von der nordamerikanischen Kultur übernommen. Es ist zu überlegen, ob nicht die besonderen Eigenarten der Islamvölker in vieler Hinsicht damit zusammenhängen, daß die Beschneidung hier wie bei vielen afrikanischen Völkern eine Initiationszeremonie der Knaben während der Pubertät ist, die mit der stärksten Kastrationsangst verbunden ist, während sie bei Juden in der ersten Lebenswoche vorgenommen wird.

Historiker und Sozialpsychologen haben in eingehenden Arbeiten darauf hingewiesen, daß die traditionsgeprägte Form

---

[42] Sprüche der Väter 4, 1

des jüdischen Familienlebens einen so hohen Stand der Persönlichkeitsentfaltung ermöglichte, wie er kaum in einer anderen menschlichen Gesellschaft anzutreffen ist. Das beruht auf den Auffassungen der rabbinischen Ethiker, die für das ganze Volk zur verbindlichen, als göttliche Inspiration verstandenen Weisung wurden. Das Idealbild des Menschen sieht in dieser Tradition folgendermaßen aus: Er entwickelt unter der liebenden Anleitung seiner Familie bereits als Kleinkind seine Fähigkeiten. Die Eltern führen ein sexuell erfülltes Eheleben, denn als Mann und Weib bilden sie zusammen erst das, was mit einem einzigen Wort als »der Mensch« bezeichnet wird. Daher ist Ehelosigkeit nicht das volle gottgewollte Menschentum. Die Frau als vollwertiger Partner des Mannes in allen Lebensbereichen ist der höchste Segen, dessen er teilhaftig werden kann. Diese Unterweisung verbanden die Meister mit der Erzählung von der Erschaffung der Frau im zweiten Kapitel der Bibel. Gott sagte, »es ist nicht gut, daß der Mensch allein sei«, und brachte alle Tiere zu dem Menschen, der verlieh ihnen ihre Namen, »aber dem Menschen fand er keinen Helfer und Widerpart«, und daher erschuf Gott die Frau. Nun fragen die Meister aus der Beobachtumg menschlicher Zustände: Weshalb ist nicht nur von Helfer die Rede, sondern von Widerpart? Weil das Glückssache ist! Hat er Glück, so ist sie seine beste Hilfe; andernfalls ist sie ihm nicht Partner, sondern gegen ihn und wird ihm dadurch auch zuwider. – Die Anzahl der Kinder und der Abstand zwischen den Geburten richtet sich nach den Kräften der Frau, die auch in der allerstrengsten Tradition ärztlich empfohlene Verhütungsmittel zwecks gesunder Familienplanung anwenden soll. Hingegen darf der Mann solche Mittel nach rabbinischer Einsicht nicht benutzen. Sowohl mechanische wie oral eingenommene Mittel zur Empfängnisverhütung waren der jüdischen Kultur wie den meisten antiken und außereuropäischen Kulturen wohl bekannt, und dieses Wissen ging niemals verloren, sondern wurde wie alle lebenswichtigen Dinge in den Rahmen der weiterentwickelten Halacha einbezogen. Theologische Einwendungen gab es dabei niemals, weil die jüdische Theologie kein lebenserschwerendes Diktat familienfremder und körperhassender Asketen werden konnte. Daher durften auch Schwangerschaften unterbrochen werden, wenn es um die körperliche oder seelische Gesundheit der Mutter ging. Die Erstellung des theologischen Unterbaus bildet dabei keinerlei Schwierigkeiten. Die Frage, ob es sich um einen Mord handelt, wurde dahingehend beantwortet, daß der Embryo erst im Moment der Geburt zur selbständigen Persönlichkeit, zum »Kind« wird.

Die solchermaßen in Liebe zusammengehörige Familie ist gleichzeitig Träger der priesterlichen Aufgabe Israels. Daher sind die Eltern nicht nur Erzeuger und Ernährer, sondern vor allem die Lehrer ihrer Kinder. Als solche werden sie im Tischgebet bezeichnet, in welchem einer der Bittsprüche lautet: »Der Barmherzige segne meinen Vater = Lehrer und meine Mutter = Lehrerin«. Durch die Lebensformen des Hauses und die hebräischen Gebete wird das Kleinkind in seine Tradition eingeführt. Wenn die Eltern dem Kind in der formalen Unterweisung nicht weiterhelfen können, müssen sie, spätestens wenn es fünf Jahre alt ist, für einen Lehrer sorgen. Das muß nicht unbedingt Privatunterricht sein, sondern kann auch für Jungen und Mädchen getrennte Kleinkinderschulen bedeuten. In vielen Ländern ist es seit eh und je gebräuchlich, den Fibelunterricht des hebräischen Alphabets mit drei Jahren in Spielform zu beginnen. Da diese Buchstaben auch für die Judensprachen Arabisch, Jiddisch, Spanisch usw. dienen, muß das Kleinkind nur eine einzige Letternreihe erfassen, um zwei Sprachen lesen zu können. Danach folgt mühelos das Lesenlernen der Gebete und der hebräischen Bibel. Alle hebräischen Texte werden zusammen mit der Übersetzung in die Umgangssprache gelernt. Dadurch wird die natürliche Mehrsprachigkeit zu keinem Hemmnis der Auffassungsgabe, sondern fördert sie. Das bildet einen Gegensatz zu solchen Kulturen, in denen ein Spannungsverhältnis zwischen Umgangssprache und Schulsprache besteht, welches oft zu Schwierigkeiten der Persönlichkeitsentfaltung und des Lernwillens führt, wie etwa bei dem Verhältnis der hochdeutschen Sprache zu den nicht geschriebenen deutschen Dialekten wie Bayrisch oder Schweizerdeutsch. Von der Abzweigung des Holländischen als einer eigenen Sprache zeugt bis heute die englische Bezeichnung *dutch*, d.i. »deutsch«. Die Mehrsprachigkeit des jüdischen Kindes wurde also auch dort kein Problem, wo mit der Einführung der allgemeinen Schulpflicht in den europäischen Ländern seit dem 18. Jahrhundert weitere Sprachforderungen zum jüdischen Elementarunterricht traten.

Bei allen individuellen Unterschieden der Auffassungskraft und der Intelligenz gibt es daher seit dem Altertum kaum Analphabeten in jüdischen Gemeinden, sowohl unter Männern wie unter Frauen. Die sprichwörtliche Lesewut der jüdischen Frauen in Europa führte u.a. zu mittelhochdeutschen Bearbeitungen biblischer wie europäischer Themen als gesungenes Epos und später als gedruckte Bücher für den Bedarf dieser Leserinnen. Dabei war die jüdische Mutter meist auch wirklich eine entsprechende Lehrerin ihrer Kinder neben dem berufsmäßigen Lehrer.

Nach Bestimmungen aus dem Orient und Europa durfte bereits im Mittelalter auch in größeren Gemeinden ein Lehrer nicht mehr als fünfundzwanzig Kinder unterrichten. Dieser Unterricht mußte für alle Mädchen bis zur Mündigkeit bei Vollendung des zwölften Jahres fortgesetzt werden und für Knaben bis zu ihrer Mündigkeit bei vollendetem dreizehntem Jahr. Als Kriterium der Mündigkeit wird die Möglichkeit des persönlichen Verantwortungsbewußtseins angesetzt. Natürlich ging es nicht um die Belange des Geschäftslebens oder der Ehe, sondern um die Übernahme häuslicher und gemeindlicher Pflichten mit dem Einsetzen der Pubertät. Dadurch wurden die nun überströmenden Energien sinnvollen Tätigkeiten zugeführt und gleichzeitig oft durch weiteren Unterricht sublimiert. Die Zwölfjährige sollte nicht nur im allgemeinen der Mutter zur Hand gehen können, wenn sie mit den Schulaufgaben fertig war, sondern mußte imstande sein, die sehr sorgfältigen hygienischen Vorschriften der Speisebereitung zu befolgen, da diese eine der Hauptaufgaben der Frau im traditionell geführten jüdischen Heim sind. Dazu gehört unter anderem eine genaue Kenntnis der Nahrungsmittelchemie, also das Erkennen von Verfärbungen, verdächtigen Gerüchen bereits zubereiteter Speisen usw., wie auch vor allem die Bestimmung, ob ein Nahrungsmittel überhaupt zum Genuß geeignet ist.

Das betrifft in erster Linie die leicht verderblichen Lebensmittel aus dem Tierreich. Die Anatomie von Fischen und Geflügel muß der Frau genügend vertraut sein, um im Notfall den Ortsrabbiner fragen zu können, ob sie genußfähig seien. Diese Verordnung führte zur steten Pflege des Kontakts zwischen Frauen und Gelehrten; daher rührt die Seltenheit der übermäßig Schüchternen. Das zum Genuß bestimmte Fleisch muß nicht nur rituell von einem dazu bestimmten und speziell ausgebildeten Fachmann geschlachtet werden, sondern muß, nachdem die Frau es als einwandfrei erkannt hat, von ihr zwecks völliger Blutentziehung gesalzen und gewaschen werden. Ganz abgesehen von der uralten religiösen Auffassung, daß das Blut das Leben des Tieres ist, Lebendes aber keineswegs zum menschlichen Genuß erlaubt ist, kam dazu gewiß auch die Erkenntnis, daß viele Krankheiten von Tier auf Mensch durch ungenügende Präparierung übertragen werden. Die Bestimmungen der eßbaren Tiere befinden sich in der Tora. Nur pflanzenfressende Tiere sind dem Juden zum Genuß erlaubt, und auch von diesen nur eine Auswahl. Solche Vierfüßer, Vögel und Fische, die von Aas leben, sind als unreine Tiere seit dem Altertum nicht zum menschlichen Genuß freigegeben. Bekannt ist ja, daß der Genuß des Schweins seit dem Altertum verboten ist, was auch für Millionen von Moslems gilt. In der Spätantike wurde bereits die Auffassung geprägt, daß es bei diesen wie bei anderen Speisegesetzen aber nicht in erster Linie um die Bewahrung der Gesundheit geht, sondern um Charakterformung durch die Erziehung zum Verzicht. Jedenfalls sollte nicht übersehen werden, daß es sich bei vielen Vorschriften des jüdischen Lebens um altes orientalischen Kulturgut handelt, das auf den Erkenntnissen der alten Medizin beruht. Daher findet sich manches davon auch im Islam, wo es zum Teil aus dem Judentum übernommen wurde. In theologischer Hinsicht unterscheidet man zwischen den rational ermittelbaren Gründen solcher Vorschriften und ihrer rituellen, d.i. symbolischen, Bedeutung als religiöse Verpflichtung. Wie immer jedoch ein solcher Brauch definiert wird, letztlich ausschlaggebend ist sein Fortbestehen und seine Auswirkung als Teil der jüdischen oder jeder anderen Kultur.

Familiennamen spiegeln jüdische Geschichte

In den meisten westlichen Ländern gilt es heute als selbstverständlich, daß jede Familie einen Namen trägt, der allen ihren Mitgliedern gemeinsam ist und sich auch auf allen privaten und amtlichen Papieren befindet, wozu allerdings Kennzeichnungen durch Kombinationen von Buchstaben und Zahlen kommen, die in wachsendem Maße die staatliche Kennmarke des einzelnen werden. Der Name jedenfalls ist etwas, worüber sich die meisten Menschen selten, wenn überhaupt, Gedanken machen. Weshalb und seit wann führt eine Familie ihren Namen?

Erst im bürgerlichen Zeitalter wurde es zur gesetzlichen Pflicht jedes Hausvaters, einen deutlich erkennbaren Familiennamen zu haben oder zu wählen. Bei manchen Namen ist deutlich, daß sie vom Wohnort eines Vorfahren gebildet wurden, bei anderen nach dessen Beruf. Es gibt Namen nach alten Hauszeichen, etwa nach den Tierbildern, die als Schild über einem Gehöft hingen. Oft wurden Vornamen in Zunamen verwandelt. Vielerorts, etwa in skandinavischen Ländern, ist beinahe die häufigste Form die nach dem Vatersnamen vom Typ »Andersen«, der dann entweder feststeht oder aber von einer Generation zur nächsten wieder in der gleichen Form gebildet wird oder noch in jüngster Zeit gebildet wurde. Häufig sind auch Namen, die Eigenschaften und Farben bezeichnen. Beruf oder Stand, Herkunftsland oder Stadt, Hauszeichen, Vatersname, Tiernamen – das sind auch bei Juden die üblichen Ursprünge der Zunamen. Eine weitere Gattung sind, wie bei Nichtjuden, verächtlich gemeinte, von Beamten zum Zeitvertreib oder zum Füllen des Staatssäckels auferlegte Zusammenstellungen, die in bestimmten Zeiten gegen Bezahlung geändert werden konnten.

In soziologischer Hinsicht ist zu sagen, daß die führenden Familien einer bestimmten Gesellschaft früher als andere einen festen Familiennamen trugen, der oft mit einem Familienwappen verbunden ist. Das trifft auch für Juden zu. Besonders die Namen nach Orten und Berufen spiegeln gesellschaftliche Schichtung und Wandergeschichte der Juden. Manche Namen finden sich in allen Herkunftsländern, andere sind inhaltlich identisch, aber sprachlich jeweils verschieden, d.h. der Landes- oder Kultursprache angepaßt, und wieder andere sind landesspezifisch. Oft durchläuft ein Name verschiedene Wandlungen. Betrachten wir nun einige charakteristische Familien aus jeder dieser Gruppen.

Zur jüdischen Führungsschicht in allen Ländern gehörten stets die Gelehrten und die Nachkommen der alten Priesterfamilien. Wie im Kapitel über Priester ausgeführt wurde, handelt es sich bei dem *Cohen* nicht um einen Beruf oder ein Amt, sondern um eine Familienwürde, etwa wie bei den schottischen Clans, nur eben um einige Jahrtausende älter als diese. Daher werden die Angehörigen solcher Familien auch überall besonders geehrt. Es läßt sich statistisch leicht errechnen, daß die Proportion zwischen Leuten, die von Cohen abgeleitete Namen haben, und allen übrigen Juden unrealistisch ist: So viele »echte« Aaronidenfamilien kann es gar nicht geben. Daher ist anzunehmen, daß in entlegenen Gegenden im Mittelalter mancher Fremde sich als Cohen vorgestellt hat und auch guten Glaubens aufgenommen wurde, vor allem, weil es ja in jeder der vielen tausend winzigen Betergemeinschaften erwünscht war, zur Toralesung als ersten einen Cohen aufzurufen. Also war man gewiß froh, wenn sich in jeder Nachbarschaft wenigstens einer ansiedelte und diese Ehrenpflicht mehrmals wöchentlich auf sich nahm. Das erklärt auch, weshalb zu Beginn des 20. Jahrhunderts jede dreißigste jüdische Familie im deutschen Sprachbereich einen Cohen-Namen führte, wie *Kahn, Kohnstamm* u.a., während sich nur jede fünfundzwanzigste Familie auf die Leviten zurückführte, also auf die Nachkommen aller übrigen Familien des Stammes Levi, zu dem auch die *Aaroniden* gehören.

Stellen aber die Aaroniden die breite Schicht von Leuten, die man traditionshalber ehrt, so gibt es einen noch darüber hinaus geehrten jüdischen Adel: diejenigen Familien, die nach ihrer Tradition aus einem der vielen Zweige des davidischen Königshauses stammen. Auch heute, in einer weitgehend unmonarchischen Zeit, gibt es jeweils mehrere Anwärter auf den davidischen Königsthron, d.h. auf die Messiaswürde der jüdischen Geschichte und Zukunft. Genauso, wie es einen deutschen und österreichischen Thronprätendenten gab, obwohl dies anders strukturierte Staaten waren, und genauso, wie es in den noch bestehenden europäischen Monarchien jeweils eine Reihe von Anwärtern gibt. Dabei handelt es sich um eine Tradition, die, auch wo sie »jung« ist, noch aus der Zeit des römischen Kaiserreichs stammt, als erwähnte europäische Monarchien noch längst nicht existierten, denn es gab ja noch nicht die Staaten, denen sie hätten vorstehen können. Es gab noch nicht einmal die Völker, aus denen diese Staaten hätten entstehen können. Geschichte vollzieht sich staffelweise. Juden gehören zu einer alten Staffel.

Sowohl im römischen wie im persischen Weltreich gab es jahrhundertelang immer wieder Machtkämpfe zwischen führenden Familien mit davidischem Stammbaum. Die »Patriarchen« genannten Präsidenten der palästinischen Juden nach der Zerstörung des Jerusalemer Tempels hatten einen solchen Stammbaum durch ihren Ahnherrn Hillel. Sie blieben bis zum Jahre 452 n.d.Z. die anerkannten Würdenträger und, soweit es anging, auch politischen Häupter der Juden. Durch ihre zentrale Autorität wurde unter anderem die Mischna als Lebens- und Rechtsgrundlage des jüdischen Volkes geschaffen. Gleiches gilt für die wechselvolle Geschichte der »Exilarchen«, der Präsidenten der autonomen jüdischen Gemeinschaften im Perserreich. Sie regierten vom 2. bis zum 9. Jahrhundert kraft ihrer Herkunft aus dem Hause David. Das karäische Schisma des jüdischen Volkes im Orient in den Ländern am Mittelmeer, am Schwarzen Meer und bis nach Litauen wurde ebenfalls durch davidische Führungskräfte in Bewegung gesetzt. Davididen gab es auch im spanischen Judentum bis zur Vertreibung von 1492. Hier war es vor allem die Familie Abarbanel, die uneingeschränkt von Juden und Nichtjuden in dieser Rolle anerkannt wurde. Es ist kein Zufall, daß Don Isaak Abarbanel ein bedeutender Staatsmann werden konnte. Als Finanzminister des Königspaares Ferdinand und Isabella sorgte er unter anderem für die Sammlung der Mittel zu den Expeditionen des Christoph Columbus. Nach der unmittelbar darauffolgenden Vertreibung war er ein gesuchter Finanzberater mehrerer europäischer Herrscher. Zugleich verfaßte er seine Schriften über die Messias-Erwartungen. Als Familienoberhaupt, von dessen Nachkommen einige durch christliche Instanzen entführt und getauft worden waren, kämpfte er mit sich selbst um die Hoffnung, die Unabhängigkeit Israels im eigenen Lande zu erleben. Diese Hoffnung wird in ihrer monarchischen Form in den weitverzweigten Familien Abarbanel bis heute aufrechterhalten. Im Wappen führten sie den sechszackigen Davidstern, der dann die Bedeutung jüdischer Selbstbestimmung erhalten hat. Vor sechzig Jahren diente das Wahrzeichen der Abarbanels als Kennzeichen zur Entwürdigung von Juden durch Europäer, zur Verfolgung und zum Mord. Seit fünfzig Jahren ist es das Staatszeichen Israels.

Hat der Name Abarbanel, auch Abravanel geschrieben, eine Bedeutung? Er ist hebräisch. Viele lesen ihn *av-raban-el*, »Vater und Meister ist Gott«. Das ist aber in Wirklichkeit eine Umdeutung, denn der Titel *raban* wird nie im Zusammenhang mit Gott gebraucht. Es könnte allerdings ursprünglich geheißen haben: *ribon* – »Herrscher«, einer der häufigsten Bezeichnungen Gottes. Die Familie des Don Isaak jedenfalls verstand ihren Namen anders. Sein Sohn Jehuda, der Renaissancephilosoph Leone Ebreo, liest ihn *aver-ben-el*, »Engelsfittich«. Da aber *ben-el* christlich nicht als Engel verstanden wurde, sondern als »Sohn Gottes« im spezifisch christlichen Sinn, zog man die andere Deutung vor, um keine Mißverständnisse aufkommen zu lassen.

Die Deutung mit dem Namensbestandteil »raban« war vielen wohl auch deshalb so vertraut, weil dies ein üblicher Ehrentitel war. Als solcher wurde er dann auch ein Familienname. Verwandt damit sind verbreitete Namen wie *Rabin, Rabbinowitz* und ähnliche.

Die messianischen Erwartungen eines Friedenskönigs fanden weitere Bezeugung in Familiennamen. Bei orientalischen Juden ist der Name *Maschiach*, »Gesalbter, Messias« sehr häufig. Viele der enttäuschten Erwartungen messianischer Bewegungen führten zu Namensgebungen. Ein beliebter Nachname ist *Kochba* zur Erinnerung an Bar-Kochba, den Rabbi Akiba im Jahre 132 n.d.Z. zum König Israels erklärt hatte. Kochba ist die aramäische Form des hebräischen *Kochaw*, »Stern«, denn der ersehnte Friedenskönig heißt »der Stern aus Jakob«. Nicht zufällig also ist *Stern* ein häufiger jüdischer Name im deutschen Sprachbereich.

Einer der jüdischen Prätendenten im 16. Jahrhundert war David Re'uweni, der nicht nur auf die europäischen Juden tiefen Eindruck machte, sondern auch auf Staatsmänner wie Papst Clemens VII. Manche Familien nennen sich nach ihm. Ein verbreiteter sefardischer Name ist *Molcho*. Die Familien diese Namens tragen ihn zur Erinnerung an einen Mann, der engstens mit Re'uweni verbunden war. Ursprünglich war er portugiesischer Christ mit einem portugiesischen Namen. Seine Vorfahren waren zur Taufe gezwungen worden. Wie so viele Nachkommen dieser Zwangschristen suchte er seine jüdische Identität. Den Weg zeigte ihm Re'uweni. Nun nannte er sich Schelomo Molcho, das bedeutet: »Salomo, der Königliche«. Das ging allerdings nicht in einem katholischen Land, wo er als »Neuchrist« ständiger Bespitzelung durch die Inquisition unterstand. Also flüchtete er in das Asyl vieler Marranen, die wieder Juden wurden: Saloniki, das im Altertum Thessalonich hieß und auch damals eine Rolle in einer jüdischen Bewegung spielte, wie die neutestamentlichen Texte zeigen. Hier, im ottomanischen Islamreich, herrschte völlige Religionsfreiheit für Juden. Im Mystikerkreis der Exilanten lebte er und plante nun eine staatliche jüdische Zukunft. Zu diesem Kreis gehörte auch der Mystiker und Jurist Joseph Karo, der die Basis für die konkreten Lebensordnungen und für die verinnerlichte Auffassung der Tradition schuf. Dann versuchten Re'uweni und Molcho die politische Verwirklichung der Pläne mit der Hilfe von Kaiser Karl V. zu ermöglichen. Sie verhandelten mit ihm in Regensburg über den jüdischen Staat im Lande Israel. Der Kaiser ließ sie verhaften. Molcho wurde als abtrünniger Christ der zuständigen Behörde ausgehändigt. 1532 wurde er durch Feuertod hingerichtet. Diese beiden, David und Salomo, verschwanden nicht mehr aus dem Denken vieler jüdischer Gemeinden, die endlich wieder einen eigenen Staat innerhalb eines politischen Bündnisses haben wollten. Mehr als hundert Jahre nach Molcho wurde wieder ein solcher Versuch gemacht. Er knüpft sich an den Namen des Schabbatai (Sabbatai) Zwi und die um ihn gruppierte sabbatianische Bewegung. Sein Name wurde ebenfalls Ausgangspunkt für verbreitete Familiennamen. Abgekürzt heißt er hebräisch *Schatz*. Das ist zugleich eine Abkürzung für »Vorbeter«. Schatz ist ein häufiger Name, sowohl in der einen wie in der anderen Bedeutung. In Osteuropa ist die Aussprache von Schabbatai »Schabsai«. Daraus entstand der Name *Schabs*, der sich auch in der eingedeutschten Form *Schoeps* findet und auf die Zugehörigkeit des ursprünglichen Trägers zur sabbatianischen Bewegung deutet.

Eine der großen Familien aus der Nachkommenschaft des Königs David trug stets den biblischen Namen ihres bedeutenden Vertreters aus dem 6. Jahrhundert v.d.Z.: Schaltiel. Als damals die Perserkönige genehmigten, das zerstörte Jerusalem wiederzuerbauen, war eine der wichtigsten Persönlichkeiten unter den Rückwanderern der Prinz und Statthalter Serubabel, Sohn des Schaltiel. Und als 1948 wieder einmal Jerusalem durch Feinde belagert wurde, um die jüdischen Stadtbewohner durch Hunger, Durst und Geschosse zu vertreiben, da war der Stadtkommandant ein Schaltiel. So viel zur Geschichte der jüdischen Königs- und Staatsidee in Familiennamen.

Manche Familien heißen aber auch nach nichtjüdischen Königen, die besonderen Eindruck machten und nicht vergessen wurden. Einer von diesen war Alexander der Große von Makedonien. Die hebräische Form von Makedonien ist *Mukdon* oder *Mukdan*. Besonders in der Form *Mugdan* wurde es zum Nachnamen. Bei jemenitischen Juden ist *Kaissar*, d.h. Caesar, ein verbreiteter Name.

»Schatz« ist ein zweisprachiges Wortspiel: hebräische Abkürzung und deutsches Wort. Es gibt eine ganze Anzahl solcher Namenswortspiele mit historischer Bedeutung. Da ist vor allem eine weitere Gruppe der jüdischen Führungsschichte im 11. bis 13. Jahrhundert, es sind diejenigen, denen die christliche Umwelt verwehrte, als Juden zu leben. Daher konnten sie als Juden nur den Märtyrertod erleiden. Ihre Nachkommen sehen diese Treue als sehr großen Adel an. Sie nennen sich »Same der Heiligen«, hebräisch *sera kedoschim*, und abgekürzt *Saks* oder *Sachs*.

Der jüdische Name Bach ist ebenfalls eine Abkürzung, und zwar von *bajit chadasch*, »neues Haus«. So heißt ein religionsgesetzlicher Kommentar des 17. Jahrhunderts. Wie sehr oft bei gelehrten jüdischen Werken wurde er zum Beinamen des Verfassers und seiner Nachkommen. Außer der direkten Herkunft gibt es eine Übernahme des Namens von Gelehrten aus Gründen der Verehrung. So nannte sich *Salomon Maimon* (gest. 1800), der erste Kantianer, nach dem größten jüdischen Philosophen des Mittelalters *Moses Maimonides* (1135–1204). Bei Anhängern der verschiedenen chassidischen Schulen sind Namen verbreitet, die ihre Zugehörigkeit bezeugen, z.B. *Bratzlawer* (auch in der Form *Braslawi*) oder *Schneerson*.

Zu den zweisprachig verständlichen Namen aus dem Bereich der gesellschaftlichen Führung gehören auch *Rosen* und *Katzin*. Beides bedeutet im Hebräischen »Fürst«, vor allem im Sinne eines Mäzens oder Gemeindewohltäters. Solche Beinamen waren ursprünglich gemeindeinterne Ehrentitel und erhielten später den offiziellen Status eines amtlich beglaubigten Familiennamens. Auch die deutsche Übersetzung *Fürst* ist ein verbreiteter Zuname. Außerdem gibt es, wie bereits im Kapitel über die Priester erläutert wurde, den Namen *Katz* als Zusammenziehung der hebräischen Bezeichnung *cohen zedek*, »gerechter Priester«, der dann auch in Weiterbildungen wie *Katzmann* vorkommt. Die Levitennamen *Segal, Siegel* usw. sind ebenfalls dort besprochen worden. Aus dem Bereich der Gemeindeverwaltung ist ein weiterer häufiger Name anzuführen: *Parnass*. Das hat nichts mit dem griechischen Musensitz zu tun und auch nichts mit der französischen Dichterbewegung des 19. Jahrhunderts, sondern ist der hebräische Ehrentitel für Mitglieder des Gemeindevorstandes, besonders in aschkenasischen Gemeinden. Bei sefardischen und orientalischen Juden entspricht dem der Titel *Gabbai*, der ebenfalls ein weitverbreiteter Name ist. Mehr privater Natur ist der Titel *Ssandak*, von griechisch *Syndikos*, Stellvertreter; gemeint ist der des Vaters bei dem Beschneidungsbund der Neugeborenen. Davon kommen unter anderem die Familiennamen *Zondek* und *Sonntag*. Da die nichtjüdischen Verwaltungsbeamten des 19. Jahrhunderts diesen Zusammenhang schließlich nicht kennen konnten, machten sie dann Vorschläge für weitere Wochentage als wählbare Zunamen. Daher gibt es z.B. auch viele Mittwochs.

Neben den Denkern und Juristen waren die Ärzte stets geachtete Mitglieder der jüdischen Führungsschicht. Das muß besonders betont werden, weil im gesamten Bereich des ursprünglich römischen Einflusses Ärzte zu den Sklaven gehörten und infolgedessen noch durch Jahrhunderte europäischer Geschichte als niedrige Handlanger verachtet wurden, ähnlich wie Künstler, Musiker und Schauspieler. In außereuropäischen Kulturen hat sich das meist anders verhalten, so auch in der jüdischen. Hier ist Arzt ein Ehrentitel und Familienname. Ein häufiger jüdischer Name ehemals südspanischer Familien ist *Abulafia* (arabisch *abu-'l-afija*, »Vater der Heilung«), auch in Abschleifungen wie *Bolaffi*. Aus Deutschland stammte eine bekannte Arztfamilie, die nach Kandia auf Kreta auswanderte und dort *Del Medigo* hieß. Hebräisch nannten sie sich *Rofè*. Einer ihrer Söhne im 17. Jahrhundert war ein Schüler Galileis und Leibarzt des polnischen Fürsten Radziwill. In der hebräischen Literatur heißt dieser gelehrte Freigeist *Jaschar aus Kandia*. Jaschar ist hebräisch: Der Gradsinnige. Es ist die Abkürzung seines Namens: Josef Scheolomo Rofè.

Einen sehr angesehenen Beruf hat der Schreiber von Tora-Rollen. Es finden sich daher häufig sowohl der deutsche Name *Schreiber* wie der hebräische *Sofer*. Auch in diesem Fall kann sich der gleiche Mann in beiden Sprachen bezeichnen. Am bekanntesten ist der aus Frankfurt stammende Begründer der Pressburger Talmud-Hochschule, Mose Sofer (1763–1839), der eine der großen Autoritäten der strengen Orthodoxie ist.

Aber auch die schlichten Handwerker, die im Judentum immer besonders angesehen waren, erstellten verbreitete Familiennamen. Bereits in der Zeit des Zweiten jüdischen Staates finden sich berühmte Meister mit Zunamen »Teppichknüpfer«, »Pechbrenner« oder »Schuster«, hebräisch: *Sandlar*. Den Namen *Sandler* gibt es bis heute. Und so gibt es auch viele Familien Bauer, Schneider, Kürschner, Schochet (= Schlächter), Kretschmar (= Gastwirt) usw.

Das Musizieren war bei Juden immer sehr verbreitet. Abgeleitete Berufsnamen sind Zimbalist, Sänger, Geiger. Nach Familienvätern, die bekannte Vorbeter waren, nannten sich die vielen *Kantor, Kantorowicz* und vom Hebräischen »chasan« abgeleitet *Chasanowicz*. In Europa und dem Orient waren Juden seit eh und je Fachleute der Juwelierskunst. Davon zeugen Namen wie *Goldschmidt* und *Steinschneider, Silbermann* und in manchen Fällen die Bezeichnungen nach Edelsteinen, die allerdings oft sogenannte »Phantasienamen« sind, die wegen ihrer ästhetischen Assoziationen gewählt wurden, denn zum Judesein gehört eine besonders starke Pflege des Schönen. Daher also auch Namen wie *Goldfarb, Rosenblüth, Morgenthau* in einer Gesellschaft, die als Grundsatz den tannaitischen Ausspruch hat: *»Eine anmutige Ehefrau, ein gepflegtes Haus und schöne Geräte machen den Geist des Menschen aufnahmefähig.«* Im übrigen ist die Antithese dazu der kurze, bündige Ausspruch: *»Armut läßt verkümmern.«* An diesen beiden Sprüchen läßt sich die ganze Tragödie abmessen, die das so oft aufgezwungene Slumleben für Angehörige der alten Hochkultur bedeutet.

Wer aus südlichen, »welschen« Ländern in die nördlicheren zog, erhielt oft den Namen *Wallach*. Das ist »Welscher« und hat nichts mit der Pferdebezeichnung zu tun. Durch lokalen Lautwandel wurde daraus dann auch *Bloch*. Und natürlich kam *Deutsch* oder *Allemanno* aus Deutschland, *Franzos* oder *Francès* aus Frankreich, *Oistrakh* aus Österreich, *Unger* aus Ungarn und der hebraisierte *Bar-ilan* ist kein »Baumsproß«, was es wörtlich bedeutet, sondern eine alte Familie namens Berlin. Oder ein anderes Beispiel. Da wanderte eine Familie aus der Lausitz nach Norditalien. Dort hießen sie *Luzzatto* (= Lausitzer). Ihr entstammen der Dichter und Mystiker Rabbi Mosche Chajim Luzzatto, abgekürzt genannt *Ramchal* (1707–1746), der Mittelalterforscher Schemuel David Luzzatto, abgekürzt *Schadal*, einer der Begründer der Wissenschaft des Judentums (1800–1865), und der italienische Staatsmann Luigi Luzzatti (1841–1927).

Nicht immer war es eine Fremdsprache, die zu solcher Umformung eines Namens führt. Daneben gibt es auch eine andere Entwicklung: Eine alte Form wird nicht mehr verstanden, wird umgedeutet oder verändert. Das bezieht sich vor allem auf Städtenamen aus dem Mosel-, Rhein- und Neckargebiet. Die Orte dieser alten jüdischen Ansiedlungslandschaften trugen ihren Einwohnern entsprechende Zunamen ein. Neben den vielen Namen vom Typ *Landau, Wassertrüdinger, Mannheim, Frankfort* gibt es auch den Lautwandel von ü zu i: so wird aus Günzburg *Ginzburg*. Immerhin bleibt der Herkunftsort ohne weiteres erkenntlich. Aber wer denkt bei dem Namen *Dreyfuß* an einen Ort? Und doch hat er nichts mit dem dreifüßigen Gestell zu tun. Es ist eine Variante zu *Trivas* und *Treves*. Das sind die alten Namen der Stadt Trier. Lokal wurde sie im Mittelalter *Drevesch* ausgesprochen. Daher rührt also Dreyfuß.

Dann gibt es in vielen Ländern Familien, die *Schapira* heißen. Dieser Name gehört zur gleichen Gruppe wie *Spiro, Spira, Spire*. Das bedeutet, daß ihre Vorfahren ursprünglich in Speyer lebten, bevor sie 1435 von dort vertrieben wurden. Eine andere Variante ist *Sapir*, woraus weitere Spielarten wie *Saphirstein* entstanden. Auch in diesem Falle gibt es Leute, die beide Namen tragen, den einen als deutsche und den anderen als hebräische Fassung, vergleichbar also den Latinisierungen wie Wolf – Vulpius, Komensky – Comenius, die im christlichen Bürgertum beliebt waren.

Speyer war Teil eines berühmten mittelalterlichen Dreierbundes der jüdischen Geschichte, zusammen mit Worms und Mainz. Diese drei Gemeinden heißen in einer hebräischen Abkürzung *Schum*. Es gibt noch immer Familien, die diesen Namen führen.

Aus dem 19. Jahrhundert stammen Namen wie *Wormser* und *Mainzer*, die nicht unbedingt aus alten Familientraditionen herrühren. Anders ist es mit den Familien *Vermes* und *Germeis*: Dabei handelt es sich offensichtlich um Varianten alter Namen der Stadt Worms wie *Vermaisa* und *Guermeise*. Die Lautentwicklung gue = we ist recht häufig, man vergleiche etwa den deutschen Sippennamen *Welfen* neben dem italienischen *guelfi*.

Alte Familien Mainzer Herkunft heißen oft *Mentz* oder *Mintz*. Daraus wurde manchmal *Müntz* gemacht, was in diesem Falle nichts mit dem Münzwesen zu tun hat, etwa im Namen eines bedeutenden Rabbiners des 15. Jahrhunderts, der aus Mainz nach Posen wanderte und sich hebräisch *Minz* schrieb, was dann irrtümlich quasi-verdeutscht *Münz* wurde.

Aus Heilbronn kommen die Familen *Heilpern, Halperin*, französisiert zu finden auch als *Alper*, und in Rußland, wo das h in der Aussprache zu g wird, *Galperin*.

Der Name *Brod* kommt nicht etwa von einer veralteten Schreibung des Wortes Brot, sondern ist eine Variante des Namens *Brody* nach der großen ehemals österreichischen Stadt in Galizien, die seit dem 18. Jahrhundert von großer Bedeutung für die Aufklärungsbewegung und die neue hebräische Literatur war. Manche Familien, die dorther stammten, hießen auch *Broder* oder *Brodermann*.

Aus Horovice in Böhmen stammen die Familien *Horowitz, Hurwitz, Gurewitsch*. Die Städte Brünn und Eger sind die Heimat berühmter jüdischer Familien.

Deutsche Wörter und Ortsnamen sind für Italiener oft schwer auszusprechen. Besonders, wenn sie lang sind. So mochte man sich in Venedig im 16. Jahrhundert sehr die Zunge zerbrochen haben, denn der große Gelehrte *Me'ir* aus Deutschland, der dort jahrzehntelang Präsident des Richterkollegiums war, stammte aus dem hessischen Katzenellnbogen und nannte sich nach dieser Stadt. Das wurde in hebräischen Anschriften meist in drei Wörter geteilt: *Kazin* (= »Fürst«)-*Ellen-Bogen*. Aber auch das war schwierig. Da sein Amtssitz in Padua war, erhielt er allmählich den Namen *Me'ir Padua* und ist viel bekannter unter diesem Namen. Aber auch in Deutschland selbst kürzte die Familie ihren Namen ab. So entstand daraus u.a. *Elbogen*.

Andere Ortsnamen wurden durch spezifische Formen des jüdischen Brauches umgeändert. So ist es etwa ein Irrtum, bei dem Namen des Schriftstellers *Schalom Asch* an »Asche« zu denken. Dieser sehr verbreitete Name entstand nämlich durch eine im hebräischen Druckwesen übliche Abkürzung aus *Eisenstadt*. In ähnlicher Weise heißen Familien aus Fraustadt *Presch*.

In Südfrankreich und Spanien übersetzte man gern lokale Ortsnamen ins Hebräische. Stammte etwa einer aus dem großen jüdischen Zentrum in Lunel, so hieß er *Jarchi*, (von *jareach*, »Mond«). Aus Granada kamen verschiedene *Rimon* (hebr. »Granate«), aus denen dann im slawischen Raum in weiterer Übersetzung *Milgrom* wurde. Das sind nur Beispiele für viele andere übersetzte Ortsnamen jüdischer Gelehrter des Mittelalters.

Familiennamen nach Städten sind aber nicht nur ein geographischer, sondern auch ein gesellschaftlicher Hinweis: Bereits in den alten Feudalordnungen, in denen es Burgherren und mehr oder weniger leibeigene Bauern gab, spielten die jüdischen Gemeinschaften die Rolle, die später dem Mittelstand zukam. Sie befanden sich außerhalb des Ständewesens, aber sie schufen die Ordnungen des bürgerlichen Stadtlebens mit allen Verwaltungsbehörden, die sie intern für ihre Autonomie benötigten. So gibt es bei den sefardischen Juden den Namen *Medina*, was hebräischen und arabisch »Stadtstaat« heißt. Der verbreitete Name *Alcalay* kann sowohl auf die Herkunft auf die Stadt Alcala bei Madrid hinweisen wie überhaupt auf die

Siedlungsberechtigung in einer befestigten Stadt, arabisch *kala*. Und als nach langem Bemühen Juden im 19. Jahrhundert in Rußland die Erlaubnis bekamen, in den vorher »judenreinen« Großstädten zu wohnen, nannten sich manche von ihnen *Gordon*. Das klingt zufällig wie der bekannte englische Name, ist aber abgeleitet von *gorod*, »Stadt«.

Die Namen spanischer Städte wanderten mit den vertriebenen Juden in alle Erdteile. Aus Cordoba stammte *Cordovero*. So hieß einer der großen Mystiker der galiläischen Schule, der die Systematik der Kabbala schuf. Seit Jahrhunderten führend in Marokko waren die Familien *Toledano* und *Toletula*. *Taragon* und *Sevilla* hießen andere. Aus Gerona in Katalanien kam die Familie *Gerondi*. Manche dieser Namen wurden ausgelöscht, weil die Familienangehörigen bei der Zwangstaufe die Namen der spanischen Taufpaten erhielten. Wurden im 16. und 17. Jahrhundert ihre Nachkommen wieder Juden, wählten sie oft ganz schlichte Namen, die ihre Zugehörigkeit bezeugen sollten und weiter nichts, wie z.B. der Staatsmann und Philosoph *Manasse ben Israel* in Amsterdam, der 1656 von Cromwell die Erlaubnis erlangte, daß Juden fast 400 Jahre nach der Vertreibung wieder in England wohnen durften. Manche wählten den Namen *Franco*, »Befreiter«. Wenn man in Holland oder England bestimmte spanische Namen antrifft, so weiß man noch heute: Die Vorfahren dieser Juden oder Christen flohen vor der Inquisition: Familien wie *Henriquez, Lopez, Mendoza, Cardozo, da Costa, Spinoza, Mendes, Franco*.

Wo Juden durch Assimilation und gesellschaftlichen Druck der Umwelt das Christentum annahmen wie in Südfrankreich, bleiben die Namen alter berühmter Familien das einzige noch bestehende Zeugnis längst vergangener Gemeinden.

Die Benennung nach Geburtsorten zeigt die Wandergeschichte der Juden auch in den orientalischen Ländern. Saadja, der rationalistische Philosoph im 10. Jahrhundert und Rektor der Hochschule von Bagdad, hieß *Fajjumi*, denn er stammte aus der ägyptischen Provinz Fajjum. In Spanien wirkte im 11.

Jahrhundert einer der großen Halacha-Meister. Er kam aus Fez, arabisch *Fass*, und hieß daher *Alfassi*. Einer der Hofdichter der maimonidischen Fürstendynastie im Kairo am Ende des 13. Jahrhunderts hieß *Jeruschalmi*, er war aus Jerusalem gekommen. Ein anderer Dichter des 13. Jahrhunderts in Ägypten, *Dar'i*, stammte aus der marokkanischen Stadt *Dar'a*. Er war der bedeutendste Dichter der karäischen Juden, bis heute werden seine Hymnen in ihrem Gottesdienst gesungen. Von der Größe der Gemeinde von Dar'a zeugt auch heute noch die Häufigkeit des Namens *Dar'i* bei nordafrikanischen Juden. Auch die südarabischen Juden aus dem Jemen tragen oft Städtenamen. Das gleiche gilt für Asien. So kommen z.B. die *Gurdji* aus Georgien, die *Barasani* aus Kurdistan.

Eine häufige Form von Familiennamen ist auch bei Juden das sogenannte Patronym, d.h. die Anhängung des Wortes *-sohn* an den Namen des Vaters, und in slawischen Ländern *-wicz* oder *-witsch*. Manchmal bleibt von *-sohn* nur das s: *Isaacs*, *Abrahams*. Wo die Umwelt die Verchristlichung wünschte, wurde daraus leicht *Bramson, Brahm* oder *Brahms*.

Im 18. und 19. Jahrhundert gab es oft Kennzeichnungen sowohl nach dem Herkunftsort wie nach dem Vatersnamen. Das hing in deutschen Fürstentümern, im Königreich Preußen und im Zarenreich damit zusammen, daß Juden nur an bestimmten Orten ansässig sein durften, wobei es sich immer um einzelne Familien handelte, die dazu berechtigt waren und dieses Recht in regelmäßigen Abständen neu erwerben mußten. Den Begriff der Freizügigkeit gab es in Deutschland ebensowenig wie im russischen Reich. Die Behörden verfolgten genau die Gründung neuer Haushalte durch Heirat oder Zuzug. Es war eine gute Quelle für den Fiskus, denn das Recht mußte schwer erkauft werden, oder es wurde verweigert. Da gab es etwa in Anhalt seit dem Ende des 17. Jahrhunderts die Wohnerlaubnis für einige Familien, z.B. in Dessau für einen Hausvater namens Mendel. Also hieß er Mendel Dessau. Sein Sohn schrieb schon in jungem Alter eine Reihe hebräischer Schriften, und man war stolz auf diesen kranken, buckligen Mosche Dessau. Als er dann unbedingt in die Hauptstadt Berlin wollte, war es gar nicht so einfach, die Arbeits- und Wohnerlaubnis zu erhalten. Es war auch erforderlich, seinen Namen in einen auf *-sohn* zu ändern. So kam die jüdische und die deutsche Geschichte zu dem Philosophen Moses Mendelssohn und seinen vielen bedeutenden Nachkommen, z.B. seinem Enkel Felix Mendelssohn-Bartholdy.

Neben diesen »patriarchalischen« Namen gibt es auch matriarchalische Benennungen. Die Söhne einer Frau Chaja nannten sich mit Familiennamen *Chajes*, die der Taube hießen *Taubes*. Andere Namen dieser Art sind *Mireles, Gitteles, Broches*. Dieser matriarchalische Brauch gilt übrigens auch in dem umfangreichen Bereich der Konsultation chassidischer Rabbis. Jeder Hilfesuchende gibt schriftlich sein Problem, sei es Beruf, Krankheit, Gewissensfrage, Erziehungsprobleme, was immer ihn oder sie zu dem Rabbi führt, und unterzeichnet mit seinem Vornamen und dem Namen der Mutter. Das ist heute in New York oder Jerusalem genau so üblich wie im 19. Jahrhundert in Polen oder Rußland. Manchmal wurde auch der Mann nach seiner Frau benannt. Der Gemahl der Edele z.B. hieß in seinem Städtchen »Edelmann«, falls sie die prägnantere Persönlichkeit war. Der Name blieb haften und wurde offizieller Zuname.

Wie bereits erwähnt, gibt es eine Reihe weitverbreiteter Tiernamen wie Adler oder Bär. Davon ist der erste nie Vorname, der zweite findet sich sowohl als Vor- wie als Nachname. Weitere solche Tiernamen sind *Löw, Wolf, Hirsch*. Wie die meisten bereits genannten Namen kommen sie in Varianten und in Übersetzung in die verschiedenen Landesprachen vor. Mit diesen drei Namen hat es eine besondere Bewandtnis. Sie sind uralter Herkunft und stammen aus dem Bereich der Tiersymbole für die Stämme Israels. Daher ist jeder von ihnen mit dem Namen eines Stammes verbunden.

Der Hirsch, oder eigentlich die Antilope, war das Kennzeichen des Stammes Naftali. In den sogenannten Jakobsprüchen am Ende des 1. Buches Mose, die dem Stammvater in den Mund gelegt sind und die Eigenschaften der israelischen Stämme beschreiben, heißt es *»Naftali ist eine flinke Antilope«*. Die deutschen Juden übersetzten den Namen des Tiers: *Hirsch*. So ergaben sich zwei männliche Vornamen, die gern zusammen gebraucht wurden: Naftali Hirsch. Der zweite wurde auch Familienname. Im Elsaß wurde daraus das französische *Cerf*. Es gibt davon eine ganze Reihe von Varianten, z.B. *Hirz, Hersch*. Nach dem Brauch, an Familiennamen *-mann* anzuhängen, gab es dann auch *Hirschmann* und in russischer Aussprache *Gershman*. Der Vorname *Hirsch* wird oft durch einen weiteren mit dem gleichen Anfangsbuchstaben ergänzt wie *Hermann* oder *Harry*.

Auf die gleiche Weise entstanden die Familiennamen *Wolf, Wulff, Wolfsohn*, spanisch *Lopez* und ähnlich in anderen Sprachen, und zwar durch die Verbindung mit dem Stamm Benjamin. Von ihm heißt es in den Jakobsprüchen: *»Benjamin ist ein reißender Wolf«*. Ganz im Gegensatz zu der verbreiteten idyllischen Vorstellung vom jüngsten Sohn, dem kleinen unerwachsenen Benjamin, die sich häufig bei Nichtjuden findet, handelt es sich bei jüdischen Assoziationen um den kriegerischen Stamm Benjamin.

Noch verbreiteter ist der Löwe. In den Jakobsprüchen bezeichnet er den Stamm Jehuda, der mit David zum Herrscherstamm des jüdischen Volkes geworden war. Auch hier fand wieder der gleiche Vorgang statt. Man gab einem Knaben den Doppelnamen *Jehuda Arje* oder übersetzt: lateinisch *Leo*, italienisch *Leone*, deutsch *Löwe*, russisch *Lev*. Daraus wurde oft ein Familienname, u.a. auch in Patronym-Formen wie *Löwensohn, Lebenson, Leijbowitz*. Da es in den meisten Sprachen keinen ö-Laut gibt, verwischt sich oft die genaue Grenze zwischen Namen, die vom hebräischen Levi abgeleitet sind und solchen, die vom deutschen Löwen gebildet wurden. Auch hier findet man jene Wortspiele, die in verschiedenen Epochen so beliebt waren und auch gern bei Namen angewendet wurden. Aus dem Kreis um Mendelssohn ist da der Bibelkommentator *Joel Löwe* zu nennen. Er wurde aber meist *Joel Brüll* genannt, denn sein hebräischer Zuname war *Bril*, das ist die Abkürzung für »Sohn des Rabbi Jehuda Leijb«. Übrigens ist *Brill* ein sehr häufiger Name, der immer auf diese Weise aufgeschlüsselt werden muß. Er hat weder mit der Brille etwas zu tun, die früher im allgemeinen als »Augengläser« bezeichnet wurde, noch mit der Stadt Brühl. Nicht davon abgeleitet ist aber der verbreitete jüdische Name *Berl*, der nichts anderes ist als »Bärchen«.

Der Vor- und Zuname *Herz*, in Verkleinerung *Herzl*, steht gewissermaßen auf dem Schnittpunkt von Hirsch und Löwe, denn neben *Hersch, Herschel* gibt es auch *Herz, Herzl* und die russische Form der Aussprache von *Löw*, »Lew«, ist zufällig gleichlautend mit dem hebräischen Wort *lev* »Herz«. Anstelle der verbreiteten Namensgebung *Jehuda Leo* zog man deshalb oft im deutschen Sprachbereich *Lev Herz* vor. Neben der slawisch anmutenden Schreibweise *Lev* entstand die eingedeutschte Form »Löb«. Alle Formen wurden zu Nachnamen wie *Loeb, Loebl.*

Wenn man ein israelisches Schulkind fragt, wer Theodor Herzl war, wird es erst schnell überlegen, ob vielleicht doch ein anderer gemeint sei, denn in Israel werden die hebräischen Vornamen jüdischer Persönlichkeiten benutzt und nicht die europäischsprachigen. Der Begründer des politischen Zionismus hieß *Benjamin Seew Wolf Theodor Herzl.* Im hebräischen Sprachbereich sind nur die beiden ersten Namen als seine Vornamen üblich.

Im deutschen Sprachbereich hielten sich bei Juden auch ältere deutsche Namen, die anscheinend in der Umwelt bereits nicht mehr modern waren, wie ja Vornamen oft sehr starken Zeitströmungen ausgesetzt sind. Vor mehreren Jahrhunderten hießen nicht nur Juden *Liebmann, Gutmann, Süßkind, Süßmann, Edele*. Gerade bei ihnen aber haben sich diese auch als Familiennamen erhalten. Ein berühmter deutsch-jüdischer Jurist des 17. Jahrhunderts war Jomtow-Lipmann Heller.

Es gibt eine spezifisch jüdische Art der Namensgebung nach Feiertagen. So findet sich bei persischen Juden häufig der Zuname *Chanukka*, »Lichterfest«, und vielerorts in Europa *Bondi*, aus *bon-di*, »Feiertag«. Ursprünglich waren auch dies Vornamen; Bondi ist eine romanische Übersetzung des hebräischen Vornamens *Jomtow.* So pflegte man Söhne zu nennen, die an Feiertagen geboren wurden. Ein üblicher Vorname ist *Pessach*, »Ostern«. Bei Orientalen wählt man gern *Nissim*, »Wunder«, als Vor und Familienname. Damit verwandt ist der Name *Sasson*, hebräisch »Jubel«, der besonders bei irakischen Juden verbreitet ist. Auch er wurde zum Familiennamen. Besonders bekannt ist eine Bagdader Familie, von der ein Zweig in Indien lebte. Als Großkaufleute, Industrielle, Staatsleute und Gelehrte wirkten die *Sassoon*, wie ihr Name meist geschrieben wird. Siegfried Sassoon erlangte Ruhm als moderner englischer Dichter.

Ein Kapitel für sich bilden die Familiennamen israelischer Juden. Ein großer Teil der Staatsangehörigen wählte hebräische Namen anstelle der anderssprachigen. Im allgemeinen ist es allein schon aus technischen Gründen einfacher, einen hebräischen als einen fremdsprachigen Namen zu entziffern und auszusprechen. Ähnliche Tendenzen gibt es sehr oft in Ländern mit starker Einwanderung. In manchen Zeiten und Orten wird eine solche Änderung behördlich verlangt. In Israel steht der Wechsel dem einzelnen frei, soweit kein antisoziales oder rechtswidriges Versteckspiel beabsichtigt ist. Die behördlichen Einschränkungen sind äußerst gering. Wie die kleine Übersicht zeigt, gab es ja oft Doppelnamen, Übersetzungen, Anklänge, Wortspiele mit Namen. All das geschieht nun in ganz konzentrierter Form in Israel, begann eigentlich schon Jahrzehnte vor der Staatsgründung. Der hebräische Deckname *Agnon* ist weltbekannt geworden, nicht der ursprüngliche slawische Name des Schriftstellers. Aus *David Grinberg* war schon nach dem Ersten Weltkrieg *David ben Gurion* geworden, die Familie *Sukenik* nannte sich neu *Jadin*. Viele Eltern möchten um ihrer Kinder willen einen Namen haben, der ihnen von ihrer hebräischen Muttersprache her inhaltsreich und sinnvoll ist und den die Kinder aussprechen können, ohne sich die Zunge zu zerbrechen.

Es ist mit eines der Zeichen der Heimkehr, nach eigenem Entschluß zu handeln. Vielleicht spielt dabei die Erinnerung an Demütigungen vergangener Generationen mit, denn es war ja bei den staatlichen Namensgesetzgebungen auch so gewesen, daß Familien in vorwiegend antisemitischen Umgebungen durch einen aufgezwungenen »typisch jüdischen« Namen besonders exponiert wurden. Als Bestandteil der sogenannten »Emanzipation« gab es Listen von Vor- und Nachnamen, die von Juden *nicht* getragen werden durften. Der einzige Weg aus dieser Diskriminierung war die Taufe. Viele Leute, die das Wissen von diesen Dinge mit sich herumtragen, sehen daher die Zugehörigkeit zu jüdischer Identität und Staatlichkeit auch im hebräischen Familiennamen, der nicht an Orte und Umstände erinnert, die mit ständigem Leid verbunden waren.

V. Die Judensprachen

In allen Kulturkreisen, denen die Juden im Laufe ihrer Geschichte angehörten, entwickelten sie innerhalb der vorherrschenden Sprache eigene Mundarten. Diese blieben entweder auf ein bestimmtes Land beschränkt oder wurden auf Wanderungen mitgenommen. Faßte eine große Anzahl vertriebener Juden aufs neue Fuß, so bewahrten sie oft ihre eigene Sprache. Sie entwickelte sich unter neuen Bedingungen weiter, nahm Fremdwörter und Wortformen aus der vorherrschenden Sprache der neuen Umgebung auf. Es wäre eng und verkehrt, diese Sprachen, die ja gesprochen, geschrieben und gedruckt wurden und zum Teil noch werden, als »Vulgärdialekte« oder dergleichen abzutun, wie es manchmal aus Befangenheit heraus geschieht. Man möge daran denken, daß Dante, ein immerhin nicht unbedeutender italienischer Dichter, es für notwendig hielt, sich in einem lateinischen Werk zu rechtfertigen, weil er »die vulgäre Sprache des Volkes« für literarische Zwecke benutze.

Im folgenden sollen die verschiedenartigen Sprachen geschildert werden, die bei einer Reihe jüdischer Gruppen in aller Welt entstanden sind. Es geht also nicht darum, in welchen Ländern und Sprachgebieten Juden lebten, welche Sprachen und Mundarten sie in Vergangenheit und Gegenwart benutzen. Vielmehr geht es um die Entwicklungen der jeweiligen umweltlichen Sprachen innerhalb der jüdischen Kultur. Damit ist wie überall in diesem Buche gemeint: die Summe der zwischenmenschlichen Gemeinsamkeiten, die bewußt oder unbewußt aus dem zugrundeliegenden jüdischen Menschenbild gespeist wird. In den Sprachen, um die es sich handelt, liegen zunächst schriftliche Zeugnisse aus vielen Jahrhunderten vor, sodann gibt es auch Sprecher und Schreiber, die sich ihrer bis zur Gegenwart bedienen. Freilich kann hier nicht mehr geboten werden als ein erster Einblick. Wie bei allen anderen Themen, die in diesem Buch zur Sprache kommen, handelt es sich auch bei den Judensprachen um Fachgebiete, die Gegenstand umfangreicher wissenschaftlicher Forschungen sind. Hier soll lediglich auf ihr Bestehen aufmerksam gemacht werden.

Die Sprachen, um die es sich dabei vor allem handelt, sind: Griechisch, Persisch, Aramäisch, Latein und die romanischen Sprachen sowie Deutsch, obwohl es auch weitere Judensprachen gibt, wie etwa die tatarische und die Berbersprache, die äthiopischen Sprachen Ge'ez, Amhari und Agau und weitere.

Bei den darzustellenden hauptsächlichen Judensprachen geht es um mehr als Haussprachen oder Dialekte, die man auf dem Markt hören kann. Zwar haben auch solche einen hohen ethnologischen Wert, sind jedoch nur dem unmittelbar Hörenden zugänglich. Kulturgeschichtlich breiteres Interesse kommt aber Sprachen zu, in denen außerdem auch eigene schriftliche Aufzeichnungen hervorgebracht werden.

Eine Gemeinsamkeit aller Judensprachen mit Schriftprodukten, vom privaten Zettel bis zum Buch, ist die fast ausschließliche Entwicklung daraus, daß das Lesen und Schreiben des Hebräischen im Mittelalter fast jedem jüdischen Kleinkind beigebracht wurde. Das war auch dort der Fall, wo ein allgemeines Analphabetentum den Entwicklungsstand der Umwelt bestimmte. Diese Schrift wurde auch für anderssprachige schriftliche Aufzeichnungen verwendet. Technisch stand dem nichts im Wege, da jede Schrift Ergebnis gesellschaftlicher Übereinkünfte ist. Wer eine Sprache spricht, kann sie auch mühelos lesen. Mühsam werden solche Zeugnisse erst für den, der aus der schriftlichen Fixierung die hörbaren Wörter rekonstruieren will, die einer vergangenen Zeit eigen waren und für die es keine lebenden Sprachzeugen mehr gibt. Dann muß vergleichbares Material herangezogen werden, es muß Sprachvergleichung betrieben werden, Formenlehre, Lexikographie und so fort. Umgekehrt ergibt es sich daher, daß die schriftlichen Zeugnisse von Judensprachen oft außerordentlich interessant für die Geschichte der gesamten Sprache sind, der sie zugehören.

Solche schriftlichen Zeugnisse betreffen in erster Linie die zentralen Belange jeder jüdischen Gemeinde der letzten zweitausend Jahre, die synagogale Bibellesung sowie das synagogale und häusliche Gebet. Da nach jüdischer Auffassung dessen, was Religion ist, jeder die Bibel und die Gebete verstehen sollte, wurden seit eh und je Übersetzungen dieser wichtigsten Texte geschaffen. Prinzipiell konnte kein Mensch bereits dadurch Jude sein, daß andere einen Text verstanden und er selbst ihn gläubig mitsprach.

Es gibt daher handschriftliche und in den letzten 500 Jahren gedruckte Ausgaben hebräischer Originaltexte nebst Übersetzung. Dabei ist wichtig, daß auch die nichthebräischen Texte solcher Bücher oft mit Vokalzeichen versehen sind. Dadurch werden Rückschlüsse auf die Aussprache der nichthebräischen Sprache möglich, sofern man feststellen kann, wie in der betreffenden Umwelt das Hebräische in etwa klang, das seinerseits in vielen verschiedenen Aussprachetraditionen bestand und besteht. Aber auch die rein konsonantisch geschriebenen Texte sind von großer Bedeutung für die verschiedensten Sprachkunden.

Die Bezeichnungen für die einzelnen Vorgänge des Gottesdienstes gingen aus dem Hebräischen in die anderen Judensprachen über. Sprachgeschichtlich gesehen handelt es sich um Wort- und Ausdrucksbildungen, wie sie überall stattfinden, wo ein Lebensbereich dominant in einen anderen eingreift. Da im Judentum das gesamte Leben in all seinen Bereichen mit Vorstellungen durchwirkt ist, die aus dem Hebräischen kommen, finden sich in allen Judensprachen zahlreiche Wörter, die einen bestimmten Vorstellungsbereich anschneiden und ohne ihn oft nur teilweise verständlich sind.

Die Bezeichnung verschiedenster Dinge und Vorgänge mit hebräischen Wörtern bildete ihrerseits eine Brücke der Verständigung zwischen Juden aus sehr fern gelegenen Ländern und Sprachen. Das ist mit ein Grund dafür, weshalb der

Vergleich des Hebräischen mit dem Lateinischen der Gelehrten nur mit großer Vorsicht anwendbar ist, denn Latein wurde in christliche Ländern bewußt gepflegt als Standeskennzeichen, und die Anwendung technischer Termini aus dieser Sprache bildete und bildet ein Kennzeichen, das dem »Mann aus dem Volke« doch eher unverständlich und sogar unheimlich blieb, wie etwa die Entstehungsgeschichte deutscher Wörter wie »Hokuspokus« zeigt. Hingegen waren viele der hebräischen und aramäischen Termini, auch solche, die über die allgemeinen Dinge des tägliche Lebens hinausgehen, fester Bestandteil der jüdischen Volkssprachen, wurden mit der gleichen Selbstverständlichkeit benutzt wie jedes andere Wort auch. Texte des Synagogengebrauchs sind wohl die, die am sorgsamsten bewahrt und daher auch in Kriegszeiten gerettet wurden. Aber es sind durchaus nicht die einzigen bestehenden Literaturgattungen. Vielmehr besteht ein sehr breites Spektrum literarischer Erzeugnisse. Sie können nicht übergangen werden, wo von den betreffenden Sprachen überhaupt gehandelt wird. Dazu ist jeweils eine genaue Kenntnis jüdischer Kulturzusammenhänge notwendig, ob es sich nun um das Jüdisch-Deutsche handelt oder das Jüdisch-Persische. In allen Fällen ergibt sich für die vergleichende Sprachforschung reichhaltiges Material, für die Literaturgeschichte interessante Varianten zu Motiven und Darstellungsarten.

Jüdisch-Griechisch

Seit dem 4. Jahrhundert v.d.Z. wurde das Griechische zu einer Sprache der Juden wie auch anderer Bevölkerungsgruppen griechischsprachiger Reiche. Ja, man kann sogar sagen, daß die griechisch-jüdischen Gemeinden der vorchristlichen Jahrhunderte den kulturellen Grund dafür gelegt haben, daß das Christentum sich in den Mittelmeerländern sehr schnell verbreitete. Die Übersetzungen einzelner biblischer Bücher in die griechische Umgangssprache der Zeit vermittelte die Kenntnis der hebräischen Literatur auch Nichtjuden. Die philosophische

Betrachtung biblischer Texte, ihre Deutung im ethischen und allegorischen Sinne, wurde durch Juden in Ägypten unter anderem auch in griechischer Sprache betrieben. Am bekanntesten wurde Philo von Alexandrien im 1. Jahrhundert n.d.Z. In zahlreichen Schriften zeigte er Andersgläubigen den reflektierten Umgang mit dem biblischen Text. Dadurch wurden viele philosophisch Gebildete zur Annahme des Judentums oder seiner neuen Tochterreligion, des Christentums, hingeführt. Von jüdisch-griechischen Verfassern stammen auch viele Schriften des Neuen Testaments.

Im östlichen Mittelmeerraum und am Schwarzen Meer überwog die griechische Sprache auch unter römischer Herrschaft. Der kulturelle Hellenismus überdauerte den politischen um mehr als ein halbes Jahrtausend. Daher wurde für viele Gruppen »Rom« und »griechische Sprache« gleichbedeutend. Ein berühmter Hymnendichter des griechischen Kirchenritus war Romanos, dessen Name auf die gleiche Weise entstand: Er bedeutete nicht »der Römer«, sondern »der Mann aus Byzanz«. Wie zahlreiche andere Dichter der Ostkirche war er getaufter Jude, der sein Geistesgut in den neuen Wirkungsbereich einbrachte. Die Bezeichnung *Byzantion*, byzantinisches Reich, war offensichtlich nicht allen seinen Bewohnern geläufig. Byzanz blieb für viele »Rom« oder »Rumi«. Daher heißt die Sprache des Reiches, das byzantinische Griechisch, *rumaniotisch*.

Auch der Name der Hauptstadt, *Konstantinopolis*, war zu lang und umständlich. Er wurde in verschiedenster Weise verkürzt, z.B. *Kostandino*. Bei Juden war die Form *Kuschta* verbreitet, die sich auf den meisten Ausgaben der dortigen hebräischen Druckereien findet. Übrigens entstanden auch die heute geläufigen Namen dieser Stadt, *Stambul* und *Istanbul*, durch Ausspracheschwierigkeiten. Für Arabischsprechende ist es nämlich fast unmöglich, ein *o* oder ein *p* zu produzieren. An ihre Stelle treten *u* und *b*. So wurde aus dem englischen *police* »Polizei«, ein arabisches Lehnwort, gesprochen *buließ*. Das *k* vieler Wörter wird in Lokalaussprachen unhörbar (vgl. den arabischen Namen von Jerusalem, *El-Kuds*, »das Heiligtum«, im Lokaldialekt: *el-uds*). Daher schliff sich die Verkürzung »Kostan« ab und wurde »istan« und »polis« wurde zu »bul«. In ähnlicher Weise entstand z.B. aus der samaritanischen *Neapolis*, »Neustadt«, das arabische *Nablus*.

Innerhalb der Sprache der Rumanioten gab es eine jüdische Eigenentwicklung, die bis zur Gegenwart reicht. Wie alle Judensprachen wurde das Jüdisch-Griechische durch die besonderen Kulturinhalte des Judentums geprägt. Wie in den anderen jüdischen Gemeinschaften war auch hier das Verhältnis zum Bibeltext weiterhin sprachbildend. Als man die spätantiken jüdischen Bibelübersetzungen nicht mehr als adäquat empfand, wurden weitere, »neugriechische« Übersetzungen verfaßt. Seit der Verbreitung des Buchdrucks ist es bei den rumaniotischen Juden üblich, solche Übersetzungen in hebräischen Buchstaben ihren hebräischen Bibeln beizufügen. Da sie mit Vokalen gedruckt sind, dürften sie von Interesse für die Sprachgeschichte des Griechischen sein. Die Zahl der Sprecher dieser Judensprache wuchs nach der Vertreibung aus Spanien an. Manche Gruppen, die eine Minderheit in einer starken griechischen Gemeinde bildeten, übernahmen allmählich Griechisch anstelle ihres Ladino. Lokal prägten sich eigene Mundarten aus, so vor allem auf der Insel Rhodos und in Saloniki, das bis zur Ermordung seiner jüdischen Gemeinde im zweiten Weltkrieg eines der Hauptzentren alter jüdischer Traditionen war.

Die griechische Sprache lebte bis zur Gegenwart bei der Sekte der Karäer fort. Dies galt unter anderem für ihre Gemeinden in Stambul, wo sie ein Sonderdasein neben den anderen jüdischen Gemeinden führten, deren Sprache Ladino oder Türkisch war. Ein Teil der karäischen Sekte byzantinischer Herkunft lebte in Jerusalem und benutzte hier ihre Sprache. Es ist anzunehmen, daß bei der kleinen Anzahl von Mitgliedern das Jüdisch-Rumaniotische in Jerusalem nicht mehr zu hören ist. Daran ändert auch nichts, daß seit der Gründung des Staates Israel Tausende von Karäern als Flüchtlinge aufgenommen wurden, denn sie sind die letzen Reste der einst sehr großen karäischen Gemeinden in Ägypten. Seit der Verbreitung der Sekte im 10. Jahrhundert war Kairo ihr Mittelpunkt gewesen, daher ist ihre Sprache die Kairoer arabische Mundart.

Es ist zweifelhaft, ob auf der Halbinsel Krim am Schwarzen Meer heute noch Reste der byzantinischen Judensprache bestehen, obgleich es vor drei Generationen dort noch große Gemeinden gab. Allerdings waren die meisten karäischen Juden der Krim tatarischer Herkunft und sprachen eigene tatarische Mundarten.

Jüdisch-Persisch

Solange es eine Geschichte persischer Großreiche gibt, also seit dem 6. Jahrhundert v.d.Z., bestanden nachweislich jüdische Gruppen innerhalb der verschiedenen Teile dieser aufeinanderfolgenden Reiche. Ein großer Teil von ihnen sprach persisch als eine ihrer Sprachen.

Bereits in der hebräischen Bibel finden sich persische Wörter. Der verbreitete jüdische Name *Esther*, der Name der Heldin des gleichnamigen biblischen Buches, ist das persische Wort für Stern. Persische Pflanzennamen wie *Ethrog* sind jedem Juden geläufig.

Das geschriebene Wort in hebräischen Buchstaben hat auch zur persischen Sprache Varianten und Nachweise vergangener Sprachgeschichten erhalten. Noch im 20. Jahrhundert reichte das Ausdehnungsgebiet der jüdisch-persischen Sprache vom Kaukasus bis China, über den Iran, die Buchara und Afghanistan. Trotz vieler Unterdrückungen im Laufe ihrer Geschichte, trotz eines deutlichen kulturellen Niedergangs vor allem im 19. Jahrhundert traten in dieser uralten jüdischen Gemeinschaft immer wieder Kräfte und Antriebe zutage, die dem Außenstehenden meist unvermutet begegneten. Und auch der gebildete heutige Iraner weiß kaum noch, welche Rolle für seine eigene Literatur der jüdische Epensänger noch vor einer Generation spielte: Die alten Lieder von Königen und Kriegen, von Leidenschaft und Hingabe bestanden nicht nur auf dem Papier, sondern wurden in der Zunft der jüdischen Barden seit Jahrhunderten gepflegt und bei allen feierlichen Anlässen gesungen.

Als die neupersische Dichtung im 10., dann vor allem im 12. und 13. Jahrhundert entstand, wurde sie außer in den arabischen Buchstaben des Persischen auch in hebräischen Buchstaben aufgezeichnet. Jüdische Dichter in Isfahan, Schiras, Kaschan stellten in ihrer eigenen Sprache die Gegenstände biblischer Dichtung und Nachdichtung dar, von Heldenliedern über Mose und Esra bis zu Novellen und Trinkliedern. Das älteste jüdisch-persische Dokument des Mittelalters, das heute bekannt ist, stammt aus dem 8. Jahrhundert. Im Gegensatz zu manchen anderen jüdische Literaturen blieben auch Werke erhalten, die nichts mit Synagoge, Bibel, Liturgie und ethischer Belehrung zu tun haben. Die reiche Fülle dieser Schriften wurde bisher erst teilweise erforscht.

Bibelübersetzungen mitsamt Kommentaren und Wörterbüchern wurden nach alten Traditionen ausgebaut und waren im 14. Jahrhundert gang und gäbe. Das erste Buch in neupersischer Sprache, das überhaupt gedruckt wurde, erschien 1546 in Istanbul in hebräischen Buchstaben: Es war eine Übersetzung der ersten fünf biblischen Bücher. Sie erschien in einer viersprachigen Ausgabe für orientalische Juden: Neben dem hebräischen Urtext steht die kanonisierte aramäische Übersetzung, ferner die arabische Übersetzung des Saadja aus dem 10. Jahrhundert und die jüdisch-persische.

Es zeugt von der Offenheit und Belesenheit der zentralasiatischen jüdischen Bibelgelehrten, daß sie »den Spanier Moses«, Ibn Esra, ebenso kannten und benutzten wie »den Franzosen Salomo«, nämlich Raschi. Und wie Raschi eine Quelle für die Kenntnis des Altfranzösischen ist, so bildet die jüdisch-persische Übersetzungsliteratur zur Bibel eine noch längst nicht ausgeschöpfte Fundgrube für die Geschichte der persischen Sprache.

Die großen persischen Dichter des 13. und 14. Jahrhunderts waren bei den jüdischen Gemeinden außerordentlich beliebt. Abschriften der lyrischen und epischen Dichtung wurden in hebräischen Buchstaben angefertigt. Auch typische persische Miniaturen, wie sie zur Ausschmückung solcher Handschriften üblich waren, wurden mit persischen Aufschriften in hebräischer Schrift versehen.

Das National-Epos des persischen Klassikers Firdausi, auch *Firdusi*, d.h. »der Paradiesische« (939–1020), regte den jüdisch-persischen Dichter Schahin dazu an, am Beginn des 14. Jahrhunderts ein Epos der altjüdischen Geschichte zu verfassen, wobei er die außerbiblischen Traditionen und Ausschmückungen reichlich verwendete. Unter seinen Nachfolgern wurde Imrani (16. Jahrhundert) ebenfalls durch seine biblische und andere Dichtung bekannt. Die enge Verbundenheit der persischen Juden sowohl mit der hebräisch-aramäischen als auch mit der persischen Sprache führte außerdem zu einer regen Übersetzertätigkeit: Zahlreiche Werke des hebräischen Mittelalters wurden in das Jüdisch-Persische übersetzt. Gegenstand einer umfangreichen Literatur sind die schweren religiösen Verfolgungen des 17. und 18. Jahrhunderts. Das Martyrium der jüdischen Gemeinden unter fanatischen Herrschern wurde in allen Einzelheiten von Autoren geschildert, die am eigenen Leibe die Verfolgung erlitten hatten.

Mit der Verlagerung des Gemeindelebens in die Buchara, wo keine Religionsverfolgung stattgefunden hatte, übernahm der bucharisch-jüdische Dialekt eine größere literarische Rolle. Im ausgehenden 19. Jahrhundert gab es unter persischen Juden aus der Buchara, aus Afghanistan und Persien eine Zionsbewegung, die wesentlich zur Besiedelung des damals türkischen Jerusalem beitrug. Von dort aus begannen sie auch eine rege Verlegertätigkeit in ihrer eigenen Sprache. Außer den zahlreichen Ausgaben religiöser und belletristischer Werke wurden Wörterbücher angelegt, die in ganz Zentralasien Verbreitung fanden, so ein sechssprachiges Wörterbuch in hebräischen Buchstaben. Die Sprachen sind: Hebräisch, Arabisch, Türkisch, Russisch, Ladino und Französisch. Es war dazu bestimmt, den Neueinwanderern in den Jahren 1909 und 1912 die Verständigung im Land Israel zu erleichtern.

Als Krönung dieser umfangreichen literarischen Tätigkeit bucharischer Juden in Jerusalem gilt eine einheitliche bucharisch-jüdische Bibelübersetzung, die anstelle der oft voneinander abweichenden mündlichen Übersetzungstradition trat und vor allem der intensiven Tätigkeit protestantischer Missionare entgegenwirkte. Gegenwärtig besteht bei der älteren Generation persischer Juden noch immer Interesse an der Literatur der von ihnen gesprochenen Sprache.

Jüdisch-Aramäisch

Seit den Tagen der Bibel gab es stets große jüdische Gruppen, die eine der vielen aramäischen Sprachen benutzten. Für die Sprachforschung ist von Interesse, daß die beiden Hauptzweige des Aramäischen, das Ost- und das Westaramäische, aufgrund jahrhundertelanger mündlicher Traditionen in den beiden Talmuden aufgezeichnet sind. Talmud wird nicht »gelesen«, sondern in dramatisierend-rezitativen Melodieführungen gesungen. Mit diesem Rezitativ haben sich in den verschiedenen jüdischen Gemeinden auch ganz bestimmte, voneinander teils unterschiedene Aussprachen erhalten. Das gleiche trifft für die aramäische Bibelübersetzung zu.

Neben den fortlaufenden schriftlichen Werken entstanden bis zum Mittelalter neue Bücher in aramäischer Sprache. Zu ihrer weiten Verbreitung trug nicht nur die schriftliche Vertrautheit bei, sondern die Tatsache, daß Aramäisch mancherorts lebendige Sprache blieb. Schrieb ein Jude in ihr, auch wenn er sie nicht als Umgangssprache kannte, so war damit doch etwas Vertrautes gegeben. Das war auch dann der Fall, wenn Autoren ihre Gedanken in ein neues Kunst-Aramäisch kleideten, wie es Mystiker oft taten.

Jedes jüdische Aramäisch wird in hebräischen Buchstaben geschrieben. Im Gegensatz dazu benutzen die christlichen Aramäischschreibenden die sogenannten syrischen Buchstaben. Syrisch ist übrigens nichts anderes als eine Abkürzung für Assyrisch. Auch die hebräische Schrift selbst, die »Quadratschrift« in ihren verschiedenen Abwandlungen, wird »assyrische« Schrift genannt. Damit meint man die Schrift der Aramäer des Altertums. Der Bibeltext der syrischen aramäischsprechenden Christen ist die *Peschitta*, »die Einfache« oder »Verbreitete«, die gewiß zum Teil in der Tradition jüdischer Bibelübersetzungen verankert ist. Als Kirchensprache wie als gesprochene Mundart gibt es bis heute christliches Aramäisch. Von ihm unterschieden sind die Reste des gesprochenen jüdischen Aramäisch.

Jüdisch-Arabisch

Die enge Verwandtschaft zwischen einigen Stämmen des alten Israel und Stämmen auf der arabischen Halbinsel, besonders in Nordarabien, trug zur Ansiedlung jüdischer Nomaden und Halbnomaden in arabischem Gebiet bei. Es ist kein Zufall, daß in die hebräische Bibel auch ein Buch aufgenommen wurde, dessen Schauplatz diese Gegenden sind und dessen Gestalten Nichtjuden sind: das Buch Hiob.

Während der Jahrhunderte der nachbiblischen Zeit und vor der Entstehung des Islams im 7. Jahrhundert wurden jüdisch-arabische Stämme seßhaft. Sie gründeten Städte, führten Kriege und dichteten arabische Kriegslieder, waren Waffenschmiede und Kaufleute und nahmen teil an den religio-kulturellen Entwicklungen der übrigen jüdischen Gemeinschaften. Vom Norden der Halbinsel dehnte sich ihr Lebensgebiet schon früh in mehreren Vorstößen in den Südteil aus. Jemen, das fruchtbare Land in Südarabien, wurde ebenfalls von Juden mitentwickelt. Die Stadt Sanaa wurde in der Spätantike von Juden gegründet, und es gab Zeiten, in denen das gesamte Land Jemen dem Judentum angehörte, wahrscheinlich bis zum 4. Jahrhundert. Wie auch anderenorts handelte es sich dabei um den Übertritt großer Bevölkerungsschichten. Das vormuslimische Arabien war ein Treffpunkt aller damals bekannten Religionen, es gab reichliche Gelegenheit, sich auf dem Marktplatz informieren zu lassen. Daß der Islam in vielen wesentlichen Punkten von jüdischen Anschauungen ausging, belegt wohl das Überwiegen jüdisch-monotheistischer über christlich-trinitarische Einstellungen, und in der Tat rechneten die Juden der Stadt Jathrib bei dem Auftreten Mohammeds mit einer erneuten universalreligiösen Bewegung. Statt dessen ließ Mohammed sie ermorden, weil sie sich weigerten, in ihm einen Propheten zu sehen. Jathrib wurde in Medina umbenannt. Aber ohne das dort Gelernte wäre der Koran nicht denkbar, ebensowenig wie die mündliche Lehre, die den Islam als Kultur erst lebensfähig macht.

Auch in der islamischen Periode lebten weiterhin Juden in Arabien. Zwar wurden sie zu Bürgern zweiter Klasse erklärt, durften keine Waffenschmiede mehr sein, sondern hatten verächtliche Berufe wie den der Sticker oder der Silberschmiede auszuüben, aber ihre Sprache blieb selbstverständlich arabisch. Die Erforschung des jemenitischen Arabisch der Juden in Vergangenheit und Gegenwart ist gewiß nicht uninteressant für den Arabisten.

Der alte Stand der jüdischen Sänger und Dichter blieb auch erhalten, als sie keine eigenen Kriegertruppen mehr hatten. Bekannt sind Namen und Werke einzelner Dichter des 7. und 8. Jahrhunderts. Mit dem phänomenalen Aufstieg der arabischsprachigen Kultur vieler Völker entstand auch ein reiches jüdisches Schaffen. Mehr als im eigentlichen klassischen Arabisch ist es in jüdischen Varianten des weniger erforschten Mittelarabisch geschrieben. Dabei handelt es sich um alles andere als Volkssprache im Sinn von Mundart. Vom 9. bis zum Beginn des 12. Jahrhunderts wurden in vielen Ländern mit alten jüdischen Gelehrtenzentren Werke verfaßt, die bestimmend für zahlreiche Fachgebiete wurden.

Babylonien, bisher hochkultivierte persische Provinz, wurde als Kalifenreich von Bagdad im Islam zum kulturellen Mittelpunkt. Die Rektoren der jüdischen Hochschulen, die Geonim, verfaßten arabische Schriften. Zwar ging vieles verloren, jedoch sind sogar die lückenhaften Überreste sachlich und sprachlich von großem Interesse.

Meist sind diese arabischen Werke in hebräischen Buchstaben geschrieben. Mehr als der eigene Entschluß spielte dabei die defensive Haltung der Umwelt eine Rolle. Von Staats wegen bestand vielfach das Interesse, bestimmten Werken keine allzugroße Verbreitung zukommen zu lassen. Die Schriftlichkeit bildete dabei ein wichtiges Hindernis: Die hebräischen Buchstaben und die vielen hebräischen Wörter zu lernen, die in einem solchen Werk enthalten sind, überlegte man es sich wohl eher, als wenn einem von der vertrauten arabischen Schrift her das Lesen selbst keine Schwierigkeit bereitete. Dabei geht es im 10. Jahrhundert ohnehin nur um die Wenigen, die überhaupt lesen und schreiben konnten und die die Führungsschicht bildeten.

Gerade aus diesem Grund aber hat wohl Saadja, der Ägypter (882–942), seine arabische Bibelübersetzung in arabischer Schrift aufgezeichnet. Dabei versuchte er, entsprechend der jüdischen Überlieferung die archaische biblische Bildsprache dem gebildeten moslemischen Rationalisten seiner Zeit verständlich zu machen. Aber auch für die jüdische Volksmenge waren solche Übersetzungen und Kommentare ebenso wichtig wie anderenorts in anderen Umgangssprachen.

Saadja begann einen solchen Kommentar (arabisch »tafsir«) zur Bibel. Dieser wurde durch den Gaon Schemuel (Samuel) ben Chofni (gest. um 1000 n.d.Z.) fortgesetzt. Eine der ständigen Aufgaben der Geonim war die Abfassung von Gutachten in allen Angelegenheiten des Lebens, um die sie von Gemeinden vieler moslemischer Länder gebeten wurden. Ein großer Teil dieser Responsen ist in jüdisch-arabischer Sprache verfaßt und liefert sprachlich und inhaltlich reiches Material.

Aus der intensiven Beschäftigung mit der Bibel entstand im arabischen Sprachraum eine Fülle von Sprachkunden und Wörterbüchern. Auch in den Kommentaren spielen Sprachkunde und Sprachvergleichung eine wichtige Rolle. Bibel und Talmud wurden ebenso eingehend in sprachlicher Hinsicht untersucht. Im 11. Jahrhundert, als im Rheinland und Frankreich altfranzösische Worterklärungen zur Verdeutlichung der Sachbezeichnungen dienten, standen den arabischsprachigen Juden die entsprechenden Erklärungen aus aramäischen und arabischen Dialekten zur Verfügung, die teils mit dem Wortschatz der Texte noch eng in Verbindung standen und teils aus aufmerksamer Beobachtung von Sprache und Dingen der jeweiligen Umwelt ermittelt wurden. Das trifft sowohl für die arabischen Schriften von Maimonides zu wie vor allem für die lexikographischen Werke des Jerusalemer Gelehrten Tanchum ben Josef (13. Jahrhundert), der lange in Ägypten wirkte.

Auch im moslemischen Nordafrika und Spanien wurden diese Beschäftigungen gepflegt. Im 10.–11. Jahrhundert lag der Schwerpunkt der verschiedenen Studien in jüdisch-arabischer Sprache in Andalusien. Die Vielsprachigkeit der Autoren wird besonders deutlich an Philosophen wie Jehuda Halevi und Salomo Ibn Gabirol, die für bestimmte Werke die arabische Sprache bevorzugten, aber gleichzeitig Klassiker der hebräischen weltlichen und geistlichen Dichtung waren. Jehuda Halevi, der ein beliebter Arzt war, sprach gewiß mit seinen moslemischen Patienten in ihrem jeweiligen andalusischen oder hebräischen Dialekt.

Im 12. Jahrhundert fand die große Blütezeit in jüdischer arabischer Sprache in Spanien ein Ende. Die Ursachen waren fanatische Verfolgungen mit der Wahl: Tod oder Islam. Flüchtende Gelehrte zogen sich nach Nordafrika zurück, wo alte arabischsprachige Gelehrtenzentren in wohlsituierten Gemeinden bestanden.

Vor allem wurde jedoch Ägypten unter der Herrschaft der dortigen Sultane, besonders unter *Ssalach-al-din* (europäisch genannt *Saladdin*, 1138–1171), zum maßgeblichen Ort jüdisch-arabischer Gelehrsamkeit. Das kulturelle Klima unter ihm und seinen Nachfolgern war so, daß der Flüchtling Maimonides nicht nur Hofarzt wurde – er war immerhin einer der bedeutendsten Ärzte des gesamten Mittelalters –, sondern auch Begründer einer über Generationen vererbten Würde als politisches Oberhaupt (hebräisch: *nagid*) der ägyptischen Juden. Maimonides war zugleich eine der großen rabbinischen Autoritäten seiner Zeit. In hebräischer ebenso wie in jüdisch-arabischer Sprache verfaßte er seine halachischen philosophischen Schriften. Er war ein überbeschäftigter Mann, der sich tagsüber in den jeweiligen arabischen oder anderen Dialekten der Damen, ihrer Kinder und Bedienten mit den Krankheiten im königlichen Harem befaßte und der nachts im Gelehrtenarabisch die Medizin seiner Zeit in neuer Weise formulierte, seine eigene Version der mittelalterlichen Aristotelik entwickelte oder im spezifischen Jüdisch-Arabisch Belange des Gemeindelebens darstellte.

In der kurzen Zeit zwischen Tag und Nacht war die Privatpraxis an der Reihe, irgendwann mußten Streitigkeiten geschlichtet werden, die ihm als Juristen vorgetragen wurden, Anleitungen für Gemeindeordnungen und Verhalten in vielen Ländern diktiert werden. Sein Ruhetag bestand aus Vorlesungen über die Mischna. Als Jude war Maimonides zudem auch noch Familienvater.

Obwohl Maimonides der bedeutendste jüdische Gelehrte im islamischen Kulturkreis war, bildete er doch keine Ausnahme. Andere waren Mathematiker und Astronomen. Durch ihre Vielsprachigkeit konnten sie als Übersetzer und Dolmetscher die Gelehrsamkeit arabischer Schriften nach Europa vermitteln.

Diese Tätigkeit fand vor allem unter zwei Herrschern als gefördertes Unternehmen mit zahlreichen Mitarbeitern statt: unter Friedrich II. und Alfonso X., Barbarossas Enkel. Der Stauferkaiser Friedrich, der von 1212 bis 1250 regierte, errichtete als König von Sizilien auf der vielsprachigen, ethnisch und religiös pluralistischen Insel einen Mittelpunkt der Gelehrsamkeit, an dem Griechisch, Hebräisch und Arabisch die Voraussetzung zur Vermittlung in das Lateinische waren.

Der kastilianische König Alfonso, genannt der Weise, der von 1252 bis 1284 regierte, ließ mit der gleichen Intensität alles Nützliche und Wissenswerte zusammentragen und von Juden und Moslems aus dem Arabischen übersetzen. Neben philosophischen Schriften war er vor allem an Astronomie interessiert. An seinem Hofe entstanden die sogenannten »Alfonsinischen Tafeln«, von jüdischen Astronomen hergestellte Berechnungen, die auch von Kepler und Galilei noch als Standardwerk ihrer Wissenschaft benutzt wurden. Die beiden Verfasser zogen arabischsprachige Werke zu Rate, verließen sich jedoch letztlich auf ihre eigenen Beobachtungen.

Bei der Darstellung arabischer Sprachen gelangt man allmählich zu der angemessenen Betrachtungsweise, daß es ebenso wie im romanischen Sprachraum auch hier eine Verästelung und Eigenentwicklung in vielerlei Sprachen gibt. Möglicherweise sind die jüdisch-arabischen Schriften in solchen Sprachen aufschlußreich für die meist vernachlässigte Erforschung dieser wichtigen Entwicklungen, denn trotz des intensiven Schaffens in hebräischer Sprache in arabischen Ländern liegen solche Aufzeichnungen auch aus der Zeit nach dem 13. Jahrhundert vor.

Zudem bestehen bis heute jüdische Gemeinden, deren Brauchtum, Tänze und Lieder weitgehend von teils archaischen arabisch-jüdischen Formen und Texten erfüllt sind. Das gilt sowohl für Juden aus Nordafrika (Ägypten, Libyen, Tunesien, Marokko) wie aus Arabien (dem Jemen) und dem Irak. All diese Gemeinden haben eine sehr reichhaltige Folklore bewahrt, die wenigstens im Weiterleben des Staates Israel so weit wie möglich gefördert wird.

Nebenbei soll bemerkt werden, daß es viele gleich gelagerte Probleme der Sprachentwicklung im modernen Arabisch und im modernen Hebräisch gibt. Jüdische Sprachforscher, deren Muttersprache Arabisch ist, könnten gewiß zur Darstellung und Klärung dieser Entwicklungen beitragen, in denen es darum geht, eine arabische Standardsprache zu fördern, die den regional unterschiedlichen Gepflogenheiten zwar gerecht wird, sich aber nicht an sie bindet.

Die jüdischen Bürger des römischen Staates sprachen als eine ihrer Umgangssprachen das Lateinische. Je nach Ansiedlungsort entwickelten sich daraus die romanischen jüdischen Dialekte und Sprachen.

Während die romanischen Sprachen selbst aus der Verbindung des Lateinischen mit den Sprachen der jeweiligen Landesbewohner entstanden, kam bei jüdisch-romanischen Sprachen dazu noch das Spezifische jeder jüdischen Sprache: das hebräisch-aramäische Spracherbe, das für bestimmte Lebensgebiete eine mehr oder weniger umfangreiche Anzahl von Wörtern lieferte. Vermutlich bestand bei den lateinischsprachigen Juden eine Überlieferung der Bibelübersetzung und anschließenden Deutung, genau wie es eine solche Überlieferung in den anderen großen Sprachkreisen gab. Interessanterweise besteht Grund zur Vermutung, daß die Abwandlung in romanische Mundarten in diesen jüdischen Gemeinden stattfand, bevor noch die nichtjüdischen romanischen Sprachen entstanden. Insofern wären die erhaltenen Bruchstücke der Bibelübersetzungen und Gebetbücher von einem zusätzlichen Interesse für die Entstehungsgeschichte wichtiger europäischer Sprachen wie Italienisch, Französisch und Spanisch.

Jüdisch-Italienisch

In Rom gab es bereits in der Zeit des Zweiten Tempels eine jüdische Gemeinde. Als im späteren Mittelalter aus der lateinischen Sprache sich die italienische entwickelte, waren die Juden in Rom und Umgebung an ihrem Entstehen beteiligt. Im 13. Jahrhundert wurde in den römischen Synagogen ständig eine italienische Bibelübersetzung als fester Bestandteil der Liturgie benutzt. Auch vollständige italienische Gebetbücher in hebräischer Schrift waren längst vor der Verbreitung der Druckerkunst im Umlauf.

In alten Handschriften fanden sich unter anderem häusliche Umtrunklieder. Interessant für die Geschichte des Italienischen sind die Wörterlisten aus verschiedenen Epochen, die für den hebräischen Bibelunterricht der italienischen Juden benutzt wurden und vorwiegend ältere Wortformen und Ausdrücke enthalten. Dem humanistischen Bildungsideal entsprechend wurden sie in der Spätrenaissance durch »modernere« Wörterlisten ersetzt, vor allem durch die umfassende Arbeit des Leon da Modena, die in bewußter Ablehnung von Mundartlichem und Lokal-Abgegrenztem in lateinischen Buchstaben gedruckt wurde (1. Auflage 1612, 2. erweiterte Auflage 1640).

Bis an das Ende des 19. Jahrhunderts war jedoch der jüdische Lokaldialekt die häusliche Sprache der Juden in Rom selbst wie auch in anderen italienischen Städten. Mit Emanzipation (1870) und Assimilation verengte sich der Sprecherkreis mehr und mehr. Dennoch ist diese Sprache wohl noch einigen Menschen geläufig.

Jüdisch-Französisch

Das Altfranzösische entstand in nordfranzösischen Gebieten, in denen seit der römischen Zeit jüdische Siedlungen bestanden. Auch hier entwickelte sich im Laufe der Zeit eine eigene Judensprache, die mit hebräischen Buchstaben geschrieben wurde. Durch Verfolgungen gingen zwar die meisten schriftlichen Zeugnisse verloren, jedoch blieben durch Zufälle mehrere zusammenhängende Stücke erhalten, unter anderem kunstvolle Nachdichtungen einiger Hymnen aus der Liturgie der hohen Feiertage. Das meiste erhaltene Sprachgut findet sich in den Kommentaren zu Bibel und Talmud von Raschi (11. Jahrhundert) und seinen Schülern und Nachfolgern. Hierbei handelt es sich allerdings fast immer um einzelne Wörter und nicht um zusammenhängende Ausdrücke oder ganze Sätze.

Aus der Schule Raschis gingen andere Gelehrtenschulen hervor, von denen eine der berühmtesten die in Paris war. Einige bekannte Gelehrte im Paris des 13. Jahrhunderts trugen neben ihren traditionellen jüdischen Namen auch französische. Rabbi Jehuda hieß *Sir Leon*, Rabbi Jechiel war zugleich *Sir Vives de Meaux*, und Rabbi Schemuel ben Schelomo wurde von seinen christlichen Zeitgenossen *Sir Morel* genannt. Solche Namen lassen Schlüsse auf den Gebrauch der Landessprache zu, auch wo andere Sprachdokumente kaum erhalten blieben.

Nach der Vertreibung der nordfranzösischen Juden nahmen die meisten nach und nach die Sprache ihrer neuen Umwelt an. Seit dem 14. Jahrhundert gab es keine Eigenentwicklung mehr, das französische Sprachgebiet blieb auf lange Zeit »judenrein«.

Jüdisch-Provenzalisch

Südfrankreich stellte durch Jahrhunderte ein sprachlich, kulturell und politisch von Nordfrankreich unterschiedenes Territorium dar. Hier befanden sich über lange Epochen hinweg bedeutende jüdische Gelehrtenzentren. Sie standen in regem Kontakt mit den benachbarten spanischen Gemeinschaften. Neben einzelnen handschriftlichen Überresten zeigen vor allem auch die Namen bedeutender jüdischer Gelehrter des Mittelalters, daß sie diese Landessprache als Selbstverständlichkeit benutzten. Verbreitet sind typisch provenzalische Namen wie *Astruc, Bonfils, En Bonet Profiat*. Auch der Familienname *Provencal* bekundet die Herkunft alter jüdischer Familien. Mit dem Abbruch der provenzalischen Eigenentwicklung wurde der jüdische Dialekt in andere Judensprache aufgesogen. Das moderne Provenzalisch spielt erst in der Gegenwart wieder eine Rolle als sogenannte »neubelebte Sprache«. 1904 wurde der Nobelpreis für Literatur dem provenzalischen Dichter Frédéric Mistral (1830–1914) verliehen. Mangels lokal ansässiger Juden mit langer Ortsgeschichte gibt es aber wohl kaum noch mundartliche Eigenentwicklungen.

Ladino

Die jüdischen Ansiedlungen südlich der Pyrenäen haben eine sehr alte Geschichte, die zum Teil älter ist als die römische Siedlungsgeschichte auf spanischem Boden. In der wechselvollen Geschichte der iberischen Halbinsel unter christlichen Völkerschaften und Herrschern entwickelten sich trotz zahlreicher Verfolgungen und Kriege Höhepunkte jüdischen Gemeindelebens und jüdischer Gelehrsamkeit. Die Hausssprache dieser Juden war jeweils einer der lateinischen Lokaldialekte, aus denen hier drei romanische Sprachen hervorgingen: das Katalanische, das Kastilianische oder Spanische und das Portugiesische. Jede dieser Sprachen machte eine jüdische Eigenentwicklung durch. Sie diente dem häuslichen Gebrauch, dem

Gesang, der Unterweisung und Gelehrsamkeit in Ergänzung des Hebräischen und Aramäischen und wurde mit hebräischen Buchstaben geschrieben.

Obwohl es also eine Differenzierung nach heute ganz verschiedenen Sprachen gibt, wird im allgemeinen jede romanische Sprache, die bis an das Ende des 15. Jahrhunderts von Juden auf irgendeinem Teil der Pyrenäenhalbinsel gesprochen wurde, als jüdisch-spanisch oder spaniolisch bezeichnet. Dabei blieb offensichtlich das Bewußtsein der Herkunft aus dem Lateinischen sehr stark, weshalb ihre häufigste Bezeichnung *Ladino* ist. Es ist heute kaum noch festzustellen, ob dieser Name etwa im absichtlichen Gegensatz zum Arabisch der erobernden Moslemvölkerschaften gebraucht wurde. Jedenfalls ist sicher, daß während der Jahrhunderte, in denen arabische und berberische Dialekte in Südspanien verbreitet waren, zahlreiche Juden außerdem die frühen romanischen Dialekte sprachen.

In Andalusien gab es Sprachentwicklungen romanisch-arabischer Mundarten. Unter anderem wurden in ihnen zahlreiche Lieder gesungen. Diese Volkslieder wiederum dienten als effektvoll eingewobenes Material in arabischen und hebräischen Kunstdichtungen des 11. und 12. Jahrhunderts. So kam es, daß die ältesten schriftlich erhaltenen Zeugnisse eines solchen altspanischen Dialekts sich in Dichtungen hebräischer Klassiker befinden. Ihre Entzifferung als romanische und nicht etwa arabische Sprachdenkmäler, wofür sie früher gehalten wurden, gelang erst in den letzten Jahrzehnten.

Umgekehrt verhielt es sich mit den Liedern des klassischen altspanischen Liederschatzes, des »Romancero«. Melodie und Aussprache der Entstehungszeit blieben nur bei Juden erhalten, die nach ihrer Vertreibung am Ende des 15. Jahrhunderts ihre Sprache mit sich in alle Mittelmeerländer nahmen, vor allem in das türkisch-moslemische Griechenland, in die Türkei selbst, nach Kreta und nach Nordafrika. Überall dort, wo die Vertriebenen neue Gemeinden gründeten, sangen die Frauen weiter die Lieder, die einst an spanischen Königshöfen gedichtet worden waren. Sie vererbten sie von Mutter auf Tochter, oft in textlich verderbter Form, aber in der alten Aussprache, die sich im Ladino bis heute erhalten hat, denn in den fast 500 Jahren seit der Katastrophe der sefardischen Juden bewahrten sie ihre Muttersprache, wie sie vor dem Jahre 1600 üblich war. Oft scheint noch das Lateinische durch. »Sohn« ist in Ladino *fijo* (das j wird ausgesprochen wie in »journal«), von lateinisch »filius«. Hingegen fanden im modernen Spanisch in Wörtern dieser Art zwei Lautwandel statt: Aus dem f wurde h, das nicht ausgesprochen wird, und das j wird als stimmhaftes ch gesprochen: »Sohn« ist *hijo*, gesprochen *icho*. »Sprechen« heißt heute im Spanischen *hablar* (Aussprache: »avlar«), aber in Ladino blieb die Form *fablar* erhalten, von lateinisch »fabulare«.

Wie in allen Sprachen der Juden weist das Ladino ältere und jüngere Bestände auf. Die ältesten Sprachschichten finden sich auch hier in Bibelübersetzungen und Gebetbüchern. Im Laufe der Zeit mußte diese Schicht in den jeweiligen Sprachstand übersetzt werden. Die Entwicklung zeichnete sich in einem umfangreichen weltlichen und gelehrten Schrifttum ab, für das bis heute noch keine vergleichenden historischen Wörterbücher vorliegen. Diese mühsame Arbeit wird gerade unternommen.

In das Ladino der Mittelmeerländer gingen zuerst die katalanischen und portugiesischen jüdischen Dialekte ein. In späteren Jahrhunderten entstanden in den verschiedenen Ländern eigene Dialekte durch Aufnahme von Wörtern aus der Landessprache. So klang das Ladino in Bosnien anders als das in Saloniki oder der Türkei.

Interessant sind die hebräischen Fremdwörter, die behandelt werden, als gehörten sie dem Spanischen an. Einige Beispiele: »klug« heißt *sekeludo*, von hebräisch *sechel*, »Verstand«, »verleumden« heißt *malsinar*, von *malschin*, »Verleumder«. Jüdische Bildung erwerben heißt *lamdar*, von *lamad*, »lernen«. »Predigen« heißt *darsar*, von hebräisch *darasch*.

In Schule, Geschäft und Haus sprach man Ladino in den sefardischen Gemeinden vor allem der Balkanländer. Bücher aus anderen Sprachen wurden übersetzt, es erschienen Zeitungen: all dieses in hebräischen Buchstaben. Der weiche, melodische Klang ist vielleicht der wohlklingendste aller heutigen romanischen Sprachen, aber die Zahl ihrer Sprecher ist sehr zusammengeschmolzen, denn auch die großen Gemeinden dieser Länder wurden von den deutschen Vernichtern in die Gaskammern geschickt.

Noch gibt es Großmütter, aus deren Mund Märchen, Lieder und Sprichwörter dieser alten europäischen Kultursprache auf Tonband aufgenommen werden. Selbstbewußte Sefarden in Israel und einigen anderen Ländern kämpfen um das Weiterleben ihrer Sprache. Es scheint ein fast aussichtsloses Bemühen zu sein – aber wer weiß?

Vom Jiddischen

In der Mehrsprachigkeit der europäischen Juden spielt seit dem Mittelalter das Deutsche eine große Rolle. In den Ländern an Rhein und Donau, den alten Wohnsitzen der jüdischen Gemeinden seit der Zeit der römischen Eroberungen, ging die oberdeutsche Sprachentwicklung einen eigenen Weg. *Teutsch, Jüdenteutsch, Iwri-Teutsch, Jüdisch* wurde diese Sprache denen gegenüber genannt, die sie nicht teilten, oder auch *Mammeloschen*, das heißt »Muttersprache«. In den letzten Generationen hat sich in steigendem Maße die Bezeichnung *Jiddisch* durchgesetzt. Die Geschichte seit siebenhundert Jahren liegt dem Sprachforscher mehr oder weniger deutlich fest. Jiddisch wanderte mit den Juden in die slawischen Länder, nahm dort slawische Sprachelemente auf, wanderte mit ihnen in die englischsprachigen Länder und erfuhr dort weitere Ausweitungen. Es hat zahlreiche Dialekte. Ihre Kenntnis und Literaturgeschichte wird an Universitäten gepflegt.

Trotz den zahlreichen Verfolgungen und Vernichtungen blieben jiddische Schriften erhalten, die von dem reichen und vielfältigen Leben der Juden im deutschen Sprachraum zeugen. Sie schufen zwei Literaturen, eine in hebräischer und eine in jiddischer Sprache. Nach altem jüdischem Brauch wurden auch in der landläufigen Sprache Schriften abgefaßt, die sich mit den lebensnotwendigen Dingen des Judeseins beschäftigen, denn nach jüdischer religiöser Vorstellung darf kein Mensch, was immer sein »Bildungsstand« ist, von diesen Dingen ausgenommen sein. Das wäre Sünde, also ein Vergehen gegen die Einsichten, die dem Menschen gegeben sind. Sprache darf ebenfalls kein Hindernis bilden.

Die Schriften des 9.–13. Jahrhunderts sind verlorengegangen, aber seit dem 13. Jahrhundert gibt es Texte, die außerhalb Europas erhalten blieben, wo sie durch das rege Interesse ortsansässiger Juden kopiert worden waren. Zu den ältesten Texten gehören jiddische Übersetzungen der Gebetbücher. Auch die Bibel wurde auszugsweise und vollständig übersetzt – es entstanden Kommentare zur Bibel, Erbauungsbücher, Predigten und Betrachtungen.

Es wäre aus ethnologischer Sicht gewiß ungenau, das Jiddische als einen von Juden gesprochenen deutschen Dialekt zu bezeichnen, denn die spezifisch jüdischen Aspekte des Jiddischen sind so stark, daß ein Nichtjude sie kaum wird verstehen können: Es fehlt ihm der Resonanzboden, die Wellenlänge, die Ansprechbarkeit auf dieses Kommunikationsmittel. Und damit ist wohl bereits die Eigenständigkeit ausgewiesen. Daher ist jede Definition grundsätzlich unrichtig, die zwischen »Jüdisch-Deutsch« und »Jiddisch« unterscheiden will. Wie alle Judensprachen wird Jiddisch stets in hebräischen Buchstaben geschrieben. Lediglich als Lesehilfe gibt es manchmal Umschreibungen in lateinische Buchstaben, aber nicht als Norm für das vielfältige literarische und wissenschaftliche Schaffen, denn wenn jemand bereit ist, eine Sprache zu lernen, sollten ihn eigentlich die Buchstaben nicht daran hindern. Sie hindern ja auch nicht am Griechisch- oder Russisch-Lernen.

Zwei Ostjuden machten diese Sprache um die Wende vom 19. zum 20. Jahrhundert für den deutschen Sprachraum salonfähig. Sie waren in ihr zu Hause wie im Hebräischen, im Polnischen und im Deutschen, schrieben und sprachen sie. Der eine hieß Mordechai Martin Buber, der andere Schmuel Josef Agnon. Sie gaben Übersetzungen heraus, die den Reichtum des ostjüdischen Schaffens aus dem vermeintlichen Jargondasein heben sollten. Es erschienen Sammlungen der Volks- und Kunstlieder, denn wo man sich bemühte, dem Sog sinnloser Verwestlichung entgegenzuarbeiten, da mußte unter anderem Jiddisch eine entscheidende Rolle spielen.

Es war die Sprache des Volkes, das heißt derjenigen Juden, die sich von nichts und niemandem suggerieren ließen, daß die Juden kein Volk seien, sondern eine »Konfession«, denn für diejenigen, die in traditionellen jüdischen Formen lebten und dachten, war es undenkbar, Judesein anders zu definieren denn als »das Volk Israel«, weil es so auf hebräisch heißt und »Juden« lediglich eine Übersetzung dafür ist. Für die vielen, die in mehr oder minder großem Maße die Formen der Tradition ablegten und als städtisches Proletariat der sozialistischen jüdischen Bewegung angehörten, bedeutete Volksein manchmal auch eine Kampfansage an die viel kleinere Bewegung der Zionisten und Hebraisten. Um den Millionen unterdrückter Juden zu helfen, so meinten sie, könne man nicht warten, bis das ottomanische Reich zur Gründung großer jüdischer Siedlungen bereit sei. Man müsse um seine Rechte als Gemeinschaft dort kämpfen, wo man gerade lebe, und eben deshalb im zaristischen Rußland als jiddischsprechender Angehöriger des jüdischen Volkes um Freizügigkeit, Arbeitslohn und alles andere an Lebensnotwendigem kämpfen. Ging das nicht mehr, so konnte man nach Nord- und Südamerika emigrieren und dort ein neues Leben unter den gleichen Vorzeichen aufbauen.

Manche sagen: Mit denen, die sie sprachen und in den Vernichtungslagern der Deutschen ermordet wurden, ist auch die Sprache zum Aussterben verurteilt. Aber sie lebt, denn es leben ihre Sprecher, vor allem in Südamerika und in der früheren Sowjetunion. Viele junge Juden der dritten Generation gaben sie als ihre Muttersprache an. Das war eine der wenigen Formen des Protestes gegen den Kulturmord, der ihnen offenstand. In ihrem Ausweis steht: »Nationalität – jüdisch«. So wollten sie zum mindesten die Freiheit dieser Konsequenz besitzen.

Jiddisch ist kein »Jargon«. Es ist eine Sprache, die wie jede auf dem Markt anders gesprochen wird als von Gelehrten und deren Wortschatz beim Schneider anders ist als beim Soziologen. Wie merkwürdig doch Vorurteile funktionieren: Dem Hebräischen bestreitet man oft genug, etwas anderes als »tote« Sprache gewesen zu sein, weil es zu viel geschrieben wurde. Dem Jiddischen bestritt man oft genug, etwas anderes als ein verächtlicher Mischdialekt zu sein, weil es so viel gesprochen wurde. Es gibt auch hier Puristen, die fein säuberlich das ausklammern, das aus ihrer Sicht nicht »sein darf«. Zum Beispiel: Jüdisch-deutsch, das ist in Ordnung, solange es auf deutschem Boden stattfindet, einschließlich des Elsaß vielleicht noch. Sowie jedoch Slawisches hineinkommt oder Englisches, wird es irgendwie »peinlich«. Aber Sprachen entwickeln sich nicht nach den Vorurteilen der Düntzer und der Beckmesser. Als die Vertreter der deutschen Judenassimilation gerade soweit waren, daß sie in Deutschland mit dogmatischem Eifer Mendelssohns Forderungen nach der korrekten hochdeutschen Muttersprache erreicht hatten, da mußten sie zunächst erleben, daß das totgesagte Hebräisch weiterhin die Rolle der Bildungssprache für die östliche Aufklärungsbewegung übernahm, daß Dichter und Novellisten sich ihrer bedienten. Dies konnte man noch beschönigen, indem man darauf hinwies, daß sie sich eines klassischen Stils befleißigten. Aber man mußte es außerdem kopfschüttelnd erleben, daß Jiddisch nicht weichen wollte, ganz im Gegenteil. Ein bekannter Fachmann, M. Grünbaum, drückte das am Ende des vorigen Jahrhunderts so aus:

> *»Während nämlich in Deutschland die jüdisch-deutsche Literatur in der mendelssohnschen Zeit plötzlich aufhörte und dafür die rein deutsche Schriftsprache auftrat, hat sich in den letzten vierzig Jahren das Jüdisch-Deutsch der slawischen Länder – wenigstens teilweise – an Form und Inhalt modernisiert.«*[43]

---

[43] Siehe hierzu auch M. Grünbaum, Die Jüdische Literatur, Bd.e 1 u. 13, Berlin 1882

Allerdings kommt er nach eingehender Besprechung dazu, sowohl Form wie Inhalt als völlig belanglos abzutun, er spricht von Stillosigkeit, Mischliteratur, Kauderwelsch, charakterlosem, schauderhaften Jargon. Um dieses Zerrbild bestehen lassen zu können, muß er allerdings die großen Dichter und Erzähler stillschweigend übergehen. Die Tendenz im Sinne der deutschen Assimilation war offensichtlich. Es ist eine peinliche Angelegenheit, der pflichtbewußte Fachmann muß die Gebildeten davor warnen. Vor allem aber ist zu verschweigen, daß es da eine merkwürdige Volksliteratur gibt, die sich chassidisches Schrifttum nennt, lauter Dinge, die der reinen Vernunft unverdaulich sind.

Um das Wesen, die Eigenart der jiddischen Sprache zu kennzeichnen, genügt es jedoch nicht festzustellen, daß die meisten Vokabeln aus dem Deutschen stammen, ein weiterer Teil aus dem Hebräischen und Aramäischen, daß es ferner slawische Wörter gibt und seit etwa hundert Jahren zahlreiche englische. Man muß hinzufügen, daß die Entwicklung dieser Wörter nach völlig eigenen Regeln stattfindet, das heißt, es gibt jiddische Arten der Wortbildung, denen die Wörter verschiedener Herkunft in gleicher Weise folgen. Dazu wird der vergleichende Sprachkundler bemerken, daß der gleiche Vorgang sehr häufig auch in anderen Sprachen zu finden sei: So wurde aus dem lateinischen *scribent* ein deutscher *Schreiber*. Im Englischen wird das Adjektiv durch Anhängen der germanischen Silbe *-ful* (= voll) an ein französisches Substantiv gebildet, etwa *beautiful*, »schön«, zusammengesetzt aus beauté und -ful. Ähnlich verfährt die rumänische Sprache, indem lateinische Sprachelemente in slawischer Manier behandelt werden. So nimmt das Jiddische hebräische Wortstämme und behandelt sie wie deutsche Wörter. *Jarasch*, hebräisch »erben«, wird zu dem jiddischen Verb *jarschenen*; *ganaw*, »stehlen«, wird zu *»ganwenen«*; *achal*, »essen«, wird zu *»acheln«*. Aus *mochel*, »verzeihen«, wird *»mochel sein«*, »verzichten«, und aus *»maskim«*, hebräisch »zustimmen«, wird *»maskim sein«*. Zahlwörter, die stets ein wichtiges Sprachelement sind, stammen aus dem Deutschen. Bei Realien sind oft die Sammelbegriffe hebräisch, aber die Bezeichnung der Einzeldinge deutscher oder slawischer Herkunft. Schätzungsweise ein Viertel aller jiddischen Wörter stammt aus dem Hebräischen und dem jüdischen Aramäisch. Dabei handelt es sich um fast alle Bezeichnungen auf dem Gebiet der Kultur und der Gesellschaft, wobei die soziale Struktur der Umwelt mit inbegriffen ist: die Wörter für arm und reich, Gesellschaft, Stadt, Staat, Obrigkeit, Familie usw. Auch die Zeitbegriffe sind zum Teil hebräisch, ebenso die Windrichtungen. Es werden fast ausschließlich die hebräischen Monatsnamen gebraucht. Alles, was spezifisch mit dem jüdischen Jahr zu tun hat, trägt den hebräischen Namen: Feste, Fasttage usw. Eine bemerkenswerte Ausnahme ist der Todestag, genannt *Jorzeit*, »Jahrzeit«. Auch religiöse Begriffe wurden aus dem Deutschen übernommen. So gibt es als Gottesbezeichnungen nebeneinander das hebräische »Herr der Welt« und das deutsche »der Höchste«, *der Oiberschte*, und »der Schöpfer«, *der Beschoffer*.

Jiddisch hat mit den anderen Judensprachen gemeinsam, daß es alte Sprachformen bewahrt hat, die in den Eigenentwicklungen der betreffenden Sprache nicht mehr gebräuchlich sind. Von den zahlreichen deutschen Wörtern des ausgehenden Mittelalters seien nur einige genannt:

»Dieser« heißt *dosiker* – deutsch »dasig«.
»Plötzlich« heißt *gich* – deutsch »gaech« (daraus wurde »jäh«).
»Jetzt« heißt *azind* – von deutsch »ietzund«.
»Laken« heißt *lalech* – von deutsch »lailach«.
»Tante« heißt *mime* – von deutsch »Muhme«.
»Schwiegervater« heißt *schwer* – von deutsch »Schwäher«.
»Schwiegertochter« heißt *schnir* – von deutsch »Schnur«.

In der Aussprache des Jiddischen haben sich verschiedene neben- und übereinander gelagerte Lautverschiebungen vollzogen. Eine ausschlaggebende Rolle spielte dabei möglicherweise die ursprüngliche hebräische und aramäische Aussprache der einzelnen Gruppen, die sich zum jiddischsprachigen Volk zusammenschlossen. So ist z.B. bezeichnend für die nordjiddische oder russisch-litauische Gruppe, daß hebräisches *o* oft zu *e* wird: Aus *Tora* wird *Tere*, aus *Olam* wird *Elem* usw. Andere Gruppen haben statt *o u*, wieder andere *oj*, und bestimmte kleine Gruppen im deutschen Sprachgebiet haben statt *o au*. Der hebräische Name Mosche (Mose) wird also ausgesprochen: in Litauen *Mesche*, in Galizien *Mojsche*, in Deutschland *Mausche*. Diese Aussprache wurde für die anderen Gruppen zum Kennzeichen für die deutschen Juden, und ihre besondere Aussprache nannten sie daher »mauscheln«. Einen ähnlichen Lautwandel machten auch deutsche Wörter durch: »groß« wird zu *greeß, grojß*. Da das Jiddische kein »verderbtes Deutsch« ist, sondern eine eigene Sprache mit eigenen Entwicklungen, läßt sich das komplizierte Gebilde seiner Lautlehre allerdings nicht nur auf diese wenigen typischen Beispiele beschränken, die lediglich einen Eindruck vermitteln sollen. Manches in dieser Entwicklung erinnert an den Lautwandel im Niederdeutschen und Holländischen, anderes hat Parallelen im Fränkischen und Alemannischen. Das Jiddische hat weder ö noch ü, statt ö kann *oj* oder *e* kommen, statt ü *i*. Dem deutschen »herüber« entspricht »hariber«, dem deutschen »höher« entspricht »hecher« (das ch von »hoch« bleibt erhalten). »Schon« ist »schojn«, »schön« ist »schejn«.

Es gibt einige Hinweise auf die älteste Sprachentwicklung des Jiddischen, die noch vor das Mittelhochdeutsche fällt. Es finden sich kaum althochdeutsche Elemente, hingegen gibt es Anzeichen dafür, daß die Juden im gallisch-fränkischen Bereich vor allem Französisch sprachen, also das, was im Rückblick als Altfranzösisch bezeichnet wird. Fast alle hebräischen Schriften aus diesem Gebiet, von denen die ältesten erhaltenen aus dem 11. Jahrhundert stammen, enthalten französische Ausdrücke. Erst im Laufe der Zeit kamen dazu deutsche und slawische. Meist handelt es sich dabei um den Versuch genauer Beschreibung von Gegenständen und Handlungen, um Mißverständnisse beim Leser auszuschließen. Tausende solcher Anmerkungen in den Werken der jüdischen Bibel- und Talmudkommentare sind eines der wichtigsten Hilfsmittel für die Erforschung des Altfranzösischen. Nun ist dies ja eine Sprache, die aus dem Lateinischen entstand. Die Juden, die mit den Römern die Alpen überquerten und sich dort niederließen, hatten gewiß ursprünglich lateinisch gesprochen, und untereinander ein mit hebräisch und aramäisch gemischtes Latein. Als aus dem lokalen Latein allmählich der »Mischdialekt« Französisch wurde, fanden sich daher auch bei ihnen die üblichen Wörter der Umgangssprache. Darüber hinaus folgten sie jedoch dem Brauch, ihre Gebete in die Landessprache zu übersetzten. Wir können immer nur von den zufällig erhaltenen Bruchstücken ausgehen, und ein solcher glücklicher Zufall hat Teile eines altfranzösischen jüdischen Gebetbuches bewahrt. Das Überwiegen deutscher Sprachelemente nahm wohl nach der Vertreibung der Juden aus Frankreich im 13. Jahrhundert zu. Aber auch dort, wo nach und nach eine deutsche Sprache entstand, blieben die lateinischen Sprachelemente erhalten. Das ist ja auch im Deutschen selbst so, und zwar bereits mit ganz elementar scheinenden Wörtern wie »Fenster«, für das es eben bis zur Neuerung der römisch eingeführten *fenestra* keine Bezeichnung gegeben hatte, weil der Gegenstand nicht existierte. Daher sind auch im Jüdisch-Deutschen viele Bezeichnungen des häuslichen und öffentlichen Lebens nicht nur in Hebräisch und Aramäisch, sondern auch in lateinischer Form erhalten. Andere Sprachelemente sind aus dem Griechischen übernommen, das im Altertum und Mittelalter von vielen gesprochen wurde. Aus der Gelehrtensprache des lateinischen Mittelalters stammt die jiddische Bezeichnung für Synagoge: *schul*, von *schola*. Tatsächlich ist ja die Synagoge vor allem der Ort, an dem die meiste Zeit des Tages und der Nacht studiert und diskutiert wird. Daher wurde es zu einem Schimpfwort, daß es irgendwo laut zugehe »wie in einer Judenschule«, denn im Gegensatz zum disziplinierenden Drill der mittelalterlichen und modernen Klosterschulen und ihrer säkularen Nachbilder wünscht sich der Meister der jüdischen Jugendlichen vor allem, daß diese miteinander eigene Standpunkte formulieren und verteidigen können.

Das Sprechen des Tischgebetes heißt bis heute »benschen«, von lateinisch *benedicere*, »segnen«. »Gesegnet« heißt »gebenscht«. Diese Form findet sich übrigens auch in dem weitverbreiteten christlichen Familiennamen *Bensch*. »Lesen« heißt *leijenen* oder *leinen*, von *legere*. In manchen Sprachräumen des Jiddischen wird es spezifisch auf die öffentliche Bibellesung bezogen, in anderen umfaßt es jedes Lesen. So ist heute ein Lesebuch für Schüler in Polen ein »Leijenbuch«. »Beten« heißt in manchen Gegenden *orenen*, vom lateinischen *orare*.

Neben Wörtern wie diesen gibt es noch einen viel weiteren Bereich, in dem die Latinismen der jüdischen Bürger Roms erhalten blieben und auf den vielleicht nicht genügend geachtet wird, wenn man sich mit der jüdischen Sprach- und Kulturgeschichte beschäftigt. Es ist das stets aufschlußreiche Gebiet der Vornamen. Hier findet sich nun sehr reiches Material. Es ist zum Teil ursprünglich lateinisch, spiegelt also Namen, die bereits im Altertum verbreitet waren, andere Namen sind in französischer, spanischer oder italienischer Form im jiddischen Sprachraum erhalten, neben hebräischen und alten deutschen Namen. *Schprinze, Maier, Schnajer, Baile* oder *Faibisch* hört man oft nach Familienmitgliedern rufen, wo jiddisch gesprochen wird. Es sind weitverbreitete Namen, und sie bleiben deswegen erhalten, weil nach jüdischem Brauch Neugeborene oft nach verstorbenen Großeltern benannt werden. Bemerkenswert ist, daß diese Namen nicht im vorwiegend romanisch-jüdischen Sprachraum vorkommen, der sich erst aus dem spanischen entwickelt hat, also später ist als das Aufkommen der hier geschilderten Phase.

Schprinze ist die Rufform von »sprinza«. Es ist eine Abwandlung von *speranza*, Hoffnung. *Schnajer* wird »schne'ur« geschrieben. Manchmal denkt man irrtümlich, vom Hebräischen ausgehend, es bedeute »zwei Leuchten«. In Wirklichkeit ist es aber eine Abwandlung des lateinischen *senior*. Es war ursprünglich nur als Vorname verbreitet, wo es dann häufig zusammen mit dem hebräischen Namen *Schlomo* (Salomo) zu finden ist, und zwar in der Variante »salman«. Dann wurde es auch ein sehr häufiger Familienname. Eine ähnliche Namensgebung wie die von *senior* abgeleitete ist der Name *Majer*, er stammt vom lateinischen *maior*. Bei der jüdischen Vorliebe zu Wortspielen wirkt bei diesem Namen auch noch mit, daß dies zugleich der Name *me'ir*, »der Leuchtende«, ist, der in der hebräischen Aussprache der mitteleuropäischen Juden *Meier* lautet. Zu solcher Art von Rangnamen innerhalb einer Familie sei als kulturgeschichtlicher Vergleich an den Brauch in Japan erinnert, wo der erste Sohn einen inhaltlich gebundenen Namen erhält, der zweite aber sehr häufig die Bezeichnung »der zweite«, japanisch *seiji*. *Baile* ist eine Variante von *bella*, lateinisch »Schöne«. Es besteht parallel zu der deutschen Namensform *Scheine, Scheindl*. *Faibisch* wird oft verkleinert angetroffen, »Faiwel«, und wie viele männliche Vornamen wurde es auch zum Familiennamen. Mit diesem traditionellen jüdischen Namen gelangt die kulturgeschichtliche Betrachtung in den griechischen Bereich. *Faibisch* ist nämlich eine Variante zu dem Namen des griechischen Sonnengottes *Phöbus*. Daher wurde er gern zusammen mit dem hebräischen *Schimschon* gebraucht, denn *Simson* wurde ebenfalls als Sonnensymbol aufgefaßt. Dieser Name war bereits im hellenistischen Zeitalter bei Juden beliebt. Die Vorliebe für das Phöbus-Symbol, den triumphierenden, mit langen blonden Locken auf dem Sonnenwagen stehenden Jüngling, bezeugen Mosaikfußböden antiker Synagogen in Galiläa. Im Gegensatz zu anderen Namen, die als »zu jüdisch« empfunden wurden, legten ihn auch im Zeitalter der deutschen Assimilation einige Juden nicht so schnell wie möglich ab, sondern behielten ihn als besonders apart bei, z.B. der Arzt und Schriftsteller Phöbus Philippson. In latinisierter Form wurde daraus der Zuname *Fabius*.

Aus dem byzantinischen Griechisch stammt der weitverbreitete Name Kalman. Er ist eine abgeschliffene Variante von Kalonymos. Zuerst wurde er ausschließlich von der weitverzweigten Familie der Kalonymos-Söhne getragen, die seit der Karolingerzeit in Deutschland lebte. Der byzantinische jüdische Name ist wahrscheinlich eine Parallele zu dem hebräischen Namen *Schemtow* (*Schemtob*), der im Mittelalter in den nördlichen Mittelmeerländern sehr verbreitet war. Zu diesem hebräischen Namen ist übrigens zu bemerken, daß er ebenfalls europäisiert wurde, und zwar in der Form *Santos*. Diese christlich wirkende Form, »Heiliger«, war anscheinend bei Zwangstäuflingen beliebt. Ebenfalls aus dem byzantinischen Griechisch stammt der Name *Todros*, der u.a. bei der Familie Kalonymos häufig angetroffen wurde. Er ist eine Variante zu *Theodoros*.

Durch den regen Verkehr zwischen mitteleuropäischen Juden und denen südlich der Alpen gelangten auch spezifisch italienische Namen in den Bereich der jiddischsprechenden Juden. Zum Verständnis dieser Tatsache ist zu berücksichtigen, daß italienische Juden nicht etwa deswegen nichthebräische Namen trugen, weil sie »assimiliert« waren oder etwa als Mittel zur Vertuschung ihres Judeseins gegenüber der Umwelt, sondern weil sie seit dem Mittelalter ihre eigene Kultur auch in dieser Weise ausdrückten, ohne deshalb ihre spezifischen Eigenarten aufgeben zu wollen. Zwei dieser weitverbreiteten Namen waren *Benvenuto* und *Angelo*. Im Jiddischen wurde aus Benvenuto »Nute«, meist in Verbindung mit dem hebräischen Namen *Nathan*, hier ausgesprochen: *Nussen*. Aus *Angelo* wurde »Anschel«.

Dem Griechisch der Spätantike und des Mittelalters verdankt das Jiddische zum mindesten eine Rangbezeichnung, die allerdings nicht zum Vornamen wurde, wohl aber einige Familiennamen zur Folge hatte. *Ssandak*, »Gevatter, Patenonkel«, kommt vom griechischen *Syndikos*, »Stellvertreter«, weil er den Vater bei der Aufnahme des neugeborenen Sohnes in den Beschneidungsbund vertritt. Daraus wurden im 19. Jahrhundert die Familiennamen *Zondek* und *Sonntag*. Während *Ssandak* aber auch im Hebräischen ein griechisches Lehnwort ist, findet sich ein anderes griechisches Wort aus dem Bereich der religiösen Kultur anscheinend nur im Jiddischen, und zwar als sehr zentraler Begriff. Die überlieferte Art des Lesens von Bibel, Mischna und Talmud heißt jiddisch *trop*. Das ist das griechische Wort *tropos*, »Sangart«, Gebrauch bestimmter wiederkehrender Tonphrasen. Das gleiche Wort ist auch in der lateinische Kirchensprache des Mittelalters gebräuchlich: *tropus*. Hier wurde die Bedeutung später verschoben: Statt »Tonart«, in der ein bestimmter Text vorgetragen wurde, bedeutete es solche Texte selbst.

So sehr verbreitet aber einige romanische und griechische Namen sind, die meisten männlichen und weiblichen Vornamen im jiddischen Sprachraum sind Varianten hebräischer oder deutscher Namen. Häufig sind Doppelnamen oder Verkleinerungen. Aus *Hirsch* wird *Herschl* oder *Herzl*, aus *Jossef* wird *Jossele*, *Menachem* heißt auch *Mendl*, *Dawid* wird *Dowidl* genannt, ein beliebter Frauenname ist *Blimel* als Verkleinerung zu *Blume*. Wie im übrigen Wortschatz haben sich auch Namen erhalten, die im übrigen deutschen Sprachgebrauch nicht mehr üblich sind, z.B. *Freude, Frumet, Kreindl, Liepmann, Süßkind*. Zweisprachige Wortspiele finden sich in manchen Namen: So bedeutet der Frauenname »Tobe« zugleich deutsch »Taube« und hebräisch »Gute«. Beliebt sind biblische Namen wie auch nachbiblisch-hebräische. Die Schreibung hebräischer Namen bleibt im Jiddischen erhalten wie die aller hebräischen Wörter, während die Aussprache dem jeweiligen Lautwandel entspricht: Abraham ist *Awrum* oder *Awrem*, Isaak ist *Itzik*, Jakob ist *Jankew*, auch in der Verkleinerung *Koppel*, Samuel ist *Schmul, Schmil*, Rachel ist *Ruchel*, Judit ist *Idis*. Von einem unwissenschaftlichen, willkürlich gesetzten Maßstab her gesehen, sind es oft gerade solche Namen, die das Gefühl des Peinlichen, ja des »Vulgären« hervorrufen. Das liegt auf einer Linie mit dem ständigen Zwang, sich für das eigene Wesen entschuldigen zu müssen, das so oft ein Kennzeichen unterdrückter Minderheiten ist. So konnte es geschehen, daß es in der Blütezeit der Assimilation als Zeichen eines kulturellen Niedergangs betrachtet wurde, daß in den Synagogen im deutschen Sprachraum die Feiertagspredigten in der Volkssprache gehalten wurden, daß die Protokolle der Gemeinden in dieser Sprache geführt wurden usw., während doch gerade diese Dinge Anzeichen einer lebendigen Kultur sind.

Es ist die gleiche jiddische Sprache, in der die lesehungrigen jüdischen Frauen der Renaissance die übernationalen literarischen Themen kennengelernt hatten, in der biblische Epen verfaßt wurden und eine reiche Literatur von Legenden und Erzählungen zur Bibel. Es ist auch die Sprache, in der eine jüdische Geschäftsfrau aus Norddeutschland im 17. Jahrhundert ein Bild ihrer Zeit entwarf. Wie so viele andere Werke der Weltliteratur war ursprünglich nur für den engen Familienkreis bestimmt, was die Frau Glückel von Hameln in ihren Erinnerungen in vielen Heften niederschrieb. Sie wollte lediglich die schlaflosen Nachtstunden ihrer Witwenzeit in sinnvoller Weise nutzen und verfaßte ein faszinierendes Zeitgemälde.

Im 14. bis 16. Jahrhundert entstand die jiddische Spielmannsdichtung. Die Spielmänner bildeten eine eigene Berufsgruppe. Sie reisten von Ort zu Ort und sangen Epen über biblische Helden vor, daneben aber auch Nachdichtungen der Epen von König Artus' Tafelrunde und anderer Ritterepen. Diese Dichtungen wurden später niedergeschrieben. Im 17. Jahrhundert wurde diese Literaturgattung fortgesetzt und war ebenso beliebt wie die religiöse Literatur. Verbreitet waren auch Schauspiele, besonders das Purimspiel wurde in vielen Varianten gepflegt und aufgeführt. Ebenso reichhaltig war die Erzähl-Literatur. Neben chronikartigen Berichten wie denen der Glückel gab es die Gattung der Novelle. Im übrigen war Glückel durchaus nicht die einzige Autorin jiddischer Sprache. Einen Gipfelpunkt der Erzählkunst bildete der Urenkel des Begründers des Chassidismus. Rabbi Nachman von Bratzlaw schuf in seinen Märchen und Geschichten Formen der Darstellung, in denen die Symbolismen der jüdischen Mystik in das rein Erzählerische transponiert wurden. Seine Erzählungen erschienen 1815 in einer zweisprachigen Ausgabe, jiddisch mit beigefügter hebräischer Übersetzung. Bis zur Gegenwart leben die Nachkommen der jiddischen Bänkelsänger fort, die bei Feiern und Festen Lieder als eine Form der nichtschriftlichen Literatur improvisierten. Da es sich um direktes Volksgut handelte, bestand meist kein Bedürfnis nach parallelen hebräischen Liedern. Diese entstanden jedoch als Kunstform bei zweisprachigen Schriftstellern, vor allem auch bei Agnon.

Wie sehr aber auch in allen Jahrhunderten das Jiddische als gelehrte Sprache galt, davon zeugt etwa die Tatsache, daß ein holländischer Mönch des 17. Jahrhunderts, der zum Judentum übertrat und sich nun *Israel Ger-zedek* (»der Proselyt«) nannte, ein jiddisches Buch über das Judentum schrieb. Und andererseits betrachteten auch die Aufklärer dies als die Sprache, in der sie ihre anti-traditionellen und vor allem anti-chassidischen Ideen am wirksamsten verbreiten konnten. Dennoch ist in der Dialektik des lebendigen Geschehens Jiddisch immer noch die Sprache, in der vielerorts das traditionelle Talmudstudium betrieben wird, auch im Staat Israel, und auch wenn der Schüler Jiddisch als Fremdsprache erst lernen muß, z.B. wenn seine Muttersprache Hebräisch oder Arabisch ist. Das hat seinen Grund darin, daß ganz besondere Feinheiten theoretischer Gedankengänge seit dem 16. Jahrhundert an Talmudhochschulen in Polen und Litauen in jiddischer Sprache entwickelt wurden.

Die eigentliche Moderne der jiddischen Literatur beginnt mit Mendele Mocher-Seforim, über dessen gleichzeitige Bedeutung für die hebräische Literatur bereits gesprochen wurde. In Polen, Rußland und Amerika wirkten und wirken jiddische Autoren. Am bekanntesten sind der Symbolist Perez, der Humorist Scholem Alejchem, der Lyriker und Bibelübersetzer Jehoasch, die Novellisten Salman Shneour und Schalom Asch, der amerikanische Romanschriftsteller Isaak Bashevis Singer, dessen Bücher in englischer Übersetzung zu den beliebtesten Werken der amerikanischen Literatur der späten fünfziger Jahre zählen und inzwischen auch in deutscher Übersetzung vorliegen. Verlage und wissenschaftliche Institute bedienen sich der jiddischen Sprache. Bis auf Reste ist die große jiddische Kultur in Osteuropa vernichtet worden, ihre Hauptzentren sind heute in Amerika und dem Staat Israel. Allen pessimistischen Voraussagen zum Trotz ist sie nicht nur Gegenstand gelehrter Forschungen. Vielleicht sollte man aus ihrer neueren Geschichte lernen, daß die unerrechenbaren Faktoren in Geschichte und Kulturgeschichte Voraussagen nur in sehr beschränktem Maße zulassen. Eine Sprache, in der so viel an inniger und derber Dichtung seit vielen Jahrhunderten verfaßt wurde und deren Träger Juden sind, mit all der Bejahung des Überlebens, die dem jüdischen Volk eigen ist – eine solche Sprache wird wohl so leicht nicht vergehen.

Betrachtungen über das Hebräische

Kommt der hebräischen Sprache eine religiöse oder eine geschichtliche Bedeutung zu? Ist sie eine heilige Sprache, die wichtig für die Erhaltung des Kultes ist? Schafft sie gemeinschaftliche Bindungen? War sie tot und ist im ausgehenden 19. Jahrhundert von dem agnostischen Zionisten Elieser ben Jehuda eigenhändig wiederbelebt worden; oder vielleicht erst im Jahre 1948 mit der Staatsgründung? Fragen wie diese sind nicht überflüssig. Sie spiegeln Auffassungen, die man in Vorträgen, Handbüchern und Nachschlagewerken finden kann. Andere Fragen aus diesem Bereich sind: Hat die neue hebräische Sprache schon Dialekte? Kann ein israelisches Kind mit hebräischer Muttersprache die Bibel in ihrer Ursprache verstehen, oder geht es ihm wie seinen englischen Altersgenossen mit Beowulf oder mit Chaucer, wie dem Griechen mit der klassischen griechischen Literatur, wie dem Deutschen mit dem Nibelungenlied und Walther von der Vogelweide?

Gehen wir einmal von einer negativen Definition aus. Wann ist eine Sprache nicht lebendig? Doch wohl dann, wenn sie ihre Hauptfunktion, die Verständigungsmöglichkeit innerhalb bestimmter Menschengruppen herzustellen, nicht mehr erfüllt. Daß Hebräisch bei Juden eine der gesprochenen, gedachten, gelesenen, geschriebenen Sprachen war, ermöglicht es, es in den Mittelpunkt einer Erstsprache zu rücken. Das ist mit weniger Problematik verbunden als das Lernen von Sprachen bei jemandem, der sich noch nie darüber klar wurde, daß es überhaupt andere Sprachen gibt.

Die »Lebendigkeit« einer Sprache darf allerdings nicht so bestimmt werden, daß sie ihr mehr oder weniger zukommt, je nachdem, ob sie vorwiegend als Erstsprache des Kindes oder vorwiegend als Sprache des bewußten Denkens besteht. Es gibt wohl auch kaum eine einzige und eindeutige Art, in der das Leben einer Sprache stattzufinden hat. Die Tatsache, daß eine Sprache unter anderem oder sogar hauptsächlich in zehntausenden, ja hunderttausenden von Büchern sich nachweisen läßt, bedeutet keineswegs, daß sie tot ist: Wie sind dann diese Bücher entstanden? Sind sie denn nicht genau wie dieses Buch, das ich eben schreibe und nur zufällig nicht hebräisch schreibe, so entstanden, daß Menschen in ihr dachten und diese Gedanken nicht nur mündlich, sondern auch schriftlich, über den unmittelbaren Wirkungsbereich hinaus bewahrten? Die Geschichten, Romane, Predigten, Kochrezepte, Erziehungsvorschriften, Gemeindeordnungen, Briefe, Tagebücher, Choräle, Gebete und Liebeslieder der letzten zweieinhalbtausend Jahre, all das, wozu Sprache schriftlich und mündlich gebraucht wurde – ist das alles »nicht-lebende« Sprache? Wenn jemand ein Liebeslied schreibt und singt und andere es lernen und singen, ist das als gelehrter Gebrauch einer ausschließlich für »den Kult« weitergepflegten, längst toten Sprache zu bezeichnen? Und wie steht es mit all den neu entstehenden Wörtern? Ist das alles durch knöcherne Stubengelehrte erfunden, weil sie noch nicht bemerkt haben, daß sie »eigentlich« sich einer »toten« Sprache bedienen?

Wie bereits an vielen Beispielen dargestellt wurde, gehören zu den Dingen, die als konstitutiv für das Bestehen des jüdischen Volkes als einer definierbaren Gemeinschaft betrachtet werden, die Einrichtungen der Gemeinde. Diese Einrichtungen bestehen aus bestimmten Handlungen und aus bestimmten Texten, die mit ihnen zu tun haben, entweder weil sie gelesen und gelehrt werden oder weil sie Angelegenheiten erörtern, die damit in Zusammenhang stehen. Es handelt sich unter anderem um geheiligtes Schrifttum. Dieses Schrifttum mit seinen unzähligen Einzelthemen wurde seit Jahrtausenden ununterbrochen in hebräischer oder in eng verwandter jüdisch-aramäischer Sprache abgefaßt. Das waren zu keinem Zeitpunkt die einzigen Sprachen, in denen von Juden für Juden bestimmte Werke geschrieben wurden. In jeder Epoche gab es ein mehr oder weniger umfangreiches Schaffen in den Sprachen, die außerdem noch von Juden gesprochen wurden.

Es geschieht öfter, daß Juden beim Erörtern dieser Dinge sich nicht deutlich genug ausdrücken. So nimmt es nicht wunder, wenn Nichtjuden sich an solche Aussagen halten, die etwaigen eingebauten Vorbehalte und Einschränkungen überhören und dann zu Verallgemeinerungen kommen. Denn der Außenstehende weiß meist nur wenig von innerjüdischen Dingen, er verläßt sich auf Auskünfte. Dazu kommt die psychologische Tatsache, daß fast jeder Leser oder Hörer sich vor allem an diejenigen Einzelheiten hält, die er entweder bereits kennt oder aber irrtümlicherweise mit etwas Bekanntem leicht in Verbindung bringen kann. Wenn also jüdische Sprachwissenschaftler sagen: Zur Zeit des Zweiten Tempels bestand das biblische Hebräisch nicht mehr als Umgangssprache, es war weitgehend durch das Aramäische verdrängt worden, die Sprache der Mischna ist so und so beschaffen, sie enthält zahlreiche Fremd- und Lehnwörter, wie übrigens auch das biblische Hebräisch, man dürfe Mischna-Hebräisch nicht als Neuhebräisch bezeichnen, im übrigen pflegten z.B. die jemenitischen Juden das Sprechen in der Mischna-Sprache bis zur Gegenwart, außerdem diente Hebräisch stets als das Verständigungsmittel zwischen Juden, etwa im Mittelalter – so wird bereits der erste Satz mißverstanden, die Weiterentwicklung vom biblischen zum mischnischen Hebräisch nicht als solche registriert: Hängen bleibt nur, daß die aramäische Sprache die hebräische verdrängte.

Man könnte sich eine Parallele etwa so vorstellen: Die Normannen brachten ihre französische Sprache auf die britischen Inseln mit und mischten sie mit der angelsächsischen der Einwohner. Daher finden sich bis heute in der englischen Sprache in bestimmten Lebensbereichen die alten sächsischen Wörter, z.B. »flesh«, (menschliches) Fleisch, aber in anderen die normannischen, z.B. »meat«, zum Essen bestimmtes Fleisch. Kein Mensch würde sich einfallen lassen, deshalb die »eigentliche« englische Sprache als »tot«, »überfremdet« oder »verdrängt« zu bezeichnen. Im Gegenteil, jede Sprache besteht aus den verschiedensten Schichten, die mit der Geschichte ihrer Sprecher dazugekommen sind, denn es gibt überhaupt keine chemisch reine »unverfälschte« Sprache.

An diesem Punkte muß die Frage der mehrsprachigen Kulturen erörtert werden. Es scheint nämlich, daß es in den letzten Generationen in einer Reihe hochzivilisierter Länder mehr und mehr zu einer Einsprachigkeit gekommen ist: Ein Mensch hat seine Sprache, die er beherrscht, andere sind hinzugelernte »Fremdsprachen«. Diese Entwicklung dürfte mit der Einführung des verpflichtenden Sprachunterrichts in der Schule begonnen haben. Das wiederum hängt zusammen mit der Bildung von Nationalstaaten und einer festgelegten, einzigen Nationalsprache. Die Dinge liegen notwendigerweise dort anders, wo die Staatssprache nicht mit der Sprache der meisten Staatsangehörigen identisch ist. Das war so im Heiligen Römischen Reich Deutscher Nation und danach in der Donau-Monarchie. Es war und ist so in vielen außereuropäischen Staaten: So hatten etwa die Usbeken Zentralasiens ihre eigene Sprache, dazu kam das Russische als Staatssprache der Sowjetunion.

Es ist, genau besehen, eine vorwiegend westeuropäische und amerikanische, also in den großen technokratischen Gesellschaften vorherrschende Vorstellung, daß ein Mensch es gerade schafft, seine eigene Sprache in der Schule gründlich zu erlernen. Aber selbst in Westeuropa gibt es mehr Ausnahmen als Regeln für diese Annahme. Die keltischsprachigen Bevölkerungsgruppen in Frankreich und Großbritannien sind dazu verurteilt worden, ihre eigenen Sprachen als untergeordnet zu betrachten. Daß es heute eine Freistaat Irland gibt, wenn auch keine Autonomien Schottlands, Wales' oder der Bretagne, hat mit der Kulturtradition der Kelten zu tun, die engstens mit ihrer Sprache verknüpft ist. Das ist nur ein Beispiel aus vielen, die angeführt werden können. Weitere sind die Basken und die Katalanen in Nordspanien, die durch ihre Sprachen bekunden, daß sie in ihrer eigenen Sicht mehr sind als nur administrative Teile des Staates Spanien.

An solchen Beispielen[44] wird offenkundig, daß eine vereinheitliche Staatssprache neben ihren vielen positiven Eigen-

---

44 Inzwischen besteht gerade für die genannten Bevölkerungsgruppen Kulturautonomie gemäß europäischer Richtlinien.

schaften dazu dienen kann, Minderheiten zu neutralisieren, ihre Selbstbestimmung zu erschweren, vor allem um sie nicht zu einer politischen Gefahr für einen mehr oder minder zentral regierten Staat werden zu lassen.

Nun gab und gibt es ja auch Staatssysteme, in denen die Wichtigkeit einzelner Nationalsprachen und -kulturen anerkannt wird, sei es, weil die Widerstände innerhalb solcher Gruppen sonst zu groß würden, sei es, weil ein echtes Interesse besteht. In solchen Fällen wird die Mehrsprachigkeit durch Schule, Buchwesen und öffentliche Kommunikation gefördert. Setzt sich das Gebilde aus zahlenmäßig gleich großen Einheiten zusammen, haben diese Sprachen den gleichen Rang als Staatssprache. Sind die Einheiten unterschiedlich groß, so ist im allgemeinen die Sprache der zahlenmäßig oder technokratisch überlegenen Gruppe die offizielle Staatssprache. Ferner kann eine Sprache als »Mundart« in einem Gebiet gelten, wie etwa das Friesische in Deutschland, und jenseits der Grenze offiziell anerkannte Sprache sein. In einem Fall handelt es sich bei den geschriebenen und gedruckten Erzeugnissen um Literatur, im anderen um »Heimatdichtung«, gleichgültig, was der Inhalt ist: Die Sprache wird hier zum Faktor. Plattdeutsch ist »Heimatdichtung«, Dänisch »Literatur«. Manchmal werden sprachwissenschaftlich und soziologisch unhaltbare Bezeichnungen wie Vulgärsprache oder Jargon von einer sich überlegen dünkenden Umwelt benutzt.

Die übliche Begriffsabgrenzung hat oft mit der Organisation und Verwaltung eines *Staates* zu tun und nicht mit dem tatsächlichen Leben einer Sprache, der Anzahl und dem Kulturstand derer, die sie benutzen. Der Kampf um die Anerkennung ihrer Sprache wird auch heute noch, oder vielleicht gerade heute wieder, überall dort mit erbitterten politischen Mitteln geführt, wo eine Gruppe durch den politischen Apparat des eigenen Staates gezwungen wird, eine Fremdsprache, die Sprache der anderen Bevölkerungsgruppe, erlernen zu müssen, und zwar als einzige, die es ermöglicht, im Beamtenstand unterzukommen, Zeitungen herauszugeben usw.

Diese Art der Definition ist so willkürlich, zweckgebunden und autoritär, daß sie bei den Angehörigen einer »sprachlichen Mehrheit« durch die Suggestion der Gewohnheit zu einem Mißverstehen der Eigengeschichte und des Eigenlebens von Sprachen führen muß. Von einem solchen autoritären Sprachdenken her gibt es bewußte und vor allem unbewußte Vorbehalte gegen die sprachlichen Kommunikationsgepflogenheiten von Gruppen, die neben, unterhalb oder außerhalb der »Hauptsprache« bestehen. Wie bei anderen Vorbehalten, die stark institutionalisierte menschliche Einrichtungen anbelangen, treten auch hier Prozesse der Abwertung, des »Weginterpretierens«, der sozialen und psychischen Verdrängung ein. Diese übertragen sich dann oft in das Selbstverständnis der Abgewerteten: In die Rolle, sich entschuldigen zu müssen, gedrängt, gelangen sie zur Geringschätzung oder Verheimlichung des Anstoß erregenden Sachverhalts. Sowohl in sprachlichen wie in anderen kulturformenden und -erhaltenden Belangen handelt es sich bei solchen Vorgängen um die freiwillige oder unfreiwillige Assimilation. In der Ethnologie wird sie auch als Akkulturation bezeichnet, d.h. die Überrollung durch die zahlenmäßig, technisch oder autoritär überlegenene Kultur der Umwelt.

Die intensive Beschäftigung mit der Bibel im hebräischen Urtext durch die Juden hatte während der gesamten Geschichte des Christentums immer wieder zweierlei zur Folge: Das Studium bei Rabbinern, die ihr Wissen an christliche Theologen vermittelten, und als Kehrseite dazu die Warnung christlicher Theologen an das Kirchenvolk, sich von jedem Gespräch mit Juden über biblische Dinge fernzuhalten, denn man wollte nur ihr Wissen, nicht aber ihre Tradition und ihren Glauben zu Einfluß gelangen lassen. Manchmal wurde das nicht so deutlich und rigoros gesagt, oder vielmehr: Nicht immer sind auf die Nachwelt diese Aussagen in gleicher Deutlichkeit gekommen. Naturgemäß liegen sie jedoch dort vor, wo Christen enttäuscht über das Festhalten der Juden an ihrem Glauben waren und daher mehr oder weniger ausfällige Bemerkungen auch schriftlich niederlegten. Überall dort, und das ist beim überwiegend größten Teil gelehrter christlicher

Beschäftigung mit den Juden der Fall, wo es als böswillige oder gottgewollte Verstokkung und Herzensverhärtung erschien, daß Juden unter keinen Umständen bereit waren zu bekennen, daß Jesus, der Sohn der Maria aus Nazareth, identisch mit dem Schöpfer der Welt sei oder auch nur der von Gott gesandte Friedenskönig, unter dessen Herrschaft es keinen Krieg und keinen Haß mehr unter den Menschen geben würde, überall dort mußte es ja als gefährlich für Christen gelten, daß Juden nicht in Priester und Laien eingeteilt sind, daß die meisten von ihnen gut Hebräisch konnten und sogenannte »Schriftbeweise« des Christentums ohne weiteres widerlegen konnten. Das Leben der Juden, vor allem jener, die nicht nur von der Umwelt so bezeichnet wurden, sondern sich selbst unter ihrem Judesein etwas sehr Deutliches vorstellten, war immer mit der hebräischen Sprache verknüpft. Sie ist einer jener gemeinschaftsgründenden, konstitutiven Faktoren, deren Ausfall den Bestand der Gemeinschaft in Frage stellt. Genau wie bei anderen solchen Faktoren – gemeinsamen Erinnerungen, Bräuchen, Festen – trifft auch auf sie zu, daß sie in einer Gruppe intensiv und bewußt gepflegt wird, in der anderen weniger und daß vielerlei Varianten nebeneinander bestehen.

Eine dieser Varianten, vielleicht die des Minimalumfanges, beschränkt sich darauf, im Religionsunterricht den Kindern das Lesen und Verstehen eines Teils der Gebete beizubringen, jener Gebete nämlich, die auch in der extremen Reformbewegung hebräisch beibehalten wurden. Hingegen werden die meisten Gebete in der Landessprache – englisch, französisch, spanisch, schwedisch usw. – gebetet. Im allgemeinen wird dann auch das übrige jüdische Schrifttum, wenn überhaupt, in Übersetzungen beigebracht. Die andere Variante, die des Maximalumfangs, besteht im Staate Israel: Hebräisch ist die Sprache der jüdischen Mehrheit und daher eine der Staatssprachen, die andere ist Arabisch.

Daß heute die hebräischen Sprache die Staatssprache Israels sein kann, ist Ergebnis der gesamten jüdischen Geschichte. Daß überhaupt aus den verschiedenen jüdischen Gruppen ein Staatsvolk werden konnte, ist für so viele von ihnen deshalb eine Selbstverständlichkeit gewesen, weil die geschichtliche Zusammengehörigkeit engstens mit der hebräischen Sprache verknüpft war. Die Verbundenheit mit der Sprache, ihre Verflechtung mit den Belangen des eigenen Lebens, war stets so tief, daß sie dem einzelnen gar nicht mehr objektiv erfaßbar war. Und wie bei anderen existentiell notwendigen Dingen wurde die Definition oft mangelhaft durchgeführt. Denn als Bestandteil der eigenen Identität, als die Persönlichkeit mit bestimmender Faktor, ließ sich die Sprache nur so wenig aus dem Gesamtrahmen heben, daß sie oft genug nicht im tatsächlich entsprechenden Ausmaß als lebendige Volkssprache erkannt wurde. Noch viel weniger aber wurde sie dort genau umrissen, wo es im Verlaufe der angestrebten Assimilation als wichtig erscheinen mußte, Eigenmerkmale nicht zu besitzen. Von der fiktiven Größe »der Mensch schlechthin« ausgehend, schien es ja beschämend, nicht »dem Menschen« anzugehören, sondern einer bestimmten Gruppe von Menschen. Wo solche Fiktionen auch heute noch gepflegt werden, ist ohnehin jede anthropologische und kulturhistorische Betrachtungsweise von vornherein einer einseitigen Verzerrung ausgesetzt.

Israel ist der jüdische Staat, aber nicht der Staat aller Juden und auch nicht nur-jüdischer Staat. Auch dort werden viele andere Sprachen gesprochen, von Juden aus mehr als hundert Ländern. Was sie zusammenhält, ist unter anderem auch ihre Sprache, die vielen bekannt und geläufig war, von anderen aber erst gelernt werden muß. Hier wird nicht nur das gesamte literarische Erbe der Jahrtausende in der Ursprache gelesen, sondern auch die Weltliteratur ist dem jungen Israeli vor allem in seiner eigenen Sprache in Übersetzung zugänglich. Dem israelischen jüdischen Marxisten oder Atomphysiker ist sie ebenso selbstverständlich wie dem gelehrten Rabbiner oder dem Vorschulkind.

Heute gibt es daher auch eine umfangreiche hebräische Erziehung in vielen jüdischen Gemeinden der westlichen Welt. Es gehört allmählich vielerorts zum guten Ton, jüdischen Kindern und Jugendlichen auch auf diese Weise ihre eigene Identität begreifbar zu machen. Es ist eines der bewährten uralten

Mittel gegen die gar nicht neue Erscheinung der Entfremdung, des Verlustes des Selbstverständlichkeit des eigenen Daseins.

Aber es ist nicht nur in der westlichen Welt so. Auch heute noch gibt es Orte im ehemaligen Ostblock, in denen man auf der Straße hebräisch hören kann, in ganz normalen Alltagsgesprächen, nicht als »Kult-Sprache«, denn es gab in mehreren osteuropäischen Ländern ein weit ausgebautes Schulnetz, vom Kindergarten bis zu Abitur und Lehrerseminar; westliche Ausläufer gab es z.B. in Deutschland, wo man an einigen Schulen noch in der Zeit des dritten Reiches das Abitur in hebräischer Sprache machen konnte, wohlgemerkt in allen Schulfächern, nicht zu verwechseln mit dem Hebraicum der humanistischen Gymnasien und theologischen Fakultäten, wo damals und heute Hebräisch als eine klassische »tote« Sprache behandelt wird, weil angeblich in dieser Art der junge Mensch besser zum Denken und Verstehen »gebildet« werden kann. Sprache im Grammatikbuch, Tiere in Formalin, Pflanzen auf bunten Karten – all dieses gehört zu den belastenden und hemmenden Überresten des 18. Jahrhunderts.

Geschichtliche Entwicklungen gehen oft auf vorläufigen Umwegen. Daß heute Hebräisch die Sprache eines jüdischen Staates sein kann, beruht auf dem unablässigen Fortleben der Sprache, ihrer Ausweitung, Abwandlung, ihrem nicht-puristischen, nicht-klassizistischen, nicht vorschriftsmäßigen Eigenleben. Nun ist das eine etwas gefährliche Metapher: Eigenleben einer Sprache. Es ist ein verkürzter Ausdruck dafür, daß Menschen in vielen Zeiten und Ländern sich ihrer bedienten. Sie sahen darin keinen Selbstzweck, sondern eine Gegebenheit ihrer kulturellen Substanz, ihrer Ausdrucksmöglichkeit.

Dem offiziellen Gründer des politischen Zionismus war diese Tatsache so gut wie unbekannt. Theodor Herzl war ein typisches Kind der westlichen Assimilation. Er formulierte die politische Notwendigkeit eines jüdischen Staates, wobei ihm persönlich der geographische Ort dieses Mittels zur Linderung der Judennot weniger wichtig war als die völkerrechtlich geschützte Tatsache einer jüdischen Souveränität, um erst einmal die rechtlosen, verfolgten und auch die scheinbar gesicherten Juden in menschenwürdiger Weise unterzubringen. Daß diese Bewegung überhaupt zum Zionismus wurde, war das Resultat jener geschichtlichen Vorgänge, von denen Herzl dann getragen wurde. Es ist anzunehmen, daß er als Staatssprache sich eher Deutsch oder Französisch vorgestellt hatte als Hebräisch, von dem er nur gerade das Allernotwendigste für seine Konfirmation gelernt hatte.

Wie kam es, daß der weitaus größte Teil der westlichen Juden innerhalb weniger Generationen das Hebräische so gründlich vergessen hatte? Das hat vor allem mit den Vorgängen der Aufklärung zu tun. Hebräisch – das war etwas, womit man sich so ausführlich im traditionsgebundenen Raum beschäftigte. An den Hochschulen des jüdischen Rechts in Osteuropa, in Italien, in Holland und Deutschland erschienen regelmäßig weitere umfangreiche Werke, eifrig studiert, selbst Niederschlag von Diskussion und Predigt. Auch das volkstümliche Schrifttum wuchs nicht nur weiter, sondern trieb völlig neue Zweige. Seit dem Ende des 18. Jahrhunderts entstand die umfangreiche Literatur des Chassidismus, teils hebräisch, teils jiddisch geschrieben.

Man kann natürlich die Geschichte der hebräischen Sprache und Literatur der letzten Jahrhunderte ausschließlich von der Aufklärungsbewegung her betrachten. Das taten die Aufklärer selbst und ihre Schüler, die schließlich programmatisch eben daran interessiert sein mußten. In diesem Falle wird man die Zeitschriften der Aufklärung höher einschätzen als chassidische Legenden oder als die Ethik-Literatur der litauischen Talmud-Akademien. Als sachliche Betrachtung kann dies wohl schwerlich bezeichnet werden. Bei allem zeitgeschichtlichen Interesse an den Bestrebungen, sich der westlichen Welt anzupassen, Jüdisches in Allgemeines einzuordnen, darf man nicht vergessen, daß es diese Dinge nebeneinander gegeben hat und weiterhin gibt.

Es gehörte zu den zeit- und entwicklungsgebundenen Dingen, daß der Kampf zwischen Aufklärern und Traditionalisten sich sowohl in hebräischer wie in jiddischer Sprache abspielte und daß es auch zwischen den Verfechtern dieser beiden Sprachen oft heftige Konkurrenzen gab. Das ändert freilich nichts an der Tatsache, daß es in der aufklärerischen und nachaufklärerischen Literatur oft die gleichen Autoren waren, die eine maßgebliche Rolle spielten. Die Vitalität des osteuropäischen Hebräisch, insbesondere des nur wenig durch die Aufklärung beeinflußten, wurde sicherlich weitaus bestimmender für das moderne Hebräisch als die oft sehr eng gehaltene Entwicklung der Aufklärersprache, denn es war ohne weiteres möglich, ein Hebräisch zu reden, das voraussetzungslos alles sein eigen nannte, das je geschaffen wurde. Es war aber eher künstelnd, von der Vorstellung eines biblischen Klassizismus hauptsächlich deshalb auszugehen, weil manche jüdische Kreise sich von christlichen Vorurteilen gegen nachbiblische Entwicklungen beeinflussen ließen.

In dem Moment nun, da ein modernes hebräisches Schulwesen entstand, und zwar nach 1880, mußten laufend auch Lehr- und Lesebücher verfaßt werden. Das war eine der Aufgaben des Kulturzionismus oder geistigen Zionismus, dem eine politische Lösung mit Recht nur als *eine* Seite des Lebens erschien. Das heißt wiederum nicht, daß es vorher solche Bücher nicht gegeben hatte. Es heißt vielmehr, daß nun ganz gezielte Aufgaben gestellt und gelöst wurden, die die Möglichkeit eines jüdischen Staates vorbereiteten und zugleich die These vertraten, kräftigten und durchzuführen sich bestrebten, daß nicht nur im Land Israel, sondern überall, wo Juden leben, außer den Trägern des traditionstreuen Judentums auch die Vertreter des modernen Säkularismus eine hebräische Kultur haben sollten.

Dabei waren es nun aber gerade die Rebellen gegen altüberkommene Formen osteuropäischen jüdischen Lebens, die das mittelalterliche sprachliche Erbe wieder zugänglich machten. Das ganze ungeheuer reichhaltige Sprachgut wurde den Hebräischsprechenden in Neuausgaben und Auswahlen vermittelt. Dazu kam auch lexikographische Arbeit, es kamen dazu die Kommissionen für Fachausdrücke. Aber gelehrte Körperschaften *machen* keine Sprachen, sie sichten sie nur. Eine Sprachakademie, sei es die französische, die hebräische, die gälische, kann nur auf dem Boden bereits vorhandener Gegebenheiten arbeiten. Sie kann Richtlinien geben, die eingehalten werden oder auch nicht. Daher ist es nur mit Einschränkungen richtig, daß irgendeine Einzelpersönlichkeit oder Gruppe ausschließlich verantwortlich für das heutige Hebräisch sei, denn Hebräisch ist weder Esperanto noch Volapük.

Jede Assimilation von Juden im Laufe ihrer Geschichte stellte beinahe zwangsläufig ihr Verhältnis zu den Inhalten der eigenen Kultur in mehr oder minder großem Maße in Frage. Welche Inhalte dabei von Fall zu Fall betroffen waren, hing von den zeitgenössische Umständen ab, den gesellschaftlichen und politischen Strömungen, an die man sich anpassen mußte oder wollte, und damit letztlich von den vorherrschenden Tendenzen im eigenen Selbstverständnis. Wann immer also Judentum vorwiegend als Religion gewertet wurde, galt für die Umwelt und die Juden selbst ihr Schrifttum als »religiöses Schrifttum«. Da es zu außerordentlich großen Teilen in hebräischer Sprache verfaßt ist, galt das Hebräische als Kultsprache. Im innerjüdischen Bereich hat sich allerdings diese Sicht schwerlich durchgesetzt.

Die Bezeichnung »heilige Sprache« besagte ja nichts anderes, als daß es die Sprache ist, in der die Heiligen Schriften abgefaßt sind. Der Begriff *heilig* bedeutet aber im Judentum etwas anderes als etwa im Christentum oder im Islam. Er hat wenig zu tun mit »außerhalb der Welt«. Während z.B. in beiden genannten Religionen der sprachliche Besitz solcher Schriften – die christliche Bibel, die Schriften der Kirchenväter, der Koran, die Sunna (Tradition) und Chadith (Legenden) – weitgehend Sache von Eingeweihten, Geweihten, Ordinierten war oder noch ist, bestand ja im Judentum seit eh und je die Gemeindepflicht des Studiums. Die Bibel ist nie Gegenstand einer durch Geistliche durchzuführenden Verkündigung gewesen. Sie wurde zum ganzen Volk gesprochen, jeder hat sich nach seinem Können mit ihr zu beschäftigen, sie spricht zu ihm nach seinem Auffassungsvermögen. Deshalb mußte ja gerade dies Auffassungsvermögen entwickelt werden. Der Koran hingegen darf weder in Übersetzung noch mit

Kommentaren gedruckt werden. Wo es geschieht, tun es Nicht-Moslems oder solche, die in religiöser Hinsicht als Ketzer gelten. Genau solche Dinge aber sind es, die den Juden erst zum frommen Manne machen, denn auf das, was ein anderer autoritär berichtet und als Verkündigung bereits niedergeschriebener Worte wertet, sollen sich nur solche verlassen, die in körperlicher oder geistiger Hinsicht im Stande der Kindheit sind, den es jedoch zu überwinden gilt.

Betrachten wir zum Vergleich den Begriff der Heiligen Schrift, wie er sich einem durchschnittlichen gläubigen Moslem darstellt, etwa in Indien oder dem Iran. Der Moslem wird von früher Jugend an zur Andacht erzogen. Er hört öffentlich die Verkündigung *»Gott ist Gott, und Mohammed ist Gottes Gesandter«*. Er hört die Koranverse, die in der Moschee gesungen werden. Er hört sie nicht nur, er lernt sie seit seiner Kindheit auswendig, und zwar in der klassischen arabischen Sprache. Er beherrscht aber weder diese noch eine der modernen arabischen Sprachen. Seine eigene Sprache hat bis auf wenige gemeinsame Wörter nichts mit Arabisch oder sonst einer semitischen Sprache zu tun: Sie gehört einer der indoeuropäischen Sprachfamilien an, die mit dem Sanskrit verwandt oder aus ihm hervorgegangen sind.

Es gibt außerdem auch keine Gebete in der ihm geläufigen Sprache, weil im Islam überhaupt nicht die Einrichtung von Gemeindegebet oder Gemeindelied besteht, weder in arabisch noch in einer anderen Sprache. Die reiche meditative Literatur in arabisch und persisch ist Sache weniger Ordensleute, nicht der Gemeinden.

Das heißt also: Heilig, gottgegeben, zu Gott und einem besseren Jenseits führend, sind Dinge, mit denen sich nicht der Verstand beschäftigt, sondern die auf das Gefühl einwirken. Sie berühren die Bewußtseinsinhalte des Gläubigen insofern, als der geweihte Geistliche ihn zu bestimmten Dingen anhält, weil sie entweder im Koran stehen oder aber in der unendlich reichen »mündlichen Lehre« des Islam enthalten sind. Da er sie selber weder studiert noch überhaupt lesen kann, verläßt er sich auf den Geistlichen. Sein Denken hat damit nichts zu tun.

Seine Vernunft wird vielleicht überhaupt nicht in dem Maße angeregt und systematisch gefördert, daß er innerhalb seiner eigenen Kultur zu einem theologischen oder gesellschaftlichen Verständnis gelangen kann. Daraus ergibt sich für manchen durchschnittlichen Moslem guten Willens: Wenn ich Fortschritt will, muß ich erst einmal aus meiner Tradition aussteigen. Sie hemmt mich. Sie ist also schädlich. Bisher hat es noch keine weittragende Reformation des Islam gegeben. Die Struktur dafür konnte noch nicht geschaffen werden, trotz aller Bemühungen, die darauf gerichtet wurden und werden.

Aber auch in arabischsprachigen Moslemländern ist es nicht anders. Denn die Grundeinstellung, daß das Heilige oberhalb der Menschenwelt steht, ist ja nicht die Folge der Kommentar-Verbote, sondern ihre Grundvoraussetzung. Daher ist das klassische Arabisch Sache der Priesterseminare oder der Europäer. Vielleicht ist es dieser Vergleich mit dem klassischen Arabisch, der in christlichen Ländern zu dem Irrtum führte, es müsse sich ähnlich mit der hebräischen Bibel verhalten. Ein sehr ähnliches Bild wie das eben vom Islam entworfene galt ja über den weitaus größten Teil der Geschichte des Christentums für dessen Verhältnis zu seinen Heiligen Schriften. Es gilt sogar auch heute noch für die meisten Christen.

Und schließlich sind es die christlichen Fachleute gewesen, die sich hier meinungsbildend betätigten. Diese Fachleute nun, Theologen und Orientalisten, standen durch Jahrhunderte unter dem Leitbild des Humanismus im Sinne eines archivarischen und idealisierenden Mißverständnisses griechischen und römischen Altertums. Die Antike war der Inbegriff des Vollkommenen. Die Sprache der »klassisch« genannten Werke wurde zum Maßstab für vollendete Sprache gemacht. Das ist noch immer die Einstellung der meisten »humanistischen« Gymnasien, die nach wie vor in manchen europäischen Ländern für die Sprößlinge der »Gebildeten« bestehen. Nun haben ja bekanntlich die armen Fachleute für das alte Griechenland und Rom eine sehr strenge sprachliche und inhaltliche Auswahl treffen müssen, um vieles Nichtidealisierbare aus dem Wunschbild fernzuhalten, denn es gab sowohl Themen wie Ausdrucksweisen, die ganz und gar nicht dem Vorbild des europäischen, christlichen, wohlgesittet sich gebenden Erfolgsbürgers entsprachen. Zum mindesten nicht für Minderjährige, denen suggeriert werden sollte, daß man schon immer wohlgesittet war in der Welt der Erfolgreichen, jener eben, deren Geburtsdaten und Kriege man auswendig zu lernen hatte.

Von solchen kanonisch-idealisierenden, von außen angelegten Richtlinien her war durch Jahrhunderte der europäischen Wissenschaftsgeschichte Sprachkunde betrieben worden. Sie war natürlich so gut wie nie »wertfreie Wissenschaft«, die es ohnehin kaum gibt. Sie war aber auch meist keine ganzheitliche Betrachtungsweise, denn es hätte ja ihrer gesellschaftlichen Funktion widersprochen – der des weißen, fortschrittsüberzeugten überheblichen Westeuropäers –, die tatsächlichen Zusammenhänge deutlich zu erkennen.

Wie stand es nun um das Bibelhebräisch bei Juden? Daß für Juden der Spätantike, des frühen und späteren Mittelalters und der Neuzeit das klassische Hebräisch der Bibel keine ausgesparte »heilige Sprache« in einem religiösen Sinne war, bezeugt vor allem die Art und Weise, wie biblische Sprache in der jeweiligen Gegenwart benutzt wurde. Sie war »Gebrauchsgegenstand«, nicht »gutes Geschirr« mit Museumswert hinter Vitrinen. Ihre Volkstümlichkeit, die Geläufigkeit, mit der sie überall bis in ihre feinsten Schattierungen gebraucht wurde, macht sie zu einem Ausdrucksmittel mit hohem Assoziationswert. Wie jede große Dicht- und Erzählkunst enthält die hebräische Bibel genaue Schilderungen menschlicher Gefühle und Reaktionen. Bisweilen finden sich solche Darstellungen auch in anthropomorphen Gottesschilderungen. Das bedeutete in theologischer Hinsicht für Juden sehr wenig, weil man wußte, daß damit nichts über Gott ausgesagt ist und alles über den Menschen. Daher empfand man auch keinerlei Ängstlichkeit, solche Ausdrücke zu sehr profanen Schilderungen zu benutzen. Denn ein Wortverhältnis im Sinne der Heiligung von Worten als solcher liegt dem Judentum fern: Was ihm heilig ist, ist der Sinn, der oft erst weit über den biblischen Wortlaut hinaus zu ermitteln ist.

Die gründliche Bekanntschaft mit jedem Satz der hebräischen Bibel ermöglichte Erzählern und Dichtern das Arbeiten mit Anspielungen als stilistischem Arbeitsmittel. Es genügte, in einer Schilderung eine bestimmte Wortfolge zu gebrauchen, um sofort bei Hörern oder Lesern ein Bild heraufzurufen, das sich aus dem Vers oder den verschiedenen Versen ergab, in denen diese Wörter vorkommen. Das ist also kein Wörterbuch-Denken, sondern ein Bild-Denken. Um die verblüffenden Wirkungen, die dadurch erzielt werden, überhaupt zu ermessen, müßte jemand, der diese Voraussetzungen als Leser nicht mitbringt, sämtliche in einem einzigen Satz vorhanden Ausdrücke in ihrem biblischen Zusammenhang nachlesen, um dahinterzukommen, was eigentlich alles an Vorstellungen auf den inneren Bildschirm des angesprochenen Lesers projiziert wird. Nun werden diese Gedichte oder Erzählungen viel öfter gesungen als vorgelesen, also durch die Ohren der Hörer vermittelt als individuell und lautlos gelesen. Das Zitat hat also ähnliche Aufgaben wie in den Romanen von James Joyce: Es soll den »Strom des Bewußtseins« anregen, und zwar nicht bei wenigen Eingeweihten, sondern bei möglichst vielen. Dabei wurde eine Fülle sprachlicher Neubildungen geschaffen; alle Spielregeln mittelalterlicher höfischer Dichtung wurden angewandt; dem Spiel waren keinerlei Grenzen der Prüderie gesetzt. Halbwüchsige Jungen, deren Brotberuf oder Hobby das Dichten war, schilderten in eleganten Formen und beredten Worten die höchsten Freuden des Sommers: nächtliche Trinkgelage am Strom zwischen Blumenbeeten und Hecken, besonders schöne Knaben, die jeder gern küssen möchte, schenken den Wein ein, Tänzerinnen entziehen sich geschickt den Armen der Trinker. Solche Gelage im warmen spanischen Sommer des 11. und 12. Jahrhunderts sind Balsam für die Liebesschmerzen des Dichters. Vielleicht gab ihm am Tage davor ein schöner Halbwüchsiger den Korb, oder ein Mädchen verwies ihm das Küssen. Aber auch, wo der Dichter »seriös« ist, etwa wo er einen Schutzherrn lobt, in dessen Hofstaat er aufgenommen werden möchte, baut er seine langen Kunstgebilde streng nach den Regeln der schönen Kunst. Er beginnt sein

Gedicht mit einer Naturschilderung oder der Darstellung einer Frau, vielleicht einer schwarzen Tänzerin, einer verlassenen Liebenden oder eines schönen Knaben. Der würdige Patron hört dann wohlgefällig und sachkundig zu, wie der Dichter es fertigbringt, ihn selbst in dieses Bild einzuführen, zu schildern und schließlich eine Bitte einzufügen oder den Dank für bereits genossene Schutzherrschaft. Die frühesten schönen und frivolen Gedichte auf europäischem Boden wurden im Mittelalter nicht in lateinischer Sprache von wandernden christlichen Scholaren verfaßt und gesungen, sondern von wandernden jüdischen Scholaren in hebräischer Sprache, und zwar in solcher, die technisch gesehen biblisches Hebräisch ist.

Die frühesten gewagten Novellen im mittelalterlichen christlichen Europa sind nicht »Aucasine und Nicolette« oder Boccaccios »Decamerone«, sondern hebräische Schelmengeschichten. Oft erhielten sie ihre Worte durch die verfremdende Anwendung biblischer Wortverbindungen, die etwas völlig anderes erwarten ließen, als was dann kam. Freilich waren sie dabei nicht so trocken wie der Jurist Boccaccio in seinem gelehrten Stil.

Jede Übersetzung eines Gedichtes oder Prosatextes in solch anspielungsreichem Stil verfehlt den Zweck der Unmittelbarkeit, wenn man ihm gelehrte Anmerkungen beigibt. Da »Literatur« im Mittelalter ein Kunsthandwerk ist, bei dem die Materialien fachmännisch beurteilt werden, sind Anmerkungen eigentlich von vornherein ein irreführender Ballast. Liest man jedoch nur das direkt Ausgesagte, so muß man sich wenigstens darüber im klaren sein, daß man etwas vor sich hat, das sich zum eigentlichen Produkt so verhält wie der Schwarzweiß-Druck eines Stillebens, auf Zeitungspapier reproduziert, zu dem Originalgemälde.

Das Verhältnis christlicher Fachleute zum Hebräischen war mindestens ebenso kompliziert wie das zu den anderen klassischen Sprachen. Während es bei Latein und Griechisch gelang, Sprache als etwas Abstraktes zu behandeln, das von Menschen und ihrer ständigen Entwicklung, ihren Problemen und Freuden nicht mehr abhängig war, mußte man sich mit dem Hebräischen in acht nehmen, denn trotz allen selbst aufgestellten christlichen Behauptungen, das Neue Israel zu sein und das alte abgelöst zu haben, gab es ja immer Juden, die sich selbst stets als Israel bezeichneten. Und so wenig wie die jüdische Geschichte an der sogenannten »Zeitenwende«, dem im 4. Jahrhundert erstmalig bestimmten Jahr 1 der christlichen Zeitrechnung, schlagartig aufgehört hatte, so wenig hatte die hebräische Sprache aufgehört, so wenig hatten das Denken, Schreiben, Singen und Sprechen in ihr aufgehört. Dieses Dilemma führt bis zur Gegenwart dazu, daß die meisten christlichen Fachleute die Geschichte der hebräischen Sprache unter anderen Gesichtspunkten betrachteten als die irgendeiner anderen lebenden Sprache.

Im allgemeinen sind diese Fachleute Menschen, die von der Bibel her zum Hebräischen kommen. Die meisten von ihnen sind westeuropäische, nicht-katholische Christen. Seit einigen Jahrzehnten sehen sie in steigendem Maße mit kritischem Blick die Vorurteile und Fehlinformationen, die sie seit der Reformation über andere christliche Gemeinschaften erhielten. Aber nur in den seltensten Fälle kommen sie dazu, sich zu fragen, ob das nicht noch viel mehr hinsichtlich aller jüdischen Belange der Fall sei, denn es gibt kaum etwas Schwierigeres, als einmal angeeignete Meinungen, Urteile, Sachverhalte umzulernen, ja als überhaupt erst zu erkennen, daß es etwas umzulernen gibt.

Die jüdische Art, mit dem hebräischen Bibeltext vertraulich umzugehen, ohne dabei den Respekt zu verlieren, war bereits Martin Luther so unheimlich, daß er eine Richtung einschlug, die bis heute fast ausnahmslos bestimmend geblieben ist: Er warnte nämlich vor seinen Konkurrenten und Vorläufern, die mit Juden gemeinsam am Verständlichmachen des Bibelhebräischen arbeiteten. Da für ihn die hebräische Bibel das gleiche war wie für die meisten Christen vor und nach ihm, ausschließlich Hinweis auf das Neue Testament, konnte er wohl auch gar nicht anders reagieren. Wenn Bibelverse zum »Beweis« der »Richtigkeit« einer von ihren jüdischen Autoren ungeahnten Umdeutung herhalten sollten, dann ging es ja keineswegs an, sich von »Ungläubigen« (den Juden) über ihre eigene Tradition belehren zu lassen. Seine erbitterten Angriffe wenden sich vor allem gegen den großen Schweizer Humanisten Sebastian Münster, dessen lateinische Bibelübersetzung von 1535 Luther anprangerte, weil er von Juden den Umgang mit dem Text gelernt hatte. Durch Luthers überragenden Einfluß ging so für Jahrhunderte verloren, was Reuchlin und Münster in Zusammenarbeit mit jüdischen Gelehrten begonnen hatten.

Die politische und theologische These vom Untergang des Judentums mit der Zerstörung des Tempels hatte auch zur Folge, daß die Sprache der Bibel als etwas längst Abgeschlossenes angesehen wurde. Sonst wäre man in die unangenehme Lage geraten, den Ast abzusägen, auf dem die meisten Christen sich niedergelassen hatten und den sie für den einzig möglichen aller Äste hielten. Auch dort, wo christliche Gelehrte sich mit der Geschichte des jüdischen Gebetes befassen oder mit der Mischna, wird von Texten gesprochen, nicht aber von ihrem Fortwirken. Auch hier wird das archivarische Interesse gepflegt, nicht das geistesgeschichtliche und soziologische. Am allerwenigsten aber kommen die Fragen der Sprachpsychologie zur Anwendung.

Stünde nicht das eigene, christliche Selbstverständnis in Gefahr, so hätte man sich doch wohl schon längst fragen müssen: Weshalb konnte eigentlich das jüdische Gebetbuch, wie es vorliegt, überhaupt zustande kommen? Beziehungsweise wie konnte es der erhaltende und bestimmende Faktor für das Gemeindeleben der Juden werden, weshalb beteten sie hebräisch, wenn bereits in der Zeit des Zweiten Tempels die Juden aramäisch gesprochen haben? Aha, wird man sagen, das ist es ja eben! Kultsprache! Für Priester, nicht für das Volk! Nun, das allerdings wäre wieder ein Kurzschluß derer, die von einem dem Judentum fremden Verständnis an diese Dinge herangehen. Denn jahrhundertelang gab es keine feste liturgische Ordnung, man betete in vielen Formulierungen. Vor allem aber gab und gibt es keine Priester in der Synagoge.

Ein anderes Beispiel ist die Mischna. Es wird in der Begrifflichkeit europäischer Hochschulen gern davon geredet, daß diese Sprache eine künstliche Sprache der Gelehrten gewesen sei, ja, geradezu eine »Geheim«-Sprache. »Das Volk« habe nichts damit zu tun gehabt. Dabei hat man sich offensichtlich eine streng in Klassen oder Kasten geteilte Gesellschaftsstruktur vorzustellen. Die Priester tun oder reden etwas in der Synagoge, das das Volk nicht versteht. Die Gelehrten sitzen abgeschlossen in ihren Akademien und betreiben etwas in Geheimsprache oder einem »künstlichen Hebräisch«, das nur für sie und ihre Schüler bestimmt ist. Wer »das Volk« ist, wird dabei nicht gesagt.

Der Grundfehler einer solchen Vorstellung ist das autoritäre Gesellschafts- und Sprachdenken. Im Land Israel der nachbiblischen Zeit, ebenso im Persischen Reich, sprach wohl jeder Mensch mehrere Sprachen. Griechische und lateinische Niederlassungen hatte es seit Jahrhunderten im Land Israel gegeben. Es gab viele Berührungspunkte, man sprach diese Sprachen ebenso wie man eine der aramäischen Sprachen in anderen Ländern benutzte, sei es die offizielle Reichssprache, sei es eine der lokalen Formen. Wo es aber im innerjüdischen Bereich um innerjüdische Dinge ging, lebte das gleiche Hebräisch weiter, in dem neben vielen anderen Büchern auch die Bücher der Bibel verfaßt worden waren. Wie bereits in biblischer Zeit gab es nebeneinander verschiedene Entwicklungen innerhalb der gleichen Sprache. Aber durch den ständigen Gebrauch schliffen sich die Unterschiede ab. Fremdwörter wurden aufgenommen, umgewandelt, machten ihr eigenes Sprachleben durch, genau wie es auch in dem Jahrtausend gewesen war, während dessen die biblischen Schriften allmählich wuchsen.

Auch die Mischna entstand auf dem gleichen Boden, aus dem die altjüdischen Schriften wuchsen. Im Unterschied zur Sprache der Bibel, dem Althebräischen, nannte man rückblickend das nachbiblische Hebräisch *die Sprache der Weisen*. Das ist eine Epochenbezeichnung, nicht aber eine ständische, denn die Weisen waren Lehrer des Volkes und kamen aus allen Berufen und Bevölkerungsschichten. Weise sein, Gelehrter sein, war kein Bereich, der vom übrigen Leben völlig verschieden war. Die Mischna als Sammlung dieser Zeit sowie die umfangreiche Literatur der Sagen, Geschichten, Deutungen und Predigten zur Bibel blieben kein gelehrter »Kanon« für solche, die ein »kanonisches« Amt innehatten. Sie wurden ebenso wie die Bibel selbst zu Volksbüchern. Man kann geradezu von einer anti-kanonischen Einstellung sprechen: Denn es wurde schon sehr früh Usus, alles, was im Sinne der Tora entstand, alles, was sich mit ihr in irgendeiner Weise beschäftigte, ebenfalls Tora zu nennen. Daher war jeder Jude verpflichtet, sich mit diesem wachsenden Schrifttum ständig zu beschäftigen.

Diese Schriften und die vorausgehenden Stadien, in denen sie noch nicht niedergeschrieben, sondern mündliche Literatur (engl. »oral literature«) waren, umfaßten alle Bereiche des Lebens in hebräischer Sprache. Es war ja nicht so, daß erst einmal ein Text von Gelehrten verfaßt wurde und man ihn dann mittels Wörterbüchern, Grammatiken und Übersetzungen zu verstehen versuchte. Es ging um Berichte von gemeinverständlichen Vorgängen. Daß man auch übersetzte, auch kommentierte, auch in anderen Sprachen darüber diskutierte – all das gehört mit zum Vorgang des Lernens im jüdischen Bereich, der meist mehrsprachig war. Eines aber erwies sich: Unter den vielen Abspaltungen innerhalb des Judentums, die oft letztlich zur Selbstaufgabe führten, war es vor allem der Verzicht auf das Hebräische, der so wirken konnte. Er war meist verbunden mit dem Verlust der Kenntnisse, der Traditionen und des Weiterbildens jener Gegenstände, die, in hebräischer Sprache geschrieben, den Sinn des Judeseins enthalten und erhellen.

Das hat nichts mit Gelehrtentum zu tun, nichts mit Kultischem, sondern mit der gesamten geprägten und sich entfaltenden Persönlichkeit des einzelnen und der organischen Gemeinschaft, in der sich sein Leben abspielt, denn bereits das Zustandekommen dieser jahrtausendealten hebräischen Kultur beruht ja darauf, daß von den Psalmen bis zu den Vorschriften über alle Lebensbereiche die Gefühle und Gedanken in einer bestimmten Sprache ausgedrückt werden. Jeder, der sie regelmäßig liest, spricht oder denkt, wird dadurch aktiver Teilhaber am Hebräischen.

Eine Sprache, in der Menschen denken, fühlen und schreiben, mit ständig weiter wachsendem Wortschatz, mit all den »Fehlern« und Änderungen, die zum Sprachwachstum gehören, eine solche Sprache ist nicht »tot«. In hebräischer Sprache wurden die privaten und geschäftlichen Aufzeichnungen von Juden geführt, es entstanden in ihr Liebesgedichte und Abhandlungen über Astronomie, Abzählreime und Kochrezepte, Reisebeschreibungen und Romane. Es gibt keine einzige westliche Sprache, die ein gleich umfangreiches und abwechslungsreiches Schrifttum von der Spätantike bis zum 18. Jahrhundert vorzuweisen hätte.

Will man aber mit vorgefaßten Meinungen und willkürlichen Definitionen an diesen Gegenstand herantreten und von vornherein eine Sprache auf einen ganz bestimmten, klassischen Wortschatz festlegen, auf bestimmte Formen des Satzbaues, der Ausdrucksweise, der Thematik, dann allerdings muß man das mit *jeder* Sprache tun, auch mit der eigenen, ob diese nun englisch, französisch oder deutsch sei. Ist einem vielleicht das ständige Wachstum der eigenen Sprache nicht ganz so bewußt, wie es bei anderen Sprachen der Fall ist, die ja weit über alle Regeln und Wörterbücher hinausschießen?

Wie verhält es sich nun aber mit »Schriftsprache« und »gesprochener Sprache« im Hebräischen bis zur Gegenwart? Sprach sie denn überhaupt jemand? Oder las man sie nur in Büchern, die allerdings am laufenden Band entstanden? Wer schrieb die Bücher? Doch Leute, die hebräisch dachten, nicht solche, die sich Hebräisch irgendwie mühsam als Fremdsprache angeeignet hatten.

Es gibt aus vielen Epochen und Ländern Berichte, welche eindeutig bezeugen, daß hebräisch gesprochen wurde. Freilich heißt das nicht, daß nur hebräisch gesprochen wurde. Einem weit verbreiteten Brauch zufolge gab es immer sehr fromme Juden, die am Sabbat keine andere Sprache redeten. Sie waren nicht so extrem wie jene Frommen, die sich am Sabbat ins Schweigen zurückzogen. Immerhin ergibt die Heiligung des siebenten Tages, daß nicht über Werktägliches geredet wird. Aber da es sich ja um das Reden in der Familie handelt, sind viele Themen gegeben.

Ferner war das Hebräische die einzige allen Juden gemeinsame Sprache. Die unterschiedliche Aussprache, die zahlreichen Dialekte erschwerten gewiß das Verständnis. Immerhin war es jedoch leichter für einen Juden aus dem islamischen Kulturkreis, von einem mitteleuropäischen Juden mittels des Hebräischen verstanden zu werden, als zu versuchen, sich in irgendeiner anderen Sprache verständlich zu machen.

Es ist anscheinend noch nie der Versuch gemacht worden, alle Berichte über das Hebräischsprechen systematisch zusammenzustellen. Die dafür anzuwendende Methode müßte wohl erst erarbeitet werden. Denn allzu lange stand jede Sprachwissenschaft, von wem immer sie betrieben wurde, im Zeichen der Grammatik, die als Grundlage der Sprache galt. Erst in der letzten Zeit hat sich das grundsätzlich geändert. Daher sind oft gerade solche Berichte von Interesse, die es beklagen, daß an einem bestimmten Ort das Hebräische anders ausgesprochen wird, als es der Berichterstatter gewohnt ist. Der Anteil der hebräischen Wortformen und Wörter in den verschiedenen spezifischen Judensprachen ist ebenfalls dabei zu berücksichtigen. Die jüdischen Bibelwissenschaftler des Mittelalters betrieben sorgfältige Sprachvergleiche mit den anderen ihnen bekannten damals üblichen Sprachen, besonders mit arabischen und aramäischen Sprachen, um den Wortschatz des Althebräischen besser verstehen zu können. Denn es war ihnen wohl bewußt, daß der größte Teil der Zeugnisse in althebräischer Sprache nicht erhalten waren. *»Wir kennen von ihr nur, was in der Bibel steht«*, stellt im 12. Jahrhundert der italienisch-jüdische Gelehrte Salomo Parchon fest, Verfasser eines Bibellexikons. Noch eindeutiger hatte schon im 10. Jahrhundert der Grammatiker Menachem ben Saruk den Sachverhalt formuliert:

> *»Wären wir nicht aus unserem Lande vertrieben worden, so hätten wir wie in alter Zeit unsere Sprache, alle ihre Einzelheiten wären erhalten geblieben. Denn jedes Volk hat seine sprachlichen Besonderheiten.«*

Daß man innerhalb der Bibel bereits mehrere Sprachen und Überarbeitungen unterscheiden muß, war den jüdischen Gelehrten des frühen und späten Mittelalters ein Axiom gewesen, das in der Literatur des öfteren belegt ist. Außerdem wußten sie sehr wohl zwischen Vorgang und Bericht über einen Vorgang zu unterscheiden. Daher stellt Jehuda Halevi in seinem »Buch von Chasarenkönig« (Ssefer Hakusari) fest: In seiner Heimat Ur sprach Abraham aramäisch, was die Sprache der Chaldäer ist. Hebräisch war ihm eine besondere Sprache für sakrale Dinge.[45] Diese Unterscheidung zwischen Profansprache und Sakralsprache klingt freilich merkwürdig aus der Feder des bedeutendsten hebräischen Profandichters des Mittelalters. Da jedoch das Buch die Form eines Gesprächs mit Nichtjuden hat, ist klar, daß umweltliche Definitionen gebraucht werden. Maimonides macht sich ebenso Gedanken über die Entwicklung der Sprache. So sagt er in seiner Abhandlung über die Bedeutung der biblischen Gottesbezeichnungen: »Möglicherweise hatte der vierbuchstabige Gottesname JHWH eine Deutung, die verlorengegangen ist, so daß uns heute nur noch ein Teil davon zugänglich ist.«[46] Diese Beobachtungen beziehen sich also auf das biblische Hebräisch. Es ist den Autoren natürlich klar, daß das Hebräische weiter wuchs, sie selbst schreiben es ja ständig, jedoch hätten sie lieber eine Entwicklung gesehen, die in deutlich sichtbarer Weise an die biblischen Sprachformen und Stile angeknüpft hätte. Vor allem richten sich bei manchen Autoren, so bei dem Bibelkommentator und Dichter Abram Ibn Esra, viele geradezu ausfällige Bemerkungen gegen die »unklassische« Entwicklung der Dichtung bis zu ihrer eigenen Zeit. Gerade die sprachlichen Erscheinungen, die zeigen, wie sehr in den verschiedensten Gemeinden das Singen sehr verschiedenartiger, sprachlich vom Biblischen unterschiedener Texte beliebt war, wurden in klassizistischer Sicht abgewertet. Die gleichen Au-

---

45 2. Teil, Abschn. 68

46 Führer der Schwankenden, 1. Teil, Abschn. 61

toren, die ein allmählich gewachsenes Hebräisch in Briefen, Gutachten, gelehrten Abhandlungen und philosophischen Aufsätzen benutzten, stellten Regeln auf, die die Dichtung betrafen, und waren vielleicht sogar der Meinung, bibelpuristisches Hebräisch zu schreiben, obwohl dies faktisch nur beschränkt zutrifft. Man kann allenfalls sagen, daß sie in verschiedenen Literaturgattungen verschiedene Sprachschichten vorzogen. Das ist Künstlerprivileg, hat aber nicht unbedingt etwas mit dem tatsächlichen Stand der Sprache zu tun.

Es mag im übrigen sein, daß im eigenen Lande auch unter Fremdherrschaft eine reichere direkte Tradition des Hebräischsprechens bestand als in den Ländern der Diaspora. Dafür spricht die Tatsache, daß die umfangreiche Midrasch-Literatur, die aus Predigten bestand, vorwiegend hebräisch abgefaßt ist. Nun richteten sich ja solche sabbatlichen Predigten nicht unbedingt nur an gelehrte Männer. So sprachen die jüdischen Frauen im Kreuzritterreich von Jerusalem hebräisch, was in einer Klage über den Untergang der Gemeinde von Akko (1291) ausdrücklich gesagt wird. Im 15. Jahrhundert lebten in Jerusalem 500 Juden. Sie sprachen miteinander hebräisch, was zu seiner Verwunderung der deutsche Reisende Bernhard von Breydenbach feststellte, der Verfasser des Buches *»Die Fahrt oder Reisz über Mere zu dem Heyligen Grab …* (1488).

Im Land Israel wirkte im 16. Jahrhundert jener Kreis von Mystikern und Juristen, die sich aus vielen Ländern dort eingefunden hatten und die bis dahin unbedeutende Kleinstadt Safed in Galiläa zu einem der Mittelpunkte des jüdischen Lebens machten. Ihre Vorfahren stammten aus Spanien, aus Italien und aus Deutschland. Die Söhne fanden eine neue Sprache der Theologie. Manche unter ihnen waren auch Dichter und Sänger. Sie bereicherten das jüdische Haus und die Synagoge in aller Welt um Lieder, die nicht mehr wegzudenken sind. Vor allem Israel Najjara gelang es, die Liebeslieder vieler Sprachen und Völker hebräisch nachzudichten, aber als Lieder der geistlichen Minne. Manche Rabbiner widersetzten sich dieser Übernahme der »Straße« in den Bereich des Glaubens. Aber gerade weil jeder die Lieder der Straße kannte, die aus dem altspanischen Romancero, aus dem türkischen Liebesgesang, aus den persischen Liedersammlungen kamen, konnten sie als hebräische religiöse Dichtung Eingang finden in das uralte Erbe, denn hebräisch sang man in allen Gemeinden, vom Jemen bis Brasilien, Lieder der Gottessehnsucht, Lieder, um die Verbannten zu trösten, an Kriege der biblischen Zeit zu erinnern, an Errettung vor Feinden. Man mußte nicht Mystiker sein, um sie zu verstehen.

Einer der strengsten Kritiker Najjaras war der Mann, der die jüdische Mystik aus dem Kreis der wenigen in die Öffentlichkeit hinausführte: Chajim Vital Calabrese. Vielleicht am faszinierendsten ist er in seinen Privataufzeichnungen, dem Tagebuch seines Lebens als Mann, der mit der unsichtbaren Welt umgeht. Diese Notizen waren nicht für den Druck bestimmt. Sie sind sehr unmittelbar in ihren Ausdrücken, sehr aufschlußreich. Ihre Sprache ist nicht gefeilt. Um so mehr dient sie als Beispiel, wie man wohl in Galiläa im 16. und 17. Jahrhundert die hebräische Sprache benutzte. Auch ein anderer Mystiker dieses Kreises schrieb ein privates Tagebuch, das von visionären Erlebnissen berichtet. Es ist niemand anderer als Josef Karo, der Verfasser des Leitfadens Schulchan Aruch.

Daß in diesen Kreisen Hebräisch auch die Sprache der Diskussion und der Vorlesungen war, zeigen Berichte, wie etwa der Nachruf auf einen türkischen Rabbiner, der im 17. Jahrhundert einige Jahre in Venedig lebte. An der dortigen jüdischen Hochschule trafen sich Gelehrte aus Italien und den deutschsprachigen Ländern, die Diskussionen und Predigten erfolgten meist in diesen beiden Sprachen. Aber der Mann aus der Türkei sprach nur hebräisch. Der Venezianer Rabbiner, der dies so besonders begrüßte, Leon da Modena, war selbst sein Leben lang Hebräischlehrer zahlreicher Nichtjuden. Einen Ruf an die Sorbonne hatte er abgelehnt. Auch er schrieb ein hebräisches Tagebuch, das mit schonungsloser Offenheit sein Leben und seine Umwelt vorführt. Hier ist er nicht auf Stil bedacht, es stört ihn nicht, Italianismen zu gebrauchen, denn die Sprache ist ihm Ausdrucksmittel, nicht aber etwas, das man nur mit Andacht benutzt. Die Schilderung seiner privaten Nöte, seiner raufiustigen Söhne und Alchimistenfreunde ist ein realistisches Kulturdenkmal.

In Leon da Modenas Schriften findet sich übrigens ein interessanter Sprachgebrauch, der ebenfalls das Verhältnis der italienischen Juden zu den von ihnen benutzten Sprachen schlagartig verdeutlicht. Er spricht nämlich von seinen »christlichen« Schriften, womit er nicht etwa seine hebräischen Werke meint, in denen er sich mit den theologischen Grundlagen der Kirche auseinandersetzt, sondern vielmehr seine in italienischer Sprache verfaßten Schriften. Eigentlich also, so geht aus diesem Sprachgebrauch hervor, ist das Hebräische die Sprache der Juden, das Italienische hingegen christliche Sprache. Leon da Modena ist geradezu ein Schulbeispiel für den gebildeten Juden des 17. Jahrhunderts. Er lobt seine Söhne, weil sie ihm hebräisch schreiben, runzelt allerdings die Stirn über ihre Schreibfehler. Er bedauert, daß die jüdischen Schulkinder keine gute italienische Bibelübersetzung zur Verfügung haben, denn es ist von Staats und Kirche wegen untersagt, die Bibel ins Italienische zu übersetzen. Sie lernen auch nicht genug hebräische und aramäische Grammatik, sie lernen die Sprache durch den Gebrauch und sind sich daher nicht immer über Formen klar. Er selbst umging diese Verbote in geschickter Weise, indem er zu den theologisch umstrittenen Kapiteln der Bibel eine Übersetzung in Form eines fortlaufenden Wörterbuches anlegte.

Die Kleinkinderlehrer der jüdischen Gemeinde benutzen zur Deutung und Übersetzung ein veraltetes Italienisch, das sich nicht dem modernen Stil angepaßt hat. All das gibt dann Ärger bei den antijüdischen Maßnahmen der verschiedenen Ordensgemeinschaften. Italienisch liegt ihm ebenso am Herzen wie Hebräisch. Ein Freund klagt sein Leid, wie er in Görtz Lehrer werden mußte. Da Modena tröstet ihn: Das ist beschwerlich, aber eine wichtige Aufgabe. Nur verlerne dort nicht über dem Deutschen das Italienische, schließlich ist es deine Muttersprache. Das Hebräisch solcher Briefe macht es völlig deutlich, daß man eine Umgangssprache schrieb.

Das gleiche läßt sich im 17. Jahrhundert auch für den deutschen Sprachbereich sagen, denn hier hielten sich nun christliche Theologieprofessoren wie in Italien jüdische Privatlehrer, die immer gelehrte Rabbiner waren. Da gab es z.B. an der Universität Altdorf den bekannten Hebraisten Johann Christoph Wagenseil. Sein Hebräischlehrer und vielleicht auch Mitarbeiter war der Prager Rabbiner Beer Eibenschütz Perlhafter, der einige Jahre auch in Oberitalien amtierte. Es war wohl in der Zeit, als man sich noch Einsichten erhoffte, als man meinte, durch Zusammenarbeit und Gespräch die befreundeten Theologen auch zu Freunden des Judentums zu machen. Im Falle Wagenseil gelang es, für eine Weile einen Fürsprecher bei drohender Zwangstaufe zu gewinnen. Er widerlegte auch energisch Behauptungen, daß Juden für ihre Religion christliches Blut benötigen. Warum mußte später gerade dieser Mann es sein, der Schriften zusammenstellte, aus denen sich »ersehen« ließ, daß Juden den Haß gegen Christen lehren? Warum bezeichnete er jüdische Selbstverteidigung gegen bösartige Unterstellungen als »flammende Pfeile des Teufels«? Warum wurde er Mitbegründer der Judenmission in Deutschland? Es ist leider manchmal so gegangen mit christlichen Theologen, die sehr eifrig bei Juden lernen wollten. Aber das konnte sein Lehrer wohl nicht ahnen, als er ihm höhere jüdische Studien im gleichen Jahre vermittelte, als Wagenseil die Professur für Jüdisches Recht erhielt. Es gehört wohl zum jüdischen Optimismus, sich auf diejenigen Erfahrungen zu stützen, die erfreulich ausgingen, und zu hoffen, daß der Schüler nicht nur guten Willens sei, sondern auch von intellektueller Redlichkeit.

Wagenseil bewahrte sich viele Schriften auf, darunter solche, die nicht von seiner Hand stammten. In diesem Nachlaß befinden sich auch hebräische Briefe. Die junge Frau des Rabbiners, Isabelle-Bella Perlhafter, war nicht mit nach Altdorf gekommen. Vielleicht sollte erst überprüft werden, ob das ratsam sei. Nun schrieb der Mann ihr einen hebräischen Brief, wohl von seiner Zufriedenheit, dem guten Arbeitsplatz, und übermittelte ihr Wagenseils Einladung zu einem großen Fest. Danach solle sie dort bleiben. Nicht etwa nur als Hausfrau oder Begleiterin ihres Mannes, sondern ebenfalls als Hauslehrerin. Die junge Frau schreibt wohlerzogen an den Hausherrn selbst, natürlich hebräisch. Sie entschuldigt sich, wie es zum guten Ton gehört, daß sie einem »so berühmten und gelehrten Rabbiner«, so bezeichnete sie ihn dem Brauch der Zeit gemäß, in ihrer unbeholfenen Sprache schreibe. Sie danke für die Einladung, könne aber leider nicht kommen, weil sie bei der Kälte (es ist Winter 1674) die Reise ihrer kleinen Tochter wegen nicht machen könne, bei besserem Wetter sei sie gern dazu bereit. Außerdem sei eine solche Feierlichkeit nicht die geeignete Besuchszeit, denn die Kleine sei sehr unruhig und würde gewiß durch ihr Geschrei die Runde stören. Auch ihrem Manne schreibt sie hebräisch und nicht etwa in der jüdisch-deutschen Sprache. Es geht um geschäftliche, häusliche und öffentliche Angelegenheiten. Bevor sie aber nach Altdorf kommen könne, müsse sie erst einmal ihre Aufgaben als Hauslehrerin genauer bestimmen. Ihr Mann hatte dort vereinbart, daß sie Wagenseils Tochter zweierlei beibringen sollte: Tanzen und Zimbelspiel. Sie bittet ihn: Tanzen bringe ich dem Mädchen gern bei. Aber hast du denn vergessen, mein Schatz, daß ich seit Mutters Tod beschlossen habe, nicht mehr zu musizieren? Das ist doch wie ein Gelübde, daran muß ich mich nun halten!

Gerade die Trennungssituation und die Differenzen entkräften Vermutungen, daß etwa ehrgeizige Männer solche Briefe für ihre Frauen schrieben, die dann nur unterzeichneten. Die Sprache ist genauso wie die der männlichen Schreiber: nicht allzu gepflegt, mit mundartlichem Einfluß, so lebendig, daß sich alles direkt und ohne Übertreibungen ausdrücken läßt. Und wer will uns sagen, daß ein solches Ehepaar nicht auch hebräisch miteinander sprach?

Ähnliches läßt sich zu dem Brief einer anderen Frau an Wagenseil sagen. Channa Halevi aus Schwabach schrieb ihm 1678. Auch sie redet ihn als jüdischen Gelehrten an, verwendet ebenfalls wie selbstverständlich das jüdische Datum, entschuldigt sich, daß nicht ihr Mann schreibe, aber der sei schwer krank, also übernehme sie es, und zwar handele es sich um eine dringend notwendige Fürsprache bei dem Landesherren in Sachen der jüdischen Gemeinde. Wagenseil hatte angefragt, ob die Sache bereinigt sei, sie meinte, ihr Bruder könne es erledigen, aber das ginge nun aus zeitlichen Gründen nicht. Daher bitte sie ihn nun, mit dem Fürsten zu reden.

Die Beschäftigung mit dem Hebräischen als Gelehrsamkeit im jüdischen Sinne, also als eine allgemeine Bildung, ließ es auch als gegeben erscheinen, Zeitschriften über literarische und politische Fragen zuerst in dieser Sprache herauszubringen, als im 18. Jahrhundert die europäische Publizistik neue Kommunikationsformen verbreitete. Das fand von 1750 an vor allem im deutschen Sprachkreis statt, der den Großteil der Juden in christlichen Ländern umfaßte. Hier war es auch, wo der Akkulturationsvorgang sehr bald seine typischen Folgen aufwies: Um sich der angestrebten Gleichberechtigung würdig zu zeigen, mußte man der deutschen Umwelt beweisen, daß man nicht mehr »rückständig« sein wollte. Der gleiche Moses Mendelssohn, der erster Herausgeber einer damals modernen hebräischen Zeitschrift in Deutschland war, mußte seinen Prinzipien gemäß das jüdische Publikum der »reinen, korrekten deutschen Muttersprache« zuführen: Er gab 1783 mit einigen Mitarbeitern die erste von Juden verfertigte hochdeutsche Tora-Übersetzung mit Kommentar heraus, allerdings in hebräischen Buchstaben gedruckt. Seine Übersetzung der Psalmen, die vor allem für christliche Leser bestimmt war, erschien dann in deutschen Lettern. Für die jüdischen Leser erschien sie jedoch in einer Ausgabe in hebräischen Lettern und mit dem hebräischen Kommentar eines Mitarbeiters.

So begann die Aufklärung der Juden in Deutschland und von dort aus in den übrigen europäischen Ländern. Einige Jahrzehnte der Vernachlässigung hebräischer Studien reichten aus, um einen großen Prozentsatz dieser Gemeinden ihr hebräisches Erbe völlig vergessen zu lassen. Der gleiche Vorgang wiederholte sich auch in den slawischen Ländern in mehreren Wellen. Dort, wo die hebräischen Bestrebungen mit der Nationalbewegung zusammentrafen, wurde im 19. Jahrhundert der Grund für das moderne Israel gelegt. Das gilt sowohl für die aufgeklärten Gruppen um Leon Pinsker und Achad Ha'am, die vorwiegend Intellektuelle des Mittelstandes waren, als auch für die betonten Sozialisten, und es ist kein Zufall, daß

1874 in Wien die erste sozialistische jüdische Zeitschrift in hebräischer Sprache erschien. Es gilt vor allem für die streng orthodoxen Gruppen. All diese waren zudem die Vorläufer der heutigen israelischen Parteien.

Im 19. Jahrhundert entstand im deutschen Sprachkreis die wissenschaftliche Beschäftigung mit der jüdischen Kultur und Geschichte. Ein großer Teil der Forschungen wurde in hebräischer Sprache verfaßt und erst später ins Deutsche übersetzt. Manche Forscher setzten ganz einfach und natürlich die Arbeit ihrer Vorläufer fort, besonders in Italien. Durch ihre Kenntnis der großen hebräischen Handschriftensammlungen ermöglichten die italienischen jüdischen Gelehrten ihren nördlicheren Kollegen, diese Wissenschaft ins Leben zu rufen. Ein solcher sehr früher Gelehrter war ein gebürtiger Jerusalemer, der bahnbrechend auf dem Gebiete der hebräischen Gelehrtengeschichte und Bibliographie gewirkt hatte: Der Rabbiner Ch. J. David Asulai (1726–1807) kam auf ausgedehnten Reisen in viele Länder, sammelte Kunde über Bücher und ihre Verfasser, ließ sich in Italien nieder und druckte seine Ergebnisse ab 1774. Aber bereits einige Generationen später sah einer der führenden jüdischen Gelehrten in Europa die Aufgabe seiner Wissenschaft darin, dem Judentum ein würdiges Grabmal zu erstellen; denn vom rationalistischen Standpunkt aus gesehen gab es in der modernen Welt nicht mehr viel Verwendung für diese alte Kultur, vor allem nicht von dem Moment, ab dem Fortschritt gleichgesetzt wurde mit Aufgabe der eigenen Sprache. Daß dieser Vorgang immer noch rechtzeitig abgebremst wurde, ist denen zu verdanken, denen kein Grund zur Selbstaufgabe ersichtlich war. Daher wurde es notwendig, zur gleichen Zeit, als man in Europa bereits zu den Landessprachen als Bildungsvehikel der Juden übergegangen war (ab 1857), eine neue Welle hebräischer Zeitungen und literarischen Zeitschriften herauszubringen, die für die Juden in Osteuropa und der damals noch halb Südeuropa und Kleinasien umfassenden Türkei bestimmt waren. Vor allem gab es eine große Anzahl hebräischer Monatsschriften und Jahrbücher.

Im Deutschland des 19. Jahrhunderts erhoben christliche Gelehrte mehrfach den Vorwurf, daß es keine Wissenschaft vom Judentum gebe, weil ihre jüdischen, von ihnen geringschätzig behandelten Kollegen ihre Werke in hebräischer Sprache schrieben, einer Sprache, die es eigentlich nicht zu geben hatte, weil sie ja laut christlichen Schulbüchern schon längst ausgestorben war. Auch um diesen Vorwurf nicht auf sich sitzen zu lassen, ging man zu Deutsch über.

Es ist anzunehmen, daß historische Prozesse keine im voraus berechenbare Ablaufslinie verfolgen. Das betrifft auch sprachliche Entwicklungen. Es ist weiterhin zu vermuten, daß eine sprachliche Entwicklung um so reichhaltiger sein wird, je vielfältiger, widersprüchlicher, gehaltgeladener die Gruppen sind, in denen sie stattfindet.

Diese Widersprüche lassen sich am besten dort beobachten, wo sie sich innerhalb einer einzigen Person vollziehen. Das hat es oft im hebräischen Sprachgeschehen gegeben. Aus der neuesten Zeit ist ein typisches Beispiel dafür der Erzähler Schalom Jaakow Abramowitz. In seiner schriftstellerischen Frühzeit, kurz nach der Mitte des 19. Jahrhunderts, war er einer der typischsten Aufklärer westlichen Stils. Seine Sprache bemühte sich um klassisch-biblischen Purismus, vor allem war ihm alles verpönt, was aus dem Aramäischen oder dem Jiddischen entlehnt war oder dort ebenfalls vorkam. Trocken, deutlich, pedantisch bemühte er sich um Volksbildung. Solche gewollte Bildung ist am ehesten dort zu verwirklichen, wo möglichst vielen das Gesicht ihrer eigenen Gesellschaft mit seinen Licht- und Schattenseiten aufgezeigt wird. Um aber möglichst viele zu erreichen, mußte man jiddisch schreiben und nicht hebräisch, denn es war die Muttersprache der meisten osteuropäischen Juden im 19. Jahrhundert, vor allem aber jener, denen man ihre rückständigen Lebensbedingungen klarmachen sollte. Also schrieb er jiddisch, und zwar vor allem satirische Novellen. Er veröffentlichte sie unter dem Decknamen »Mendele, der Buchhändler«, Mendele Mojcher Sefurim, hebräisch ausgesprochen Mocher Sefarim. Der Realismus seiner Schilderung, die Vielfalt der Gestalten, die bittere Ironie und schmerzliche Skurrilität machten aus Mendele den »Großvater der jiddischen Literatur«, mit ihm setzt ihre Moderne ein. Als er später die gleichen Geschichten in einem traditionsgesättigten, ganz und gar nicht »aufklärerischen« Hebräisch erweiterte, wurde er das gleiche, nämlich »der Großvater«, auch der hebräischen Moderne.

Als Mendele bereits diesen Einfluß ausübte, bereits der große alte Mann zweier Literaturen war, kurz vor Ende des 19. Jahrhunderts, und Schulkinder in den neuen Dörfern des Landes Israel ihren Unterricht hebräisch erhielten, erschien in Deutschland eine Darstellung der hebräischen Literatur seit Moses Mendelssohn. Dem Verfasser schien es nötig, darauf hinzuweisen, daß er von einer lebenden, keiner bereits gestorbenen Literatur sprach. Das war allerdings für den Leserkreis dieses Werkes damals notwendig. In Zusammenarbeit eines christlichen Herausgebers, August Wünsche, und eines jüdischen, Jakob Winter, entstand die Zusammenstellung eines dreibändigen Sammelwerkes. Der dritte Band erschien im Jahre 1896, wie Theodor Herzls »Der Judenstaat«. Der Absatz über die hebräischen Schriftsteller von M. Meyerling bildet den Schluß des Werkes. Sein letzter Satz lautet:

> *»Wenn man bedenkt, daß die jüdischen Pressen allein in Rußland und Polen alljährlich hunderte von Schriften zutage fördern, daß beispielsweise in Warschau billige Ausgaben belletristischer und wissenschaftlicher Schriften [...] erscheinen, die in tausenden von Exemplaren Verbreitung finden, wird man zugeben, daß die hebräische Sprache noch keine tote Sprache ist und daß die jüdische Literatur noch eine große Zukunft hat.«*

Siebzig Jahre später wurde der Nobelpreis für Literatur einem Großen jener damals avisierten Zukunft verliehen: Samuel Josef Agnon. Seine eigentliche Größe besteht darin, daß er den Umweg über die »aufklärerische« Entwertung und Geringschätzung des jüdischen Sprach- und Geisteslebens nicht mitgemacht hat, daß er sich die Wurzeln seines eigenen sprachlichen Wertes bewahrte und in einer völlig eigenen Art die Mittel der traditionellen osteuropäischen Volksliteratur aufnahm. Auch hier läßt sich wieder geradezu beispielhaft beobachten, daß Sprachentwicklungen ihre eigenen, alogischen Gesetze haben. Denn diese Art zu erzählen war vorerst einmal eine Sache für einen ganz bestimmten, daraufhin ansprechbaren, Leserkreis. So blieb es Jahrzehnte, bis in die fünfziger Jahre. Im israelischen Schulprogramm »gab es Agnon«, aber seine Werke wurden wohl nur selten freiwillig von den jungen israelischen Lesern gewählt, von Ausnahmen abgesehen. Er hatte den Ruf, schwer zu schreiben. Die Handlung war eigenwillig verschlungen, nicht realistisch, und dabei gab er sich so altertümelnd. Dann, eines Tages, schlug das um. Man entdeckte ihn. »Man«, das waren vor allem die in Israel aufgewachsenen Autoren. Es wurde »Mode«, ihn als Ausgangspunkt für eine quasi-durchsichtige Sprache zu nehmen. Agnon ist Sprachforscher. Nicht jeder der Jüngeren war es. Agnon kennt wohl das meiste, was in der hebräischen Literatur seit Jahrhunderten geschrieben wurde. Dabei ist das literarische Geschehen der letzten Generationen lediglich ein Abschnitt. Er verliert nicht den Blick für die Gegenwart, denn er hat historische Perspektive und kann daher auch den Moment entsprechend betrachten. Er ist in der Albdruckwelt des Unbewußten ebenso zu Hause wie in der Welt des Wunschtraumes. Vor allem aber beobachtet er Menschen, wie es nur wenigen gegeben ist. Und er geht sparsam mit Worten um. Heute gilt er nicht mehr als schwer. Denn der Einfluß des literarischen Positivismus hat sich allmählich verdünnt.

Man muß natürlich danach fragen, wie sich das heutige Hebräisch von dem früherer Epochen unterscheidet. Gewiß macht es einen quantitativen Unterschied aus, wenn eine Sprache für alle Belange des modernen staatlichen und technischen Lebens benutzt wird, also ganz und gar der Gegenwart angehört. Das gleiche gilt allerdings auch für viele andere Sprachen, auch für solche, deren Sprecher seit eh und je in ihrem eigenen Lande lebten. Im übrigen gab es neue technische Anforderungen auch in früheren Epochen. Wann immer der Mensch etwas Neues erfand oder erdachte, waren damit auch sprachliche Neubildungen verknüpft. Wie gesagt, es handelt sich dabei um rein quantitative Angelegenheiten. Denn jede Sprache, die aus einem zivilisatorischen Stand heraus benutzt wird, ermöglicht ihren Sprechern, sie zu erweitern: Sprache ist Funktion des Sprechenden.

Exkurs

Von gescheiterter Judenemanzipation im 19. Jahrhundert bis zu antisemitischen Klischeebildungen im 20. Jahrhundert

Es geschieht immer wieder, daß die Begegnung mit Juden, besonders im Staat Israel, zu einem Interesse an jüdischer Geschichte und Kultur führt. Dabei wird stets die Frage gestellt: Wie kommt es, daß wir von all dem so wenig wußten? Soweit es sich um Deutsche handelt, kommt das bedrückende Wissen von Ihrer Schuld dazu. Sie meinen dann oft, die Unkenntnis liege an der Vernichtung, so daß sie keine Gelegenheit zum Kennenlernen hatten. Aber auch als es noch die alten jüdischen Gemeinden in Deutschland gab, war es nicht weit her mit dem Kennenlernen, es sei denn, man traf einige Juden, die sich an die Umwelt akkulturiert hatten. Die wirklichen Proportionen jüdischer Bevölkerungen geraten in Vergessenheit. Aber der Vater, Großvater oder Urahne des heutigen jungen Deutschen begab sich ja auch nicht in die dicht besiedelten jüdischen Gebiete östlich und südlich der Elbe, um dort etwas kennenzulernen, das er zu Hause nicht fand, denn auch er wußte nicht, daß es etwas Lohnenswertes zu treffen galt. Er tat es um so weniger, je mehr er sich berufshalber als Pfarrer, Lehrer oder Dozent mit dem Christentum befaßte. Freilich gab es immer einzelne Ausnahmen, aber das waren entweder Außenseiter oder aber die von der Notwendigkeit ihres Tuns überzeugten Mitarbeiter im Rahmen von Judenmissionen.

Es gehörte zum unglückseligen Teufelskreis der sogenannten Emanzipation, daß die wahren Motive der westeuropäischen Staatsvölker im nachhinein »rationalisiert« wurden, d.h., sie wurden mit einem gut und sachlich klingenden Scheinmotiv überdeckt. Und Juden haben eine um Jahrtausende ältere gemeinsame Erfahrung mit einem entsprechenden entwicklungsgeschichtlichen Vorsprung; daher machten sie den tragischen

Fehlschluß von ihrem eigenen Stand auf den der sie »Emanzipierenden«. So fiel es ihnen allzu leicht, an die edlen Scheinmotive zu glauben. Das wurde bereits im vorigen Jahrhundert den jüdischen Historikern in Deutschland, die sich um Richtigstellungen bemühten, wo sie nur konnten, klar, denn kaum hatten sie ihre Arbeit im »emanzipierten« Bereich begonnen, als ihnen diese Tätigkeit von christlichen Kollegen verübelt wurde. Es wiederholte sich der gleiche Vorgang wie im 15. Jahrhundert in Spanien, als es sich dort erwies, daß die zwangsgetauften »Neuchristen« sich nun weder in Sprache noch Kleidung von den »Altchristen« unterschieden und daher eine gleichwertige gesellschaftliche Stellung einnahmen, was zu größter Empörung führte. Da man aber nun um einige Jahrhunderte weiter war, erhob sich in Deutschland die gleiche Empörung zuerst gegen ungetaufte Juden, die es wagten, das Wort Gleichberechtigung ernst zu nehmen. Sehr bald stellte sich heraus, daß die Dinge gar nicht so gemeint waren. Da schrieben sie deutsch wie andere Leute auch und arbeiteten an genau jenen Themen, die neuralgische Punkte des christlichen Selbstverständnisses darstellten: Urchristentum als jüdische Sekte, Mischna und Talmud als positive Werte, Geschichte der Juden im Mittelalter von innen her betrachtet und nicht unter dem stillschweigenden oder ausgesprochenen Verständnis als einer Geschichte, die nur als dunkler Hintergrund für um so heller leuchtendes Christentum zu dienen hatte, Schilderungen des jüdischen Gottesdienstes, die es jedem Theologiestudenten, der sie in die Hände bekommen hätte, klarmachen mußten, daß die christliche Liturgie mitsamt Predigt und Hymnik der jüdischen in viel weiterem Ausmaße entlehnt war, als man zuzugeben bereit war.

Für viele jüdische Gelehrte waren harsche Angriffe auf das Judentum ein schwerer Schock. Soweit sie psychologisch noch dazu imstande waren, mußten sie einsehen, daß sie sich geirrt hatten, als sie an die bereits vollzogene Fortschrittlichkeit ihrer gebildeten Umwelt, ihrer Fachkollegen vor allem, geglaubt hatten. Als der Oberrabiner von Wien, Professor Moritz Güdemann, seine umfangreiche Darstellung von der jüdischen Kultur und Erziehung im Mittelalter in Europa herausbrachte, war gerade der Antisemitismusstreit an den deutschen Universitäten im Gange. Sein Verursacher war der führende Historiker Heinrich von Treitschke, der 1880 eine Aufsatzreihe schrieb: »Ein Wort über unser Judentum«. Juden und Christen antworteten auf seine antisemitischen Unterstellungen, Treitschke und Konsorten blieben nicht stumm. Und Güdemann hatte nun die Sorge, daß das von ihm veröffentlichte Quellenmaterial, in dem sich natürlich auch interne jüdische Spannungen spiegelten, mißbraucht werden könnte. In einem Vorwort zum bereits fertigen Buch stellt er 1882 fest, niemand hätte sich träumen lassen, daß so bald eine Zeit in Deutschland komme, in der ein Jude nicht mehr frei seine Meinung sagen und drucken dürfe, nicht frei von der Leber weg reden könne, sondern eventuell sogar unwissenschaftliche Zensur an seinen Werken und Worten üben müsse, um seiner Gemeinschaft nicht zu schaden.

Diese Art des Angriffs ging durch Jahrzehnte weiter. Die christlichen Fachleute veröffentlichten gelehrte Werke über das »Spätjudentum«, um es als abgetane Vorstufe zur wahren Religion darzustellen. Es blieb erfolglos, daß die jüdischen Fachgelehrten u.a. zu Wilhelm Boussets Buch *Die Religion des Judentums* (1906) angebliche Nachweise der Irrtümer und Fehlansichten herausgaben. Dem christlichen Studenten stehen diese alten antijudaistisch geprägten ›Standardwerke‹ noch immer zur Verfügung, während die umfangreichen jüdischen Gegenargumente ungelesen in Fachbibliotheken in Vergessenheit geraten und verstauben.

Um so tragischer mutet die deutsche Staatsgläubigkeit gebildeter Juden an, tragisch gerade bei denen, die große Denker waren, wie etwa der Begründer der Marburger Schule der neukantianischen Philosophie, Hermann Cohen. Er glaubte aus tiefstem Herzen an den Sieg der menschlichen Vernunft, denn er wollte frommer Jude und treuer Preuße sein. Auch heute gibt es diesen Typ preußengläubiger Juden, so unverständlich es auch erscheinen mag. Es war ja auch kein Zufall, daß der ostjüdische Denker Martin Buber sich so scharf gegen Hermann Cohen stellte, als dieser mit Entrüstung den Zionismus ablehnte. Buber hatte es sich zur Aufgabe gemacht, für eine Rückführung zu jüdischen Kultur- und Glaubenswerten gerade bei denen zu arbeiten, die geschichtliche Opfer der Assimilation geworden waren. Daß dies wie sein gesamtes Werk innerhalb der zionistischen Bewegung stand, wird oft und gern von denen verkannt oder verschwiegen, die Buber gegen den Zionismus und gegen den Staat Israel zitieren und ausspielen wollen. Es ließe sich eine ausführliche Dokumentation zusammenstellen über das, was Buber in Diskussionen und Reden geäußert hat und in welcher Weise es zitiert wird. Es wäre lehrreiches Anschauungsmaterial zum Thema Verständnis und Mißverständnis und zu den damit verbundenen Motiven. Manche dieser Reden fanden auf zionistischen Kongressen statt, und zwar von Sprechern der parlamentarischen Opposition. Andere waren Beiträge zu Tagungen zur Ausräumung missionarischer Ansprüche an die Juden. Manche gern zitierten Aussprüche Bubers, der natürlich wie jeder andere jüdische Verfasser niemals ein autoritativer »Botschafter der Juden« war, dienen dazu, die endlich erfolgte Annäherung der Juden zum Christlich-Werden zu »beweisen«, oder um aufzuzeigen, daß er »gegen die Orthodoxie« war. All das sind unsachgemäße Entstellungen. Bis zur Gegenwart ist es vielfach in Deutschland folgerichtig gelungen, jüdische Fachleute für Judentumskunde von den Universitäten fernzuhalten. (Hier haben sich dagegen in den letzten Jahren erstaunlich progressive Veränderungen vollzogen. Anm. d. Hg.) Es wurde sowohl im 19. wie im 20. Jahrhundert vermieden, einen Fachbereich für Judentumskunde überhaupt anzuerkennen. Daher fehlt dann auch in umfassenden Werken wie etwa der Propyläen-Weltgeschichte die notwendige Information, denn kein deutscher Lehrstuhlinhaber hätte Berater für jüdische Geschichte, Religion und Kultur sein können. Und bei der Insularität, die lange Zeit deutsche Wissenschaftlichkeit weitgehend bestimmte, wurden in dieser Hinsicht ausländische anderssprachige Kontakte nur selten in genügendem Maße genutzt.

Die jüdischen Historiker, Religions- und Kulturforscher waren auch vor 1933 außerhalb der deutschen Universitäten angesiedelt: an Rabbinerseminaren und Lehranstalten. An der Universität Frankfurt/M. wurde immerhin ein Fach »Religionssoziologie« eingerichtet, wo Martin Buber lehrte, allerdings nicht als ordentlicher Professor; das konnte er erst an der Hebräischen Universität Jerusalem werden.

Die Ablehnung jüdischer Gelehrter hat eine lange Geschichte in Deutschland. Schon im 16. Jahrhundert hatte sie Tradition. So war auch Luthers heftige Abwehr gegen das jüdische Bibelverständnis lediglich ein früher Beleg für den schweren christlichen Konflikt um das eigene Bibelverständnis, ein Konflikt, der von Mal zu Mal mit neuer Schärfe sehr schmerzlich empfunden wurde und wird. Der frühe Luther meinte, die Juden durch das »gemeinsame Erbe« der Bibel für das Christentum zu gewinnen, wobei nun keine Zwangstaufe mehr notwendig war, sondern freie Entscheidung genügte. Daß sie jedoch ihre Entscheidung – ihm unverständlich und daher ihm als unvernünftig geltend – anders trafen, machte sie zu seinen schlimmsten Widersachern, nicht von ihnen, sondern von ihm aus gesehen.

Diese Auseinandersetzungen sind viel älter als Luther, der den Landesherren die Enteignung, Erniedrigung und Vertreibung der Juden ausdrücklich anempfahl. Einer seiner beredten Vorgänger war der Franziskaner Berthold von Regensburg, der als einer der großen und einflußreichsten deutschsprachigen Missionsprediger des Mittelalters gilt. Er fand warnende Worte für seine Hörer, um sie auf die Gefahr hinzuweisen, die aus der genauen Bibelkenntnis der Juden entstehe. Man solle sich besser nicht mit Juden auf Diskussionen über biblische Texte einlassen, denn der christliche Laie wisse da nicht so gut Bescheid. Der beste Rat an den Laien in solchem Fall ist nach dem gelehrten Prediger: Bring den Juden um, wenn er diskutieren will! Im Jahre 1223 wurde Berthold offiziell zum Kreuzzugssprecher ernannt. Seine Predigten wurden in einem Buch weit verbreitet.

Als Ergebnis jener Traditionen gelangen im 20. Jahrhundert diejenigen, die ein Interesse an näheren Informationen darüber zeigen, zu ihrem Engagement oft dadurch, daß sie als

Schüler erstmals mit der grauenvollen Katastrophe der Vernichtung der Juden konfrontiert wurden. So wurde eine Vorstellung von Verfolgungsgeschichte geprägt, die die Anomalitäten der jüdischen Geschichte dann besonders hervortreten ließ. Darüber wurden mangels frühzeitig einsetzender Information dann die wirklichen inneren geschichtlichen Triebkräfte außer acht gelassen.

Im Verschweigen oder Übergehen der tatsächlichen Zusammenhänge wird immer noch recht häufig gesagt, daß die jüdische Bibel, das »Alte Testament« der Christen, ein verbindendes gemeinsames Erbe von Juden und Christen sei. Von dieser Basis ausgehend, so meint man, müßten sich jahrhundertelange Mißverständnisse, Vorurteile und falsche Verhaltensweisen mit einigem guten Willen relativ leicht überwinden lassen. Die Wirklichkeit zeigt jedoch immer wieder, daß dies eine irreführende Vereinfachung ist. Am meisten bestürzt zeigen sich sachkundige Christen, die, vom Alten Testament und einigen nachbiblischen Texten ausgehend, zu wissen meinen, was Judentum sei. Dabei übersehen sie, daß das Judentum kein Fossil ist, das vor Jahrtausenden in einer bestimmtem Form erstarrte. Hier macht sich der erwähnte Mangel an Informationen in der akademischen Ausbildung bemerkbar. Falls es jüdischen Gesprächspartnern gelingt, ihre christlichen Gegenüber von diesem Defizit zu überzeugen, werden diese meist erst betroffen und oft auch beleidigt sein und dann versuchen, einige dieser Versäumnisse nachzuholen. Daß sie beleidigt sein müssen, liegt auf der Hand. Es ist ja so, daß man hochqualifizierten Fachleuten damit bescheinigt, daß sie in sehr wichtigen anderen Dingen Analphabeten sind. Das muß nicht nur ihren Intellekt, sondern auch ihre gefühlsmäßigen Reaktionen in tiefe Unruhe und Bedrängnis bringen.

Es ist beinahe sicher, daß die Mehrheit der christlichen Theologen, seien sie nun Kirchengeschichtler, Alttestamentler, Neutestamentler, Dogmatiker oder Praktiker, einer solchen Konfrontation ausweicht und sich allenfalls auf Lippenbekenntnisse der »Brüderlichkeit« zurückzieht. Es ist auch nicht zu vermeiden, daß sich manchmal ein Vorgang wiederholt, der in verschiedenen Ländern und über Jahrhunderte christlichen Studiums zu verzeichnen ist. Aus dem ehemaligen beflissenen Schüler jüdischer Gelehrter wird ein tief überzeugter Verleumder der Juden.[47] Das wird wohl so lange anhalten, bis eine Korrektur der christlichen Grundvoraussetzungen eintritt, wie sie von einigen Theologen in verschiedenen Ländern versucht wird. Da ein rechtes Handeln auch verbunden ist mit rechtem Denken, kann man von christlich überzeugten oder unbewußt christlich geprägten Historikern, Soziologen, Politikern nicht erwarten, daß sie andere Anschauungen in die Tat umsetzen, als der Stand der sie prägenden theologischen Auffassungen erlaubt.

Daraus ergibt sich der gewaltige gesellschaftliche Einfluß, der in der westlichen Welt auch heute noch der theologischen Ausbildung zukommt. Zu dieser westlichen Welt gehört auch Deutschland, das Land, in welchem einst Berthold von Regensburg, Luther, Wagenseil und andere Männer aufgrund ihrer Kenntnisse als besonders befähigt betrachtet wurden, allgemein Verbindliches über Juden auszusagen. Den Weg angemessenen Verständnisses gehen einige wenige. Sie gelten nicht selten als Außenseiter der theologischen Wissenschaft. Manchmal wird ihnen sogar von Kollegen das Recht abgesprochen, sich Christen zu nennen.

Es ist unmöglich, hier den ganzen Fragenkomplex aufzurollen. Grundsätzlich kann aber wohl festgestellt werden: Wer heute noch Bibelverse zitiert oder Mischna oder Talmud, um daraus seinen Hörern und Lesern zu »beweisen«, wie rückständig, starr, unsittlich, selbstgerecht usw. das Judentum sei, macht sich mitschuldig an Luthers Forderungen, die Juden zu entwürdigen. Wer Gelder ahnungsloser Steuerzahler dazu gebraucht, Institutionen zu finanzieren, deren Aufgabe es ist, Juden von der Zweitklassigkeit ihrer Religion überzeugen zu helfen, macht sich des Diebstahls schuldig. Wer zusätzlich die

---

[47] Siehe hierzu Nathan Peter Levinson, ›Ketzer‹ und Abtrünnige im Judentum, Hannover 2001

Taktik anwendet, das Wort »Gespräch« oder »Dialog« zu gebrauchen mit dem geistigen Vorbehalt, dem christlichen Ausschließlichkeitsanspruch auf »Wahrheit« zu dienen, weil momentan die klassisch-aggressiven Formen der Judenmission taktisch unerwünscht sind, der macht sich des Betruges schuldig. Und jeder, der diese Dinge stillschweigend duldet, jeder, der den Weltorganisationen der christlichen Kirchen nicht deutlich sagt: Streicht den Paragraphen der Mission am jüdischen Volk oder an jüdischen einzelnen, der begeht eine schwere Unterlassungssünde. Es mag uns Juden Freunde kosten, solche Forderungen zu stellen; aber waren sie dann wirkliche Freunde? Waren es nicht Menschen, die in Überheblichkeit meinen, die Wahrheit gepachtet zu haben, weil sie infolge ihres Glaubens in einer nur für sie vorhandenen »erlösten« Welt leben? Es ist ein trauriges Paradoxon: Gläubige Christen, die nicht nur zufällig und dem Namen nach zu dieser Gemeinschaft gehören, sind oft der festen Überzeugung, ihr Glaube verpflichte sie dazu, Juden nicht entsprechend dem jüdischen Selbstverständnis zu akzeptieren. Deshalb ist es so viel leichter, bei kirchenfernen Nichtjuden eine sachliche Einstellung und echtes Verständnis zu finden.

Von Juden und Nichtjuden

Wie sieht es nun in umgekehrter Richtung aus: Was ist die Grundlage jüdischer Meinungen über Nichtjuden? Es ist wohl vor allem so, daß die jeweiligen persönlichen Erfahrungen ausschlaggebend sind. Dabei kommt man oft nicht umhin, die meilenweite Kluft zwischen überzeugenden Formulierungen und tatsächlichem Verhalten gegen Juden zu bemerken. Daher sind Juden, die in so vielen Sprachen differenziert ihre Gedanken ausdrücken können, meist besonders wachsam für den Mißbrauch wohlklingender Worte wie Menschenliebe, Gleichheit aller, Heilsgewißheit, Erlösung, persönliche Entscheidung, Brüderlichkeit. Denn im Judentum gehört eben zu Aussagen auch immer eine Verpflichtung des entsprechenden Tuns. Dem *Glauben* an Worte und Buchstaben wird nicht der geringste Wert beigemessen. Nach jüdischer Auffassung werden weder die Seele des einzelnen noch die Zukunft Israels durch irgendetwas gerettet oder erlöst, das sich anders ausdrücken könnte als im Zusammenhang der friedvollen, durch aggressive Affekte ungestörten Beziehung aller Menschen und Völker zueinander. Deswegen kann sich jüdische Meinung sowohl in religiöser Formulierung ausdrücken wie in sozialistischer, wobei für viele Juden die Verbindung von Religion und Sozialismus gemäß und natürlich ist, wie auch in atheistischer und marxistischer Formulierung. In keiner dieser Formen aber werden je die Mittel der Macht einen edlen Zweck verwirklichen helfen. Sollte es versucht werden, so stemmte sich dem die Opposition wirksam entgegen.

Aus dieser Grundhaltung ist auch erklärlich, daß es keine Notwendigkeit eines wie immer formulierten Totalitarismus geben kann. Anders als im Christentum und im Islam wird zwischen Juden und Andersgläubigen kein religiöser oder »Heils«-Unterschied gemacht. Daher werden Andersgläubige auch nicht als »Heiden« im Sinne einer religiösen Herabwürdigung bezeichnet. Es ist charakteristisch, daß dieser deutsche Begriff, der der Hebräischen Bibel ebenso fremd ist wie dem nachbiblischen Judentum, durch christliche Übersetzungen so etwas wie eine religiöse Würde für Christen erhielt. An dieser Stelle kann auf die Entwicklung der einzelnen religiösen Vorstellungen im Judentum nicht näher eingegangen werden.

Schlussbemerkungen

Was im Zusammenhang dieses Buches von Belang ist, sind die Verhaltensweisen, die für die Mehrheit der Juden in den meisten Epochen ausschlaggebend waren, als Ergebnis einer zur »zweiten Natur«, zum Unbewußten gewordenen langen Erfahrung. Diesen Verhaltensweisen liegt nicht so sehr die Vorstellung von Lohn oder Strafe, Heil oder Verdammnis zugrunde, wie die Idee vom Menschsein. Als jedem verständlicher Begriff wird es ausgedrückt: »das Ebenbild Gottes bewahren«. Wer das Ebenbild in sich verzerrt, zerstört sein Menschsein. Das tut aber derjenige, der vorsätzlich sein Bewußtsein trübt, wer sich roh benimmt und das für Heldentum oder Forschheit hält, wer andere verletzt, ohne daß es zur Erhaltung eines Menschenlebens notwendig ist. Wo Juden in einer verrohten, vertrunkenen, rücksichtslosen Umgebung lebten, versuchten sie stets, ihre eigene Gesellschaft vor solchen Einflüssen zu bewahren. Wo man nicht Trunksucht und Besitzgier wahrnimmt, sondern schon als Kind lernt, Verantwortung zu übernehmen und eigenes Denken zu entwickeln, besteht jedoch eine Gefahr für diejenigen, die eine möglichst große Anzahl ihrer Mitbürger in Analphabetentum, Klischeevorstellungen und irrationalen Ängsten belassen wollen, um die eigene Machtstellung zu sichern. Wo in der Geschichte oder der Gegenwart die Warnung vor einer »jüdischen Gefahr« auftaucht, zeigt die soziologische und politische Untersuchung den eben beschriebenen Vorgang, denn eine jüdische Gesellschaft kann niemals einem wie immer genannten Sklaventum gleichgültig gegenüberstehen. Das ist allerdings eine Gefahr für Sklavenhalter, wie immer sie sich selbst auch nennen mögen. Wer die kindlichen Ängste der Menschen nach ihrem biologischen Erwachsensein weiter speist, manipuliert sie, um sich selbst in die Machtposition des einzig Erwachsenen, »des Vaters«, von dem das Wohl der anderen abhängt, zu begeben. Das kann unter glaubensgemäßen, dogmatischen Formulierungen kaschiert werden. Daher warnen auch heute endlich wieder einmal christliche Theologen in vielen Ländern: Sprechen wir weniger von Gott und mehr von den Menschen! Seien wir doch »Honest to God«, so der Titel des Buches von Bischof J. Robinson, ehrlich im Umgehen mit diesem Wort *Gott*. Reden wir mehr von Geschichte, von dem, was Menschen miteinander und gegeneinander tun. Allerdings kann das wie bei allen anderen gesellschaftlichen Belangen nicht ohne Formulierungen vor sich gehen. Das mag dann gewisse Schwierigkeiten in Gemeinschaften geben, die sich weitgehend der Möglichkeit der Entscheidung benommen sehen, weil es einen Bestand an fest formulierten Dogmen gibt. Je geringer dieser ist und je mehr das Neuinterpretieren bereits Teil des Usus, der Tradition ist, desto geringer sind solche Schwierigkeiten.

Bei allem Mangel an einer festumrissenen Dogmatik gibt es auch im Judentum allgemein verbindliche Formulierungen von Grundsätzen. Als Teil der Halacha werden sie nicht außer Kraft gesetzt, solange die darin enthaltenen Aussagen für die Menschen von Wichtigkeit sind. Sie sind in höchstem Maße meinungsbildend, weil Halacha zum Gemeingut gehört und kein nach Paragraphen zu zitierendes Sammelbecken von Wissen einer bestimmten Berufsschicht ist. Wie bereits gesagt, gibt es weder im biblischen noch im rabbinischen oder karäischen Judentum den Begriff eines gottverworfenen Heidentums. Es gibt lediglich eine Einteilung in solche, die das allen Menschen eingepflanzte Ebenbild Gottes als gemeinschaftsverbindendes Gut ansehen, und solche, die das nicht tun. Es gibt keine Vorstellung, der zufolge Juden durch sogenannte Gnadenmittel oder Sakramente etwas erlangen, das nicht allen Menschen erreichbar ist. Nach jüdischer Anschauung gibt es bei Juden und bei allen anderen Völkern und Glaubensgemeinschaften Gottesfürchtige oder Fromme, das sind die Bewahrer des Ebenbildes. Wer sich anders verhält, sei er Jude oder nicht, heißt Frevler, falls er von der Notwendigkeit dieses Bewahrens etwas wissen konnte. Konnte er es nicht, so ist es nicht seine persönliche Schuld. Diese Ansicht gilt auch für Juden, die ohne persönliches Verschulden nichts von jüdischen Dingen erfahren haben. Sie sind nicht im Stand des am Boden zerschmetterten Sünders oder des verachteten Paria, sondern ihr halachisch festgelegter Status heißt: »Wie ein Kind, das in Gefangenschaft Fremder geriet«. Zu verschiedenen Zeiten wurden die Handlungen aufgezählt, die das Gegenteil zum gottesfürchtigen Menschen ausmachen. Als Ketzer wird vor allem bezeichnet, wer die göttliche Existenz leugnet. In welcher Form die Existenz und das Wesen Gottes angenommen werden, steht dabei nicht zur Debatte, da es sich um Vorstellungen und Begriffe handelt, die weitgehend von den geistigen Möglichkeiten, den Erfahrungen und der Erziehung des Menschen abhängig sind. Juden sind zusätzlich auch verpflichtet zu einer nicht-körperhaften und unteilbaren Gottesvorstellung. Wenn Nichtjuden sich das Wesen Gottes in Begriffen oder Symbolen wie mehr als einer Person oder Wesensart vorstellen, sehen Juden darin eine andersgeartete Auffassung, nicht aber Ketzerei, Gottlosigkeit, Heidentum oder Frevel. Wenn bestimmte Philosophien statt der Vokabel Gott eine andere einsetzen, steht auch das in keinem Widerspruch zu jüdischen Vorstellungen von der Gestaltung des ethisch ausgerichteten Menschseins. Von einer Vorstufe der noch nicht erreichten Gotteserkenntnis spricht man hinsichtlich der Vorstellungen von wesensverschiedenen, um Macht ringenden Göttern. Werden diese Götter, Mächte oder Mittler als selbständige Wesen in Bildern dargestellt und wird zu ihnen gebetet oder werden ihnen Opfer gebracht, so ist auch das ein Zeichen solcher Vorstufe. Als gotteswidrig gilt solch ein Dienst, wenn dabei zu Menschenverfolgung, Mord oder Raub aufgerufen wird. Wo eine Glaubensform zu ethischem Handeln führt, gilt sie Juden jedenfalls als Form der Gotteserkenntnis, wie immer ihr Vokabular lauten mag. Das ermöglichte z.B. einigen Rabbinern wie manchen ihrer christlichen Kollegen, in den Bestrebungen der Hippies, Yippies und Beatniks in Amerika in den 70er Jahren legitime Formen einer Art »theologischer« Revolution zu sehen und aufzuzeigen, anstatt vom Standpunkt eines religiösen Establishments her zu denken. Das Zertrümmern von Fetischen der bestehenden Gesellschaftsordnung, die zum Verdecken von Unrecht mißbraucht werden, ist bei Juden zumindest so lange schon legitim, wie man die Legende von Abraham erzählt, die aber nicht im biblischen Schrifttum enthalten ist und daher den meisten Christen unbekannt blieb. Dieser alten Legende zufolge, mit der jedes jüdische Kind vertraut ist, war Abrahams Vater Terach ein erfolgreicher Industrieller im Irak. Er stellte nämlich die landesüblichen Gottesbilder aus Keramik her. Als der junge Abraham aus Beobachtung der Grenzen der Mächte, die von diesen Bildern symbolisiert wurden – Tag und Nacht, Sonne, Mond und Sterne, Regen und Wachstum –, zur Gotteserkenntnis gelangte, nahm er eines Nachts einen Hammer und zertrümmerte das gesamte väterliche Warenlager. Das war für die Familie allerdings peinlich, weil es mehr bedeutete als einen Verstoß gegen die guten Sitten: Es hieß ja, in einem von göttlichen Hierarchien beherrschten Land Atheist geworden zu sein. Daher zog Terach mitsamt seiner ganzen Familie weg aus dem Zweistromland, weg von der städtischen Zivilisation, um den Weg Abrahams zu beginnen, durch den ein neues Volk und irgendwann später eine Erneuerung der Menschheit werden sollte. Daß darüber Jahrtausende vergehen würden, war jedem Juden ohnehin klar und ist es ihm auch heute.

In theologischer wie in säkularer Ausdrucksweise haben die Juden beharrlich im Laufe der Jahrtausende auf die Dinge hingewiesen, die sie als Möglichkeiten zur Verwirklichung einer gerechten Gesellschaftsordnung hielten. Dabei wirkten sie weit über geographische Grenzen hinaus. Vor allem kam es stets darauf an, das Gleichgewicht zwischen dem einzelnen und dem Ganzen zu wahren, von der Kleinstgemeinschaft und Nation bis zu den Nationen untereinander, ohne daß der Mensch als Bauelement einer gigantischen Maschinerie entwürdigt wird. Dieses Bestehen auf dem Wert der Persönlichkeit, die Herausforderung zum Diskutieren der Gegensätze, das Ausarbeiten dieser Gegensätze in Theorie und Praxis, ohne deshalb die Zusammengehörigkeit zu verlieren – diese Dinge machten ja gerade die Juden zu so gefährlichen Fermenten für angstgejagte Machthaber. Wo einer die Freiheit will in totalitären Staaten, da meint man geradezu automatisch, das müsse wohl ein Jude sein. Wo einer den Herdeninstinkt entlarvt, macht er sich nicht nur die Nutznießer der Herde zum Feind. Deshalb weiß die Geschichte von so vielen Machthabern zu berichten, die es versuchten, den Völkermord an Juden konsequent durchzuführen: ägyptische Pharaonen, aramäische Herrscher, persische Minister, syrische Griechen, römische Feldherren, christliche Kaiser – und so bis in das 20. Jahrhundert. Wichtig an diesen Berichten ist nicht so sehr der jeweilige Vorgang einer Verfolgung, sondern das Aufdecken der Motive, denn jeder Heilung geht eine Krankengeschichte voraus. Die Enttabuisierung der Macht und der Ängste, die sie ermöglicht, kann erleichtert werden durch eine differenzierte Einsicht in die jüdische Geschichte. Dann erst können Menschen in wirklicher Gemeinsamkeit an die Aufgabe gehen, die vor Jahrtausenden begonnen wurde und die immer noch bevorsteht.

Nachwort der Herausgeberin

Vorliegende nachgelassene Schrift von Pnina Navé Levinson berücksichtigt nicht die zwischenzeitlich erfolgten vielen Fortschritte und Annäherungen im christlich-jüdischen Dialog, wie sich dies auch in ihren bisherigen Veröffentlichungen niederschlägt. Dieses Buch dagegen erhält seine Aktualität angesichts der Tatsache, daß trotz der genannten Fortschritte ein latent schwelender Antisemitismus und Antijudaismus gerade in den letzten Jahren wieder zu spüren ist. Diesem entgegenzutreten fordert – über historisches kulturelles Wissen hinaus – Einsicht und Verstehen in die Entstehungsprozesse vielfältiger kultureller Phänomene, in denen dunkle Seiten, Irrwege, nicht Einzuordnendes nicht ausgeklammert werden dürfen. Während der Neonazismus von dem Hang nach vereinfachten Klischees, nach stereotypen Vorstellungen und dem Ruf nach ebenso simplifizierender Führerhand lebt, versucht der um Einsicht, Aufklärung und Verbesserung des menschlichen Lebens bemühte Wissenschaftler und Schriftsteller die Komplexität kultureller Vorgänge als eine conditio humana zu beschreiben. Hier ist auch der geistige Ort der Judaikwissenschaftlerin Pnina Navé Levinson.

Den Herausgebern dieser nachgelassenen Schrift liegt daran, den Prämissen, den Entscheidungsvoraussetzungen und Rahmenbedingungen, aus denen Navé Levinsons Kulturgeschichte entstanden ist, gerecht zu werden und die Heterogenität, die Vielfalt und Materialfülle scheinbar nicht unter einen Hut zu bringender Einzelthemen und Einzelheiten ungeglättet und unkommentiert nebeneinander stehen zu lassen. In ihrer Einleitung schreibt die Autorin, daß nur ein als Ausgangspunkt »syllogistisches Denken oder eine anderer Formalismus« die jüdische Geistesgeschichte als paradox erscheinen läßt. »ein deutlicher Hang zur Harmonisierung von Subjektivem, Individualistischem und Partikularistischem mit universalistischen weltumfassenden Einsichten« dagegen erkennt Navè Levinson für die jüdische Kulturgeschichte als wesentlich an. Von daher weckt sie die Sensibilität für scheinbar paradoxe Phänomene, als notwendig für jüdische Kultur, aber auch für die conditio humana schlechthin: »Dieser Mut, aus Leben, Mensch und Welt keine errechenbare Gleichung zu machen, sondern die Dinge so zu nehmen, wie sie sind, sinnvoll aber ohne aufzeigbares eindeutiges System, hat Israel in seiner Identität stets bewahrt ...« Und weiter schreibt sie, daß »dieser Mut zum Stehenlassen der Paradoxien eine jener bedeutenden kulturbildenden Grundeigenschaften orientalischer Herkunft ist, die auf das Judentum bestimmend gewirkt haben«. Die von Navè Levinson auf diese Weise getroffenen Vorentscheidungen und gesetzten Prämissen lassen ihre Kulturgeschichte so einmalig perspektivenreich, in einzelnen Themen auch bewußt fragmentarisch erscheinen.

Kulturgeschichte ist für Pnina Navé Levinson einerseits die Darstellung »jener Seiten einer historischen Gemeinschaft, die ihr Erleben über die einzelnen Generationen hinaus zum Ausdruck bringt: in Sprache und Symbolik, in Formen des gemeinsamen Lebens, in Denken und Singen, in Hausrat und Tanz, in Alltag und Fest, in Freude und Trauer«. Andererseits sind es die Begebnisse, die ihre Schicksale durchlaufen, bedeutende Jahreszahlen, Erfahrungen der Vorfahren, die »die Identität ihrer Nachkommen für alle Zeiten prägten«. Die Einsicht, daß Kulturgeschichte des Judentums kein erstarrtes System, sondern einen dynamischen Prozeß darstellt, daß Satzungen und Gebräuche kein unabänderliches Regelwerk, sondern durch historische Gegebenheiten bedingt sind, die Einsicht, daß das Individuum sich nicht durch Machtmaschinerien verfügbar machen läßt, sondern in selbstbestimmter Lebensformgestaltung und in schöpferischer Spiritualität auf vielfältige Weise Freiheit und Würde bezeugt, macht vorliegende Darstellung aktuell, auch da, wo sich zeigt, daß die Schrift bereits vor einigen Jahrzehnten verfaßt wurde.

So erregt mitten in die neuerliche Diskussion um Globalisierung, Universalismus und Partikularismus, um »Inter-, Multi- und Dominanzkultur«, um das Ineinanderstürzen, das Vergehen, das Unterdrücken und Herrschen von und durch Kulturen das hinterlassene Manuskript von Pnina Navè Levinson besondere Aufmerksamkeit. Biographie und Bildungsweg der Verfasserin bilden hierbei den existentiellen Hintergrund.

Die in Berlin aufgewachsene deutsche Jüdin, die bereits als 13jährige die wichtigsten Werke der deutschen klassischen Literatur gelesen hatte, emigrierte mit 14 Jahren mit ihrer Familie nach Palästina, ein Land, das für sie zugleich Heimat und Fremde bedeutete. Nicht in ihrer Muttersprache, sondern in Englisch und Hebräisch (Ivrit) entfaltete sie ihre wissenschaftliche Laufbahn. Ihre Studien in Judaistik, Literaturwissenschaften und Religionswissenschaften, Kultur- und Kunstgeschichte ermöglichten ihr Teilhabe an und Realisierung in verschiedenen Identitäten: Sie wurde Wissenschaftlerin, Literatin, Übersetzerin, Pädagogin und nicht zuletzt Mutter zweier Kinder, mit Wohnorten in Deutschland, Israel, Spanien. Sie pflegte internationale Korrespondenzen und Vortragsreisen. Von daher erkennt und erlebte die Autorin Kulturgeschichte des Judentums als ein Kontinuum bis heute, als perspektivenreiche Lebensformgestaltung, als Arbeit – im zwischenmenschlichen Miteinander – am *Menschenbild*, als Arbeit an Orientierungsmöglichkeiten für richtiges Handeln.

In historisch beschriebenen und gegenwärtig bezeugten Erfahrungen von Exil, von Wanderungen und von über Jahrhunderte hinweg zurückgelegten Pilgerfahrten nach Jerusalem entfaltet Pnina Navè Levinson ein Pattern, das einerseits das Partikulare des Judentums und andererseits das Universale in ihm hervortreten läßt, so daß sowohl Juden als auch Nichtjuden aus diesem Buch lernen können. Die Autorin zeigt die Vielfalt des kulturellen Lebens im Judentum auf ungewöhnlich differenzierte Weise, so daß ihre Darstellung – von seinen Staatsgründungen, von der Tora, von dem »Meer des Talmud« bis zu den hebräischen Buchstaben und den vielen Judensprachen hin – die vereinfachten und damit verfälschenden Klischees des Antisemitismus außer Gefecht zu setzen und aufzulösen vermag. Die Bücher des Ersten Testaments erscheinen als Basis einer eigenständig entfalteten Kultur bis heute. Die Vergegenwärtigung dieses oft verdrängten und nicht gewußten jüdischen Erbes kann innerhalb der dominanten Gesamtkultur als anregendes Korrektiv, als Orientierungshilfe und Erfahrungswert hinsichtlich der Auseinandersetzung mit dem Fremden und der Vielfalt der Kulturen betrachtet werden. Wenn es stimmt, daß Kunst und Religion eine gemeinsame Dimension haben, aus der sich beide von dem schöpferischen, nicht zu fassenden Grund unseres Daseins anrühren lassen, dann bedarf es heute sicherlich einer erneuten Bewußtwerdung des jüdischen Erbes in der westlichen Kultur.

Die Autorin thematisiert die gemeinsame Bezugsebene von Religion und Kunst, wenn sie beispielsweise die künstlerischen, ästhetischen Elemente des jüdischen Alltags, die reichhaltigen Ritualformen und die rhythmische Gestaltung vieler biblischer Texte, ihre »geistige Bildhaftigkeit« in Metaphern, verbalen Anschauungsbildern, Gleichnissen und Visionen hervorhebt und damit die kreativen Artikulationsmöglichkeiten des Menschen erkennt, in die zugleich Ethisches wie Religiöses sich einzuschreiben vermögen. Indem die Autorin Zusammenhänge zwischen oft ungewußten Details und in der Neuzeit erarbeiteten Allgemeinbegriffen wie »Nation«, »Volk« und »Gemeinschaft« – hergestellt oder wie sie sagt: »zeichnet« –, ermöglicht sie dem Leser anschauliche, lebendige Vorstellungen, die als »Modelle« kulturell-religiöser Praktiken erscheinen.

Innerhalb ihres Perspekivenreichtums zeigt die Autorin vor allem die Innenseite des Judentums, die Sicht aus der Perspektive einer sich identifizierenden Jüdin im Zeugenstand. Als Zeugin läßt die Autorin uns teilhaben an den Erinnerungen der Opfer des Antisemitismus. Doch führt die Verlebendigung des jüdischen Erbes in diesem Buch in eine Kultur des Lebens und nicht in die des Todes. Diese Kulturgeschichte des Judentums läßt sich als Vermächtnis lesen, als Gegenbild zur notwendig dunkleren Gedenkkultur des Holocaust.

Mit Dankbarkeit kam ich dem Vorschlag entgegen, am Institut für Kunst und Kunsttheorie der Universität zu Köln die Herausgabe des Buches zur Kulturgeschichte des Judentums zu ermöglichen. Hatte doch die Autorin bereits mit zwei Gastvorträgen – 1988 und 1994 im Rahmen des Symposiums *Kunst und Gedächtnis* – ein vielfältiges Interesse an Fragen zur Kultur im Judentum geweckt, und so war von daher eine projekthafte weitere Zusammenarbeit geplant, die sich durch ihren plötzlichen Tod nicht mehr realisieren ließ.

Es ist zu wünschen, daß über Fächergrenzen hinaus dieses Buch in die Hände von Lehrenden und Lernenden gelangt.

Köln,
im September 2001

Irmgard Zepf

Eine kurze Anmerkung zum Thema Judentum und Patriarchat.

Pnina Navè Levinson verfaßte diese Kulturgeschichte zeitlich vor ihrer Auseinandersetzung mit feministischen Fragestellungen. Zum Thema »Frau und Bibel« erschienen später von ihr richtungsweisende Beiträge, die als Ergänzung zum vorliegenden Buch heranzuziehen wären. So weist sie auf Anklänge, auf eine noch nicht patriarchale Zeit in der Bibel hin wie z.B. rhythmisch-orale Sprechweisen, die von Frauen stammen könnten, oder Sprachbilder aus dem Leben der Frau und Mutter für die Beziehung Gott – Mensch. In einer ihrer »Frauenpredigten« heißt es: »Die Worte des Gesetzgebers und größter Propheten sind einer überarbeiteten Mutter abgelauscht.«

ANHANG

Buchveröffentlichungen von Pnina Navè Levinson

Die neue hebräische Literatur, Bern/München 1962

Du, unser Vater. Jüdische Gebete für Christen, Freiburg i.Br. ^{3}1978 (1975)

Was wurde aus Sarahs Töchtern. Frauen im Judentum, Gütersloh ^{3}1993 (1989)

Einblicke in das Judentum, Paderborn 1991

Eva und ihre Schwestern. Perspektiven einer jüdisch-feministischen Theologie, Gütersloh 1992

Esther erhebt ihre Stimme. Jüdische Frauen beten, Gütersloh 1993

Einführung in die Rabbinische Theologie, Darmstadt ^{3}1993

Die Responsen als Spiegel der jüdischen Geschichte, Tübingen 1996 (zus. m. N. P. Levinson u. H.-J. Hermisson)

Aus freier Entscheidung. Wege zum Judentum, Teetz 2000

Glossar

Adar, jüdischer Monat im Frühjahr, Todestag des Mose

Adonai, Name Gottes, Tetragrammaton

Achad Ha´am (Ascher Ginzberg) Begründer d. Kulturzionismus

Aggada (s. auch *Haggada*), nicht-juristischer Teil d. Talmud

Amora, Lehrer des Talmud(der Gemara)

Anussim, Zwangsgetaufte

Auto-da-fé, Glaubensurteile d. Inquisition (meist Verbrennungen)

Aschkenas, hebr für Deutschland

Bäume d. Lebens, hölzerne Halter für die Tora

Berachot, Segensspruche, Traktat d. Talmud

Bet Hamidrasch, Lehrhaus

Bet Josef, Kodex d. Sanhedrin nach der Zerstörung von Jerusalem

Chabad (Lubawitsch), chassidische Gruppe

Chassidij umot haolam, die Gerechten der (nicht jüdischen) Völker

Chassidismus, von hebr. *Chassid*, Frommer, Name der im 18. Jh. in der *Chewra Kakkischa*, Beerdigungsbruderschaft

Choschen Mischpat. gesetzlicher Teil des *Schulchan Aruch*

Duchan, Podium, von dem aus das Volk gesegnet wird

El Eljon, Name Gottes

Etrog, Zitrusfrucht am Laubhüttenfest

Ewen Schetija, Grundstein in Jerusalem

Gammatria, Zahlenberechnung

Gaon, (Hochwürden), Nachfolger d. Talmud. Weisen

Gemara, zweiter Teil des Talmud(nach Mischna)

Ger Zedek, Proselyt

Geser Kalender, früher biblischer Kalender

Granatapfel, (*Romonim*), Toraschmuck

Isserles, Moses, schrieb aschkenasische Erklärungen z. *Schulchan Aruch*

Hadassa, Krankenhaus in Jerusalem

Haftara, Prophetenabschnitt d. sabbatlichen Lesung

Haggada, s. *Aggada*, auch häusliches Gebetbuch am *Pessach*

Halacha, juristische Teile des Talmud

Hexateuch, Pentateuch u. Buch Josua, Bibel d. Samaritaner

Hawdala, Unterscheidungssegen am Ende des Sabbat

»Höre Israel«, Glaubensbekenntnis d. Juden

Kamaz, hebr. Vokal

Kaddisch, Preis Gottes, am Ende des Gottesdienstes, auch nach Trauerfall

Karäer, anti-talmudische Sekte, nur bibelgläubig

Kibbuz, Gemeinschaftssiedlung in Israel

Kiddusch, Weihesegen an Sabbat und Feiertagen

Koscher, religionsgesetzlich erlaubt

Koschta, Konstantinopel

Kusari, philosophisches Hauptwerk d. Jehuda Halewi

Lachisch, althebr. Ausgrabungsort

Lulaw, Palmzweig am Laubhüttenfest, zusammen mit *Etrog*

Makkabäer, Aufständische unter Juda Makkabi, Channukkaerzählung

Massada, letzte Festung der Juden beim Aufstand gegen Rom (135 n.d.Z.)

Mazza, ungesäuertes Brot am Pessach

Männer d. Großen Versammlung, Vorläufer der talmudischen Weisen

Megilla, Rolle, besonders Buch Esther (am *Purim*)

Mechilta, Tannaitischer Midrasch, Buch Exodus, Schule R. Ismaels

Mesusa, Türpfostenrolle

Middot, Regeln der Schriftauslegung

Mikra, die heilige Schrift

Midrasch, Schriftauslegung

Mikwe, rituelles Tauchbad

Minjan, Mindestzahl von 10 Betern für den Gemeindegottesdienst

Marannen, Zwangsgetaufte

Mizwa, religöse Pflicht

Morija, Tempelberg in Jerusalem

Omer, Opfer einer Erstlingsgarbe nach *Pessach*, zwischen ihm und dem Wochenfest Trauerarbeit

Pajtan, Dichter der Liturgie(*Pijut*)

Peschitta, syr. Bibelübersetzung

Prosbul, Verordung Hillels zur Stärkung der Wirtschaft

Pilpul (Pfeffer), scharfsinnige, rabulistische Schrifterklärung

Raschid Salomo Jizchaaki, bekanntester Bibel u. Talmuderklärer, 11. Jh.

Resch Galuta, Oberhaupt d. Diaspora in Babylonien, Exilarch

Sadduzäer, Gegenpartei d. Pharisäer, Aristokratie, Priester

Sawöräer, Nachfolger d. Amöräer, im 6. Jh.

Schmitta, Erlassjahr, Schuldnervergebung

Schofar, Widderhord am *Rosch Haschana*

Sephors (*Zippori*), Hauptsstadt Galiläas, z.Zeit des 2. Tempels

Sofer (*Ssofer*), Schreiber heiliger Bücher

Seleukiden, beherrschten abwechselnd mit den Ptolemäern das Land Israel nach Alexander

Septuaginta, griechische Übersetzung der Bibel

Sefardim, Juden aus Spanien, Spaniolen

Starchamber, aus hebr. Star = Dokument hergeleitet

Ssura und *Pumpedita*, Babyl. Talmud-Hochschulen

Sanhedrin = *Synhedrion*

Sifra, halachischer *Midrasch* zu Levitikus

Ssifrej, halachischer *Midrasch* zu Numeri und Deuteronomium

Speyer, zusammen mit Worms und Mainz älteste jüd. Ansiedlung in Deutschland

Tallith, Gebetsschal

Tamus, hebr. Monat

Tanna, Lehrer d. *Mischna*

Tefillin, Gebetskapseln beim Morgengebet d. Wochentage

Tewila, (Taufe)

Trop, Kantillation in der Synagoge

Todesstrafe, fast eliminiert im Judentum

Tossefta, Sammelwerk tanaitischer Meister, außerhalb des Kanons d. Mischna

Titusbogen, errichtet, um den Sieg des Titus über die Juden im Jahre 70 zu feiern. Juden schreiten nicht unter ihm durch

Tiberias, gelehrtes Zentrum, seit 3. Jh. Sitz d. Patriarchats

Vespasian, römischer Kaiser, überließ den Juden nach der Zerstörung des Tempels die Stadt Jawne als religiöses Zentrum

Wizo, Zionistische Frauenorganisation Amerikas

Abbildungen

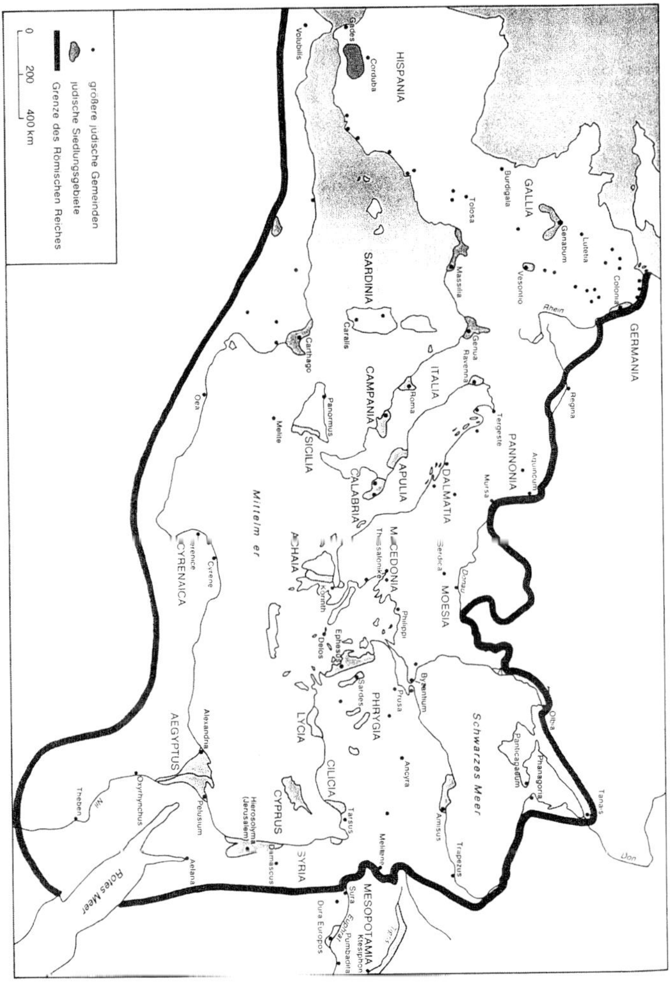

Abb. 1 Jüdische Diaspora im Römischen Reich. In: Neues Lexikon des Judentums. Hg. v. J. H. Schoeps. Bertelsmann Lexikon Verlag, Gütersloh/München 1992, S. 393.

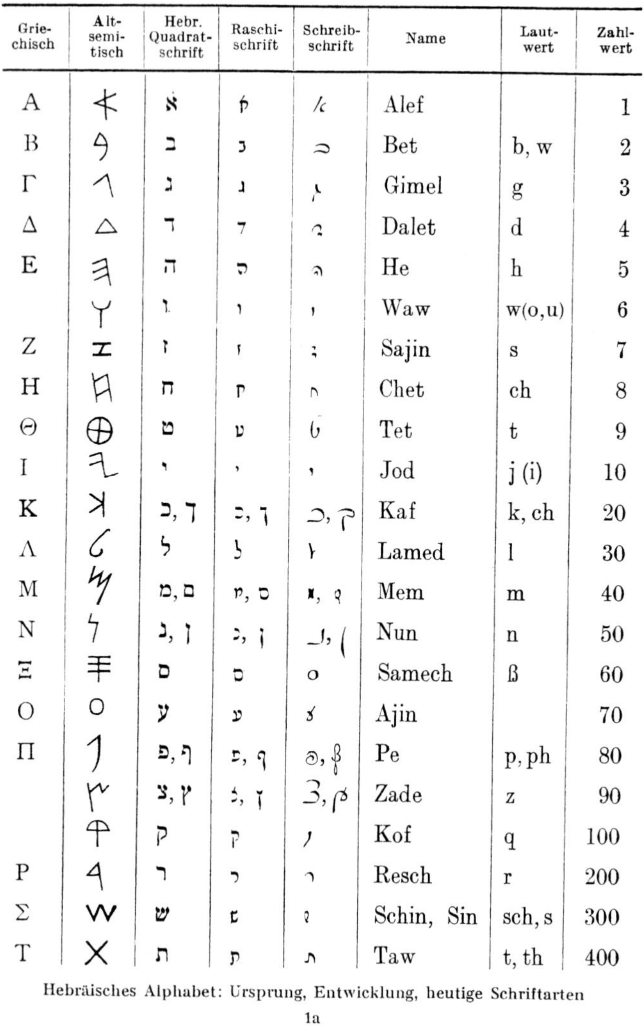

Griechisch	Altsemitisch	Hebr. Quadratschrift	Raschischrift	Schreibschrift	Name	Lautwert	Zahlwert
Α	𐤀	א	א	א	Alef		1
Β	𐤁	ב	ב	ב	Bet	b, w	2
Γ	𐤂	ג	ג	ג	Gimel	g	3
Δ	𐤃	ד	ד	ד	Dalet	d	4
Ε	𐤄	ה	ה	ה	He	h	5
	𐤅	ו	ו	ו	Waw	w(o,u)	6
Ζ	𐤆	ז	ז	ז	Sajin	s	7
Η	𐤇	ח	ח	ח	Chet	ch	8
Θ	𐤈	ט	ט	ט	Tet	t	9
Ι	𐤉	י	י	י	Jod	j (i)	10
Κ	𐤊	כ, ך	כ, ך	כ, ך	Kaf	k, ch	20
Λ	𐤋	ל	ל	ל	Lamed	l	30
Μ	𐤌	מ, ם	מ, ם	מ, ם	Mem	m	40
Ν	𐤍	נ, ן	נ, ן	נ, ן	Nun	n	50
Ξ	𐤎	ס	ס	ס	Samech	ß	60
Ο	𐤏	ע	ע	ע	Ajin		70
Π	𐤐	פ, ף	פ, ף	פ, ף	Pe	p, ph	80
	𐤑	צ, ץ	צ, ץ	צ, ץ	Zade	z	90
	𐤒	ק	ק	ק	Kof	q	100
Ρ	𐤓	ר	ר	ר	Resch	r	200
Σ	𐤔	ש	ש	ש	Schin, Sin	sch, s	300
Τ	𐤕	ת	ת	ת	Taw	t, th	400

Hebräisches Alphabet: Ursprung, Entwicklung, heutige Schriftarten

1a

Abb. 2 Hebräisches Aphabet

Abb. 3 Die neue Synagoge in Berlin, Oranienburger Straße, wurde 1859/60 von Eduard Knoblauch im maurischen Stil erbaut. Auch sie wurde im November 1938 zerstört. (Foto: Nathan Peter Levinson)

Abb. 4 Diese chinesische Synagoge von Kai-Feng-Fu aus dem 17. Jahrhundert unterscheidet sich kaum von anderen fernöstlichen Kultstätten. Die Zeichnung wurde von dem Jesuitenmissionar Domenge im 18. Jahrhundert angefertigt. Es gibt heute keine chinesischen Juden mehr. (Archiv N. P. Levinson)

Abb. 5 Tora Schrein. Diese Torarollen befinden sich in der Synagoge des Rabbi Isaak Luria (Ari) in Safed, eines der größten Kabbalisten (16. Jahrhundert). Es ist der Stolz jeder Gemeinde, möglichst viele Rollen zu besitzen. (Archiv N. P. Levinson)

Abb. 6 Eine geöffnete Torarolle auf dem Almemor. Die Tafel darüber enthält Segenssprüche vor und nach der Lesung. (Archiv N. P. Levinson)

Abb.7 Tefillin Tallit. Neben dem großen Tallit, der von männlichen Betern meist nach dem 13. Lebensjahr während des Morgengebets angelegt wird, hat der junge Beter die Gebetsriemen (Phylakterien, hebr. Tefillin) um Stirn und Arm gebunden. (Archiv N. P. Levinson)

Abb. 8 Darmstädter Haggada. (Archiv N. P. Levinson)

Abb 9 Sabbat und Feiertage. Am Abend des 14. Nissan untersucht man die Winkel des Hauses, um alles gesäuerte zusammenzukehren. Es wird dann am folgenden Rüsttag des Passahfestes gegen 10 Uhr morgens verbrannt. Der hier abgebildete Holzschnitt stammt aus dem jüdisch-deutschen Amsterdamer Minhagim-Buch (Buch der Bräuche), das 1723 von Herz Levy Rofe (=Arzt) gedruckt wurde. (Archiv N. P. Levinson)

Abb. 10 Pessach-Abendmahl mit Männern beim Lesen der Haggada, aus der Erna-Michael-Haggada, Süddeutschland, frühes 15. Jahrhundert, Pergament, 35 x 25,5 cm. Israel Museum, Jerusalem. Geschenk von Jakob Michael im Gedenken an seine Frau Erna Sondheimer-Michael. (Archiv N. P. Levinson)

Abb. 11 Aaron gießt Öl in eine der Menora-Lampen. Nordfrankreich, spätes 13. Jahrhundert, Pergament, 16,2 x 12,1 cm. (Archiv N. P. Levinson)

Abb. 12 Zemeh Davidson, Ketubba (Ehevertrag) , Utica, New York 1863. Wasserfarben und Tusche auf Papier, 32 x 24,5 cm. Courtesy of the Library of the Jewish Theological Seminary of America, New York. Außer dem traditionellen Text, der in jeder in Kalligraphie geschriebenen Ketubba steht, enthält diese noch die Abkürzung für Masal tow (»Viel Glück«) in den Ovalen über den Uhren.

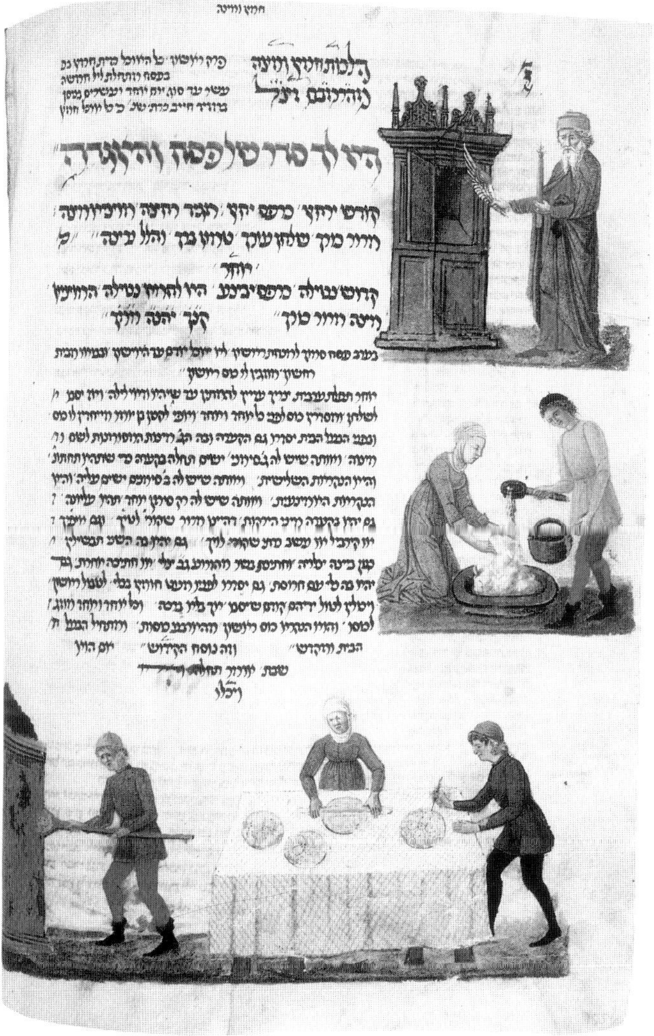

Abb. 13 Das Backen der Matze, aus dem Rothschild-Miszellen, Norditalien, 1450–1470. Pergament 21 x 16 cm. Israel Museum, Jerusalem. (Archiv N. P. Levinson)

Abb. 14 Misrach, Marokko, 19. Jahrhundert. Ausgeschnittenes Papier auf farbiger Folie, 40 x 50 cm. Sir Isaac and Lady Edith Wolfson Museum, Hechal Schlomo, Jerusalem. (Archiv N. P. Levinson)